Gerhard Schwarz

Die ,,Heilige Ordnung" der Männer

Gerhard Schwarz

Die „Heilige Ordnung" der Männer

Patriarchalische Hierarchie und Gruppendynamik

2., durchgesehene Auflage

Westdeutscher Verlag

CIP-Kurztitelaufnahme der Deutschen Bibliothek

Schwarz, Gerhard:
Die „Heilige Ordnung“ der Männer: patriarchal.
Hierarchie u. Gruppendynamik / Gerhard Schwarz. -
– 2., durchgesehene Auflage 1987. – Opladen:
Westdeutscher Verlag, 1985.
ISBN 3-531-11732-7

2., durchgesehene Auflage 1987

Umschlaggestaltung: Horst Dieter Bürkle, Darmstadt
Satz: Satzbüro Ewert, Braunschweig
Druck und buchbinderische Verarbeitung: Lengericher Handelsdruckerei, Lengerich

Printed in Germany

ISBN 3-531-11732-7

Inhalt

Einleitung

„Darf ich nochmals auf die Ausführungen von Kollege N. zurückkommen und dazu bemerken, daß auch die Mitarbeiter seiner Abteilung sich gegen diesen Vorschlag ausgesprochen haben."

Zustimmendes Murmeln in der Runde. Ich machte wieder einen Strich auf meiner Strichliste. Seit 20 Minuten zählte ich die Angriffe auf Herrn N.; es war dies der zweiunddreißigste. Mancher Diskussionsbeitrag enthielt sogar mehrere Angriffe. Die Gruppe hatte ganz offensichtlich mit Herrn N. ein Problem. Er reagierte auch seit einigen Minuten auf Spitzen gegen ihn und seine Abteilung nicht mehr „sachlich". Der Vorsitzende hatte schon dreimal zur Klingel gegriffen und mit der Bemerkung „Zur Sache, meine Herren" vergebens versucht, die Diskussion in die gewohnten Gleise zurückzuführen. Als die Auseinandersetzung zu heftig wurde, brach er die Sitzung ab.

Nachdem sich die Herren hastig verabschiedet hatten, blieb ich mit dem Vorsitzenden allein zurück. „Ich glaube, hier kann uns auch die Gruppendynamik nicht weiterhelfen", eröffnete er unser Gespräch. „Am Problem der Maschinenauslastung ist schon Herrn N.'s Vorgänger gescheitert. Es gibt Probleme, die entscheidet man besser allein. Sie sehen, was bei einer Diskussion herauskommt." Herausgekommen war ein Konflikt. Wo aber hatte er seine Ursache? Herr N. war erst seit kurzer Zeit Leiter dieser Abteilung. Seine Vorschläge wurden seither fast immer abgelehnt. „Es muß an der Sache liegen", meinten einige, „denn bevor Herr N. diese Abteilung übernahm, konnte man mit ihm recht gut auskommen." „Es muß an der Person liegen", meinte ein anderer, „denn ich war immer schon dagegen, daß Herr N. diese Abteilung übernimmt." „Es liegt an den Mitarbeitern", vermuten wieder andere, „denn seit dort die besten weggegangen sind, wird nicht mehr richtig gearbeitet." „Es liegt an unserer Struktur", meinten noch andere, „denn bei so unklar verteilten Kompetenzen muß es Streitereien geben". „Es liegt in der Geschäftspolitik", meinten einige, „denn wenn man nicht so knappe Terminzusagen gäbe, käme die Abteilung nicht so unter Druck." „Es liegt an der Gruppendynamik", meinten wieder andere, „seit die Herren im Hause Interviews machen, gibt es viel mehr Streitereien als früher".

Und woran liegt „es" wirklich? „Es" ist die Tatsache, daß eine Abteilung nun schon den vierten Leiter innerhalb eines Jahres hat, viele Abgänge verzeichnen mußte, keine qualifizierte Arbeit mehr leistet und Anlaß zu Konflikten gibt. So sieht es ein Großteil des Betriebes. „Es" ist aber auch die Tatsache, daß alle Schuld und alle Fehler nur bei dieser Abteilung gesucht werden, daß jeder, der dorthin versetzt wird, Beileidskundgebungen über sich ergehen lassen muß, daß man gar nicht erwartet, von dort etwas Gutes oder auch nur Neutrales zu hören oder zu erhalten.

„Es" ist eine Situation, in der sich alle Beteiligten immer tiefer in Konflikte verstricken, so daß bald niemand mehr einen Ausweg aus diesem Teufelskreis findet.

„Es" sind rational-irrationale Prozesse, die mit seltsamer Konsequenz zerstören und erhalten, vom Positiven ins Negative umschlagen, gelegentlich Existenzen vernichten oder große Autoritäten aufbauen.

„Es" ist seit einigen Jahrzehnten Forschungsgebiet der Sozialwissenschaften, speziell der Gruppendynamik. Man versucht, den „Gesetzmäßigkeiten" im menschlichen Zusammenleben auf die Spur zu kommen. Denn für die Sozialwissenschaften ist in den letzten Jahrzehnten erst das Mittelalter zu Ende gegangen. Noch am Beginn unseres Jahrhunderts wurden sozialwissenschaftliche Erkenntnisse durch Lektüre historischer Autoren gewonnen: Dissertationen und Bücher wurden fast ausschließlich am Schreibtisch und in Bibliotheken geschrieben. Diagnose, Analyse, Therapievorschläge und Entscheidungen für konkrete soziale Gebilde, in denen das menschliche Zusammenleben auf Schwierigkeiten stieß, überließ man weitgehend den Politikern. So wie im Mittelalter die Naturwissenschaftler nicht mit Hilfe von Experimenten ihre Theorien als richtig oder falsch auswiesen, so verzichtete man in den Sozialwissenschaften bis in die Mitte unseres Jahrhunderts (und mancherorts bis in die Gegenwart) auf die reale praktische Konfrontation der Theorie mit der sozialen Praxis.

In den 30er Jahren wagten sich zum ersten Mal Soziologen in die Feldforschung. Ihr Ziel war aber noch nicht der verändernde und wissenschaftlich kontrollierte Eingriff in das Funktionieren (oder Nichtfunktionieren) eines sozialen Gebildes, sondern lediglich die beschreibende Aufnahme sozialer Tatbestände. Dem Behaviorismus verpflichtet, versuchte man, in Anlehnung an die Naturwissenschaft, objektive soziale Fakten zu finden und womöglich Gesetze zu abstrahieren. 1939 schrieb Kurt Lewin: „Ich bin der Überzeugung, daß es möglich ist, in der Soziologie Experimente vorzunehmen, die mit dem gleichen Recht als wissenschaftliche Experimente zu bezeichnen sind wie die in der Physik und der Chemie. Ich bin überzeugt, daß es einen ‚sozialen Raum' gibt, der alle wesentlichen Eigenheiten eines wirklichen empirischen Raumes besitzt und der genau so viel Aufmerksamkeit von seiten der Forscher auf dem Gebiet der Geometrie und Mathematik verdient wie der physikalische Raum, obwohl er nicht physikalischer Art ist."[1] Damit ging das Mittelalter für die Sozialwissenschaften zu Ende.

Allerdings war von diesem Postulat Lewins noch ein weiter Weg zur Gruppendynamik unserer Tage. Wie so oft in der Geschichte der Wissenschaft, kämpft ein Wissenschaftler für eine Idee und wird mit einem Aspekt berühmt, den er ursprünglich gar nicht wollte. Denn die von Kurt Lewin initiierte Methode – später Gruppendynamik genannt – erwies sich bald als enfant terrible der Sozialwissenschaften.

Diese Methode vernachlässigte einige der traditionellen Vorurteile und ging von neuen Voraussetzungen aus. Der wichtigste Aspekt ist dabei wohl der, daß durch die Gruppendynamik eine wissenschaftliche, aber nicht naturwissenschaftliche Weise der Erkenntnisgewinnung gefunden wurde. Anwendung und Übernahme der in den Naturwissenschaften so erfolgreichen Modelle durch die Sozialwissenschaften brachte große Schwierigkeiten.

Denn das Erkennen und Aussprechen von „Gesetzmäßigkeiten", die im Zusammenleben der Menschen entdeckt werden, läßt die betroffenen Menschen nicht „kalt", wogegen etwa die Steine durch die „Entdeckung" der Fallgesetze nicht berührt werden. Steine können auch aus den über sie aufgestellten Gesetzen keine Handlungsmotive gewinnen. Bei den Menschen kann dies anders sein: Wenn in einer Gruppe die Außenseiterrolle einer Person zur Sprache gebracht wird, so hat dies sehr oft den Effekt, daß der Außenseiter im Laufe der Diskussion in die Gruppe integriert wird. Die Gruppe kann sich durch den Reflexionsprozeß und durch die dadurch ausgelöste Handhabung eines Problems ändern, da oft durch die Erörterung einer Beziehung diese für die Beteiligten leichter handhabbar wird. Man kann auf diese Art lernen, mit Schwierigkeiten umzugehen.

Diese Tatsache hat nun auch weittragende Bedeutung sowohl für die Rolle des Wissenschaftlers im Verlauf einer sozialwissenschaftlichen Untersuchung als auch für seinen Erkenntnisgegenstand. Denn es ist keineswegs sicher, daß durch die Reflexion auf seine Außenseiterposition der Betreffende in die Gruppe integriert wird; möglich ist auch, daß sich seine Rolle verfestigt und er noch weniger Chancen hat, in absehbarer Zeit wieder normales Gruppenmitglied zu werden.

Viele „Gesetzmäßigkeiten", die hier aufgestellt werden können, gelten – oder auch nicht. Genauso gut kann gelegentlich auch das Gegenteil eintreten.

Im Zusammenhang damit ließ die Gruppendynamik dann auch die strenge Subjekt-Objekt-Trennung als Postulat der Wissenschaftlichkeit fallen. Es ist nicht möglich, als Sozialwissenschaftler sozusagen von „außen" seinen Gegenstand – wie in einem Aquarium – zu untersuchen. Der Wissenschaftler spielt als Untersuchender in der Untersuchung selbst auch eine Rolle, die in der Methode ihren Sinn haben muß. Jede wissenschaftliche Untersuchung hat daher im Bereich der Gruppendynamik Interventionscharakter, d. h. sie greift in eine Situation ein und bestimmt sie mit. Jede Intervention hat aber auch wissenschaftliche Aspekte. So können etwa die Veränderungen in den Beziehungen, wenn sie durch eine Intervention ausgelöst wurden, untersucht werden. In der Philosophie wurden solche Prozesse auch als Aufklärungsprozesse bezeichnet. „In dem Aufklärungsprozeß gibt es nur Beteiligte."[2] (Habermas)

Gegenstand der Gruppendynamik sind daher Prozesse, an denen der Wissenschaftler beteiligt ist, in denen sogar das wissenschaftliche Erkenntnis- bzw. Emanzipationsziel von allen Beteiligten, nicht etwa nur vom Wissenschaftler allein wahrgenommen werden kann. Die zu analysierenden Prozesse stehen ihm nicht wie sonst in der Wissenschaft als fix und fertiges Objekt gegenüber, sondern er ist durch seine besondere Persönlichkeit ein ganz bestimmter und nicht festgelegter Faktor dieser Prozesse. Dies führt nicht nur zu einer Neufassung der Verifikations- und Falsifikationskriterien, sondern auch des Autoritätsproblems, der Arbeits- und der Entscheidungsstruktur usw. Es ist sehr problematisch, ob es z. B. eine theoretisch „richtige" Organisationsstruktur geben kann, die unabhängig von einem in dieser Organisation ablaufenden Entwicklungsprozeß und der Zustimmung der Betroffenen als richtig anerkannt werden kann.

Der alte Diskussionspunkt der Philosophen, daß wir zur Feststellung eines „Ich" immer ein „Wir" brauchen, erhält in der Gruppendynamik eine neue und sozusagen für jedes Mitglied praktische Aktualität. Umgekehrt existiert natürlich auch das „Wir" in der Gruppe nur als „Ich", da sonst das „Wir" keine Identität hätte. Wenn also in einer Trainings-Gruppe (T-Gruppe) jemand dahinterkommt, daß er umso mehr lernt und umso mehr in die Gruppe integriert ist, je mehr er aus sich herausgeht und die Kommunikation aufnimmt, dann hat er gelernt, daß er „Kommunikation" nur erhält, wenn er auch selber dazu bereit ist. Wenn dann ein anderer diese Erkenntnis auf die Gruppe anwendet und merkt, daß auch negative Emotionen (Ablehnung, Zweifel, Aggressionen etc.), wenn sie besprochen werden, zur Integration in die Gruppe führen können, und wenn dann schließlich jemand ganz überrascht den Satz formuliert: „Eigentlich komisch: Je mehr ich den anderen anerkenne, desto wohler fühle ich mich", dann haben die Betroffenen die Situation beschrieben, daraus etwas gelernt und sie zugleich verändert.

Wiederum damit im Zusammenhang ist die Frage zu stellen, ob das Objekt Mensch, auch Individuum genannt, überhaupt wesentlich in der Form des Individuums existiert. Kann das Individuum überhaupt Schlüssel zum Verständnis des Menschen sein, oder muß man als kleinste Einheit nicht die Gruppe ansehen? Wird der Mensch nicht auch durch Organisationen und Intergruppenprozesse bestimmt? Sind nicht gelegentlich die Individuen Resultate der Abstraktion einer Ideologie? Schiller bezeichnet diese Ideologie treffend:

> „Majestät der Menschen Natur
> Dich soll ich beim Haufen suchen
> bei wenigen nur hast du von jeher gewohnt
> die übrigen alle sind blinde Nieten
> ihr leeres Gewühl hüllet die Treffer nur ein."

Ist damit nicht auch die Gleichheit als Bruderbegriff der Freiheit problematisch geworden? Wie sich zeigen wird, ist Gleichheit für eine Gruppe nicht notwendig. Im Gegenteil, die Unterschiede sind wichtig, um überhaupt miteinander reden zu können, sie sind zugleich Voraussetzung für jede Selbstbestimmung einer Gruppe. Problematisch sind nur die nicht kommunizierten und nicht in der Selbstbestimmung aufgehobenen, d. h. die nicht-akzeptierten Unterschiede.

Mit dem Wegfallen der methodischen Subjekt-Objektspaltung, mit der Neufassung des Autoritätsbegriffes durch den Ausgangspunkt Gruppe und Organisation gelingt nun der Gruppendynamik auch der Zugang zum jeweiligen „Hier und Jetzt" eines sozialen Gebildes. Auf die unmittelbare Situation zu reflektieren ist jedoch für viele – auch Sozialwissenschaftler – heute noch tabu. Denn selbst wenn sie schon gesellschaftliche Prozesse reflektieren, womöglich sogar Autoritäten relativieren, so doch meist nicht ihre eigene.

Bei vielen Sozialwissenschaftlern existiert heute noch die Meinung, daß der Wissenschaftler nur dann „objektiv" seinen Gegenstand beschreiben kann, wenn er selbst – und damit seine unangetastete Autorität – „außerhalb" der von ihm untersuchten Strukturen und Prozesse bleibt. Der Gedanke, sich selbst als „Wissenschaftler" in Kommunikationen einzulassen – mit allen nicht voraussehbaren Konsequenzen –, ist vom traditionellen Methodenbegriff her problematisch. Meist wird zwischen einer objektiven „wissenschaftlichen" Aussage einerseits und persönlichen Meinung, subjektiven Gefühlen andererseits unterschieden. In einem Gruppenprozeß der Gruppendynamik wird diese sonst sehr notwendige und brauchbare Unterscheidung jedoch oft als Hemmnis empfunden. In einer Gruppe wird nämlich rasch deutlich, daß man sich nicht im Besitz einer „objektiven Wahrheit" befinden und dennoch konsequent kommunizieren kann. Sehr oft und immer wieder erlebe ich an mir selbst, daß ich davonlaufen möchte, wenn die Gruppe beginnt, über meine Rolle nachzudenken, wenn mir die Eitelkeit der „wissenschaftlichen Wahrheit" bewußt gemacht wird, wenn sich herausstellt, daß meine Interpretationen falsch waren.

Der gruppendynamische Bezug auf die Situation führt aber auch zum Abbau eines weiteren Vorurteils: der Annahme des möglichen Bestehens einer Idealgesellschaft. Kann man theoretisch sagen, wie ein soziales Gebilde organisiert sein soll? Die Erfahrung der Gruppendynamik zeigt: es ist nicht einmal vom Zweckdenken her möglich. Selbst wenn ein Sozialgebilde – etwa ein Wirtschaftsunternehmen – genau definierte Ziele hat, so wäre die dazugehörige ideale Organisation nicht diejenige, die von auch noch so genialen Theoretikern dazu nach irgendwelchen organisationssoziologischen Gesetzmäßigkeiten gefunden wurde, sondern diejenige, die sich die in ihr lebenden Menschen als die ihnen gemäße suchen. Das Resultat der Organisation kann von den Motiven des Resultierens der Beteiligten nicht abgetrennt werden.

Dies ist gleichzeitig auch das Erkenntnisprinzip und Interventionsziel der Gruppendynamik. Welche Konsequenzen diese Tatsache für die Sozialwissenschaften hat, soll im folgenden untersucht werden.

Die vorliegende Arbeit ist der erste Teil einer systematischen Theorie der Gruppendynamik und basiert auf mehrjährigen Erfahrungen, die der Verfasser in gruppendynamischen Lehrveranstaltungen sowie bei Sozialinterventionen im Bereich der Verwaltung, der Kirche, der Schule und der Wirtschaft sammeln konnte.

Besonders zu Dank verpflichtet bin ich Traugott Lindner, der mich in die Gruppendynamik, und Erich Heintel, der mich in die Philosophie einführte. Auf Initiative von Traugott Lindner entstand auch das Wiener Team der Gruppendynamik, dessen Diskussionen und Forschungen wesentlich zum Entstehen dieses Buches beigetragen haben. Hier bin ich speziell zu Dank verpflichtet: Uwe Arnold, Peter Heintel und Bernhard Pesendorfer.

Für Hinweise und Korrekturen darf ich meinen Dank aussprechen: Eva Andres, Ernst Baumgartner, Eva Maria Boltuch, Kurt Buchinger, Anton Burghardt †, Jürgen Cupei, Maximilian Fink, Fritz Grimmlinger, Gottfried Hierzenberger, Trygve Johnstad, Michael Mitterauer, Herbert Pietschmann, Gerd Prechtl, Doro Ritter-Röhr, Hugo Riedl, Peter Scheer, Helga Stattler, Paula Stegmüller, Helmut Steiner, Werner Tallafuss und Werner Vogt.

Zur 2., durchgesehenen Auflage

Viel rascher als erwartet war die erste Auflage vergriffen. Für die zweite Auflage konnte ich so in aller Eile nur die Druckfehler beseitigen. Mündlich oder schriftlich habe ich aber eine große Zahl von Ideen zur Ergänzung, Verbesserung oder Weiterentwicklung der von mir zur Diskussion gestellten Gedanken erhalten. Der wichtigste Punkt dabei scheint die Mann-Frau-Beziehung zu sein. Dieses Kapitel nehme ich mir jetzt für die dritte Auflage vor. Desgleichen möchte ich einige praktische Beispiele zur Anwendung gruppendynamischer Methoden in Hierarchien einarbeiten.

Wien, im Februar 1987

1 Die Gruppe: Direkte Kommunikation

1.1 Gruppe und Einzelperson

Besondere Schwierigkeiten bereiten in der Wissenschaft Forschungsergebnisse, die der allgemeinen Meinung zuwiderlaufen. Die Forscher haben zuerst die Schwierigkeit, ihre Erkenntnisse selbst zu akzeptieren, später sie zu publizieren und „solche Dinge" zu behaupten. So ging und geht teilweise noch heute das hierarchische Organisationsmodell nicht nur davon aus, daß jeweils der Vorgesetzte mehr recht hat als der Untergebene, sondern es setzt auch voraus, daß derjenige, der mehr weiß und mehr kann, auch mehr gehört wird. „Wer recht hat, auf den wird gehört." Dies ist aber ein rationales Konzept, das, wie Forschungen zeigen, nicht stimmt. Nicht einmal in der kleinen Gruppe hat immer der die meiste Autorität, der von der Sache her am meisten recht hat.

Zunächst konnte gezeigt werden, daß schon die Wahrnehmung des einzelnen durch die Gruppe beeinflußt werden kann. Asch[3] machte Experimente mit Gruppen, in denen die Mehrheit der Mitglieder bei Schätzungen von Längen und Entfernungen instruierterweise deutlich falsche Angaben machen mußte. Die nicht instruierten Mitglieder – die eigentlichen Versuchspersonen – schlossen sich zu einem hohen Prozentsatz der Fehlschätzungen an. Nur ein Viertel der Gruppenmitglieder blieb unbeeinflußt, während in den Kontrollgruppen keine falschen Ergebnisse auftraten. Hier ließ Asch die Schätzungen einzeln schriftlich vornehmen, während in der Versuchsgruppe laut geschätzt werden mußte. Dadurch wurde die Wahrnehmung der einzelnen Gruppenmitglieder in Richtung des Schätzergebnisses der Mehrheit beeinflußt, selbst wenn dieses Ergebnis deutlich falsch war. Asch konnte weiterhin nachweisen, daß sich dieser Mehrheitseffekt steigert, je unklarer die Reizsituation ist. Handelt es sich nicht eindeutig um objektive Gebilde wie Strecken, Linien, geometrische Figuren, sondern um Gefühle und Meinungen über Situationen oder Menschen, dann ist der Einfluß der Gruppenmeinung auf den einzelnen noch stärker.

Schachter[4] konnte zeigen, daß ein Gruppenmitglied, das eine von der Gruppe abweichende Meinung vertritt (unabhängig von der objektiven Richtigkeit dieser Meinung), unter starken Konformitätsdruck gerät. In einer Diskussionsgruppe über einen jugendlichen Delinquenten wurde ein Gruppenmitglied gebeten, eine vom Gruppendurchschnitt der Beurteiligung stark abweichende Meinung zu vertreten. Die Folge war, daß dieser Extremist wesentlich häufiger (7–11mal so oft) angesprochen wurde als die konformen Gruppenmitglieder. Unbeschadet seiner sonstigen Position in der Gruppe wurde er – wenn er bis zuletzt nicht konvertierte – als unsympatisch empfunden: „Sonst mag ich ihn recht gern, aber heute hab ich mich über ihn geärgert", konnte man bei Interviews der Gruppenmitglieder nach der Diskussion hören. Der Versuch, die Konformität der Meinungen in Gruppen herzustellen, ist von starken Emotionen begleitet. Wer Abweichungen von Gruppenmeinungen vertritt, macht sich unbeliebt. Dagegen wird die Meinung des Beliebten eher gehört als die eines unbeliebten Gruppenmitgliedes, er spricht sozusagen auch mehr „die Wahrheit". Die Wissenschaft spricht in diesem Zusammenhang auch von Gruppenstandard oder Gruppennorm, und dies ist eines der interessantesten Kapitel der Gruppenforschung. Die Gruppe kann sich nämlich – gemessen an einem rationalen objektiven Sachverhalt – auch irren. Der Konformitätsdruck auf die Mitglieder wird dadurch nicht geringer. Wer sich in Richtung einer von der Gruppe nicht anerkannten „Wahrheit" von der Gruppe entfernt, gerät in eine Außenseiterposition, egal wie „objektiv wahr" seine Meinung auch ist.

Manchmal scheinen solche Außenseiterrollen sogar bei Organisationen und Institutionen möglich zu sein. Vielleicht läßt sich das Schicksal der Erfinder und Neuerer dadurch besser verstehen. Auch „Wahrheiten" können Gruppen, Organisationen und Institutionen bedrohen.

Die Schwierigkeit besteht nun darin, herauszufinden, wer eigentlich festsetzt, was Norm ist. In welchem Verhältnis stehen also Standard und Gruppe? Welche Rolle hat dabei der einzelne? Wie kommt es innerhalb der Gruppe zu einer Meinungsbildung, und welchen Sinn hat der Konformitätsdruck? Weshalb kann es überhaupt zu einem Widerspruch zwischen dem emotionalen Verhalten von Gruppen und dem rationalen Konzept einer Organisation (z.B. der Wissenschaft) kommen? Warum tun so viele mit großer Begeisterung etwas Unvernünftiges? Wer setzt eigentlich fest, was vernünftig und was unvernünftig ist? Welchen Sinn hat überhaupt die Unterscheidung emotional – rational? Woher kommt sie und wie steht sie zu anderen Unterscheidungen, etwa bewußt – unbewußt? Daß hier Zusammenhänge bestehen, merkt jeder, der sich bemüht, Gruppenprozesse zu analysieren. Manches, was in einer Gruppe geschieht, hat einen Sinn, ohne daß die Beteiligten diesen Sinn rational und bewußt wollen. Der Extremist wird zwar mit rationalen Argumenten bekämpft, aber oft ist die emotionale Einigung der Gruppe dafür die Voraussetzung. Den Beteiligten ist meist nicht bewußt, was hier „eigentlich" vor sich geht. Welche Berechtigung gibt es aber, das „eigentliche" Geschehen vom bewußten Wollen zu unterscheiden? Denn auch das „eigentliche Geschehen" einer Gruppe wird von der Wissenschaft wiederum in rationalen Modellen bestimmt.

Die Differenz sowie die Vereinheitlichung von rationalen Modellen und affektiver Anteilnahme der Mitglieder kennzeichnet die Entwicklung jeder

Gruppe. Die Mitglieder sind oft in der Lage, ihre Situation in einem rationalen Modell zu reflektieren. Wir haben dieses oder jenes Ziel und werden, um es zu erreichen, diese oder jene Methode anwenden. Solange sich die Mitglieder mit dem rationalen Modell identifizieren, arbeitet die Gruppe mehr oder weniger erfolgreich. Erst wenn Differenzen auftreten (Meinungsverschiedenheiten über Ziel oder Methode, Konflikte mit einzelnen Gruppenmitgliedern usw.), ist die Gruppe gezwungen, ihre Situation zu reflektieren, um diese Differenz zu beseitigen. Ob dies mit Hilfe der Autorität gelingt oder nicht, soll uns hier noch nicht beschäftigen. Erst wenn wieder eine neue Einheit – es kann auch die alte sein – hergestellt ist, so daß sich alle mit der Gruppe identifizieren, kann die Arbeit weitergehen. Nach diesem Prinzip des Prozesses arbeiten z. B. Trainingsgruppen in der Gruppendynamik. Sie haben den Entwicklungsprozeß, der sich aus der Differenz von Normen und Standards einerseits, affektiver Zustimmung oder Ablehnung der einzelnen andererseits ergibt, direkt zum Thema. Oft fragt man sich deshalb: Wie kommt es zu einer Meinungsbildung in der Gruppe? Was trägt der einzelne dazu bei und wieweit wird er von der Gruppe dabei beeinflußt?

Die größte Schwierigkeit stellt dabei die Erfassung dessen, was hier „die Gruppe" genannt wird, dar. Vielen erscheint sie als geheimnisvolles faszinierendes Etwas, das sich sofort wieder entzieht, wenn man es bestimmt zu haben glaubt. Irgendwann plötzlich im Laufe eines Gruppenprozesses wissen die Mitglieder: „Nun sind wir eine Gruppe." Aber sie wissen nicht, warum. Vorher können sie meist auch sehr präzise sagen, „wir sind noch keine Gruppe", aber können wiederum nicht angeben, warum. Es scheint fast, als bekomme die Gruppe plötzlich Realität, und niemand weiß, weshalb. Die Gruppendynamik hat sich bemüht, diesen Prozeß zu reproduzieren und zu steuern. So gut dies praktisch gelungen ist, so dürftig sind die wissenschaftlichen Erklärungen dafür. Meist wird gesagt, das müsse man erlebt haben.

Es liegt nun die Vermutung nahe, daß diese Differenz eine grundsätzliche ist. Affektive Anteilnahme und Gruppennorm, individuelle Emotionalität und Standard, Hier-und-Jetzt-Situation und das jeweilige Reflexionsmodell in Form von Aufgaben, Ziel und Methode der Gruppe stellen eine grundsätzliche Differenz dar, die überhaupt erst die Gruppe zur Gruppe macht. Daraus wird aber auch deutlich, daß das Problem der Individualität erst vom Reflexionsprozeß der Gruppe her zu verstehen ist.

Wenn diese Behauptung zutrifft, dann muß die Gruppe in der Geschichte der Menschheit eine große Rolle gespielt haben. Möglicherweise werden in der Kleingruppenforschung alte Verhaltensmuster wieder sichtbar, die durch die Ablenkung des Blickes auf die rationalen und logischen Strukturen des hierarchischen Organisationsmodells bisher dem forschenden Verstand verborgen geblieben sind. Schließlich betrifft die Reflexion auf den Gruppenprozeß und die gesellschaftlichen Probleme den Menschen in ganz anderer Weise als die Reflexion auf die Gesetze der nichtmenschlichen Natur.

Daß man Jahrhunderte hindurch den Blick nicht auf die Kommunikation des Menschen richtete, indem man erklärte, zwischen Tier und Mensch bestehe ein grundsätzlicher Unterschied, die Existenz des Menschen sei nicht aus der Entwicklung der Tiere verständlich usw., hat vielleicht auch darin seinen Grund. Wir kennen die Ablenkungsversuche auf sachliche (abstrakte, nicht die Gruppe betreffende) Themen in der T-Gruppe sehr gut. Vielleicht hängt auch diese Abwehr mit dem grundsätzlichen Problem des Gruppenprozesses zusammen. Die Geschichte und das Schicksal der Psychoanalyse würde in dieselbe Richtung deuten.

Aus der vielschichtigen Rolle, die die Gruppe in der Geschichte der Menschheit gespielt hat, sollen zwei Aspekte der Entwicklung besonders hervorgehoben werden: die biologischen Voraussetzungen der Gruppe sowie einige Aspekte der Kommunikationsentwicklung. Es könnte nämlich sein, daß einige der heute festzustellenden Verhaltensweisen in Gruppen eine lange Geschichte haben. Mit der Reflexion auf diese Geschichte haben wir die Möglichkeit, unser Gruppenverhalten sowohl auf seinen entwicklungsgeschichtlichen Sinn als auch auf seinen Sinn in der Gegenwart hin zu analysieren und unter Umständen in die Verfügbarkeit menschlichen Handelns einzubeziehen. Der reale gesellschaftspolitische Hintergrund ist dabei wohl der: Eine Organisation wird umso besser funktionieren, die einzelnen Mitglieder werden sich in ihr umso wohler fühlen, je besser es gelingt, die Zustimmung der einzelnen zu dieser Organisation und Struktur zu erhalten. Ohne Kenntnisse der „Gesetzmäßigkeiten", nach denen Gruppen und Organisationen leben, scheint dieses Ziel aber eine Utopie zu sein.

1.2 Die Gruppe in der Entwicklungsgeschichte

Die Hominisation wird heute als Prozeß gesehen, der biologisch vor einigen Millionen Jahren mit der Trennung zwischen Vorfahren der Affen und des Menschen begonnen hat. Sie lebten als Pflanzenfresser in den tropischen Regenwäldern Afrikas. Das Leben in den Bäumen setzt bereits eine sehr spezialisierte und komplexe Körperorganisation voraus. Biologisch gesehen erreicht die Entwicklung einer Art immer dann eine Grenze, wenn die Spezialisierung zwar zu einer sehr guten Anpassung an eine bestimmte Umwelt geführt hat, die Flexibilität der Umstellung auf eine andere Umwelt aber dadurch nicht mehr vorhanden ist. Radikale Änderungen der Umweltbedingungen führen dann oft zum Zugrundegehen der Art, während weniger spezialisierte Arten sich als anpassungsfähiger erweisen. So konnten vor einigen Jahren die kleinen devianten Vertreter einer Wühltierart den starken Frost in Europa besser überleben als die normal großen Tiere, da diese nicht zur Nahrungsaufnahme an die Oberfläche gelangten und so verhungerten. Die ehemals der Zahl nach geringeren kleinen Tiere waren nun zahlenmäßig überlegen.[5]

Weitere Spezialisierung kann eine evolutive Sackgasse bedeuten, indem immer mehr Verhaltensweisen in den Erbkoordinationen vorprogrammiert sind. Den heute lebenden Arten ist jedenfalls eines gemeinsam: daß sie überlebt haben. Sie sind den evolutiven Sackgassen entkommen, entweder weil sich die Umwelt nicht oder nur langsam geändert hat, oder weil sie einer radikalen Umweltveränderung durch ebenso radikales Anpassen ihres Verhaltens folgen konnten. Der Anpassungsprozeß wird heute nicht mehr als Vererbung erworbener Eigenschaften gesehen – das würde eine zu rasche Änderung des Verhaltens und damit zuviel Unordnung in die Entwicklung bringen – sondern als durch die Mutation und den Selektionsprozeß gesteuert; Mutanten gibt es öfters, aber bei einer Änderung der Umweltbedingungen können diejenigen, deren Mutation adaptiv ist, besser überleben.

Der Übergang von den Primaten zu den Hominiden ist durch die Verstärkung und Weiterentwicklung einiger schon bei den Primaten vorhandenen Tendenzen gekennzeichnet. Das Gehirn der Primaten hat sich ursprünglich vermutlich für die Koordination des sehr komplexen und doch relativ großen Bewegungsapparates für das Leben in den Wäldern entwickelt. Das Fehlen der direkten Waffen (Klauen, Reißzähne etc.) deutet darauf hin, daß die Primaten sich einer Gefahr durch rasche Flucht entziehen mußten.

Beobachtungen an heute noch lebenden Primaten (es gibt außer dem Menschen noch über 30 Arten) bestätigen diese Vermutung. Die Vorfahren der Hominiden in den Wäldern waren vermutlich keine Raubtiere. Auch der Verdauungsapparat deutet auf eine überwiegend pflanzliche Kost hin. Mediziner meinen, daß sogar die Nahrungsgewohnheiten des heutigen Menschen – nämlich raubtierartig selten, aber viel zu essen – für den Körper nicht so zuträglich seien wie die Eßgewohnheiten der Primaten, die ununterbrochen in sehr kleinen Mengen während des ganzen Tages sozusagen ohne bestimmte „Mahlzeit“ mehr „naschen“ als „essen“.

Zur komplexen Koordinierung gehört auch das räumliche Sehen, das natürlich für das Leben und eine rasche Fortbewegung in den Bäumen notwendig war. Die Überentwicklung des Gesichtssinnes gegenüber den anderen Sinnesorganen ist dem Menschen geblieben. Geruch und Geschmack, Gehör und Tastsinn sind vergleichsweise unterentwickelt. Es ist interessant, daß dieser Vorrang der räumlichen Koordination sich noch heute in der Sprache nachweisen läßt. Konrad Lorenz zitiert den Sprachforscher Prozig: „Die Sprache übersetzt alle unanschaulichen Verhältnisse ins Räumliche. Und zwar tut das nicht eine oder eine Gruppe von Sprachen, sondern alle ohne Ausnahme tun es. Diese Eigentümlichkeit gehört zu den unveränderlichen Zügen (‚Invarianten‘) der menschlichen Sprache. Da werden Zeitverhältnisse räumlich ausgedrückt: vor oder nach Weihnachten, innerhalb eines Zeitraumes von zwei Jahren. Bei seelischen Vorgängen sprechen wir nicht nur von außen und innen, sondern auch von ‚über und unter der Schwelle' des Bewußtseins, vom ‚Unterbewußten', vom Vordergrunde oder Hintergrunde, von Tiefen und Schichten der Seele. Überhaupt dient der Raum als Modell für alle unanschaulichen Verhältnisse: neben der Arbeit erteilt er Unterricht, größer als der Ehrgeiz war die Liebe, hinter dieser Maßnahme stand die Absicht – es ist überflüssig die Beispiele zu häufen, die man in beliebiger Anzahl aus jedem Stück geschriebener oder gesprochener Rede sammeln kann. Ihre Bedeutung bekommt die Erscheinung von ihrer ganz allgemeinen Verbreitung und von der Rolle, die sie in der Geschichte der Sprache spielt. Man kann sie nicht nur am Gebrauch der Präpositionen, die ja ursprünglich alles Räumliche bezeichnen, sondern auch an Tätigkeits- und Eigenschaftswörtern aufzeigen."[6]

Auch in unserem Denken führen viele ‚Zusammenhänge' auf Raumanalogien zurück, die Sehen und Greifen koordinieren, – eine Fähigkeit, die die Primaten in den Wäldern für das Überleben notwendig brauchten. („Wir gewinnen ‚Einsicht' in einen ‚verwickelten' ‚Zusammenhang' – wie ein Affe in ein Gewirr von Ästen –, aber wirklich erfaßt haben wir einen ‚Gegenstand' erst, wenn wir ihn voll ‚begriffen' haben.")

Bei den Primaten gab es nun eine Entwicklungstendenz in der Richtung, daß die Verhaltenssteuerung nicht mehr weiter in den Erbkoordinaten liegt, sondern durch einen individuellen Lernprozeß stattfindet. In diesem Fall haben die weniger spezialisierten Arten einen evolutiven Vorteil, weil sie sich leichter an eine neue Umgebung anpassen können. Je weniger Verhaltensmuster ererbt, je mehr also erst nach der Geburt erlernt werden, desto flexibler ist die Art. Konrad Lorenz nennt diesen Vorteil der Hominiden „Spezialisation auf Nicht-spezialisiert-sein" und weist nach, daß die Neugier den Mangel an morphologischen Spezialanpassungen ersetzen muß.

Daß die Nichtspezialisiertheit und die dadurch gegebene Vielseitigkeit der Anpassungsmöglichkeiten einen evolutiven Erfolg generell darstellt, legt er folgendermaßen dar: „Vielleicht sehen wir die Bedeutung eines Fehlens von speziellen Anpassungen klarer, wenn wir den Standpunkt wechseln und die Vielseitigkeit des nicht speziell angepaßten Lebewesens ins Auge fassen. Vergleichen wir einmal einige nach verschiedenen Richtungen hochspezialisierte, aber ziemlich naheverwandte Nagetiere, die Wüstenspringmaus (Rennanpassung), das Flughörnchen (Kletter- und Springanpassung), den Blindmull (Anpassung an unterirdisches Leben) und den Biber (Schwimmanpassung) mit einem unspezialisierten Nager, der Wanderratte. Diese übertrifft nun jeden der vier Spezialisten in den drei Leistungen, für die er nicht Spezialist ist, um eine Vielfaches und um ein Vielfaches dieses Vielfachen im biologischen Enderfolg, nämlich in Individuenzahl und Verbreitung der Art. Wenn wir nun rein körperliche, völlig ungeistige Leistungen des Menschen in Hinblick auf ihre Vielseitigkeit mit denen ungefähr gleichgroßer Säugetiere vergleichen, so zeigt er sich durchaus nicht als ein so gebrechliches und mangelhaftes Wesen, wie man meinen könnte. Stellt man etwa die drei Aufgaben, 35 km in einem Tag zu marschieren, 5 m hoch an einem Hanfseil emporzuklimmen und 15 m weit und 4 m tief unter Wasser zu schwimmen und dabei zielgerichtet eine Anzahl von Gegenständen vom Grunde emporzuholen, lauter Leistungen, die auch ein höchst unsportlicher Schreibtischmensch, wie z. B. ich, ohne weiteres zustande bringt, so findet sich kein einziger Säuger, der ihm das nachmacht."[7]

Wenn der Mensch sich also aus einer nicht stark spezialisierten Primatenart entwickelt hat, so muß es ihm gelungen sein, die Nachteile dieser Nichtspezialisierung zu kompensieren. Ihr Vorteil liegt offensichtlich darin, daß die Verhaltenssteuerung nicht von vornherein durch spezifische, vererbte Organe und die dazu gehörenden Verhaltensmuster geregelt ist. Bei Umweltänderung durch Mutation ein neues Organ zu bekommen und dadurch nun wieder angepaßt zu sein, ist offensichtlich zu unflexibel. Da das Verhalten aber doch jeweils ein spezifisches sein muß, erfolgt die Spezialisierung durch den Lernprozeß und durch Prägungen. Erlerntes und geprägtes Verhalten läßt sich schneller modifizieren, wenn die Umstände dies verlangen sollten. Neue Situationen können wahrscheinlich besser gemeistert werden, wenn Reize und Reaktionen mehr durch Erfahrung denn durch Vererbung verbunden werden.

Wahrscheinlich hätte sich der Mensch in dieser Form gar nicht entwikkeln können, wenn zu viele Verhaltensweisen seiner Vorfahren genetisch vorgeprägt gewesen wären.

Eine Folge der Übernahme von Verhaltenssteuerungen aus den Erbkoordinaten in den Lernprozeß ist jedenfalls, daß die Jungen viel länger von den Eltern abhängig sein müssen, als dies bei spezifisch angepaßten Arten der Fall ist. Auch unter den Primaten, die unter den Säugetieren schon eine lange Abhängigkeitsphase der Jungen haben, übertrifft der Mensch in der Länge dieser Phase alle seine Verwandten aus dem Tierreich. Bei keiner anderen Primatenart nämlich muß das Junge nach dem Abstillen noch weiter gefüttert werden.

Ein Rückgang der Spezialisierung bzw. die Weiterentwicklung bei geringerer Spezialisierung bedingt noch einen für unseren Zusammenhang sehr wichtigen Aspekt: die vergrößerte Abhängigkeit des einzelnen von der Gruppe der Artgenossen. Diese Abhängigkeit ist eine biologische Hauptkomponente seiner Existenz. Denn einerseits besitzt der Hominide eine immer größere Differenziertheit in der Koordination der einzelnen Umweltreize, um die immer größer werdende Umwelt überhaupt reizmäßig verarbeiten zu können. Andererseits aber ist diese Verarbeitung nicht durch die Erbkoordinaten gesteuert. Es ist nicht programmiert, wie das Einzelwesen auf alle Umweltreize reagieren muß, eben weil es nicht so spezialisiert ist. Eine Steuerung muß aber sein. Kommen zu viele, einander widersprechende Reize auf das Individuum zu, kann es leicht zu einem Zusammenbruch der Koordination kommen. Das bedeutet, daß ein komplexeres Nervensystem nur im Zusammenhang mit einem Lernprozeß und einer Steuerung durch eine Sozietät ein Anpassungsvorteil ist. Ohne solche Steuerung ist die Komplexität, die ja darin besteht, sehr viele sehr unterschiedliche Reize verarbeiten zu können, ein Anpassungsnachteil.

Der Vorteil eines großen Gehirns sowie eines komplexen Nervensystems ist unter einer strengen Kontrolle außerordentlich groß. Das Verhalten unterliegt zum Teil der Kortikalkontrolle, d. h. es kann mehr oder weniger willkürlich gesteuert werden und ist damit nicht an die Stereotypie der niederen Tiere gebunden. Mit jedem neuen Reiz, der sinnvoll interpretiert werden konnte, wurde die Umwelt des Hominiden größer und damit seine Anpassungsfähigkeit an diese Umwelt besser. Der Preis, der dafür bezahlt werden mußte, war die vergrößerte Abhängigkeit des einzelnen von der Sozietät, denn je größer die Umwelt eines handelnden Wesens ist, desto weniger dürfen die Handlungen durch ein einfaches Reizreaktionsschema festgelegt werden. Wie Tierversuche ergeben, können Tiere mit bestimmten festgelegten Verhaltensmustern durch konträre Reize in einer handlungsunfähigen Balance gehalten werden. Noch für den heutigen Menschen können Situationen eintreten, in denen das Einwirken von zu vielen Reizen frustrierend und ablenkend wirkt. Gelegentlich steigert sich eine solche Reizüberflutung zu einer völligen Handlungsunfähigkeit und führt zum Zusammenbruch der kortikalen Kontrolle (Nervenzusammenbruch).

Man kann dies auch in einem Schema verdeutlichen: Die Abhängigkeit von der Gruppe wird umso größer, je mehr Funktionen aus dem Reizreaktionsschema herausgenommen werden und über die Prägung, über den Lernprozeß oder über die kortikale Kontrolle laufen.

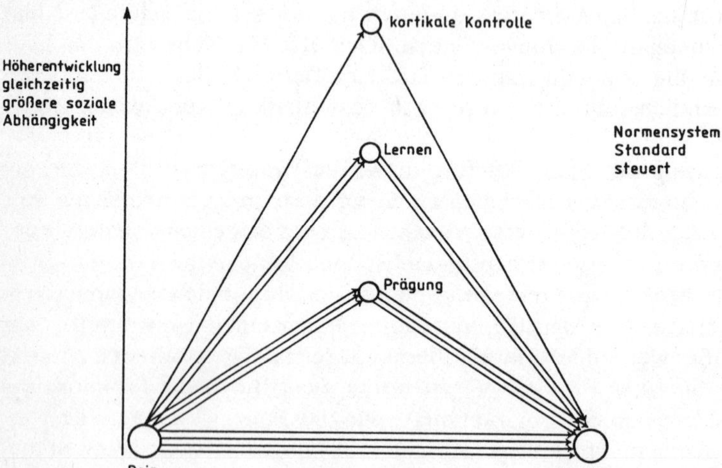

Für jede Funktion, die nicht mehr über die Erbkoordination gesteuert wird, müssen „Prinzipien" gefunden werden, nach denen die Handlung auf den Reiz erfolgen kann. Diese „Prinzipien" stellt das menschliche Normensystem zur Verfügung. Daß etwas durch Gebote oder Gesetze „normiert" werden muß, zeigt, daß es nicht mehr nur von den Erbkoordinationen her gesteuert wird.

Ein schönes Beispiel dafür ist die Stellung des Menschen zum Feuer. Es gibt wenige Tiere, bei denen Feuer nicht eine Fluchtreaktion auslöst. Tiere spielen nicht mit dem Feuer. Diese Fluchtreaktion muß beim Menschen „ausgeschaltet" werden, damit Feuer für kulturelle Fortschritte nutzbar gemacht werden kann. Der Nachteil liegt darin, daß Kinder gerne mit Feuer spielen (nach der Versicherungsstatistik gehen in manchen Landstrichen über 60% aller Brandstiftungen auf Kinder zurück) und deshalb eigens mit Hilfe von Normierungen daran gehindert werden müssen, solcherart Unheil anzurichten.

Ein anderes Beispiel ist die Atmung und die Höhenanpassung. Bei einer bestimmten Höhe wird der durch die normale Atmung geförderte Sauerstoff zu wenig. Eine größere Höhe, etwa bei Bergtouren, ist für den Menschen dann erreichbar, wenn er bewußt durch Ausblasen die Sauerstoffmenge erhöht. Eine Begrenzung der erreichbaren Höhe ist erst durch die Notwendigkeit einer Erholungsphase gegeben. Beim Einschlafen „schaltet" die Atmung wieder auf „Automatik", die aber nun unter Umständen zu wenig Sauerstoff fördert, so daß der erschöpfte Bergsteiger unter Erstickungsanfällen wieder aufwacht. Die bewußte Atmung vermag die Übelkeit bald zu überwinden, ein neuerlicher Versuch einzuschlafen führt aber zu demselben Ergebnis. Erst der Abstieg aus der großen Höhe bis zu dem Punkt, an dem auch im Schlaf die Sauerstoffmenge groß genug ist, ermöglicht die Rekreation. Auch die Höhenakklimatisation ist also aus der Übernahme von Steuerung aus dem Reizreaktionsschema in die kortikale Kontrolle zu verstehen.

Je geringer somit die Festlegungen des Verhaltens seitens der biologischen Steuerung sind, desto leichter lassen sich situationsadäquate Entscheidungen treffen, also solche, die nicht „von der Natur vorgesehen" sind. Dieser Ausdruck ist allerdings irreführend. Denn die Nichtspezialisiertheit ist ja eben von der Natur vorgesehen, nachdem sich diese Art der Primaten biologisch durchsetzen konnte. Je geringer die Spezialisierung, desto größer die Umwelt, desto mehr unterschiedliche Reize müssen verarbeitet werden. Je mehr und je unterschiedlichere Reize verarbeitet werden müssen, desto leichter ist dieses komplexe System zu stören.

Was tritt nun an die Stelle der vorprogrammierten biologischen Kontrolle des Verhaltens? Die Antwort wird heute ziemlich einhellig von den Biologen und Verhaltensforschern gegeben: *der Standard der menschlichen Gruppe*. Wenn man in einem Satz einen Prozeß von vermutlich mehreren

Millionen Jahren beschreiben will, kann man sagen: An die Stelle der genetisch vorprogrammierten Verhaltensmuster treten als Steuerung des Verhaltens die Normen und Standards der Gruppe, in der dieses Wesen lebt.

Wie kam dies zustande? Biologen vermuten nicht nur ein Abstoppen der weiteren Spezialisierung bei bestimmten Primatenarten, sondern sogar eine Rückentwicklung bereits eingetretener Spezialisierungen (Neotenie). Morris schildert diese Theorie folgendermaßen: „Da für die Entscheidung im Konkurrenzkampf das Gehirn wichtiger war als Muskelkraft, mußte durch irgendeinen dramatischen Entwicklungsschritt die Hirnkraft wesentlich gesteigert werden. Wie das geschah, ist seltsam genug: Der Raubaffe wurde zum Kindsaffen. Dieser Trick ist im Entwicklungsgeschehen keineswegs einmalig – bei einer ganzen Reihe sonst grundverschiedener Fälle hat er sich bewährt. Sehr vereinfacht ausgedrückt, ist folgendes gemeint: In einem als Neotenie bezeichneten Vorgang werden gewisse jugendliche – wenn man will: infantile – Merkmale beibehalten bis ins Erwachsenenalter. (Ein berühmtes Beispiel ist der mexikanische Axolotl, eine Salamander-Art, die Zeit ihres Lebens auf dem Larvenstadium der Kaulquappe stehenbleibt, sich in diesem Zustand jedoch fortzupflanzen vermag.) Auf welche Weise diese Neotenie bei der Vergrößerung und Entwicklung des Primatenhirns wirksam geworden ist, macht man sich am besten klar, indem man das noch ungeborene Junge eines typischen Tieraffen betrachtet. Vor der Geburt nimmt das Gehirn des Affenfötus in Größe und Feinbau rapid zu; bei der Geburt hat es bereits 70 Prozent seiner vollen Größe beim ausgewachsenen Tier erreicht. Die verbleibenden 30 Prozent werden schnell nachgeholt – in den ersten sechs Monaten. Noch beim Schimpansenkind ist es ähnlich: Es vollendet sein Hirnwachstum innerhalb der ersten zwölf Monate nach der Geburt. Ganz anders bei unserer Art: Wir haben bei der Geburt ein Gehirn, das nur 23 Prozent seiner endgültigen Größe im Erwachsenenalter ausmacht, der rapide Wachstumsprozeß hält sechs Jahre nach der Geburt an und ist völlig abgeschlossen erst mit dem 23. Lebensjahr. Für jeden von uns geht also das Hirnwachstum noch etwa 10 Jahre nach Erreichen der Geschlechtsreife weiter, während es beim Schimpansen meist schon vor der ersten sexuellen Aktivität abgeschlossen ist. Diese Tatsache zeigt sehr klar, was gemeint ist, wenn wir gesagt haben, daß wir Kindsaffen geworden seien, aber es ist auch wichtig, diese Feststellung einzuschränken: Wir (oder besser: die Raubaffen als unsere Ahnen) wurden infantil hinsichtlich gewisser Züge, nicht jedoch hinsichtlich anderer. Die Rate der Entwicklungsgeschwindigkeit unserer verschiedenen Eigenschaften war ganz unterschiedlich. Während sie sich z. B. bei unseren Fortpflanzungsorganen beschleunigte, hinkte sie beim Hirnwachstum hinterher. Und so war es auch bei anderen Teilen unserer Anatomie – bei manchen trat eine erhebliche Verzögerung ein, bei manchen eine geringe, bei anderen gar keine. Mit anderen Worten: Es war ein Prozeß unterschiedlicher Verkindlichung. War dieser Weg erst einmal eingeschlagen, so mußte die natürliche Auslese (die ausmerzt, was weniger gut angepaßt und deshalb weniger lebenstüchtig ist) alles begünstigen, was durch Verlangsamen in der Ausbildung dieses oder jenes Teils unserer Körperlichkeit zum Überleben in einer schwierigen, ja feindlichen Umwelt beitrug. Das Gehirn war nicht der einzige Körperteil, an dem das geschah – auch die Körperhaltung wurde auf die gleiche Weise beeinflußt. Beim ungeborenen Säugetier liegt die Schädelachse im rechten Winkel zur Körperachse. Würde es in dieser Stellung geboren, müßte beim vierfüßigen Laufen sein Kopf zum Boden hin gerichtet sein; deshalb dreht sich der Schädel vor der Geburt rückwärts so, daß seine Achse mit der des Körpers zusammenfällt, so daß nach der Geburt und beim Laufen der Kopf nach vorne zeigt. Wenn nun aber ein solches Tier anfangen würde, sich auf seinen Hinterbeinen aufzurichten und solchermaßen auch zu laufen, müßte sein Kopf himmelwärts gerichtet sein. Und deshalb ist es für ein aufrecht gehendes Tier wie den Raubaffen wichtig, den embryonalen rechten Winkel zwischen Schädel- und Körperachse beizubehalten, sodaß trotz der neuen Fortbewegungsweise, der Kopf nach vorn gerichtet ist. Das ist denn auch geschehen, und es liefert uns zudem ein weiteres Beispiel für Neotonie – das Erhalten eines vorgeburtlichen Stadiums bis hin ins Erwachsenenalter.

Viele andere körperliche Merkmale des Raubaffen können wir als auf diese Weise entstanden deuten: den langen schlanken Hals, das flache Gesicht, die kleinen Zähne und ihr spätes Durchbrechen, das Fehlen schwerer, vorspringender Augenbrauen und die Unfähigkeit, den großen Zeh so einschlagen zu können wie den Daumen."[8]

Verkindlichung eines Bereiches kann möglicherweise die Kompensation für die Höherentwicklung eines anderen Bereiches sein. Dabei muß die Verkindlichung nicht bloß auf Organentwicklungen beschränkt sein. Beim Menschen gibt es eine Reihe von Beispielen für soziale Verkindlichungen. So sind oft sehr begabte Männer oder Genies, bei denen bestimmte Fähigkeiten überentwickelt sind, in einem anderen Bereich infantil. Es müßte untersucht werden, wie weit die Kulturentwicklung des Patriarchats solche infantile Züge bei Männern begünstigt – wodurch eine spezielle Form der Arbeitsteilung zwischen Mann und Frau ermöglicht wird. So bleibt oft die Rolle der Mutter (auch in Form der „mütterlichen" Ehefrau) für den Mann wichtiger als für die Frau. Dazu später mehr.

Die Neotenie ist aber nur eine der möglichen Erklärungen für diese Entwicklung. Eine andere Möglichkeit, das große Gehirn der Primaten zu erklären – allerdings mit der Neotenie gar nicht in Widerspruch –, ist die Schwierigkeit des Lebens in den Bäumen. Adams schreibt: „Zu den bedeutendsten Änderungen gehörte die Vergrößerung des Gehirns, um die muskuläre und sensorische Ausstattung besser anzupassen und zu koordinieren. Das Gleichgewicht zu halten und sich auf manchmal schmalen, manchmal unebenen Zweigen und Ästen schnell und sicher zu bewegen, erforderte eine präzisere

Kontrolle der Muskeln als das Laufen auf dem Boden. Die optischen Sinnesorgane wurden, insbesondere für Vögel, wichtig für die Lokalisierung von Nahrung und Feinden. Verbesserungen des Tastsinns verliehen möglicherweise den evoluierenden Säugetieren Vorteile gegenüber ihren Verwandten; denn größere Empfindlichkeit im Bereich der Finger (bzw. Zehen) ermöglichte besseres Greifen. Der Geruchssinn dieser Tiere schärfte sich möglicherweise bis zu dem Grad, daß sie Geschlechtspartner in anderen Bäumen lokalisieren und Gefahren meiden konnten, wenn sie auf dem Boden von einem Baum zum anderen wechselten. Der Geruchsinn kann auch bei der Abgrenzung von Revieren von Bedeutung sein; die lebenden Prosimier reiben Urin oder Drüsensekrete an Zweige, um den anderen anzuzeigen, daß ein bestimmtes Revier besetzt ist. Im Zusammenhang mit diesen Fortschritten entwickelten oder vergrößerten sich die Assoziationszentren des Gehirns, die die verschiedenen von einem Objekt ausgehenden Reizarten miteinander verbinden. Optisch Wahrgenommenes wurde mit taktil Wahrgenommenem, taktil Wahrgenommenes mit auditiv Wahrgenommenem assoziiert.

Mit der Vergrößerung des Gehirns wurden Verbindungen zwischen und unter den Tieren wahrscheinlich. Es konnten nun Sinneseindrücke, einschließlich der Erfahrungen mit anderen, gespeichert werden. Zahl und Verschiedenartigkeit der Reize, die wahrgenommen und erwidert werden konnten, nahmen zu. Eine Bewegung, ein Geruch, ein Laut oder eine vorbereitende Handlung beispielsweise konnten nicht nur ins Gedächtnis zurückgerufen, sondern manchmal auch mit nachfolgenden Handlungen assoziiert werden. Mit anderen Worten: Die Kommunikation wurde – nicht bewußt, obwohl es hätte sein können – erweitert und die Möglichkeiten zu Koordination und Kooperation dadurch vergrößert."[9]

Die Kausalerklärungen führen dabei immer in einen Bestimmungszirkel: Mit der Zunahme der Lernfähigkeit durch den Abbau der Spezialisierungen gelangten immer mehr Verhaltensweisen unter die kortikale Kontrolle, wodurch das Verhalten durch Erfahrung und durch Kommunikation mit anderen Mitgliedern der Gruppe gesteuert werden kann. Einem Tier, das keine Kontrolle über sein Verhalten hat, kann man nicht sagen: „mach dies so" oder „unterlasse jenes". Auf der anderen Seite führt aber gerade das Leben in einem sozialen Komplex zu einem Wegfall der dadurch überflüssigen Determination. In einer Gruppe ist z. B. die Partnersuche mit Hilfe des Geruchsinns überflüssig. Wenn aber die Lokalisierung des Geschlechtspartners nicht über große Entfernungen mit Hilfe des Geruchsinnes geschehen muß – wie dies noch bei vielen Säugetieren der Fall ist –, so könnte man spekulieren, daß Gehirnkapazität für andere Bestimmungen frei wird. Die frei gewordene Gehirnkapazität kann wieder für zusätzliche Kommunikationsmöglichkeiten in der Gruppe verwendet werden usw. Die soziale Bindung führt zu einer Befreiung des Hominiden vom genetisch fixierten Verhaltensmuster, die Befreiung von den Reizreaktionsprogrammen führt zu vermehrtem Lernen von Erfahrung und macht den Menschen immer mehr zu einem sozialen Wesen. In die gleiche Richtung gehen alle Entwicklungen, die die Kooperationsmöglichkeiten der Primaten vergrößern, denn die vergrößerte Kooperationsmöglichkeit entlastet das Individuum von Funktionen, die nun die Gruppe übernehmen kann, und umgekehrt führt die Übernahme von Funktionen durch die Gruppe zu einer Steigerung der Anpassungsfähigkeit. Die Entwicklungsgeschichte des Menschen ist gekennzeichnet durch viele solche Tendenzen, die nicht einseitig kausal aufgelöst werden können.

Die Anpassungsfähigkeit dieser Entwicklung vom fixierten Verhalten im Reizreaktionsmechanismus über die Lern- und Erfahrungsprozesse zur sozialen Steuerung des Verhaltens durch Normen und Standards der Gruppe war so groß, daß viele biologische Nachteile kompensiert werden konnten. So ist etwa das große Gehirn eine Belastung für den übrigen Körper: „Nach den Worten Carleton S. Coons ist das menschliche Gehirn ein ‚unersättliches Organ'. Selbst wenn der Körper ruht, müssen 767 ccm Blut pro Minute ins Gehirn gepumpt werden; bei körperlicher Anstrengung kann sich diese Menge beinahe noch verdoppeln. Mit anderen Worten: Bei Ruhelage werden etwa 12 Prozent der gesamten Blutmenge des Körpers von einem Organ in Anspruch genommen, das nur ca. 2 Prozent der Körpermasse ausmacht. Das Gehirn muß ständig mit großen Mengen Sauerstoff und Zucker versorgt werden. Es ist gegenüber Temperaturveränderungen sehr empfindlich und muß bei kalter Witterung warm und bei Hitze kühl gehalten werden. Da das Blut die meiste Zeit aufwärts gepumpt werden muß, unterliegt das menschliche Herz einer stärkeren Belastung als das eines Quadrupeden."[10]

Das Gehirn mit seiner Speicherkapazität und der Möglichkeit, vielfältige Reize und Reaktionen zu kombinieren, ist andererseits auch so beschaffen, daß die Zurückhaltung ungeeigneter Reaktionen möglich ist. Dadurch wird die Sozietät stark begünstigt, da das Individuum in der Lage ist, sich mit Hilfe der Kommunikation auf eine gemeinsame Aktion mit anderen einzustellen. Das Leben zunächst in lockeren Gruppen begann also schon bei den höheren Säugetieren. Auch dies ist natürlich ein Bestimmungszirkel: schon Tiere lernen die Fähigkeit zu kooperieren, weil sie in Gruppen leben; andererseits leben sie in Gruppen, weil sie diese Fähigkeiten erlernen können.

Eine gewisse, nicht sehr spezialisierte Primatenart hatte also die Möglichkeit, durch Erlernen eines anderen Verhaltens sich an eine auch stärker oder rascher veränderte Umwelt anzupassen. Worin bestand nun die Veränderung der Umwelt, die eine solche Möglichkeit des Überlebens notwendig machte? Man vermutet heute, daß die große Trockenheit im Pliozän und das damit verbundene Verschwinden eines Großteils der tropischen Regenwälder viele Primaten zum Übersiedeln in die Steppe gezwungen habe. Die Umstellung vom Leben in den Bäumen auf das Leben auf dem Boden verlangte die beschriebene Flexibilität. In einigen Punkten war eine einschneidende Änderung des Verhaltens notwendig, um überleben zu können.

Die wichtigste Änderung sieht man heute in der Beschaffung der Nahrung. Für den pflanzenfressenden Primaten in den tropischen Regenwäldern war sie sozusagen überall und jederzeit greifbar. Das Leben auf dem Boden bietet solche Annehmlichkeiten nicht. Pflanzen, die im Rohzustand für die Hominiden genießbar wären, finden sich außerhalb der Wälder nur in geringem Ausmaß. Der Gebrauch des Feuers aber, mit dessen Hilfe heute Primitivkulturen pflanzliche Nahrung verwerten können, war eine spätere Erfindung. Überlebt haben daher vermutlich jene Primatenpopulationen besser, denen der Übergang zu Fleischnahrung gelungen ist. Dies bedeutet aber Jagd und damit eine doch weitgehende Umstellung der Lebensgewohnheiten und auch der Sozialstruktur der Hominiden.

Zunächst fehlten den Hominiden natürliche Waffen – die waren für einen Pflanzenfresser in den Bäumen auch nicht notwendig gewesen. Gefahren konnte man sich durch Flucht entziehen. Es dürfte daher eine Reihe von Veränderungen, sich gegenseitig bedingend, den Übergang zum Jagdleben des Menschen ermöglicht haben: die fehlenden „natürlichen" Waffen ersetzte der Mensch durch den Gebrauch von Werkzeugen, wofür die Vordergliedmaßen frei werden mußten und somit die Bipedie, die Fortbewegung auf zwei Beinen, möglich und notwendig wurde. Werkzeuge bedeuteten jedenfalls in den Anfangszeiten noch keine Fernwaffen. Da die frühen Menschen, wie man aus den Fundstellen der Lager sehen kann, aber vorwiegend große Tiere gejagt haben (Riesenschwein, Pferd, Flußpferd, Pavian, Gazelle, Antilope und Riesenhirsch), muß man sich die Frage stellen, wie eine Jagd auf diese großen Tiere möglich war. Fast jedes dieser Tiere ist größer, meist auch kräftiger und schneller als der Mensch. Als zusätzliche Schwierigkeit darf die Konkurrenz der Raubtiere für den jagenden Hominiden nicht unterschätzt werden.

Die Antwort auf diese Frage gibt Robert Ardrey: „Niemand anderer als die Jagdbande konnte dieses Tier erlegen."[11]

Die sehr gut koordinierten Gruppen von Jägern waren in der Lage, die Nachteile der Hominiden (eben geringe Spezialisierung auf ein Jagdleben) zu kompensieren und auch große Tiere aufzuspüren, ihnen nachzustellen und sie schließlich zu erlegen. *Die Gruppe als solche war somit die stärkste Waffe des Menschen.* Die Waffen, mit denen die Hominiden nur aus nächster Nähe töten konnten (Knüppel und Faustkeil), konnten erst wirksam werden, wenn das Jagdobjekt eben aus dieser Nähe getötet werden konnte. Um dies zu erreichen, mußten die Menschen in hochorganisierten Banden jagen. Wie eine genaue Analyse der Ausgrabungen zeigt, waren die Jagden meist Treibjagden über große Strecken hinweg, bis das Tier an einem Wasserlauf, in einem Sumpf oder Dickicht oder Tal oder an einem Abgrund gestellt werden konnte. An solchen Stellen fand man dann oft die Überreste von Tieren und Jagdwerkzeugen der Jäger. Die Überreste der gejagten Tiere fand man auch in der Umgebung der alten Lagerstätten, die meist an einem geschützten

Ort angelegt waren (in Tälern oder Höhlen, auf Halbinseln oder zwischen Felsen). In jüngerer Zeit fand man bei diesen Lagern auch Feuerstellen. Das Feuer, das ja nicht nur zum Kochen und Wärmen verwendet werden konnte, schreckte auch Raubtiere ab. In diesem Zusammenhang ist interessant, daß Feuerstellen gefunden wurden, deren Alter man mit bis 400 000 Jahre angeben kann.[12]

Bevor die sozialen Folgen der Umstellung auf die Jagd untersucht werden können, ist es notwendig, einigen Aspekten der Gruppenbildung nachzugehen. Wir können annehmen, daß die kooperative Jagdbande als Überlebenschance der Hominiden sich nicht plötzlich gebildet hat. Sie hat Voraussetzungen, die noch immer bedenkenswert erscheinen, da sich viele Aspekte des Gruppenverhaltens heute vielleicht aus unserer jägerischen Vergangenheit erklären lassen. Eine der Voraussetzungen der kooperierenden Jagdgruppe war die Entwicklung eines Kommunikationssystems, das über die bloße Übertragung von Warnsignalen hinausging. Die längere Lernphase der Jungen verlangte ebenfalls die Speicherung bestimmter Informationen und die Möglichkeit, diese weiterzugeben, somit die Ausbildung der menschlichen Sprache. Die Sprache wiederum war die Voraussetzung, das Verhalten der einzelnen mit Hilfe des Standards und der Normen der Gruppe zu steuern, wodurch andererseits wieder jener Konformitäts- und Kooperationsgrad erreicht wurde, der für die Jagdbande notwendig war. Die Standardbildung wiederum ermöglicht der Gruppe die Umstellung von der Fluchtreaktion auf die Angriffsreaktion der Jagd. Denn von Natur aus, d. h. in diesem Fall aus der quadrupedischen Vergangenheit des Wälderdaseins sind die Primaten Feiglinge, die bei der geringsten Gefahr ihr Heil in der Flucht suchen. Selbst anzugreifen sind sie nur in Ausnahmefällen bereit. Die kollektive Aggressivität, wie sie für das Jagdleben notwendig war, kann somit ebenfalls zu den Leistungen der Gruppe gerechnet werden.

Auch das Verhältnis der Geschlechter zueinander erfuhr eine Wandlung, da die Jagdbande die erste Arbeitsteilung, nämlich die zwischen Frauen und Männern, brachte. Dazu kommen die Probleme, die mit der immer längeren Abhängigkeitsphase der Jungen durch die Entwicklung des Menschengeschlechts gegeben sind. Es ist dabei für unseren Gedankengang nicht wichtig zu unterscheiden, ob die Arbeitsteilung zwischen Mann und Frau die ursprüngliche, sozusagen „natürliche" war, und daraus die Jagdbande entstand, oder ob die Notwendigkeit der Jagd die Arbeitsteilung erst brachte – etwa aufgrund einer größeren Immobilität der Frau. Das Problem der Abhängigkeit wurde deshalb sozusagen zentrales Problem der Menschen, weil sie eine immer längere Reifezeit für ihre „Höherentwicklung" in Kauf nehmen mußten. Hier setzt vermutlich schon sehr früh jener Emanzipationskonflikt ein, der sich als „Generationskonflikt" durch die Geschichte der Menschheit zieht.

1.3 Die Entwicklung der Kommunikation in der Gruppe

Für die Theorie der Gruppendynamik interessant dürfte eine Rekonstruktion der Entwicklung des Kommunikationsproblems sein. Dies impliziert nämlich die Frage, in welcher Weise die Gruppe die Steuerung des Verhaltens übernehmen konnte.

Kommunikation, die einen Zusammenhang zwischen mindestens zwei, meist aber mehreren Exemplaren einer Gattung herstellen muß, kann dabei nicht als eigene Wirklichkeit „zwischen" oder „neben" den einzelnen Personen vorhanden sein. Kommunikation kann nur eine Wirklichkeit der beiden oder vielen sein. Daher muß Kommunikation an die vorhandenen Vitalfunktionen anschließen. Dies geschieht dadurch, daß die ursprünglichen Tempi und Rhythmen der vitalen Rollen eine kommunikative Funktion erhalten. Der Geschlechtsunterschied und der sich daraus ergebende Kommunikationszwang stellt ein erstes Beispiel für diese Tendenz schon im vormenschlichen Bereich der Lebewesen dar. Sowohl die Anzahl der Vitalfunktionen (Aggression, Flucht, Nahrungsaufnahme, Defäkation, Geschlechtsakt etc.) wie auch die Tempi und Rhythmen der Bahnungen ist begrenzt. Es gibt nur einen sexuellen Rhythmus, und es gibt nur eine Schlafexekutive. Bieten sich im Laufe der Entwicklung den Organismen weitere Szenen an, so können diese auch nur wieder auf die Exekutive der ursprünglichen Vitalfunktionen zurückgreifen, auch wenn sie dann einem von diesem abgelösten Sinn entspräche. Es ist ein Kennzeichen verstärkter Soziabilität, daß funktionell zusammengehörige Verhaltensweisen, die ursprünglich nur zusammen einen arterhaltenden Wert entfalten, in der Entwicklung der Sozialisation von einander unabhängig werden können. Derartige Phänomene lassen sich auch bei den Haustieren beobachten: die Domestikationserscheinungen sind ja Entwicklungen, die durch ein Nachlassen des Selektionsdruckes auf Grund der Übernahme von Funktionen durch eine andere Instanz (des Menschen für das Tier) zur Dissoziation von funktionell ursprünglich gekoppelten Verhaltensweisen führen. Konrad Lorenz bemerkte z. B., daß sich „bei der Hausgans die Instinkthandlungen des ‚Sich-Verliebens', d. h. die der Bildung und des monogamen Zusammenhaltens der Paare, von denen der Begattung dissoziieren können".[13]

Diese Dissoziation, eine Folge der Spezialisierung auf Nicht-spezialisiert-sein, ist eine Voraussetzung für die Möglichkeit, neu auftretende Szenen mit den ursprünglichen Exekutiven zu besetzen.

Rudolf Bilz schreibt: „Der Katalog der Neuroregulationen und der chemisch-physiologischen Zuordnungen sowie der Tempi des Geschehens und Erlebens und der Bewegungen weist nur eine bestimmte Zahl von Möglichkeiten einer Zuordnung auf. Das menschliche Leben ist im Laufe der Zivilisation zunehmend reicher an Szenen geworden, man denke an Kunstauktionen oder Examina, für sie aber entstanden nicht zugleich neue Tempi, sondern die gängigen alten Typen wurden verwendet. Archaische Tempi liegen den neuen Rollen zugrunde, und über sie berührten sich die zivilisationsbedingten neuen Erlebnisformen mit den urtümlich-vitalen Rollen. Wir haben offenbar ‚nur ein' Crescendo und Accelerando und ‚nur eine' Erlebnisweise der Monotonie, denn wir haben ‚nur einen Leib', den wir erleben. Identische Tempi, das ist der Erkenntnissatz, den wir gewonnen haben, beschwören die Grundrollen herauf, auch wenn es sich überhaupt nicht um die urtümlichen Situationen mit ihren Partnern von Anfang an handelt. ‚Identische Tempi' ergeben physiologisch identische Exekutiven, wobei auch ihr Erlebensgehalt, also die psychologische Seite des Phänomens, als identisch oder vergleichbar erscheint."[14] Ein bekanntes Beispiel für eine solche identische Exekutive ist die Bahnung des Schlafes durch Monotonie und Affektfreiheit im Sinn der Abwesenheit von Aktionen, die immer nach dem Schema „Steigerung – Höhepunkt – Abflauen" ablaufen. Diese Monotonie kann, wie Bilz ausführt, „die Monotonie eines langweiligen wissenschaftlichen Vortrages sein oder eine langweilige Eisenbahnfahrt mit ihrem eintönigen rhythmischen Geklapper der Eisenteile, es kann sich auch um eine visuelle Einförmigkeit handeln, die zum Einschlafen verführt, wenn etwa die in regelmäßigen Abständen aufeinanderfolgenden Straßenbäume einer Chaussee dem Automobilisten auf einer nächtlichen Fahrt verhängnisvoll werden. Schlaf wird durch Monotonie gebahnt. Auch um gleichförmige vestibuläre Reize kann es sich handeln, wenn wir an das Schaukeln der Kinderwiege erinnern dürfen. Hier also, in allen diesen Situationen, lautet das tertium comparationis nicht Crescendo und Accelerando, sondern über der Partitur steht monotono geschrieben. Einschläfernd wirkt der gleichförmige Fluß des Geschehens in eintönig-rhythmischer Sukzession. Das aber ist der Rhythmus des Schlafens selbst, denn es gibt, wenn man sich so ausdrücken dürfte, nichts Langweiligeres als einen schlafenden Menschen. Das ist eben der biologische Sinn dieser ‚monotonen Daseinsform' (Viktor v. Weizsäcker): nicht oder kaum noch von den Partnerschaften der Umwelt oder den Gegenständen mit ihren Valenzen berührt zu werden."[15]

„So konntet ihr nicht einmal eine Stunde mit mir wachen!" (Matth. 26,40) beschwert sich Jesus über seine Jünger im Garten Gethsemani. Sie konnten die szenische Steigerung der Angst vom Ölberg zu Golgotha nicht ertragen und ließen Jesus allein.

Kommunikation bedeutet hingegen, daß Organismen aneinander beteiligt sind; sie gehen einander etwas an. Damit ist die Möglichkeit gegeben, die ursprünglichen Vitalexekutiven kommunikativ umzufunktionieren – freilich ohne daß sie ihren Vitalsinn dadurch verlieren würden. Sie haben nun außer ihrem Vitalsinn auch noch eine kommunikative Funktion bzw. Vitalsinn und kommunikativer Sinn sind untrennbar geworden. Deshalb ist der Mensch ein soziales Wesen, d.h. ein Wesen, das von einer biologischen Organisation her auf die Kommunikation angewiesen ist. Chris Argyris faßt einige Jahrzehnte sozialpsychologischer Forschung zusammen, indem er schreibt:

„Der Mensch verfügt z. B. über Mechanismen, die ihn die Wirklichkeit ungenau erfassen lassen; das hat die Weitergabe verzerrter Information an andere zur Folge. Für sich allein genommen ist der Mensch unvollkommen angelegt; erst durch die intensive Interaktion mit anderen vermag er, etwas wie Ganzheit zu erwerben. Hinsichtlich seines Selbstbewußtseins ist der Mensch auf zuverlässige Information durch andere angewiesen.“[16]

Wie aber werden diese Informationen übermittelt? Die Theorie, daß bei Kommunikation Inhalte ausgetauscht werden, ist offensichtlich zu oberflächlich, denn sie läßt uns das Wesen der Einflußnahme nicht verstehen. Schon die Etymologie sagt mehr: „Mit-Teilung“ oder „Vereinheitlichung“ bzw. „Vergemeinsamung“ müßte man das lateinische Wort communicatio ins Deutsche übersetzen. Die Wandertheorie (daß etwas von einem Menschen zum anderen wandert) ist zu sehr am Gegenstands- und Dingmodell orientiert.

Der Gedanke, daß die zwischenmenschliche Kommunikation nicht als „Gegenstand“ zwischen anderen Gegenständen (Menschen) verstanden werden kann, ist philosophisches Grundwissen seit der griechischen Antike. So wie man in der Erkenntnis nicht Subjekt und Objekt als Gegenstände trennen kann, ohne dabei Erkenntnis als Einheit beider vorauszusetzen, so muß auch Kommunikation die Einheit von Menschen darstellen, die als Individualitäten erst sekundär abstraktiv bestimmbar sind. Dies ist für den hier dargelegten Gedankengang insofern bedeutsam, als die schon öfter aufgetretene Frage eines Bestimmungszirkels mit der Entwicklung zusammenhängt. Kommunikation müßte als Einheit vorausgesetzt werden, so daß für die nicht-kommunikative Situation Unterscheidungen z. B. in Subjekt und Objekt oder Information und Informationsgeber möglich und sinnvoll wären. Daraus ergibt sich die Vermutung, daß menschliche Individualität sich erst langsam aus der Gruppe herausentwickelt haben könnte. „Am Anfang war die Gruppe“ (logos wäre sicherlich auch richtig mit „Kommunikation“ übersetzt), wäre die pointierte Formulierung dieser Einsicht.

Jener geheimnisvolle Punkt, an den viele Gruppen in ihrer Entwicklung gelangen – in den Trainingsgruppen der Gruppendynamik explizit reflektiert, beschrieben, gezeichnet oder sonstwie dargestellt –, in dem die einzelnen Gruppenmitglieder sich plötzlich emotional stark zugehörig fühlen, die Gruppe fortan als eigenes Wesen mit beschreibbaren Eigenschaften „im Raum steht“, wäre dann als Reproduktion eher jener ursprünglich kommunikativen Einheit verständlich.

Ohne irgendetwas von Mythologie oder philosophischen Gedanken gehört zu haben, stellen viele Gruppen nach Erreichen dieses „Punktes“ die gewonnenen Gemeinsamkeiten in irgendeiner ritualisierten Form fest und benützen sie als Interpretationsbasis für alle weiteren Aktionen und Beiträge ihrer Gruppenmitglieder. Wer von dieser Basis her nicht „mittut“, kann unter erheblichen Gruppendruck geraten oder zum Außenseiter werden.

Wird dieses neu gewonnene „Verständnis" füreinander – etwa von außen oder vom Trainer in der Gruppendynamik – in Frage gestellt oder angegriffen, so fühlt sich die Gruppe in ihrer vitalen Existenz bedroht und reagiert mit Zeichen höchster Erregung. Dies geht von einer Steigerung der Lautstärke über Verbalinjurien bis zum Auszug der Gruppe aus dem Trainingsprogramm oder zur Entwicklung von Kampfstrategien in den Pausen. Ich erlebte eine Jugendgruppe, die laut singend durch die Räume des Trainingszentrums zog, als ich es wagte, „die Gruppe" an diesem Punkt in Frage zu stellen.

Wenn es stimmt, daß die Vitalfunktionen zugleich Kommunikationsfunktionen sind – und nur diese Identität konnte einen evolutiven Erfolg darstellen, da sie den Organismus nicht zusätzlich mit neuen Organen und Funktionen belastete –, dann erbringt eine Analyse der Vitalexekutive die ursprünglichste Kommunikationsbasis. Nicht nur bei den Säugetieren, sondern auch bei den niedrigen Arten läßt sich die Identität von Vitalfunktionen und Kommunikationsfunktionen beobachten. Das Füttern der Jungen, die Kopulation, die Markierung des Reviers usw., Geruch und Gehör, Augen und Tastsinn stellen die Kommunikation zwischen einem Individuum und der Umwelt her. Kommunikation ist sozusagen das Leben selbst, und zwar das gemeinsame Leben. Die in Gesellschaften lebenden Tiere haben die Gemeinsamkeit in ihren Erbkoordinationen, etwa in der gemeinsamen Reaktion auf einen bestimmten Reiz.

Auf den Warnruf des Wächters reagieren alle gleichzeitig etwa mit Flucht oder mit Angriff. Die Chemismen der Aggressionsmotorik sind heute bereits weitgehend erforscht: „Im Falle der Angst wird Adrenalin in die Blutbahn ergossen, das die Glykogendepots der Muskeln und der Leber mobilisiert und damit das Subjekt zu einer Hyperkinese aufrüstet, sei es Flucht oder Kampf oder nur die Motorik überlauten Geschreis."[17]

Wichtig für den Erfolg ist die gleichzeitige und gleichartige Reaktion aller Mitglieder einer Population auf einen Reiz. Erst die gemeinsame Motorik führt dann zu einer gemeinsamen Handlung. Bei den Herdentieren gibt es noch einen zusätzlichen Reiz durch die affektiven Äußerungen der anderen. Wenn ein Individuum noch nicht durch den betreffenden Reiz angesprochen wurde, so kann es dann durch die gemeinsame Flucht noch mitgerissen werden.

Von diesem Gedanken her ist es möglich, die Kommunikation und ihre Veränderung als die Basis für die Weiterentwicklung der menschlichen Gesellschaft zu betrachten. Jede solche Entwicklung hat auch eine Veränderung zwischenmenschlicher Kommunikation zur Folge. Die historischen Blitzlichter können dabei vielleicht etwas für das Verständnis der Gegenwart beitragen. Im folgenden sollen verschiedene Stadien der Kommunikationsentwicklung dargestellt werden, die mit typischen Merkmalen die wichtigsten „Meilensteine" der Entwicklung kennzeichnen.

1.3.1 Die emotionale Partizipation

1.3.1.1 Rhythmik

Es ist nun interessant, daß die über die Kommunikation zu gemeinsamer Handlung führende Emotionalität immer in einer Rhythmik abläuft. Diese Rhythmik, meist in der Dreiteilung: Steigerung – Höhepunkt – Abflauen, ist eine der Voraussetzungen der Gemeinsamkeit. Durch sie gibt es die Möglichkeit einer *emotionalen Partizipation*, indem im Rhythmus individuelle Unterschiede zusammenfallen, da zwar verschiedene Individuen, jedoch nur *ein* Rhythmus da ist. Für alle in Sozietäten lebenden Tiere ergibt sich das Problem, wie gemeinsame Handlungen erreicht werden. So hätte etwa bei Herdentieren die Arbeitsteilung: Leittier mit Signalfunktion und Rest der Herde keinen Sinn, wenn beim Signal „Achtung Feind" nicht alle Mitglieder der Herde gemeinsam reagierten.

Dieses Problem stellt sich für Gruppen von Menschen noch genauso: Für alle Fragen, in denen ein gemeinsames Handeln nach außen hin erforderlich ist (z. B. einen gemeinsamen Feind abwehren), erfolgt oft auch eine „innere" Synchronisation der Gruppe, die emotional nicht synchronisierte Mitglieder ganz erheblich unter Druck zu setzen vermag. Bei Tanz und Trommelwirbel in Afrika konnte ich beobachten, wie die ursprünglich noch individuell verschiedenen Rhythmen und Bewegungen mit dem Steigen der Intensität der Trommel langsam in eine gemeinsame, einheitliche Rhythmik einmündeten, die keinen mehr ausließ und irgendwie alle „gleichschaltete".

Der Zustand, in dem sich ein Organismus befindet, ist offensichtlich nicht unabhängig von dem eines Interaktionspartners. Langeweile, Aufregung, Lachen, Angst, sexuelle Erregung usw. sind, wie man sagt, ansteckend. Es ist die Frage, ob man in diesem Fall nicht schon eine Abstraktion vollzogen hat, wenn man vom Individuum und seinen Reaktionen ausgeht und diese auf Interaktionspartner mit Hilfe der Kommunikation übertragen denkt. Man könnte genauso gut von der Gruppe ausgehen und die emotionale Situation eines Organismus als Resultat der Emotionalsituation einer Gruppe ansehen. Jedenfalls besteht zwischen beiden eine Wechselwirkung. Diese Wechselwirkung ist überhaupt Voraussetzung der individuellen Entwicklung. Ohne Impulse von der Gruppe kann sich ein Individuum gar nicht emotional entwickeln. Auch diese Gesetzmäßigkeit ist älter als die Menschheit.

Sehr interessant sind in diesem Zusammenhang Beobachtungen von Affenjungen: „Vier kleine Rhesusaffenkinder wurden mit ihren Müttern aufgezogen, und zwar so, daß sie untereinander Kontakt hatten und spielen konnten. Das war die Kontrollgruppe. Wie vorauszusehen, zeigten die Kinder von Anfang an lebhafte, ungehemmte soziale Beziehungen: zuerst forschende Neugier, dann Spiel, dann Flucht und Verfolgung. Schon in den ersten sechs Monaten kam es zu angedeuteten sexuellen Experimenten, nach einem Jahr wurden sie häufiger und gereifter. Im zweiten Jahr entwickelte sich das ganze Repertoire des erwachsenen Sexualverhaltens, obwohl die Affen noch nicht geschlechtsreif waren. Die Jungen hatten allerdings immer noch Kontakt mit ihren Müttern.

Doch das Experiment beschäftigte sich auch mit zwei Gruppen von je vier Affenkindern, die keine Mutter hatten. Von Geburt an fehlte jeder Kontakt zu erwachsenen Tieren, es bestand keinerlei Möglichkeit zur Nachahmung. Die Harlows konstruierten ein Spielzimmer, das die normale Umwelt des Rhesusäffchens mit künstlichen Mitteln imitierte. Es gab eine Leiter und eine Schaukel, bewegliches Spielzeug, sogar einen künstlichen Baum. Jedes Affenkind wurde täglich 23 Stunden und 40 Minuten mit einer Ersatzmutter aus Draht und Plüsch isoliert (jener Attrappe, die bei der Aufzucht der normalen Affenkinder so kläglich versagt hat). Jeweils 20 Minuten durften die Äffchen jedoch zu viert in den Spielraum und konnten miteinander spielen. Der Anfang war entmutigend. Zwei Monate verbrachten sie nur damit, sich aneinander zu klammern oder als eng umschlungene Gruppe umherzuwandern. Allmählich jedoch entspannten sich die Beziehungen. Es begann die gleiche Entwicklung, wie man sie bei den mit ihren Müttern lebenden Affenjungen beobachtet hatte. Nach einem Jahr unterschieden sich die Beziehungen dieser Tiere zueinander und das langsam einsetzende Sexspiel in keiner Weise von denen der privilegierten Kontrollgruppe. ‚Kein Mitglied der Gruppe zeigte Anzeichen einer Schädigung durch das Fehlen der Mutter.‘ Für diese Affenkinder gab es kein Vorbild durch erwachsene Tiere. ‚Es scheint möglich und sogar wahrscheinlich, daß die Mutter-Kind-Beziehung entbehrlich ist; die Kind-Kind-Beziehung jedoch ist das sine qua non für eine spätere Anpassung an das normale Affenleben.‘ Mit anderen Worten, der soziale Zusammenhang ist – nach Ronald Hall – unentbehrlich für das Lernen der Primaten. Und dieses Lernen entwickelt sich, wie Harry und Margaret Harlow nachweisen konnten, völlig eigenständig, selbst in einer künstlichen Umwelt mit der anomalen Beschränkung des sozialen Kontaktes auf 20 Minuten.“[18]

Die Impulse, die von anderen Individuen und Organismen kommen, sind noch wichtiger für die Entwicklung eines so hoch organisierten Lebewesens, wie es der Mensch ist.

Ob den Eltern-Kind- oder den Kind-Kind-Beziehungen dabei der Vorrang eingeräumt werden muß, ist für unsere Betrachtungen zunächst gleichgültig. Vermutlich sind für den Menschen beide Arten der Kommunikation notwendig. Der enge Körperkontakt (die gegenseitige Umklammerung der Affenkinder) ist eine der Möglichkeiten, eine Einheit von mehreren Organismen herzustellen. Auch Menschenkinder, die zusammen aufwachsen und dann eine Weile getrennt werden, haben die Tendenz, einander beim Wiedersehen zu umklammern. Die Umarmung von Menschen als Gruß deutet in dieselbe Richtung. Biologen vermuten, daß die Rhythmik dabei eine gewisse Rolle spielt. Auf Säuglinge wirkt etwa der Takt des menschlichen Herzens beruhigend. Morris berichtet: „Auf der Entbindungsstation einer Frauenklinik bekamen zwei Gruppen von je neun Neugeborenen Herzklopfen mit der Standardfrequenz von 72 Schlägen je Minute zu hören. Dabei stellte sich heraus, daß die Säuglinge 60 Prozent der Zeit, in der das Tonband nicht lief, schrien, daß aber diese Zahl auf nur 30 Prozent fiel, wenn das Herzklopfen ertönte. Die Gruppe, die den Herzschlag hörte, nahm außerdem stärker an Gewicht zu, obwohl beide Gruppen völlig gleich gefüttert wurden – kein Wunder, denn die Gruppe, die keine Herztöne zu hören bekam, verbrauchte ja durch das heftige Schreien sehr viel mehr Energie.

Eine weitere Versuchsreihe erstreckte sich auf das Einschlafen ein wenig älterer Kleinstkinder. Bei einer Gruppe war es im Zimmer völlig still, bei einer zweiten wurden Wiegenlieder abgespielt, bei einer dritten lief ein Metronom mit der Frequenz von 72 pro Minute, und bei einer vierten lief das Tonband mit dem Herzschlag selbst. Und bei dieser letzten Gruppe brauchten die Kinder nur die halbe Zeit der anderen zum Einschlafen! Dieses Ergebnis bestätigt nicht nur die Annahme, daß der Herzschlag einen stark beruhigenden Reiz darstellt, sondern zeigt außerdem, daß die Reaktion sehr spezifisch ist: Die Nachahmung mit Hilfe des Metronoms nützt nichts – zumindest bei Kleinkindern.“[19]

Morris zieht daraus den Schluß, daß durch den Herzschlag auch die statistisch signifikante Bevorzugung der linken Seite beim Halten eines Kindes durch die Mutter (80 Prozent halten ihr Kind links, sogar auf den Madonnengemälden ist dieser Prozentsatz festzustellen) erklärt werden kann.

Das Schaukeln in der Wiege oder alle klopfenden Übersprungshandlungen, die bei Nervosität beruhigend wirken sollen, können mit dieser ursprünglichen Kommunikationsprägung auf den Herzrhythmus zusammenhängen. Auch in der Sprache bedeutet das Wort „Herz“ mehr als einen Muskel im Organismus. Es wird oft mit emotionaler Partizipation in Zusammenhang gebracht: ‚Dein ist mein ganzes Herz ...‘ (Lehar) oder ‚ein herzloser Mensch‘. „Wo immer sich Unsicherheit einstellt, wird man den beruhigenden Herzrhythmus in dieser oder jener Verkleidung finden. Es ist auch kein Zufall, daß Volksmusik und Volkstänze so ausgeprägten Rhythmus haben: Wieder führen Takt und Bewegungen die Singenden und Tanzenden zurück in die Sicherheit des Mutterleibs. Ebensowenig ist es Zufall, wenn man die Musik der Teenager ‚Rock-Musik‘ genannt hat – das englische ‚to rock‘ meint dasselbe wie unser ‚(im Tanze) wiegen‘. Und nicht weniger aufschlußreich ist der Name der neusten Musikmode: Beat-Musik – ‚The beat‘ ist das Schlagen, Klopfen, Pochen. Und was wird dabei gesungen? ‚Mein Herz ist gebrochen...‘; ‚Du hast Dein Herz einem(r) andern geschenkt ...‘; ‚Mein Herz gehört nur Dir ...‘ usw.“[20]

Die Funktion, die Einheit zwischen Menschen durch den Rhythmus herzustellen, haben viele alte Tanz- und Musikformen. Auch die Trommeln im Urwald übermitteln nicht nur Informationen, sondern sie bewirken bei den Angehörigen der Gruppe eine wechselseitige Erregung. Es werden Stimmungen geweckt und die Gruppe wird sozusagen emotional gleichgeschaltet. Das Absingen von Liedern und Märschen in Männergemeinschaften hat ähnliche Aufgaben. Vom rhythmischen Klatschen nach Konzerten bis zu dem Massenphänomen der Diktaturen reicht die Palette der Beispiele für diese Art der emotionalen Partizipation. Daß es sich hier um stammesgeschichtlich ganz alte Formen der Kommunikation handelt, zeigen Beobachtungen an Primaten. Bei Schimpansen z. B. gehören zu den Trommelritualen hüpfende und schwingende Bewegungen. Jugendliche Musik- und Tanzfans bemühen sich oft, „ganz Rhythmus zu werden". Auf Massenveranstaltungen politischer und kultureller Art lassen sich solche Phänomene ebenfalls beobachten.

Die Kommunikation in der Form der emotionalen Partizipation als Vereinigung verschiedener Individuen gestattet nun eine gute Entwicklungsmöglichkeit für Gruppen. Es ist einerseits möglich, das Verhalten der einzelnen zu steuern, andererseits aber durch entsprechende Variation neue Verhaltensmuster zu entwickeln. Das Problem der Hominisation bestand ja darin, die vielen fixierten Verhaltensmuster aufzulösen, ohne den einzelnen der Leitung und Sicherheit des Verhaltens zu berauben. Unsicherheit und Angst bedeuten eine Destruktion der Koordination. Sich mit der Gruppe einig wissen, ist daher wesentlich wichtiger, als tatsächlich Umweltinformationen richtig zu interpretieren. Oder anders ausgedrückt: die richtige Interpretation einer Umwelt ist eben diejenige, die die Gruppe gibt.

Man könnte das Prinzip der ersten Stufe der menschlichen Kommunikation durch die emotionale Partizipation auch so formulieren: *Die Feststellung der Wirklichkeit erfolgt durch die Gruppe in der Weise der rhythmischen Übereinstimmung*. Ob etwas angsterregend ist oder Anlaß zur Freude gibt, ob es zu bejahen oder zu verneinen ist, zu betrachten oder zu meiden, das bestimmt die Gruppe.

Wie Experimente ergeben, haben Gruppen eine furchtreduzierende Wirkung auch ohne daß eine vorhandene Gefahrenquelle beseitigt ist: „Latané und Darley (1968) ließen Versuchspersonen einzeln, zu zweit oder zu dritt einen Fragebogen ausfüllen, während sich der Raum langsam mit Rauch füllte. Das Ergebnis bestätigte den früheren Befund: Je größer die Gruppe, desto seltener und desto später griffen die Versuchspersonen ein. In der dritten Studie (‚A lady in distress') schließlich erlebten über 100 Versuchspersonen entweder einzeln, zusammen mit einem passiven Verbündeten des Versuchsleiters, zusammen mit einem Freund, oder zusammen mit einem unbekannten Kommilitonen einen anderen Unglücksfall im Laboratorium. Die Versuchsleiterin bat die Studenten, einen Fragebogen auszufüllen und zog sich dann in ein Nebenzimmer zurück, das nur durch einen Vorhang getrennt war. Bald hörten die Versuchspersonen (vom Tonband), wie die Dame auf eine Leiter stieg, um ein Paket Zeitungen aus dem Regal zu holen, wie sie mit der Leiter und dem Paket hinstürzte, schrie, stöhnte und dann aus dem Zimmer humpelte. Wieder ein ähnliches Ergebnis: 70 % der einzelnen Zeugen boten ihre Hilfe an, aber nur 7 % der Versuchspersonen, die mit einem passiven Verbündeten der Versuchsleiterin Zeuge geworden waren. Waren die zwei Zeugen Freunde, griffen sie allerdings eher ein, als wenn sie sich vorher nicht kannten.

Die Befunde all dieser Studien werden von Latané und seinen Kollegen mit Hilfe des Begriffs der ‚diffusion of responsibility' erklärt. Der einzelne fühlt sich nicht allein verantwortlich, er schiebt in der Gruppe seine Verantwortung auf andere ab; da dies jeder tut, unterbleibt die Hilfeleistung. In diesem Zusammenhang ist interessant, daß Untersuchungen an Ratten, aber auch an Menschen darauf hindeuten, daß Gruppensituationen unter bestimmten Umständen furchtreduzierende Wirkungen haben können, ohne daß eine gegebene Gefahrenquelle beseitigt ist."[21]

Das Abschieben der Verantwortung auf andere oder die Folgehandlungen nach einem Vorbild bedeuten, daß die Gruppe als Maßstab für das Verhalten der einzelnen gesehen werden muß. Dieses Standardphänomen erklärt viele gruppendynamische Prozesse. Eine gemeinsam agierende Rhythmik hat aber nun nicht nur den Vorteil der einheitlichen Emotionalität (des nervösen Apparates etc.) der Gruppe, sondern bietet auch entsprechende Variationsmöglichkeiten für eine differenzierte Entwicklung. Kommunikation als eigentliche Wirklichkeit des Zusammenlebens wird von Morris mit sechs Regeln der emotionalen Partizipation beschrieben: „1. Du sollst das Unbekannte solange untersuchen, bis es bekannt geworden ist; 2. Du sollst das Bekannte rhythmisch wiederholen; 3. Du sollst diese Wiederholung soviel wie möglich variieren; 4. Du sollst das, was dir von diesen Wiederholungen am meisten Befriedigung verschafft, auswählen und es auf Kosten der anderen fortentwickeln; 5. Du sollst diese Variationen immer und immer wieder miteinander kombinieren; 6. Du sollst all das um seiner selbst willen tun.

Diese Prinzipien gelten gleichermaßen von einen Ende der Skala bis zum anderen, vom kindlichen Spiel im Sand bis zum Komponieren einer Symphonie. Die letzte Regel, die 6., ist besonders wichtig. Das explorative Verhalten spielt nämlich eine Rolle auch in allen für das Überleben elementar wichtigen Verhaltensweisen des Nahrungserwerbs, des Kämpfens, der Paarbildung und des Ausruhens."[22]

Einerseits neigen Gruppen dazu, dem einzelnen Verantwortung abzunehmen. Andererseits führt aber gerade die Mitgliedschaft in einer Gruppe dazu, dem einzelnen seine Verantwortung bewußt zu machen. Ich habe oft erlebt, daß erst die Gruppendiskussion in einer Abteilung den Mitarbeitern klar machte, welches Ausmaß und welche Tragweite die von ihnen vorbereitete oder getroffene Entscheidung hat. Wie weiter unten bei der Erörterung der Dialektik von Gruppe und Hierarchie noch genau zu zeigen sein wird, hat das hierarchische Modell mit seiner Konzentration der Verantwortung auf einzelne diese Problematik bewußt gemacht, allerdings um den Preis, wiederum die Gruppenmitglieder – diesmal die „Untergebenen" – von der Verantwortung zu befreien (Entlastungscharakter der Institution).

Die Impulse für die Entwicklung einer Emotionalität kommen aus der Kommunikation. Auch hier kann man einen Kommunikationszirkel formulieren. Je mehr es einem Individuum gelingt, mit anderen Artgenossen zu kommunizieren, desto höhere Fähigkeit zur Emotion hat es. Je besser seine Emotionalität entwickelt ist, desto höher ist seine Fähigkeit zu kommunizieren. Die Theorien, daß Kontaktschwierigkeiten bei erwachsenen Menschen ihren Grund in der nicht geübten Kommunikation in der Jugend und Kindheit haben, können auch an Primaten verifiziert werden. Bei den oben erwähnten Experimenten mit Affenjungen stellte sich auch heraus, daß isoliert aufgezogene Junge introvertierte, auf sich zurückgezogene Erwachsene entstehen lassen, die oft Sexualität ablehnen und auch selbst weniger Elternverhalten zeigen. Bringt man einzeln gehaltene Jungaffen, sobald sie älter geworden sind, in die Spielgruppe von in Gruppen aufgewachsenen Affen, so versagen sie völlig und können sich in das Verhalten der Gruppe nicht hineinfinden: „Sie hockten still und stumm in einer Ecke des Spielgeheges, den Körper meist fest von den Armen umschlungen oder mit verdecktem Gesicht. In der Reife zeigten sie, trotz ihres körperlich noch immer guten Zustandes, keinerlei Interesse für das andere Geschlecht. Zwang man sie zur Paarung, so brachten die Weibchen zwar ihren Nachwuchs normal zur Welt, behandelten dann aber ihre Kinder so, als seien sie lästiges Ungeziefer, das sich an ihren Körper klammert: Sie griffen sie an, rissen sie weg, trieben sie fort, nahmen von ihnen keinerlei Notiz oder brachten sie gar um."[23]

Die Umwelt ohne emotionale Partizipation mit anderen Gruppenmitgliedern ist auch für Menschen viel bedrohlicher. Im Sozialkontakt gestörte Menschen ziehen sich oft in sich selbst zurück und wiederholen immer wieder dieselben Bewegungen: Klopfen, Gegenstände in den Händen drehen, Grimassen schneiden, Körperteile reiben usw. In der Angst ziehen sich auch oft Menschen auf die vertrauten rhythmischen Bewegungen der Stereotypie zurück. Diese Stereotypie wird bei gehemmten Individuen sofort verstärkt (oder tritt überhaupt erst auf), wenn sie sich in fremder Umgebung oder in bedrohlicher Situation befinden. In diesen Fällen hat die Rhythmik den Sinn, das gestörte Kommunkationsgefüge zu ersetzen, und ähnelt meist einem stereotypen perpetuum mobile.

In der zwischenmenschlichen Interaktion hat die Rhythmik meist szenischen Charakter, d. h. jede Kommunikation hat einen Anfang, einen Höhepunkt und ein Ende. Ganz besonders gilt dies für die von Bilz sogenannten „Ursituationen"[24]. Ein Kampf wird ausgetragen, hat einen Höhepunkt, und irgendwann ist man ermattet, abgekämpft, man hat gewonnen oder verloren, jedenfalls aber ist der Kampf zu Ende. Die geschlechtliche Vereinigung mündet in den Orgasmus, und mit der Befriedigung ist der Höhepunkt der körperlichen Lust vorläufig vorbei. Auch die Nahrungsaufnahme ist mit der Sättigung abgeschlossen. Bei einem Zuviel schlägt die Zufriedenheit leicht ins Gegenteil um, aber sogar Erbrechen kennt szenische Höhepunkte und Abflauen des Reizes.

Menschliche Kommunikation, die auf Vitalfunktionen aufbaut, geschieht in mehr oder weniger abgeschlossenen Szenen. Bei Kindern, die auf den Knien eines Erwachsenen hoppe hoppe Reiter spielen, würde ein längeres Fortsetzen der Steigerung zu Mißvergnügen führen. Mit „macht der Reiter plumps" läßt man es zwischen den Knien durchrutschen. Die Szene als solche will dann wiederholt werden, aber erst nachdem sie zum Abschluß gekommen ist, d.h. mit dem „Plumps", kann man „hoppe hoppe Reiter" oft genießen, ohne „Plumps" ist es fad und ärgerlich. Auch das Fluchen bei Handlungen, die kein Ende wollen (z.B. das Einfädeln eines Fadens in eine Nadel), weist auf diesen Wunsch nach Abschluß einer Szene hin.

Der Mensch kann auch in den höchsten Formen seines Denkens in Philosophie und Theologie sein Leben und den Sinn der Geschichte nur in Form einer abgeschlossenen Szene denken. Alle Völker und Kulturen haben irgendwie den Anfang der Welt beschrieben und „wissen" etwas über das Ende. Auch die moderne Physik rechnet sich heutzutage an den Beginn und Ursprung unseres Weltalls heran: am Anfang, so wissen die Physiker, war ein „big bang", ein Urknall. Die Ewigkeit als ununterbrochenes Einerlei ohne Ende sieht der Mensch eher negativ: über der Danteschen Hölle steht: „Laßt, die ihr eingeht, jede Hoffnung schwinden." Hoffnung offenbar auf ein Ende, auf einen szenischen Abschluß des Unangenehmen oder des Angenehmen gibt es nicht mehr. Sogar im Bereich menschlicher Arbeitstechniken spielt die Zeit als Szene die Rolle des Maßes. Wer wieviel in welcher Zeit (Akkord) arbeitet, ist oft Maßstab für die Entlohnung. So wird die Arbeitsteilung auch oft indirekt proportional zur benötigten Stück-(Herstellungs-)zeit bewertet. Eine Kostenreduktion wird arbeitstechnisch auch als Stück-Zeit-Reduktion verstanden.

Anfang und Ende konstituierten daher auch das, was wir überhaupt Zeit nennen. Wie Augustinus[25] zeigt, kann die Länge einer Szene erst bestimmt werden, wenn sie abgeschlossen ist. In unserer Erinnerung können wir verschiedene Szenen vergleichen und dadurch Zeit messen: „Denn es sind diese Zeiten als eine Art Dreiheit in der Seele und anderswo sehe ich sie nicht: und zwar ist da Gegenwart von Vergangenem nämlich Erinnerung (memoria); Gegenwart von Gegenwärtigem, nämlich Augenschein (contuitus); Gegenwart von Künftigem, nämlich Erwartung (expectatio). Erlaubt man uns, so zu sprechen, dann seh ich auch drei Zeiten und gebe zu: ja, es ‚sind' drei."

Ich habe an anderer Stelle[26] gezeigt, daß auch der Begriff der Geschichte im Neuen Testament gerne als Abschluß im ultimum judicium, dem Jüngsten Gericht, das Ende der Welt sieht. Dies ist aber ein Mißverstehen der Intention des Jesus von Nazareth und ein problematischer Zeitbegriff. Die Dreiheit der Zeit, nämlich Zukunft, Gegenwart und Vergangenheit, ist die Einheit der menschlichen Handlungen nach szenischen Prinzipien. Alles hat einen Beginn, einen Höhepunkt (das Jetzt) und ein Ende. Die überblickbare Szene im Gedächtnis ist die Zeit, die gemessen wird. So Augustinus: „Ich messe etwas in meinem Gedächtnis, was dort als Eindruck haftet. In dir, mein Geist, messe ich die Zeiten. Nein, lärme mir nicht dagegen an! Es ist so; lärme mir nicht dagegen mit dem Schwall deiner sinnlichen Eindrücke! In dir, sage ich, messe ich die Zeiten. Der Eindruck, der von den Erscheinungen bei ihrem Vorüberziehen in dir erzeugt wird und in dir zurückbleibt, wenn die Erscheinungen vorüber sind, der ist es, den ich messe als etwas Gegenwärtiges, nicht das, was da, den Eindruck erzeugend, vorüberging; nur ihn, den Eindruck, messe ich, wenn ich Zeiten messe. Also sind entweder die Eindrücke die Zeiten, oder ich messe die Zeiten überhaupt nicht."[27]

Wie ich an anderer Stelle ausgeführt habe[28], entstand unser Zeitbegriff durch eine räumliche Vergegenständlichung der Szenen, die in ein „Früher" oder „Später" aufgeteilt werden. Da jedoch, wie Augustinus meint, diese Aufteilung der Szene nur eine Abstraktion darstellt, für die das Charakteristische der „Szene" (Anfang und Ende) dennoch Voraussetzung bleibt, sind alle „szenischen" Modelle, die versuchen, von der „Szene" abzusehen, in sich widersprüchlich. Der Widerspruch besteht darin, daß Anfang und Ende jeder zeitlichen Bestimmung angegeben werden müssen, damit sie als zeitliche Bestimmung genommen werden kann (Anfang und Ende einer Epoche, eines Experiments, einer Bewegung, eines physikalischen oder chemischen Prozesses, eines Lebens usw.), daß dabei aber doch die Zeit als Szene, die selber wieder Anfang und Ende haben muß, vorausgesetzt ist. Die Wissenschaft hilft sich, indem sie die Frage nach dem „Vorher" eines Modells verbietet. Wenn also Physiker vom „big bang", dem Urknall sprechen, an den sie sich bis auf einige wenige Zeiteinheiten herangerechnet haben, so ist die Frage: was war vor dem Urknall, der zur Zeit angeblich vor etwa 10 Milliarden Jahren stattfand, nicht zu beantworten. Vom Urknall bis heute oder zu einem unbestimmten (aber bestimmbaren) Punkt „in" der Zukunft, wird die Entwicklung des Universums als „Szene" gesehen, deren Verallgemeinerung zu einem Raum-Zeit-Kontinuum nur über definitorische Ausklammerung von Widersprüchen möglich ist. Wie Psychologen nachgewiesen haben[29], hat das Erreichen der Sättigung einer Handlung oder einer Erlebnissituation immer Aufforderungscharakter. Der Erlebnischarakter einer Handlung ändert sich durch die Sättigung.

Diese Problematik der szenischen Einteilung findet man auch in allen Religionen. Die Frage: „Was hat Gott getan, bevor er Himmel und Erde geschaffen hat?" beschäftigte fast zu allen Zeiten die religiösen Denker. In verschiedenen Variationen wurde auf diese Frage keine andere Antwort gegeben als die, die Augustinus einem Hörer seiner Vorlesung einmal gab: Er hat Höllen eingerichtet für Leute, die solche Fragen stellen („alta scrutantibus gehennas parabat“[30]).

Auch die „tiefsten“ oder, wie Augustinus hier meint, „höchsten“ Geheimnisse der Welt schließen in irgendeiner Form doch an den Kommunikationssinn der Vitalfunktionen an. Die Alternative zum szenischen Ablauf wäre ja die Monotonie des „ewigen“ Einerlei – die Schlafexekutive. Theologen aller Religionen haben Mühe, ein nicht szenisch gedachtes Eschaton von dieser Schlafexekutive freizuhalten (weshalb so wie bei Dante die Hölle, die „irdisch“ gedacht werden kann, immer ein interessanterer Aufenthaltsort sein wird als der Himmel, zu dem dem Dichter auch wesentlich weniger einfiel).

Zeit könnte man somit als szenische Form der Selbstbestimmung der Handlung definieren, wobei das Gedächtnis (memoria) es dem Menschen erlaubt, die einzelnen Szenen aufeinander zu beziehen.

Die vielfältigen Variationen der Szenen führen durch die Möglichkeit, sie aufeinander zu beziehen, im Laufe der Zeit zu einer Traditionsbildung. Das wichtigste Medium dieser Traditionsbildung ist die Sprache. Erst durch sie wird die lange Lernphase der Jungen zu einem evolutiven Fortschritt, da Erfolge (Szenen) gespeichert und weitergegeben werden können. Sprache ist somit eine weitere Stufe der Entwicklung der Kommunikation über die emotionale Partizipation hinaus. Die Identität der Gruppe und die Einheit der Gruppenmitglieder wird nicht mehr allein über die emotionale Partizipation hergestellt, sondern auch über die verbalen Abstraktionen.

Die Sprache löst hier das Entwicklungsdilemma, das man auch so umschreiben könnte: Gibt es nur immer Einheit zwischen den Gruppenmitgliedern, dann ist Entwicklung nicht möglich, da abweichendes Verhalten von der Gruppe sanktioniert wird. Gibt es immer nur Unterschiede, dann wird die Einheit der Gruppe zerstört, wodurch sie aber handlungsunfähig gemacht wird.

Verbale Abstraktionen gestatten nun, in dieser Einheit Unterschiede zu machen, ohne daß dadurch die Einheit zerstört werden muß. So ist etwa „Nein sagen“ nicht so zerstörend wie „Nein tun“. Dies ist, wie unten gezeigt werden wird, eine wichtige Voraussetzung für das Zusammenleben in menschlichen Gruppen.

1.3.1.2 Die Nahrungsaufnahme

In welcher Weise sind die rhythmischen Urszenen aber nun kommunikativ? Am deutlichsten zeigt sich der kommunikative Sinn der Szenen in der Sexualität und der Nahrungsaufnahme.

Schon die Nahrungsbeschaffung war für die jagenden Hominiden eine kommunikative Leistung. Nur die Gruppe konnte Nahrung beschaffen: jagen, die Mitglieder gegen Feinde verteidigen usw. Durch die Arbeitsteilung zwischen Mann und Frau – die Frau war mit der Geburt und Aufzucht der Jungen beschäftigt, der Mann mit der Jagd – wurden die Szenen der Nahrungsbeschaffung, nämlich der Jagd, von der Nahrungsaufnahme getrennt. Jagd, Transport der Nahrung und Mahlzeit wurden verschiedene Exekutiven mit jeweils verschiedenem Kommunikationssinn. Durch die Trennung mußte jede für sich einen Sinn bekommen: kollektive Aggressivität der Jagdbande und Einheit des ganzen Stammes bei der Mahlzeit. Beide Exekutiven scheinen jedenfalls in Resten noch heute vorhanden zu sein. Die gut koordinierte und kooperierende Männergruppe spielt in der Gegenwart ebenso eine Rolle wie die Rituale der Nahrungsaufnahme.

Wesentliches Merkmal der Trennung von Nahrungsbeschaffung und Nahrungsaufnahme ist die Gefahr und die Anstrengung, welche die Nahrungsbeschaffung mit sich bringt. Für die Primaten in den tropischen Regenwäldern ist beides noch sehr gering. Sie leben ja im Überfluß, sozusagen von der Hand in den Mund. Anders die Vorfahren der Menschen in der Steppe. „Im Schweiße ihres Angesichts" jagen sie die Beute. Selbst oft von ihren Konkurrenten, den Raubtieren oder feindlichen Artgenossen, gejagt, haben sie große Schwierigkeiten, die Beute in Sicherheit zu bringen. Sicherheit ist dann das Stichwort für die Mahlzeit. Essen ist für fast alle Tiere, die Feinde haben, eine Situation der Unsicherheit. Manche Vögel z. B., die einen Wurm aufgepickt haben, tragen ihn an einen sicheren Platz, wo sie ihn verzehren können. Während des Essens ist man angreifbar, denn die Aufmerksamkeit sowie eine Reihe von Funktionen gilt der Nahrung und nicht dem Feind. Kampfmaßnahmen und Nahrungsaufnahme schließen einander daher vom funktionellen Verhalten her aus. Angst oder Aggressivität als Ausdruck der Flucht oder Kampfbereitschaft stört die Nahrungsharmonie. Wer Angst hat, bringt keinen Bissen hinunter; er kann noch so viel erbeuten, wenn er es nicht in Sicherheit verzehren kann, verhungert er trotzdem. Einige Primatenarten wenden sich noch immer ab, um ihr Futter zu verzehren – mit Recht, denn oft wird es von den Artgenossen weggenommen.

Bei einigen Säugetieren und beim Menschen hingegen wird die Sicherheit der Nahrungsharmonie nicht durch Flucht aus der Sozietät, sondern durch die Gruppe selber gewährleistet. Die Schutzfunktion für die Nahrungsaufnahme übernimmt für den Menschen nicht das Individuum, sondern die Gemeinschaft. Von ihr kommen die Signale, die „grün" für „essen" geben. Dies beginnt im abhängigen Stadium als Kind. Die Mutter „wiegt es in Sicherheit". Viele Säuglinge essen nicht oder weniger in Gegenwart fremder Menschen. Hier ist sozusagen eine Flucht- oder Versteckensreaktion angezeigt. Fluchtrolle und Nahrungsaufnahme sind aber widersprüchliche Exekutiven. Erst die feindfreie Atmosphäre, oder jedenfalls die von der Gruppe als feindfrei bestimmte Situation, bahnt den Weg zur Nahrungsexekutive. In diesem Zusammenhang sind die sogenannten Schrittmacherfunktionen interessante Hinweise auf die Signale der Gruppe. Eine aggressive Atmosphäre „verschlägt einem den Appetit". Man kann plötzlich nicht mehr essen.

Eine freundliche Situation, womöglich der Anblick oder der Laut essender Menschen, bahnen sehr rasch die Nahrungsharmonie. In der zivilisierten Welt sind für den domestizierenden Menschen die stärksten Auslöser sogar verpönt, z. B. Schmatzen. Es macht dem, der unter Umständen noch nichts hat oder nicht an der Mahlzeit teilnehmen kann, zu sehr „den Mund wässrig". Bratenduft spricht ursprünglich alle Mitglieder der Horde an. Das gemeinsame Schmatzen (es kommt etymologisch von „schmecken") stellte in der Gruppe eine Gemeinsamkeit her, die bei Bildung von Untergruppen unter Umständen nicht erwünscht sein kann. An der Beliebtheit von Festen, an denen alle Anwesenden beteiligt sind, zeigt sich deutlich dieser Aspekt der Nahrungsharmonie.

Die Harmonie auf die Untergruppe einzuschränken, gelingt nur, wenn die kommunikativen Bahnungen nach außen vermieden werden. Diese Tendenz ist in der menschlichen Entwicklung bei der Sexualität noch deutlicher aufgetreten und wird heute durch den Begriff der Scham umschrieben. Aber auch einem schmatzenden Kind sagt man etwa: „Du sollst dich schämen, dich so zu benehmen". Die Nahrungsharmonie soll auf die Untergruppe beschränkt bleiben.

Daß die Mechanismen oder besser: Biologismen der Nahrungsaufnahme eine liebevolle oder jedenfalls feindfreie Situation voraussetzen, wissen auch die Sprichwörter: Liebe geht durch den Magen. Angst hingegen erzeugt eine Hyperazidität des Magens und eine Hemmung der Schluckreaktion: „es schnürt einem den Hals zusammen". Zuerst werden von der Gruppe Feinde abgewehrt, dann setzt man sich zum Mahl zusammen. Vor der Mahlzeit wird daher die Sicherheit festgestellt und bestätigt, gezeigt, gesagt oder gespielt, daß alle Beteiligten hier Freunde sind. Daraus resultiert dann etwa ein Tischgebet, das Prosten, ‚Mahlzeit!' usw.

Dadurch soll die Nahrungsharmonie hergestellt werden. Bei Naturvölkern, besonders bei Nomaden, ist dieser Aspekt noch stark ritualisiert. Wer zum Essen eingeladen wird, ist ein Freund des Hauses und kann nicht als Feind behandelt werden. Mit einem Feind geht man auch bei uns nicht gerne essen. Essen ist von den Vitalfunktionen her immer ein „Liebesmahl". Wer Sorgen hat, etwa indem er die Anwesenheit seiner Feinde sozusagen in Gedanken reproduziert, dem schmeckt es auch nicht. Deshalb führen fremde Umgebung und Dauerstreß mit der Zeit häufig zu verschiedenen Magenbeschwerden. „Der Student geht solange zur Mensa, bis er bricht", heißt es an der Hochschule.

Das Essen der Freunde dauert auch länger als eine allein eingenommene Mahlzeit und ist mit positiven Emotionen durchsetzt. Musik, Tanz, Spiel und

Tischreden bringen sogar in der Politik eine gewisse Übereinstimmung zustande. Vom österreichischen Staatsvertrag wird berichtet, daß ein Trinkgelage von österreichischen Politikern mit den Russen die entscheidende Einigung begleitet habe.[31]

Biologische Szenen brauchen Zeit. Der Organismus muß psychisch und physisch auf die Nahrungsaufnahme eingestellt werden. Ein Irrtum unseres mechanischen Zeitalters ist es daher zu meinen, der menschliche Organismus könne sozusagen per Knopfdruck plötzlich auf Nahrungsaufnahme umgestellt werden. Eine Maschine ist umschaltbar, ein Organismus nicht. Er verlangt eine bestimmte Zeit, die aufgewendet werden muß, will man nicht die Phasen durcheinanderbringen (was unter diesem Aspekt eine halbe Stunde Mittagspause bedeutet, sollte man sich überlegen).

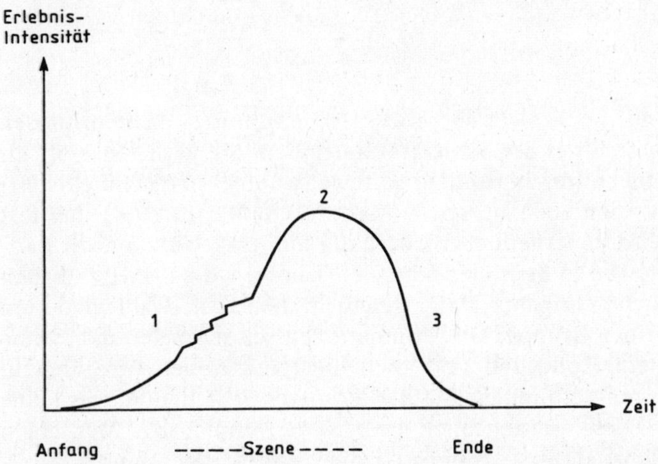

1: Steigerung – Herstellen der Nahrungsharmonie
2: Höhepunkt – Nahrungsaufnahme
3: Abflauen – Sättigungsbefindlichkeit

Die Bedürfnisbefriedigung, die ebenfalls den Organismus nicht überlasten darf, führt zu einer Umstellung der Säfteaktivität und mündet schließlich in die Sättigkeitsbefindlichkeit. Wird der Dreischritt Nahrungsharmonie-Bedürfnisbefriedigung-Sättigungsbefindlichkeit nicht oder nicht in der entsprechenden Zeit oder dem entsprechenden Ablauf eingehalten, stellt sich eine Störung des nervösen Apparates ein. Die Krankheitsbilder sind unterschiedlich, aber die häufigste Form ist die, daß sich die Umstellung der Säfteaktivität auf die Sättigungsbefindlichkeit nicht herstellt, so daß sich z.B. etwa bei Gastritis ein voller Magen genau so verhält, als wäre er hungrig. Die Sättigung als szenischer Abschluß hat ebenfalls ihre Kommunikationsexekutive. Auch hier hat die Zivilisation die Kommunikation der Gruppe eher eingeschränkt. „Was rülpset ihr nicht und pforzet ihr nicht, hat es euch nicht geschmecket?" sagt Luther noch zu seinen Gästen. Ob die Distanzierung der ursprünglichen Szenarien den Menschen glücklicher gemacht haben, bleibt zumindest eine Frage. Die Suppenfrage in der Weltgeschichte kann nach Heinrich Heine nicht so einfach gelöst werden: die intraspezifische Aggression und die anonyme Feindtönung der Umwelt fordert sicherlich ihren Preis. Daß der Zivilisationsmensch hier über alte Verhaltensmuster stolpert, sollte ihn jedenfalls nicht wundern. Die Menschen sind eben heikler geworden. Auch das Wort „heikel" hängt etymologisch mit „Ekel" zusammen. Ekel und Erbrechen sind die äußeren Resultate der gestörten Nahrungs-Harmonie. Es gelingt der Gruppe nicht mehr, das Szenarium für die Nahrungsaufnahme herzustellen.

1.3.1.3 Sexualität

Ebenfalls Aspekte der noch nicht über die Sprache vermittelten emotionalen Partizipation lassen sich bei der Sexualität auffinden. Sie wird sogar oft als Kommunikation schlechthin angesehen, so etwa, wenn es in der Bibel heißt: „Und die beiden werden ein Leib sein" (Mark. 10,8; Matth. 19,6). Bei fast allen Säugetieren wird ein erheblicher Anteil der Sinnesaktivität auf die Partnersuche verwendet. Die in Stämmen lebenden Tiere wie die Primaten haben es bei der Partnersuche einfacher, dafür geschieht die Partnerwahl wiederum unter der Kontrolle der Gruppe. Die Kopulationen selbst spielen daher eine relativ untergeordnete Rolle und sind auch nicht mit hohen Erregungszuständen der Beteiligten verbunden. Bei den Primatenweibchen gibt es keine Orgasmusfähigkeit. Diese ist angeblich eine Neuerwerbung des Menschen. Man kann das zunächst als äußeres Indiz für die verstärkte Kommunikationsbedeutung der Sexualität beim Menschen ansehen.

Bei den älteren Primatenarten kommt das Weibchen zyklisch in Hitze. Dies ist mit einem Anschwellen und Verfärben der Genitalien verbunden, die im Östrus einen starken Geruch verbreiten. Diese Auslöser veranlassen das Männchen zur Kopulation, die durch Aufreiten vollzogen wird.

Der Übergang zum Steppendasein brachte eine Reihe körperlicher Veränderungen, deren wichtigste wohl die Bipedie darstellt. Durch das Aufrichten des Körpers, der nun auf zwei Füßen geht, verlagerten sich die Geschlechtsorgane der Frau mehr nach vorne, so daß der Geschlechtsakt nun auch „von Angesicht zu Angesicht" möglich wurde. Damit ging eine deutliche Verstärkung der geschlechtlichen Kommunikation (Vereinigung) parallel: der Verlust der jahreszeitlichen Hitzeperiode (die heute nur mehr in der Verbrecherstatistik der Sexualdelikte auftaucht) und die Übernahme der Steuerung von sexuellen Aktivitäten in die kortikale Kontrolle führen zu einer sexuellen Kommunikation, die zum Teil willkürlich gesteuert werden kann. Die Menschen steuern die sexuelle Erregung nicht mehr durch zyklische hormonelle Veränderungen, sondern durch Schrittmacherfunktionen über den Partner. Dazu müssen allerdings die Auslösungsmechanismen unter Kontrolle gebracht werden, was z. B. mit Hilfe der Kleidung geschehen kann. Sowohl Geruchs- als auch optische Reize unterliegen mit Hilfe der Kleidung der Kontrolle der Geschlechtspartner. Der Verlust des Haarkleides brachte eine stark vergrößerte Möglichkeit der sexuellen Reize über die Hautoberfläche.

Auf der anderen Seite wurde die sexuelle Aktivität immer mehr kontrolliert und der Gruppe entzogen. Adam und Eva schämten sich, weil sie nackt waren. Durch das Aufrichten des Körpers ist es den Menschen nicht mehr möglich, sich einem Artgenossen zu nähern, ohne seine Genitalien herzuzeigen. Die Quadrupeden müssen eine bestimmte Haltung einnehmen, um dies zu erreichen. Für den Menschen war es daher notwendig, seine Genitalien – via Feigenblatt – zu verhüllen. Die Scham ist ein Beweis für die Verinnerlichung der Beziehung zwischen den Geschlechtern. Hegel meint: „Dieses Zürnen der Liebe über Individualität ist die Scham" oder „Die Scham ist das Gewissen der Liebe".[32] Sie tritt überhaupt erst auf, wenn die Beziehung von Körpern verschiedene Bedeutungen für die Selbstbestimmung von Menschen haben kann – sodaß etwa eine Beziehung dieser Selbstbestimmung auch nicht adäquat sein kann.

Auf der einen Seite wurde also Sexualität stark eingeschränkt, nämlich in der Gruppe bzw. in der Öffentlichkeit, auf der anderen Seite stark erhöht: nämlich in der sogenannten Intimsphäre. Diese Entwicklung ermöglichte in der Folge eine Paarbildung der durchgehend polygam veranlagten Primaten. Die Paarbildung gewährleistete eine größere Sicherheit für die Aufzucht der Jungen, deren lange Abhängigkeit für die Eltern eine große Belastung darstellte. Diese Belastung war nach Meinung mancher Biologen nur die enge Paarbeziehung der Menschen, sowohl zwischen Mutter und Kind als auch zwischen den Geschlechtspartnern gewachsen. Diese Paarbeziehungen sind daher die intensivste Kommunikation, die es in der Entwicklung der „Tiere" je gab. Fast der ganze Körper kann beim Menschen in die infantile und in die sexuelle Kommunikation miteinbezogen werden.

Ein Vergleich zwischen Mensch und Affe liefert hier erstaunliche Erkenntnisse: Die Kopulationsfähigkeit wurde von einer kurzen Hitzeperiode auf das ganze Jahr hindurch ausgedehnt. Die Frau wurde noch während der Stillzeit wieder begattungsbereit. Die sexuellen Reize wurden gesteigert. Lippen, die sich wie die Schamlippen bei Erregung mit Blut füllen, größere Brüste, die zusammen mit den roten Lippen an das Signal der Hinterbacken der Genitalien des Weibchens erinnern. Die Haut wurde durch den Verlust der Haare viel sensibler und feineren Berührungen und Reizen zugänglich. Die Rötungen der Haut als optisches Signal sowie die vielfältigen Ausdrucksmöglichkeiten des Gesichts erhöhten die Kommunikation der Geschlechtspartner: durch die Kommunikation von Angesicht zu Angesicht wurde die

Reaktion des Partners auf ein Signal selbst wieder zu einem Signal, wodurch die Möglichkeit der szenischen Steigerung der Erregung gegeben war. Diese mündet beim Menschen bei beiden Geschlechtspartnern – auch das ist neu – in eine starke emotionale Bewegung.

Morris führt dazu aus: „Bis jetzt haben wir betrachtet, wie das sexuelle Appetenzverhalten (so nennen die Ethnologen jedes zweckgerichtete Verhalten, das aktiv ganz bestimmte Reizsituationen anstrebt) bei unserer Art sich so vervollkommnet und erweitert hat, daß die Sexualhandlungen der Partner eines verheirateten Paares zunehmend befriedigender werden und sich dementsprechend die Paarbedingung immer mehr verstärkt und dauerhafter wird. Appetenzverhalten aber führt über die Reizsituation zur Endhaltung, die ebenfalls vervollkommnet werden mußte. Überlegen wir einen Augenblick, wie die Situation bei den Primaten war. Die ausgewachsenen Männchen sind ständig sexuell aktiv, es sei denn, sie haben gerade ejakuliert. Der Orgasmus als Endhaltung ist für sie von Nutzen insofern, als das Ausruhen nach der sexuellen Hochspannung ihren Geschlechtstrieb so lange dämpft, bis ihr Spermavorrat ergänzt ist. Die Weibchen hingegen sind nur befristet um die Mitte ihrer Ovulationszeit sexuell aktiv, dann aber auch stets bereit, die Männchen zu empfangen. Je mehr Begattung, desto größer die Sicherheit der Befruchtung. Für die Weibchen gibt es jedoch keine sexuelle Befriedigung, keinen Höhepunkt bei der Begattung, der sie sättigt und ihren Geschlechtsdrang stillt. Solange sie „heiß" sind, darf keine Zeit verloren werden – sie müssen in Gang bleiben, koste es, was es wolle. Gäbe es bei ihnen einen intensiven Orgasmus, so hieße das nichts anderes als eine Verschwendung kostbarer Zeit, die besser mit Paarungen zugebracht wäre. Nach der Paarung, wenn das Männchen ejakuliert hat und abspringt, zeigt das Affenweibchen kaum Zeichen emotionaler Bewegung; es geht weiter, als sei nichts geschehen.

Bei unserer eigenen Art mit ihrer engen Paarbindung ist das alles ganz anders. Da erstens nur ein einziger Mann die Paarung vollzieht und zudem immer derselbe, bedeutet es für das weibliche Geschlecht keinen besonderen Vorteil, sexuell zu reagieren genau dann, wenn der Mann gerade erschöpft ist. Und so wirkte sich nichts gegen die Entwicklung eines Orgasmus bei der Frau aus. Im Gegenteil: zwei Faktoren förderten sie sogar sehr stark. Der eine ist die ungeheure Befriedigung, die sie dem Akt der geschlechtlichen Vereinigung mit dem Ehepartner verleiht – und diese wiederum dient, wie alle Vervollkommnungen im Bereich des Sexuellen dazu, die Paarbindung zu festigen und die Familie als Einheit zu erhalten."[33] Der zweite Faktor ergibt sich aus der aufrechten Haltung: die Chance einer Befruchtung ist durch das Verweilen in horizontaler Lage auch nach der Ejakulation viel größer.

Diese „entwicklungsbiologische" Ableitung der Monogamie ist heute sehr umstritten. Ist die Monogamie eine relativ frühe Entwicklung hominider

Sexualkommunikation und ein evolutiver Fortschritt für die Aufzucht der Jungen, oder ist sie eine ökonomische Notwendigkeit patriarchalischer Hirtenstämme, die in Widerspruch zur biologischen Sexualstruktur der Menschen steht? Es wird heute auch in der Biologie genau der gegenteilige Standpunkt vertreten – ebenfalls mit wissenschaftlichen Belegen. Der Streit zwischen denen, die ihre Wissenschaft dazu verwenden, ein bestimmtes Ideal (z. B. die bürgerlich-monogame Ehe) auf die Urgeschichte projizierend als „natürlich" zu untermauern, und denen, die mit derselben Methode dieses Ideal in Frage stellen, soll hier nicht nur der Kuriosität halber zitiert werden. Es wird weiter unten zu überlegen sein, welche Rolle die Wissenschaft für die Entwicklung der Gesellschaft spielt. Sie kann ja, neben der Funktion, „die Welt zu erforschen", auch als generelle Rationalisierung von Bedürfnissen und Interessen angesehen werden. In den gegensätzlichen Auffassungen der Wissenschaftler über die (nicht mehr belegbaren) Zustände in der Urgeschichte spiegelt sich neben dem sicherlich richtig analysierten Historischen auch die kontroverse Situation der Gegenwart wider.

So schreibt Mary Jane Sherfey: „Es wäre denkbar, daß die gewaltsame Unterdrückung der ungewöhnlich großen sexuellen Ansprüche der Frau eine conditio sine qua non für das Erwachen jeder modernen Zivilisation, ja beinahe jeder lebenden Kultur sein muß. Der Geschlechtstrieb der primitiven Frau war zu übermächtig, zu anfällig für die fluktuierenden Extreme einer vorwärtsdrängenden, aggressiven Erotik, um den disziplinierten Anforderungen eines seßhaften Familienlebens zu genügen, in dem viele überlebende Kinder zum Wohlergehen einer Familie notwendig waren und wo für das Zusammenleben von Familie und Familienbesitz die Vaterschaft ebenso wesentlich wie die Mutterschaft geworden war. Wären diese Einschränkungen nicht verfügt worden, hätten die Frauen fast die Hälfte der Zeit der Befriedigung ihrer erotischen Bedürfnisse nachgejagt; die Vaterschaft wäre nie eindeutig festzustellen gewesen und die sexuelle Stimulierung durch den Stillvorgang hätte eine ununterbrochene Pflege des Säuglings in Frage gestellt.

Aus prähistorischen Studien im Nahen Osten können wir entnehmen, daß es wahrscheinlich etwa 5000 Jahre gedauert hat, ehe die Frau unterworfen wurde. Die relevanten Daten aus der Zeit von 12000 bis 8000 v. Chr. zeigen, daß die vorzivilisierte Frau völlige sexuelle Freiheit genoß und oft nicht in der Lage war, ihren Trieb zu beherrschen. Deshalb stellte ich die These auf, daß einer der Gründe für die lange Verzögerung zwischen den Anfängen der Landwirtschaft (etwa um 12000 v. Chr.), der Entstehung städtischen Lebens und dem Beginn urkundlich belegten Wissens (etwa 8000 bis 5000 v. Chr.) die ungezügelte zyklische Sexualität der damaligen Frauen gewesen sein muß. Erst als diese Triebkräfte mittels streng durchgeführter sozialer Gesetze nach und nach eingedämmt und unter Kontrolle gebracht werden konnten, wurde das Familienleben zu dem stabilisierenden und kreativen Schmelztiegel, aus dem dann der moderne, zivilisierte Mensch hervorgegangen ist.

Damals wie auch heute noch wird die Unterdrückung der weiblichen Sexualität in abergläubische, religiöse verbrämte und rationalisierende Formeln gekleidet, aber in Wirklichkeit lag dahinter nichts als das unerbittliche ökonomische Gesetz kultureller Evolution, die am Ende den Mann zu dieser Maßnahme zwang und die Frau dazu brachte, sie zu erdulden. Erscheint diese Unterdrückung zeitweilig als übermäßig grausam oder tyrannisch, liegt der Grund dafür meines Erachtens weder in der sadistischen, selbstsüchtigen Versklavung hilfloser weiblicher Wesen durch den Mann noch in der Schwäche oder gar in einem angebrochenen Masochismus der Frau. Die Stärke des zu unterdrückenden Triebes bestimmt das Maß der sie unterdrückenden Kraft."[34] Die biologische Begründung für diese These sieht Sherfey in der Art und Funktionsweise weiblicher Sexualität. Diese unterscheidet sich grundlegend von der des Mannes: ,,Ich plädiere auch für eine erneute Untersuchung der recht verschwommenen und strittigen Begriffe von Nymphomanie und Promiskuität ohne Frigidität. Bis zum heutigen Tage hat man noch nicht realisiert, daß regelmäßige Multiorgasmen als Folge klitoridaler oder vaginaler Stimulierung bis zur völligen körperlichen Erschöpfung möglicherweise die biologische Norm für weibliche sexuelle Potenz sein können. Frei von ausgesprochenen Hemmungen und mit lange währender sexueller Erfahrung vermag selbst die Frau, die noch nicht geboren hat, jenes hohe Maß an Vasokongestion zu erreichen, das die bereits reproduktive Frau erzielen kann. Es könnte also durchaus sein, daß die sogenannte ,mannstolle' Frau in Wirklichkeit nichts weiter als eine normal entwickelte Sexualität besitzt, obwohl eben gerade deshalb ihre Integration in unserer Gesellschaft noch viel zu wünschen übrigläßt.

Zweifellos ist die am weitesten reichende, aufgrund dieser Fakten extrapolierte These die Existenz einer universellen und physisch normalen Unfähigkeit der Frau, selbst bei intensiven und wiederholten orgastischen Erlebnissen, einerlei, wie hervorgerufen, eine gänzliche sexuelle Befriedigung zu erlangen. Theoretisch könnte eine Frau daher eine unbegrenzte Anzahl Orgasmen erleben, wenn es sie nicht körperlich erschöpfen würde.

Wir haben beobachtet, daß erhöhte sexuelle Bereitschaft und während der Luteinphase des Menstruationszyklus wiederholte und zum ,Sättigung-in-der-Unersättlichkeit'-Zustand führende Orgasmen bei erfahrenen Frauen, die bereits mehrmals geboren haben, am häufigsten zu verzeichnen sind. Dies ist einer der wichtigsten Punkte, in denen sich die Sexualität von Primatenweibchen und Frau einerseits und die Sexualität von Primatenmännchen und Mann andererseits physisch unterscheiden. Und zwar besteht er nur, weil das weibliche Wesen diese fulminante Beckenvasokongestion und Ödematisierung erzeugen kann. Diese Fähigkeit wird mittels hormonaler Kombinationen mit hoher Flüssigkeitsadsorption gesteuert, die wir nur bei bestimmten Primatengattungen und wahrscheinlich nur sehr wenigen Säugetierarten finden können.

Ich muß indessen betonen, daß dies nicht eine permanent und bewußt empfundene Unbefriedigtheit der Frau bedeutet. Zwischen Befriedigung und Sättigung besteht ein großer Unterschied. Eine Frau mag gefühlsmäßig durchaus und gänzlich befriedigt sein, ohne irgendwelche orgastischen Erlebnisse zu haben. Allerdings wird ein derartiger Zustand auf die Dauer und mit häufigen Erregungszuständen oder Koitusakten nicht ohne physische oder emotionale Abwehrreaktionen aufrechterhalten werden können.

Was ich unter ‚Sättigung-in-der-Unersättlichkeit' verstehe, wird durch Masters' Behauptung ‚Eine Frau wird gewöhnlich durch 3–5 Orgasmen befriedigt sein ...' sehr gut illustriert. Ich meine, wir können nur selten behaupten, ein Mann wird gewöhnlich durch 3–5 Ejakulationen befriedigt sein. Der Mann ist befriedigt. Die Frau dagegen zwingt sich gewöhnlich dazu, befriedigt zu sein, weil sie sich des Ausmaßes ihrer orgastischen Potenz einfach nicht bewußt ist. Ich weiß im voraus, daß dies für viele Frauen nicht überraschend sein wird, denn sie haben bereits erkannt (oder spüren es intuitiv), daß es für sie keine Sättigung gibt."[35]

Dieser biologische Befund könnte nach Sherfey die kulturelle Spannung erklären, die durch Reglementierung der Sexualität in den Gesellschaftsstrukturen auftritt: „Das Wesen weiblicher Sexualität, wie wir es hier vorgeführt haben, läßt keinen Zweifel mehr darüber, daß, genauso wie die weibliche Vagina sich nicht für die Entbindung großköpfiger Babies entwickelt hat, auch die ungewöhnliche orgastische Potenz der Frau nicht für monogame, seßhafte Kulturen gedacht war. Es ist töricht, zu erwarten, daß diese einmalige sexuelle Kapazität auch nur zum Teil sich innerhalb der Grenzen unserer Kultur ausleben kann, und es ist besonders töricht, wenn wir erwarten, daß das verspätete Aufblühen der Sexualität vieler Frauen über dreißig angemessene Mittel zur Befriedigung finden könnte. Es ist noch keine 100 Jahre her, und an manchen Stellen ist es noch heute so, daß Frauen regelmäßig bereits mit achtzehn oder neunzehn Jahren ihr drittes oder viertes Kind geboren hatten; die gesamte Lebenserwartung war damals kaum mehr als fünfunddreißig bis vierzig Jahre. Es könnte durchaus sein, daß die naturgegebene Synchronisation für den Höhepunkt männlichen und weiblichen Sexualerlebens erst seit verhältnismäßig kurzer Zeit zerstört worden ist.

Die Befunde legen ein beredtes Zeugnis dafür ab, daß weder Männer noch Frauen, aber insbesondere nicht Frauen, biologisch nur für einen einzigen Partner, für eine monogame Ehegemeinschaft oder für die verlängerte Reifezeit gebaut wurden, die ihnen die heutige Gesellschaft auferlegen will. Der Mann hat niemals die strenge Monogamie, die er prinzipiell vertrat, in

Wirklichkeit auch praktiziert. Dagegen wurde die Frau dazu gezwungen, jedoch nicht, so meine ich, aus den gewöhnlich angegebenen Gründen."[36]

Die eigentlichen ökonomischen Gründe, die durch das religiöse und politische Normensystem dann verallgemeinert wurden, lägen in der größeren Überlebenschance monogamer Familien in der Tiere züchtende Ackerbaukultur. Sollte diese Argumentation von der Geschichtswissenschaft bestätigt werden – was sie bislang noch nicht ist –, so würde auch in ihr der evolutive Fortschritt der Kommunikation in der Familie, deren Zentrum das heterosexuelle Paar darstellt, und ihrer ökonomischen Kontinuität erblickbar sein. Somit stellt die Paarbeziehung auf jeden Fall einen weiteren Fortschritt in der Kommunikation dar, da zwar ein einheitlicher Rhythmus beide Menschen „bewegt", dennoch aber die Menschen voneinander unterscheidbar werden, und zwar durch die persönliche Bindung aneinander. Paarbildung bedeutet, daß bestimmte Partner vor anderen bevorzugt werden, somit entsteht die kleinste Form einer sozialen Einheit.

Zusammenfassend könnte man sagen: Morris und Sherfey nehmen zwei gegensätzliche Standpunkte in bezug auf die weibliche Sexualität ein. Morris sieht eine Entwicklung von der zyklischen sexuellen Aktivität der Primatenweibchen zur permanenten Orgasmusfähigkeit der Frau. Das Hominidenmännchen hingegen ist permanent sexuell aktiv und orgasmusfähig und muß daher zur männlichen Sexualität hin keine weitere Entwicklung durchmachen. Dadurch entsteht der Eindruck, die weibliche Sexualität sei unterentwickelt gegenüber der des Mannes. Sherfey verteidigt eine sexuelle Vorrangstellung der Frau, indem sie eine höhere Potenz der weiblichen Sexualität annimmt. Sie geht von der biologisch weit weniger begrenzten Orgasmusfähigkeit der Frau aus und schiebt dem prähistorischen Mann die Aufgabe zu, die Frau trotz – oder wegen – dieser sexuellen Potenz unterworfen zu haben.

Vielleicht lassen sich beide Standpunkte insofern vereinigen, als wir sexuelle Aktivität immer in einer Beziehung zu Herrschaft sehen können. Der Unterdrückte ist nie der sexuell Aktive. Bei den Primatenweibchen besteht diese „Unterdrückung" in einem rein biologischen Sinn: das Weibchen hat kein Interesse an sexueller Betätigung, wenn es nicht „heiß" ist oder wenn es schwanger ist. Das Männchen hingegen kann ständig ein Weibchen begatten und ist daher ständig aktiv, ein Weibchen zu finden. Auf den prähistorischen Menschen übertragen, würde das dann bedeuten, daß diese männliche Aktivität quasi als Herrschaftsinstrument über die Frauen geblieben ist, als sich die weibliche Sexualität ebenfalls zu einer permanenten Orgasmusfähigkeit weiterentwickelt hatte.

Die Aktivität des Mannes legt nahe, daß ihm die Nahrungsbeschaffung in der Form der Jagd zufiel. Mit zunehmender Stammesgröße und mit dem Knapperwerden der Jagdtiere mag der Mann immer mehr von seiner Aktivität in die Nahrungsbeschaffung verlegt haben, so daß seine sexuelle Potenz dadurch geschwächt wurde. Die Frauen hingegen büßten von ihrer Potenz nichts ein – sie wurden im Gegenteil die sexuell Aktiveren und in diesem Sinn die „Unterdrücker" der Männer. Kulturleistung ist nach Sherfey erst möglich gewesen, als es dem Mann gelungen sei, die Frau mit ihrer verschlingenden Sexualität zu unterwerfen. So legen die ersten urkundlich belegten Kulturleistungen – die Entstehung städtischen Lebens – Zeugnis ab von männlicher Herrschaft. Frauen hingegen treten in ihrer Bedeutung ganz zurück – sie werden Sklaven des Feldes und des häuslichen Herdes. Dies hängt auch damit zusammen, daß Kulturleistungen freiwillige oder erzwungene Triebeinschränkung verlangen – so daß die Energie auf andere Aktivitäten als Nahrungssuche und Sexualität verlagert werden kann. In diesem Sinne wäre schon die Bildung einer familialen Struktur eine Kulturleistung und mit Triebeinschränkung verbunden, da die frei fluktuierende Sexualität sich nicht auf bestimmte Partner konzentriert.

Für unseren Gedankengang ist es aber besser, als das erste „Paar" nicht Mann und Frau anzusehen, sondern Mutter und Kind. Bis heute steht diese symbiotische Mutter-Kind-Dyade oft auch bei der sexuellen Paarbildung Pate.

Beim Menschen führt die Bildung dieser Subeinheit, die in sich eine intensivere Kommunikation hat als nach außen, zur Entwicklung einer Intimsphäre. Proportional zu der Intensität der Kommunikation muß aber nun eine Abwehr gegen Auslöser und Bahnungen außerhalb der Kommunikation des Paares einsetzen. Diese Abwehr beginnt, wie schon oben gezeigt, mit der Kleidung zur Verhüllung der Geschlechtsteile, dazu der Verlust des Haarkleides und die Reduzierung des spezifischen, sexuell erregenden Körpergeruchs. Der Geschlechtsakt wird räumlich und zeitlich in die Privatsphäre verlegt. Das ist meist das Lager, das Bett und die Nacht. Primaten kopulieren am Tag und nicht im Bett, aber bei den Menschen ist der Ausdruck „mit jemandem schlafen" sozusagen Synonym für den Geschlechtsakt geworden.

Alle Auslöser und Bahnungen außerhalb der Privatsphäre werden tabu. Berührungen von Körperteilen anderer Menschen werden ritualisiert (wie Hand geben), oder sie verlangen eine Entschuldigung, die im direkten Verhältnis zur möglichen Sexualbedeutung dieser Berührung stehen muß. Auch die Körperhaltungen werden entsexualisiert. Frauen spreizen die Schenkel nicht, Bewegungen, die an den Sexualakt erinnern, werden streng vermieden usw.

Die Entwicklung der Kommunikation zur sexuellen Paarbildung stellt nur die Voraussetzung für weitere Entwicklungen dar. Die evolutiven Vorteile liegen sicherlich bei der Bewältigung der langen Lernphase der Jungen durch die Eltern. Andererseits führt die lange und deshalb auch starke Abhängigkeit der Jungen zur Notwendigkeit eines zusätzlichen Emanzipationsprozesses der Kinder von den Eltern. Außerdem läßt die Paarbildung auch nicht zu, daß die Söhne als Konkurrenten des Vaters und die Töchter als

Konkurrentinnen der Mutter in sexueller Hinsicht auftreten. Die Grenze zwischen privat und öffentlich tritt damit von der sexuellen Reife der Kinder an innerhalb der Familie auf und führt zu deren Zerstörung.[37]

Ein für unseren Zusammenhang wichtiger Aspekt der ersten Stufe der Kommunikation (die Identität wird über Rhythmen vermittelt) ist die wachsende Bedeutung der Frauen in der Sozietät. Bei den Primaten hat das Weibchen eine relativ untergeordnete Bedeutung. Das ranghöchste Männchen hat im allgemeinen das Vorrecht, mit jedem Weibchen zu kopulieren. Oft geht dies soweit, daß die Rangniederen – manchmal mehr als die Hälfte des ganzen Stammes – überhaupt nicht zur Kopulation kommen. Die Entwicklung von den Primaten zu den Hominiden führt nun zum Teil durch die angeführten Tendenzen zu einem Abschwächen der strengen Rangordnung unter den Männern – besonders gefördert durch die kooperative Jagdbande – und zu einer Aufwertung der Bedeutung der Frau speziell als Mutter.

Sichtbar ist diese Dominanz der Frau an der Infantilisierung der Sexualhandlungen. Die Brunstkoordinationen sind dem Zärtlichkeitskatalog der Brutpflege entnommen. Das Küssen steht biologisch im Zusammenhang mit dem Füttern des Kindes, das eine von den Eltern vorgekaute Nahrung erhält. Umarmung und Küssen der weiblichen Brustwarzen, das Steicheln und Gestreicheltwerden erinnert an die Rhythmen der Kindheit. Auch die Phonetik der Verliebten gemahnt an die Kindheit. Es wird gestottert und gestammelt: „Schätzchen", „Kleines", „Baby" etc. werden als Ausdrücke für den Geschlechtspartner verwendet. Es bleibt sozusagen eine kindliche Dependenz in das Erwachsenenstadium hinein erhalten. Der Zusammenhang von Geliebter und Mutter, von Geliebtem und Vater einerseits, von Geliebter und Tochter und Geliebtem und Sohn andererseits, kann heute von der Psychoanalyse deutlich gezeigt werden. Diese starke Bindung der Partner aneinander, die die Bindung der Kinder an die Eltern ablöst, ist wieder eine Weise, in der die Gruppe die Steuerung des Verhaltens übernimmt. Vermutlich ist die Infantilisierung der Sexualhandlungen eine Folge jener „starken" Mutter-Kind-Beziehung, die jene erste Paarbildung aus der Horde heraushob. Die Entwicklung vom Kind zum Geliebten geht zunächst offenbar nur über die Analogiebildung.

Die Entwicklung von den Primaten zum Menschen ist also für unseren speziellen Aspekt, die Erforschung des Gruppenverhaltens, als Entwicklung der Kommunikation zu beschreiben. Die aufgezeigten Entwicklungsprozesse haben sich vermutlich über Jahrhunderttausende hingezogen und standen unter Selektionsdruck. Es gab sicherlich auch Stämme und Gruppen, in denen es nicht zur Paarbildung in der oben beschriebenen Weise gekommen ist; sie haben sich aber offensichtlich nicht bewährt. Von den vielen verschiedenen Variationen der Entwicklung sind wenige übriggeblieben und in neue Entwicklungsstadien eingetreten.

Nach dieser Theorie könnten also die Vorfahren der Menschen zum Unterschied von anderen ausgestorbenen Primatenarten deshalb überlebt haben, weil sie ihr Verhalten nach dem Auszug aus den tropischen Regenwäldern an das Steppendasein adaptieren konnten. Der wichtigste Aspekt ist dabei die Bildung der männlichen Jagdbande. Sie war die stärkste Waffe des Menschen, sowohl zum Schutz gegen Raubtiere, Artgenossen und alle möglichen Umweltgefahren, als auch notwendig zur Nahrungsbeschaffung. Die Organisation des Gehirns ermöglichte einen Abbau der fixierten Verhaltensmuster, so daß ein Teil des Verhaltens gelernt werden konnte und damit in die Willkür der kortikalen Kontrolle übernommen wurde. Die Steuerung der einzelnen übernahm die Gruppe. Damit dies möglich war, mußte die Kommunikation zwischen den einzelnen Gruppenmitgliedern weiter differenziert und gesteigert werden. Eine Entwicklungsstufe, die sich sicherlich über einen langen Zeitraum erstreckte und Verhaltensmuster hervorbrachte, die noch heute wirksam sind, war die emotionale Partizipation. Dies bedeutet, daß die Gruppe in einer einheitlichen Stimmung einheitliche Handlungen vollziehen kann. Sie teilt Freud und Leid, Angst und Erschrecken usw. Diese Einheit wird geübt und variiert. Die Arbeitsteilung zwischen Frauen und Männern war vermutlich die erste Entwicklung einer Subeinheit im Stamm.

Auf dieser Stufe gibt es aber noch eine weitere Entwicklung der Sexualität, die zu den Paarbildungen führt und damit eine noch stärkere Subeinheit herstellt auf Kosten der Einheit der gesamten Gruppe. Sexualität, die sich zur Möglichkeit der Scham entwickelt, schließt andere Gruppenmitglieder aus der Intimsphäre aus. Zwischen dem Paar und seiner engen Bindung aneinander und der Gruppe gibt es eine Differenz, die überwunden werden muß. Kommunikation wird zur Vermittlung von Subkommunikation und das kann nicht ausschließlich auf die Weise der emotionalen Partizipation geschehen. Die Übereinstimmung mit einer Emotion, das Sichmitreißen-lassen von der Gruppenstimmung kann nicht die einzige Weise sein, wie Menschen kommunizieren. Die Differenz von Paar und Gruppe verlangt zusätzliche differenziertere – man könnte auch sagen abstraktere – Weisen der Kommunikation. Denn es müssen Unterschiede kommuniziert werden. Die Kommunikation der Unterschiede ist aber nicht dasselbe wie das Ausagieren etwa von Rangattitüden bei Primatenstämmen. Auch hier gibt es Unterschiede zwischen dem Stärksten und dem Schwächsten, dem Langsamsten und dem Schnellsten. Hier werden die Unterschiede ausgekämpft und allenfalls ritualisiert, wie die Demutsgebärden zeigen. All dies geschieht aber in voller Öffentlichkeit, d. h. an den Unterschieden des Ranges oder der Stärke partizipieren alle. Es gibt keine Subkommunikation der Untergruppen, wie dies notwendig die Mutter-Kind-Beziehung ist und wie es möglicherweise bei der dargestellten Entwicklung der Sexualität war. Diese Subkommunikation stellt einen Abstraktionsanspruch an die Koordinationsleistung der Gruppe. In der Identität müssen Unterschiede als Unterschiede vereinigt werden können.

Vermutlich ist die Paarbildung mit ihrer Dialektik der Intimität (die Einheit der Gruppe darf nicht, muß jedoch zerstört werden) nicht die einzige Abstraktionsforderung an die Kommunikation der Hominidengruppe gewesen. Die Dislozierung der männlichen Jagdbande vom Lager der Frauen und Kinder ist ein ähnliches Problem.

1.3.1.4 Die Jagdbande

Auch hier handelt es sich um eine notwendige Untergruppenbildung mit einer eigenen Emotionalität innerhalb der Gesamtgruppe. Auch die Jagdgruppe ist durch Reste von Verhaltensmustern heute nachweisbar. Denn die relativ kurze Zeit der Zivilisation hat nicht alle der in Jahrhunderttausenden entwickelten Verhaltensformen verwandeln können. Wohl wurden sie umfunktioniert – aber es sind zum Teil immer noch die alten Muster.

Die Jagdgruppe bestand vermutlich nur aus Männern. Auch dafür gibt es außer den archäologischen Befunden noch Hinweise aus unserem heutigen Leben. Zunächst ist beim Menschen der Körperbau des Mannes gegenüber dem der Frau verändert: Der kräftigere Knochenbau, die stärkeren Sehnen, Bänder und Muskeln der Männer, vor allem aber der vergrößerte Brustkasten sowie die erhöhte Lungenkapazität deuten auf die jägerische Vergangenheit hin. Daß Frauen früher nicht gejagt haben, könnte auch eine Erklärung dafür sein, daß z. B. das weibliche Werfen von unten geschieht. Das Werfen von oben, wie es für Männer selbstverständlich ist, müssen Frauen erst mühsam lernen. Nur die Männer haben dieses motorische Verhaltensmuster entwickelt, das durch tausende Generationen des Jagens mit der Waffe perfektioniert wurde.[38]

In dieselbe Richtung weisen auch Untersuchungen der Fußknochen sowohl fossiler als auch neuzeitlicher Menschen. Bei Männern tritt die Neigung zu Plattfüßen oder Senkfüßen häufiger auf als bei Frauen. Untersuchungen des Fußknochens des homo habilis haben denselben Befund ergeben: Die Plattfüße sind zum Laufen geeignet, weil der Fuß dabei vom Zehenballen an abgerollt wird.

Auf die wahrscheinlich Jahrhunderttausende hindurch eingespielte funktionale Teilung der Hominidengruppe in eine „jagende Männergang" und in ein Lager, das die Kinder, Frauen und Alten (wobei die Menschen damals nicht sehr alt geworden sein dürften) beherbergt, weisen heute noch Strukturen unseres Verhaltens hin. Es gibt in der soziologischen und sozialpsychologischen Forschung einige seltsame Ergebnisse, die vielleicht darin eine Erklärung finden könnten.

Über die Größe der Jagdgruppe wissen wir aus archäologischen Funden, Höhlenzeichnungen sowie aus Beobachtungen heute lebender Jagdvölker Bescheid. Die Männergruppe umfaßte 8–10 erwachsene Männer, der Stamm war insgesamt 40–60 Personen groß. Die heute lebenden Jägerstämme sind etwas kleiner, können aber zum Unterschied von unseren Vorfahren auch auf Entfernungen töten und sind daher bei der Jagd nicht so aufeinander angewiesen. Fernwaffen sind erst seit rund 10000 Jahren im Gebrauch. Vorher waren Faustkeil und Knüppel oder schwere Knochen die wichtigsten Waffen der Hominiden und Menschen. In der jagenden Männergruppe mußte es daher eine ausgezeichnete Kommunikation und Kooperation gegeben haben. Die Zahl 8–12 mit den Angehörigen um 50 Personen ergibt sich auch aus den Jagdgewohnheiten. 10 Männer genügen, um ein großes Tier zu jagen und abzutransportieren. Die zu versorgende Gruppe durfte nicht zu groß sein, ebenso nicht das Jagdrevier, da sonst die Kommunikation und Versorgung des Lagers nicht möglich gewesen wäre. Andererseits hätte eine zu kleine Gruppe den Jagderfolg nicht gewährleistet. Vermutlich wurden die Territorien auch öfters gewechselt. Robert Ardrey schreibt dazu: „Das Vorhandensein von Wohnstätten bedeutet nicht, daß diese das ganze Jahr über bewohnt wurden. Hand in Hand mit den saisonbedingten Migrationszügen der Tiere ging zweifellos auch eine Wanderung der Hominiden. Die Territorien selbst mögen sich verändert haben. Doch muß es immer zwei getrennte Sphären – tief eingegraben in die frühmenschliche Vorstellungswelt – gegeben haben: die Wohnstätte, wo die Frauen ihre kleinen Kinder betreuten, wo die älteren Kinder ihre Gruppe der Altersgenossen bildeten und Jagd spielten, wo die heimkehrenden müden Männer ihre Ladung Fleisch deponierten. Daneben gab es die weite Welt des Jägers, den gefahrenumwitterten Busch, die beutereiche Wasserstelle, die endlose Savanne, wo in äonenlanger Evolution sich der ‚Wanderfuß' herausbildete. Planung und Angriff, Auf-der-Hut-Sein und Entdeckung, lebenslange Kameradschaft, gewalttätiges Handeln und Gefahr von früh bis spät – das war das Leben der Jagdbande."[39]

Die Faszination, die auch heute noch von Männergruppen ausgeht und die fast jeden Jüngling in der Reifezeit erfaßt (bei vielen noch in das Mannesalter hineindauert), dürfte in dieser Jagdgruppe ihren Ursprung haben. Dort haben sich vielleicht auch jene Initiationsriten herausgebildet, die in abgewandelter Form auch heute noch für den Eintritt in eine Männergang notwendig sind oder das Verhalten den Frauen gegenüber in der Reifezeit (oder länger) bestimmen. Der Jüngling, der der Obhut der Frauen entwächst und seinen Tätigkeitsbereich beim Eintritt in die männliche Jagdbande völlig ändert, muß sich gewissen Ritualen unterziehen: er erhält äußere Zeichen für die neue Identität.

Wie Untersuchungen zeigen[40], ist der Kooperationsgrad der Mitglieder in Frauengruppen erheblich niedriger als in Männergruppen. Auch in gemischten Gruppen sind Männer eher bereit zusammenzuhalten, als dies Frauen sind. Daß die kooperative Männergruppe inzwischen in den Hochkulturen auch die Dominanz errungen hat, ist ganz offensichtlich. Ob in Kirche oder Heer, in Industrie oder Wissenschaft: der Eintritt in die Männergesellschaft ist den Frauen noch weitgehend verwehrt. Der Wunsch nach Kameradschaft, einander in Schwierigkeiten beizustehen, oft sogar sein eigenes Ich zugunsten der Kooperation der Männergang zurückzustellen, ist bei Männern signifikant höher als bei Frauen. Auch hier liegt dieser Untersuchung natürlich ein Bestimmungszirkel zugrunde: Haben die Frauen in unserer männerdominierten Gesellschaft die Kooperation untereinander nicht lernen können oder muß die Gesellschaft mangels weiblicher funktionierender Gruppen von Männern dominiert werden?

Überall finden wir noch die Gruppe zwischen 8–12 Männern als zentrale Einheit der Dominanz: die amerikanischen Gerichte haben 11 Geschworene und einen Vorsitzenden, die kleinste Armeeinheit umfaßt 11 Soldaten und einen Unteroffizier, der oberste Gerichtshof hat 9 Mitglieder, Jesus hat 12 Jünger gewählt usw. Die Fußballelf ist die vielleicht deutlichste Reproduktion der alten Jagdbande. Wer auf dem Sportplatz das – überwiegend männliche – Publikum beobachtet, kann das Hervorbrechen archaischer Tempi und Rhythmen in der Identifikation mit der alten Jagdszene deutlich bemerken. Der Sport ist neben dem Krieg ein Bereich, in dem die alte Kameradschaft noch geübt wird, obwohl außerhalb ganz andere Regeln gelten. Vielleicht stammen die „heilige" Zahl 12 und die „Unglückszahl 13" ebenfalls aus dieser Zeit.

Aber nicht nur die Jagdbande, auch Stammesformen zeichnen sich gelegentlich noch unter der jeweiligen modernen Hülle ab. Man betrachte die Mitgliederzahl von Burschenschaften und Klubs, von Vereinen, sowie kleinen und mittleren Betrieben, von Familien und Sippen oder auch Abteilungen eines Spitals oder Ministeriums. In einem österreichischen Betrieb der metallverarbeitenden Industrie, der nach dem 2. Weltkrieg ein kleines Unternehmen aufgekauft hatte, verstand sich noch 20 Jahre danach die ehemalige Belegschaft des kleinen, längst nicht mehr existierenden Betriebes als Clan im großen Betrieb. Sie waren untereinander per Du, ließen niemanden in ihren „Stamm" hinein, hielten zusammen und gaben sich von Zeit zu Zeit einen neuen Namen.

Die Umstellung auf das jägerische Dasein brachte aber auch einen Wandel in der Sozialstruktur der frühen Menschengruppen. In Primatenpopulationen läßt sich meist eine sehr strenge rangmäßige Gliederung besonders unter den männlichen Mitgliedern beobachten. Einer oder einige wenige dominante Männer beherrschen die Szene. Die übrigen fristen ein unbedeutsames Dasein im Schatten der tyrannischen Dominanz. Besonders ausgeprägt ist diese Dominanz im sexuellen Bereich. Echte Kooperations- und Gruppenleistungen können deshalb von diesen Primatengruppen nicht erbracht werden. In der Jagdgruppe unserer Vorfahren könnte dies anders gewesen sein. Sie war sicherlich nie ohne Führer, hatte aber vermutlich auch keinen extremen Tyrannen. Die Mithilfe jedes einzelnen war bei der Jagd notwendig. Funktionen müssen in der Jagdgruppe austauschbar gewesen sein und die Leistungsfähigkeit ungefähr gleich groß. Wir können heute in Gruppen diesbezüglich zwei einander entgegengesetzte Tendenzen beobachten, die sehr oft vorhanden sind, ohne den Mitgliedern der Gruppe bewußt zu sein, und die deshalb vielleicht noch Exekutive archaischer Verhaltensmuster darstellen.

Die eine Tendenz läßt sich in Gruppen beobachten, die bereits ein festes Gefüge haben. In ihnen gehört jedes Mitglied samt seinen Vorzügen und Nachteilen zur Gruppe, und in den einzelnen Aktivitäten liegt ein merklicher Druck zur Vereinheitlichung. Es gibt Normen und Standards, auf deren Einhaltung die Gruppe großen Wert legt. Handelt es sich dabei um Leistungsstandards, dann liegen sie meist im mittleren Bereich der Leistungsfähigkeit, so daß sich der Gruppendruck auf den Schwächeren anspornend und auf den Stärkeren bremsend auswirkt. Auf diese Art wird der Zusammenhalt der Gruppe gewährleistet. Die meisten Gruppen, die einem längeren Lern- oder Arbeitsprozeß unterworfen sind (sei es in der T-Gruppe oder im Bereich des Berufes), erreichen früher oder später dieses Stadium. Es ist dies meist der Punkt, an dem die Mitglieder das Gefühl haben: „nun sind wir eine Gruppe". Sie würden keinen mehr ausschließen wollen, auch wenn er ihnen gelegentlich sehr auf die Nerven geht. In diesen Stadien der Entwicklung des Gruppenprozesses gibt es keine sehr starke Autorität mehr, der frühere Führer hat meist nur beratende Funktion, und die Gruppe ist in der Lage, auch gegen ihn Entscheidungen zu treffen. Man könnte über diese Gruppen das Motto setzen: Die Leistung der Gruppe als Ganzes ist wichtiger als die Leistung eines einzelnen. Ähnliche Phänomene lassen sich in heutigen Jäger- und Nomadenkulturen beobachten.[41] Man findet Gruppen ohne ausgeprägte Rangdifferenzen, die auch in ihren Mythen und Sagen eine hierarchische Denkweise vermissen lassen. Bei manchen Nomadenstämmen ist es üblich, daß wichtige Fragen von allen erwachsenen Mitgliedern des Stammes besprochen und gemeinsam entschieden werden.

Philip Slater meint, in Gruppendynamiksitzungen einen besonderen Unterschied zwischen männlichen und weiblichen Mitgliedern gefunden zu haben. Er schreibt: „Der Unterschied zwischen den Geschlechtern hinsichtlich der erotischen Motivation ist merkwürdig und anscheinend bei allen Gruppen, die einen Mann als Leiter haben, gleich. Die weiblichen Teilnehmer haben offenbar so gut wie keine Schuldgefühle bezüglich der Revolte, die Männer jedoch eine ganze Menge. Auf der Ebene der Individualpsychologie ist das keineswegs überraschend, da die Frauen eine ödipale Fixierung aufgeben, während die Männer sie zum Teil agierend darstellen. Aber damit ist keineswegs alles gesagt, denn Männer sind in Gruppen anscheinend stets sexuell gehemmter als Frauen. Trotz einiger Prahlerei, Aufschneiderei und berechneter verbaler Obszönität: wenn es zur unmittelbaren sexuellen Konfrontation kommt, sind es immer die weiblichen Gruppenmitglieder, die sich vorwagen, und die Männer, die sich zurückziehen und wichtige Verabredungen vorschützen. Sie sind bei diesen Begegnungen offenbar nicht nur depressiv; sie haben auch Angst. Es mag sein, daß die passive Rolle des Leiters ihnen ein ungeeignetes sexuelles Modell liefert. Sicher ist, daß viele Männer sich fast buchstäblich mit dem Leiter identifizieren und eine kraftvolle, schweigsame Pose einnehmen, die jedoch im Effekt jede aktive Initiative den weiblichen Teilnehmern überläßt. Auf längere Dauer geraten die Männer dadurch in eine etwas nachteilige Lage, und der Gruppenleiter repräsentiert dann möglicherweise für sie (wie oben bemerkt) den männlichen Helden, der den weiblichen Drachen bekämpft, anstatt den Vater-Drachen, das Ungeheuer, das es zu überwältigen gilt, um die schöne Schwester-Prinzessin zu gewinnen. Wird er rausgeworfen, fühlen sie sich nicht befreit, sondern einer Stütze ihrer Männlichkeit beraubt."[42]

Es ist durchaus möglich, daß die größere Neigung der Männer zur Konformität eine Folge des Lebens in Jagdgruppen durch einige hunderttausende von Jahren war. In dieser Zeit waren Gruppen, die über keine extremen Außenseiter verfügten, ganz offensichtlich im Vorteil. Gruppen, die nicht nur Schwierigkeiten mit den Gefahren der Umwelt, sondern auch mit eigenen Gruppenmitgliedern hatten, konnten sich sicherlich nicht so gut durchsetzen wie Gruppen mit konformen Mitgliedern.

Genialität, Kreativität, Dichter und Denker waren in der Jagdgruppe wahrscheinlich eine Gefahr. Der starke Druck, der auf Außenseiter ausgeübt wird und bei mangelnder Bereitschaft, sich der Gruppe unterzuordnen, sogar in Haß einmünden kann, wäre sonst unverständlich. Für die Jagdgruppe bedeutet ein Außenseiter, der sich nicht unterordnet, eine akute Gefahr. Der Umschlag in die Haßreaktion gegen ihn führte schließlich sicherlich zu Aggression, die letztlich in der Elimination des nicht kooperationswilligen Mitgliedes mündete. Soweit wird es aber nicht oft gekommen sein, denn wie wir aus Untersuchungen wissen, ist die Möglichkeit eines einzelnen, sich auf die Dauer einem Gruppendruck zu widersetzen, sehr gering.

Kreativität und Freiheit sowie die damit verbundene Unordnung des Denkens und Lebens konnte in streng kooperativen Gruppen nicht toleriert werden. Es ist durchaus möglich, daß die Frauen eher in der Lage waren, ihre Individualität zu entwickeln und zu betonen, so daß sich auch hier Differenzen positiv selektiv auswirkten.

Neben dem Konformitätsdruck der fest strukturierten Gruppe mit geringerem Wunsch nach deutlicher Rangstruktur und der Tendenz, Leistungen zu vereinheitlichen, gibt es in locker strukturierten Gruppen genau die gegenteilige Tendenz. Es gibt ein starkes Bedürfnis nach Rangstrukturierung, und es werden viele Beiträge erbracht, die meist unabsichtlich auf die

Zerstörung der Gruppe hinarbeiten. Gerade auf dem Gebiet der Leistungen gibt es rasch Polarisationen: in Gruppen, deren Mitglieder einander nicht oder nur flüchtig kennen, gibt es den Zirkel von Erwartung und Leistung. Wenn man z.B. in einer Gruppe über Mitglieder bestimmte Informationen mitteilt (etwa z.B., daß sie Kegeln sehr gut oder sehr schlecht können), so kommt es zu einer Einstellung der Gruppenmitglieder diesen Personen gegenüber, die sich determinierend auf die Leistung der betreffenden Person auswirkt. Ich selbst habe bei Vorträgen beobachtet, wie leicht ein Publikum den Vortragenden (dies gilt übrigens auch bei Schauspielern) mit positiven oder negativen Erwartungen beeinflussen kann. Eine negative Erwartung wirkt stark verunsichernd. Die Unsicherheit führt zu einer tatsächlich geringeren Leistung. Die geringere Leistung bestätigt der Gruppe ihre Vorerwartung, nämlich etwa die Unfähigkeit des Referenten oder des Keglers. Die nun weiter abgesunkene Meinung der Zuschauer erhöht die Unsicherheit und Nervosität des Agierenden, der mit weiter absinkenden Leistungen schließlich irgendwo bei einem toten Punkt oder Versagen endet. Lehrer kennen die „Tafelkrankheit", wenn man einen Fehler vor dem Publikum nicht verbergen kann und durch die Unsicherheit noch mehr Fehler macht. Positive Erwartungen wirken sich hingegen umgekehrt aus. Die Stimmung ist herrlich, und dadurch gelingt etwas, wozu man vielleicht sonst nicht in der Lage ist. Die gute Leistung – des Keglers oder Referenten – bestätigen der Gruppe die Vorerwartung, und das positive Echo steigert die Leistung. Dieser Zirkel führt dazu, daß die Guten immer besser, die Schlechten immer schlechter werden. So ist meines Erachtens auch der vieldiskutierte Bibelspruch zu verstehen: „Denn jedem, der hat, wird gegeben werden, und er wird im Überfluß haben; wer aber nicht hat, dem wird noch genommen werden, was er hat." (Matth. 13,12 und 25,29; Mark. 4,25; Luk. 8,18 und 19,26)

Dieser Teufelskreis führt nun leicht zur Zerstörung der Gruppe, da die Guten, wenn sie zu gut werden, mit den Schlechten, wenn sie zu schlecht werden, nicht mehr gerne kooperieren. Der ursprüngliche Sinn dieser Gesetzmäßigkeit liegt in der Primatengesellschaft und auch schon bei niedrig organisierten Tieren offensichtlich in der Selektionswirkung. Die Schwachen werden ausgemerzt und erhalten keine Gelegenheit, sich fortzupflanzen. Dieser Prozeß wird durch den geschilderten Zirkel bloß radikalisiert. Wer Zeichen von Schwäche zeigt, wird angegriffen. So werden manche Tiere, die verwundet sind, bereits von ihren Artgenossen umgebracht.

Beide Gesetzmäßigkeiten, die Tendenz, eine Gruppe zu vereinheitlichen, sowie die andere, eine Gruppe zu polarisieren und die Schlechten in einer Katastrophe scheitern zu lassen, widersprechen einander offenbar. Vielleicht sind sie ein Erbe aus stammesgeschichtlich verschiedenen Perioden. Die Polarisierungstendenz könnte aus der frühesten Zeit der noch locker gebundenen Primatengesellschaft stammen, während die Tendenz zum Zusammenhalt, die ja erst bei einem gewissen Stadium der Gruppenentwicklung sichtbar wird, ein Erbe der Jagdgruppe darstellt. Es wäre aber auch denkbar, daß die Kombination beider Tendenzen einen evolutiven Fortschritt dargestellt hat. Dann wäre die innerhalb der Gruppe auftretende Aggression, z. B. Kampf um die Weibchen oder um Rangpositionen, nun in einen Kampf zwischen den Gruppen verlegt. Die Polarisierung trennt dann nicht Individuen, sondern Gruppen voneinander.

Durch die Jagdgruppe entsteht eine Freund-Feind-Relation. Es gibt die Gruppe der Brüder, mit denen man sich identifiziert, und die Gruppe der Feinde, die man bekämpft. Auch diese Gesetzmäßigkeit gilt noch heute. Außenfeinde stärken immer den Zusammenhalt im eigenen Lager. Die Tatsache, daß die Kameradschaft heute hauptsächlich im Bereich des Sportes und des Krieges auftritt – beides Erinnerung an unsere Jägervergangenheit –, spricht für diese Theorie.

Im Zusammenhang mit dem Kommunikationsproblem ist zunächst wichtig, daß die Gesamtpopulation Untergruppen zu koordinieren hatte, die jeweils eine eigene Gruppenemotionalität entwickelten. Es gab die Paarbildung mit ihrer Intimsphäre sowie der dazu notwendigen sexuellen Abwehr einerseits und die Männergruppe andererseits, die jagend mindestens Teile des Tages vom Lager disloziert waren. Dazu kamen noch die Kinder, deren Lernphase immer länger wurde – ein Prozeß, der bis heute noch anhält.

Untergruppen mit jeweils eigener Emotionalität konnten nun nicht auf die einfache, oben beschriebene Weise der emotionalen Partizipation koordiniert werden, wenn sie Untergruppen bleiben sollten. Nur wenn es gelang, die Untergruppenbildung zu fördern und trotzdem eine Kommunikation im ganzen Stamm aufrecht zu erhalten, die auch gemeinsame Handlungen zuließ, war die Entwicklung der Untergruppen ein evolutiver Vorteil. Hinzu kam, daß die Kommunikation mit den lernenden Jungen nicht nur unmittelbar Situationssignale beeinhalten durfte, sondern zunehmend gespeicherte Erfahrungen kommuniziert werden mußten. Dies gilt speziell für die ganz verschiedenen Tätigkeitsbereiche in Jagd und Lager, Abenteuer und Sicherheit, Männergruppe und Familie, Anstrengung und Ausruhen. Weiterentwickeln konnten sich offensichtlich nur Gruppen, in denen die Kommunikation jenen Abstraktionsgrad erreichte, der alle diese Unterschiede in einer dennoch einheitlichen Wirklichkeit, aber als Unterschied unterordnen ließ. Es mußte eine einheitliche, übergeordnete Stammesentwicklung geben, die festsetzte, welche Zusammenhänge die Kommunikation haben soll: wann die Jungen erwachsen waren, wann eine Frau einen Mann bekam, was sie mit ihm tun durfte, wie die Männer jagen sollten und was einstweilen im Lager geschieht, wie Sexualität intim wird und wie diese Intimität dennoch für den Stamm Sinn gewinnen konnte usw. Wie gruppendynamische Forschungen in der Gegenwart zeigen, wird der Außenseitereffekt sofort stark verringert, wenn es sich nicht um eine Person handelt, sondern um zwei oder drei. Bei heterosexueller Paarbildung kann er sogar ganz verschwinden. Subgruppen mit eigenen, von der Gruppe abweichenden Standards werden viel eher geduldet als Einzelpersonen, die den Standard verletzen.

Die einheitliche, übergeordnete Stammeswirklichkeit, die unter sich Subordnungen begriff, ohne sie zu zerstören (wie dies beim Außenseitereffekt der emotionalen Partizipation der Fall wäre), war nur durch eine Weiterentwicklung der Lautsignale zur Sprache möglich. Derart komplizierte Regeln mit Subregeln, die zum Teil Widersprüche beinhalten mußten (heute ist etwas erlaubt, morgen ist dasselbe verboten, in dieser Konstellation gut, in jener böse), konnten nur sprachlich bewältigt werden. Nur mit Hilfe der Sprache waren die Normen und Standards festzulegen, die das komplexe Leben in einem Stamm regeln konnten. Ohne Sprache müßten die Entwicklungen sich als Nachteil für die Horden herausstellen: sich absondernde Paare würden unter dem Druck der Gruppe zerbrechen, ohne Paarbildungen (zwischen Mann und Frau, zwischen Mutter und Kind) aber ist die Aufzucht der Jungen nicht jene Sorgfalt zu widmen, die durch die persönliche Bindung und die damit gegebene Freiheit der Entwicklung in sprachlicher Gemeinschaft möglich ist. Ohne Sprache ist aber auch die Arbeitsteilung in jagende Männergruppen und Frauenlager nicht möglich. Mitjagende Frauen können sich aber nicht der Betreuung der Jungen widmen, ganz abgesehen davon, daß Schwangere oder stillende Mütter wohl kaum immer hätten mithalten können.

1.3.2 Der Standard

Die zweite Stufe der Kommunikation ist der Standard, der die Normen und Regeln einer Gruppe beinhaltet, mit dessen Hilfe nun über sprachliche Kommunikation das Verhalten der einzelnen Menschen gesteuert werden konnte. Wir subsumieren wieder eine Entwicklung von sicherlich vielen tausenden von Generationen, wenn wir diese Phase umschreiben mit dem Satz: Vom „Nein-tun" zum „Nein-sagen" oder von der Aggression zur bestimmten Negation!

Die Aggression hat ja bei den Primaten bis hinunter in den Bereich der niedrig organisierten Tiere eine wichtige Funktion. Sie sorgt für die Selbständigkeit der einzelnen Tiere. Eine zu starke Bindung und Abhängigkeit voneinander wäre wiederum besonders bei sehr spezialisierter Umweltadaption evolutionsfeindlich. Bei sehr guter Adaption gibt es sogar im Bereich der Säugetiere viele Einzelgänger. Hier verhindert die Aggression die zu starke Bindung an Artgenossen. Sie setzt im allgemeinen mit dem Erreichen der Reife eines Individuums ein und führt zur Vertreibung aus dem Nest der Eltern. „In der Beziehung zwischen Jungtieren und Erwachsenen, vor allem den Elterntieren, muß die Aggression von beiden Seiten her die Ablösung besorgen, die auf die starke frühkindliche Bindung zu folgen hat, wenn das Jungtier sozial selbständig werden soll. In Affenversuchen zeigte sich im Anschluß an die erste Phase ungehemmter ‚Affenliebe' regelmäßig eine zeitlich scharf umgrenzte Ablösungsphase, in der die Mutter ihr Kind von sich weg und sozusagen in die Welt hinein stößt. Gleichzeitig beginnt das Kind, zunehmend das Rangordnungsritual gegen seine eigene Mutter einzusetzen, gerät also in eine aggressive Trotzphase. Mit der so anlaufenden sozialen Revierbildung wird der Affe zum vollwertigen erwachsenen Mitglied der Gruppe, und nur so kann er es werden. Aggression zeigt sich hier in ihrer positivsten Form: Sie ist die Antriebsstruktur, die Abstand schaffen will, von Freund und Feind, weil das Individuum diesen Abstand braucht, um überhaupt selbständig handeln zu können."[43]

1.3.2.1 Das Territorium

Die Untersuchungen der Territorialität durch die vergleichenden Verhaltensforscher haben ergeben, daß das Territorium oder Revier einem Exemplar oder einer Gruppe so etwas wie eine erste Form der Identität geben kann. Das eigene, unverwechselbare, räumlich lokalisierbare Territorium wird aggressiv verteidigt, wobei die Aggression und mit ihr die Kampfkraft zu den Grenzen des Territoriums hin merklich nachläßt. Am stärksten ist die Aggression gegen einen Eindringling in der Mitte – im Zentrum des eigenen Territoriums. Auf fremden Boden fühlt man sich eher unsicher. Hier hat die Aggression ganz offensichtlich ebenfalls die Funktion, die Eigenständigkeit und unverwechselbare Identität eines Exemplares, das eben dieses Territorium sein eigen nennt und nicht ein anderes, zu gewährleisten. Daß sich Reste der Bereitschaft, ein eigenes Territorium im Sinne einer Identität zu verteidigen, auch beim Menschen noch findet, ist bekannt. „Grund und Boden", aber auch Wohnung und Büroräume, ja sogar eine mobile Form des Territoriums wie das Auto vermag der Mensch als einen Aspekt seiner Identität anzusehen.

Sehr oft wird die Verteidigung oder Eroberung des Territoriums heute mit einer weiteren, ebenfalls sehr alten Funktion der Aggression verbunden, nämlich mit der Verteidigung oder Eroberung eines Ranges in der Gruppe oder Population. Auch der Rang (der ja in der sprachlichen Metapher meist territorial formuliert wird: sein „Platz" in der Gruppe) kann die Identität und die Unverwechselbarkeit eines Individuums darstellen. Der Ausdruck „ein Platz an der Sonne" zeigt noch die Verbindung von Rang und Territorium. Ein höherer Rang hat schon in der Primatenpopulation einen Vorteil für das Individuum und sein Überleben. Es wird bei der Nahrungszuteilung sowie bei der Wahl des Geschlechtspartners begünstigt. Den „Löwenanteil erhalten" oder „sich viel herausnehmen" sind Redensarten, die auf diesen Vorteil hinweisen. Zurückstehen müssen, d.h. einem anderen den Vorteil lassen oder in der heutigen Autofahrersprache: „Vorrang" = Vorfahrt führt bei manchen Individuen zu dem Gefühl, den Rang behaupten zu müssen, während andere ihn erobern wollen. Rang steht hier für persönliche Identität und ist eine Weise, das Verhalten von Individuen zu beschreiben. Der eine ist wichtiger als der andere und verhält sich daher anders. Die Unterschiede müssen aber kommuniziert werden. Sogar ein Streit um den Rangplatz hat nur Sinn, wenn Rangunterschiede zunächst vorausgesetzt und von den Streitpartnern auch als Unterschiede anerkannt werden. Über die Unterschiede und ihr Ausmaß ist eine Verständigung vorausgegangen, wenn einer versucht, einem anderen seinen Platz an der Sonne streitig zu machen. Beide sind sich einig: dort ist Sonne!

Die Kombination von Rang und Territorium ist ein sehr häufiges Konfliktthema in Hierarchien. Daß die höhere Rangposition dabei durch ein größeres Territorium ausgedrückt werden muß, scheint selbstverständlich. So regelt etwa der 1975 in der Bundesrepublik Deutschland beschlossene „Raumbedarfsplan" für Beamte die Größe und Ausstattung der Geschäftszimmer von der Schreibkraft bis zum Minister.[44]

1.3.2.2 Die Sprache

Werden Unterschiede zwischen Menschen immer in aller Öffentlichkeit und unter Beteiligung aller Mitglieder kommuniziert, so kann es keine Untergruppenbildung geben. Untergruppen bestehen ja gerade dadurch, daß in ihnen Unterschiede kommuniziert werden, die der größeren Gruppe nicht zugänglich sind. Bestimmend für das Verhalten und die Aktion der Unterschiede (z.B. des Geschlechtes) sind ausschließlich die Mitglieder der Untergruppe. Nur wenn dies gelingt, gibt es überhaupt ein „Außen" und „Innen" der Gruppe, gibt es überhaupt Subgruppen. Nach außen kommuniziert werden die Resultate der inneren Kommunikation. Dieses Resultat ist aber nicht mehr Kommunikation selber, sondern bereits sprachlich faßbare Vermittlung von Kommunikation. „Wir haben uns geeinigt" teilt die Subgruppe mit und kommuniziert den Inhalt der Einheit. Die übrige Gruppe partizipiert am Resultat, aber nicht an der Einigung. Es werden Unterschiede in der Form von Resultaten kommuniziert. Die Gruppe muß nun aber auch die Regeln der vermittelten Kommunikation festlegen, da die Untergruppe sonst nicht stabil bleiben kann.

Die Intimsphäre der Untergruppe (z.B. die der Geschlechtspartner) muß respektiert werden, d.h. es muß festgelegt werden, welche Unterschiede in welchen Zeiträumen in welcher Weise (wer, wann, wo, mit wem) kommuniziert werden.

Dadurch regelt eine größere Anzahl von Kommunikationsnormen das Verhalten der Gruppe. *Die Kommunkationsnormen sind dann nur mehr in der Weise der Sprache zu kommunizieren, da das Verhalten nicht mehr unmittelbar gesteuert wird.* Daß ein Geschlechtsakt vollzogen wird, ist nicht mehr nur – wie bei den Affen – unmittelbare Reaktion des Männchens auf die vom Weibchen ausgehenden optischen, akustischen und olfaktorischen Signale, sondern auch Resultat eines Gruppenstandards. Die Gruppe initiiert und sanktioniert die Bildung der Subgruppe. Die Sanktionierung als Standard ist deutlich unterschieden vom Inhalt der Handlung.

Es gibt somit zwei Arten von Verhalten: unmittelbare Kommunikation in emotionaler Partizipation (kopulieren, essen, lachen, weinen, erbrechen, schreien, flüchten usw.) und vermittelte Kommunikation: sozusagen Agieren des Standards. Das Agieren des Standards ist eine Erfindung der Gruppe und regelt die Subkommunikation; es ist ritualisiertes Verhalten. Eine Form dieses ritualisierten Verhaltens ist: sprechen. Die Sprache ist eine Form des Handelns, die nicht unmittelbare Umweltverbundenheit darstellt, sondern eine vermittelte, das Verhalten regelnde. Dadurch kommt es zu jener „Verdoppelung der Welt", die schon immer Philosophen und Sprachforscher beschäftigt hat. Die Welt der Standards ist der Welt der Handlungen aber noch vorausgesetzt. Wie oben auf Seite 20 ff. gezeigt wurde, muß das Verhalten des einzelnen von der Gruppe gesteuert werden, da sich der Mensch von der Instinktsteuerung der Erbkoordinationen emanzipiert hat. Diese Steuerung durch die Gruppe geschieht nun mit Hilfe des Standards. Er setzt die Regeln und Normen, die Handlungen der einzelnen Menschen in der Gruppe fest und definiert dadurch die Wirklichkeit: der Standard der Gruppe ist somit die Umwelt des Menschen, seine zweite Natur. Zur ersten Natur oder zur Natur überhaupt kommt er erst wieder über komplizierte Modelle.[45]

Man könnte diese Entwicklung zum Standard, der sprachlich kommuniziert werden muß, auch von der erkenntnistheoretischen Aporie des peccatum originale ableiten. Der Mensch muß immer schon Erkenntnis gehabt haben, um den Sinn des Verbotes, vom Baum der Erkenntnis zu essen, überhaupt verstehen zu können. E. Heintel formuliert dies sprachphilosophisch so: „Wir haben die natürliche Sprache unsere erste menschliche Heimat genannt, in der wir uns wie in einem selbstverständlichen Besitztum bewegen, in das wir einfach hineingewachsen sind. Doch tragen wir eben auch schon in der natürlichen Sprache als unmittelbarer Reflexion das allgemeine Schicksal geistigen Daseins: die Ungebrochenheit des Lebens ohne eigentliche Sprache ist ein für allemal verloren. Die schon in der natürlichen Sprache wirkliche Transzendierung des Geschehensablaufs ermöglicht die bewußte Distanzierung der vorsprachlichen Unmittelbarkeit und damit ‚besonnenes' (Sinn voraussetzendes, reflektierendes) Handeln. Da aber außerdem alle Reflexion auf Sinn den unmittelbaren Sinn (natürliche Sprache) voraussetzt, läßt sich das Problem der Spannung von Sein und Sinn nie ‚außerhalb' des Sinns, ‚außerhalb' der Sprache stellen."[46]

Diese Dialektik ergibt sich notwendig, wenn in einer Gruppe eine Einheit hergestellt werden muß, ohne daß dabei Unterschiede zugrunde gehen dürfen. Die Aporie müßte lauten: Einheit muß hergestellt werden, weil sonst die gemeinsame Handlungsfähigkeit einer Gruppe gefährdet wäre. Einheit darf nicht hergestellt werden, weil sonst die Subkommunikation zugrunde gehen würde und ebenfalls die gemeinsame Handlungsfähigkeit einer Gruppe gefährdet wäre. Die dialektische Auflösung dieser Aporie stellt die Abstraktionsleistung von Sinn und Gegenstand dar, wie sie sich in der Sprache manifestiert. Die Lösung dieses Widerspruchs wäre ein Evolutionsschritt; es würde eine zweite Ebene des Agierens entwickelt (nein sagen statt nein tun), auf welcher Differenzen bestehen bleiben können, die im gemeinsamen Handeln den Zerfall der Gruppe zur Folge hätten. Durch sprachliche Reproduktion der Welt erübrigt sich die ständige „Gleichschaltung" aller Gruppenmitglieder auf eine Aktionszielrichtung. Verschiedene Gruppenmitglieder oder Subgruppen können nun auf verschiedenen Wegen zum gleichen Resultat kommen.

Diese Ableitung ist natürlich wieder ein Entwicklungszirkel: Sind Untergruppenbildungen erst möglich, wenn es die Sprache gibt, oder gibt es die Sprache erst, wenn Untergruppen vorhanden sind? Der Entwicklungszirkel der Sprachphilosophie wird auch oft als Nominalismusstreit abgehandelt: Entstehen Allgemeinbegriffe durch Abstraktion von der Hier- und Jetztsituation, oder ist die Hier- und Jetztsituation nur aufgrund von vorausgesetzten Allgemeinbegriffen bestimmbar? Der T-Gruppenprozeß in der Gruppendynamik beantwortet diese Frage (wie noch genauer zu zeigen sein wird) dahingehend, daß nur die Gruppe, die sich aufgrund der Interpretation der Hier- und Jetztsituation in Form von Allgemeinbegriffen eine Geschichte gibt, als Subgruppe bestehen bleiben kann und dennoch mit anderen Gruppen Kontakt und Kommunikation aufzunehmen in der Lage ist. Gelingt diese Selbstbestimmung einer Gruppe nicht, so ist sie entweder unfähig, „nach außen" zu kommunizieren, oder sie zerbricht unter dem Druck der von außen an sie herangetragenen Standards und Normen. Diese Dialektik hat heute eine große Bedeutung bei den Problemen der Organisationsentwicklung.

Interessanterweise ist eine solche gelungene Selbstbestimmung einer Gruppe immer sprachschöpfend. Die Gruppe gibt sich meist einen eigenen Namen und verbindet mit bestimmten Worten bestimmte Inhalte, die Nicht-Mitgliedern (also dem Rest der Menschheit) verborgen sind. Gelegentlich werden sogar neue Worte kreiert.

Wir wissen nicht, wo, wann und wie sich diese Entwicklung zum homo sapiens abgespielt hat. Wir können heute nur versuchen, die einzelnen Momente zu rekonstruieren. Meist wird die Differenz von Standard und Natur als so grundsätzlich angesehen, daß sie als eigentliche Definition des Menschen betrachtet wird. Sicherlich mit gutem Recht, denn sie impliziert ein Voraussetzungsproblem. Der Mensch ist nicht mehr unmittelbar in der Welt orientiert, sondern die Welt ist ihm über den Standard der Gruppe und weiterhin über sein eigenes Reflexionsvermögen vermittelt. Das bedeutet, daß sein Verhalten (angreifen und flüchten, Ärger und ausruhen, Anstrengung und Genuß etc.) von der Gruppe geregelt werden muß. Was eine Wirklichkeit darstellt und wie man ihr wohl begegnen soll, darüber muß unter den Menschen zuerst eine Kommunikation hergestellt werden. Erst aufgrund dieser Kommunikation ist der Mensch in der Lage zu handeln. Die Kommunikation – ihr wichtigstes Medium ist die Sprache – ermittelt die Bedeutung eines Phänomens und stellt dessen Zusammenhang mit den übrigen Phänomenen der menschlichen Umwelt dar. Jedes Phänomen muß also unter den Standard (d.h. wie Phänomene von der Gruppe gehandhabt werden) subsumiert sein, die Nahrung und das Wetter, die Stadien der menschlichen Entwicklung und die Aufenthaltsorte, die Gebrauchsgegenstände sowie die Unterteilung des Stammes usw. Die Subsumption geschah und geschieht mit Hilfe der Sprache. Differenzen und Unterschiede werden durch Wörter und später Aussagen kommuniziert. Sprachforscher glauben heute bereits, eine Geschichte der Sprache rekonstruieren zu können.[47]

Zunächst wurden vermutlich entsprechend der Vielfalt der Phänomene eine größere Anzahl von Wörtern entwickelt. Wie Untersuchungen an modernen Sprachen ergeben haben[48], ist die Anzahl der Grundworte einer Sprache gar nicht besonders groß. Die Hälfte aller gesprochenen und geschriebenen Worttexte, die H. Meier aus einem Text von 10 Mill. Wörtern ermittelte, stellte ein Kontingent von 200 Wörtern dar. Weitere 46 Prozent werden dann von 40000 häufigen Wörtern gestellt, und der große „Wortreichtum" der Sprache kommt selten vor (etwa 250000 Wortformen). Man kann viele heute unterschiedliche Wörter einer Sprache, manchmal aber sogar mehrere Sprachen auf bestimmte Grundformen zurückführen. Illies zitiert: „So heißt es bei Fester z.B.: ‚Kall' ist jede Vertiefung, jeder Hohlraum, jede Wölbung, jeder enge Durchlaß: Schale, Kehle, Höhle, Wohnstatt, Kulthöhle, später: Tempel, der Quell und das Tal wie der Paß, der die Höhe überwindet. Vor allem aber ist es der mütterliche Leib, die Geburt und das Kind, die Steppe, der Clan, Volk, Tier und Fruchtbarkeit ...' Wenn aus dem Symbol Kall also im Verlauf der Sprachgeschichte alle die Begriffe differenziert werden sollten, die wir eben aufgezählt haben, dann setzt das eine Weiterentwicklung des begrifflichen Denkens voraus. Zunehmende Gehirnentwicklung machte spezifische, schärfere Denkprogramme möglich, und dort, wo sich auf dieser Grundlage ein Begriff in zwei Begriffe ausdifferenziert, wird dann der Bedarf nach zwei neuen Wortsymbolen auftreten, das heißt; die Notwendigkeit, den neuerkannten Dingen neue Namen zu geben. Wer schärfer denken kann, hat mehr Begriffe, wer nicht nur Kall, sondern genauer Tal und Paß, Höhle und Schale unterscheiden lernt, braucht dafür auch mehr Wörter in seiner Sprache und kann sich dann damit dem Nachbarn eindeutiger mitteilen. Das aber bedeutet einen Vorteil in der Evolution, eine vergrößerte

Chance der Gruppe, zu überleben und in der Auseinandersetzung mit anderen Gruppen zu siegen – und so wird die evolutive Höhe des Menschen an der begrifflichen Differenzierung seiner Sprache ablesbar. Wer 30 verschiedene Baumarten und 50 Tierarten unterscheiden und beim Namen nennen kann, der ist auch ein besserer Jäger als der, der nur 10 Begriffe kennt, er hat größeren Erfolg bei allen Phasen der Jagd, in denen es auf Verständigung mit dem Nachbarn ankommt. An der Größe des Wortschatzes ist also der Umfang der möglichen differenzierenden Verstandesleistungen ablesbar, und wir dürfen sicher sein, daß aus Festers 6 Urworten des Eiszeitmenschen sehr bald schon einige 100 Wörter wurden."[49]

Das sprachgeschichtlich interessante Moment ist dabei weniger die Auseinandersetzung des Menschen mit seiner Umwelt, wie es manchmal bei den Sprachforschern anklingt, sondern die Kommunikationsnotwendigkeiten der Menschen miteinander. Die Formulierung: „Wer mehr Begriffe hat, kann sich dem Nachbar eindeutig mitteilen", ist (meiner Ansicht nach) zu unscharf und linear. Es geht nicht nur um die Eindeutigkeit einer Mitteilung, also quasi um das Vermeiden von Mißverständnissen, sondern um die Vermittlung von Unterschieden, die zwischen Menschen bestehen und trotz Kommunikation auch bestehen bleiben sollen. D.h. die Entwicklung etwa von Kall zu Tal und Paß sind verschiedene Orte, an denen sich verschiedene Menschen befinden (oder dieselben Menschen zu verschiedenen Zeiten), die miteinander reden oder Tradition weitergeben müssen. Weil es verschiedene Orte sind, an denen sich verschiedene Gruppen befinden, sie aber doch gemeinsam darüber sprechen, vielleicht um eine gemeinsame Einheit (z.B. Aktion) herzustellen, wird Kall in „Tal" und „Paß" unterschieden und obwohl es ursprünglich nur „ein" Kall war, gibt es jetzt zwei Wörter. Die „Verdoppelung der Realität durch die Sprache" ist die Basis für die Kommunikation zur Auflösung von Konflikten, die sich zwischen Gruppen abspielen, wenn es sich um Einschluß und Ausschluß von Mitgliedern (etwa Exogamie) und um Intergruppenkommunikation handelt.

Die Sprachen haben sich dann meist zu einem sehr komplexen und differenzierten Gebilde entwickelt, bis schließlich die alte Sprache wieder zu einfacheren Formen gewandelt wurde. Das Althochdeutsche etwa ist viel bunter, treffsicherer und grammatikalisch komplizierter als das Neuhochdeutsche. Man führt dies heute auf die Verlegung der Erkenntnisprobleme von der Sprache in die Denkprozesse des Gehirns zurück. Formalisierte Sprachen (wie etwa Computersprachen) sind gegenüber der Alltagssprache wiederum vereinfacht.

Die einfachere Sprache und Schrift hat auch einen soziologischen Aspekt. Die Anzahl derer, die lesen und schreiben lernen können, ist wesentlich höher als bei komplexeren Sprachen und komplizierteren Schriften. Deshalb muß die gesprochene Sprache des Schriftkundigen von der geschriebenen unterschieden werden. Wie man an guten Schauspielern sehen und hören kann, ist auch viel nicht Aufschreibbares durch Melos und Mimik im Zusammenhang mit der Sprache ausdrückbar. Die Sprache ist somit ein Aspekt des fortschreitenden Abstraktionsprozesses, den die Menschen in ihrer Evolution vollziehen.

Es ist vielleicht interessant, die Elemente dieses Abstraktionsprozesses zu betrachten. Zunächst bewegt sich jede Erörterung des Entstehens der Sprache in einem Zirkel: sie setzt Sprache voraus, um über ihr Entstehen sprechen zu können. Dieser Zirkel tritt nun aber nicht nur bei der Sprache, sondern schon beim Standard der Gruppe auf. Wenn wir den Standard als eigentliche Umwelt des Menschen ansehen, bedeutet dies, daß alle Phänomene über den Standard – also z. B. sprachlich – vermittelt sind. Er lebt nicht in den Dingen, sondern in einer Distanz zu den Dingen. Zu den Wirklichkeiten des Standards gehört natürlich auch dieser Gedankengang über den Standard und damit sind wir in dem eben an der Sprache gezeigten Zirkel: Standard kann nicht aus Nicht-Standard entstanden sein. Dieser Standardzirkel ist nicht nur ein altes philosophisches Problem, sondern überall wirklich, wo Menschen miteinander kommunizieren. Es ist daher notwendig, diesen Zirkel etwas näher zu beleuchten.

1.3.2.3 Das Werkzeug

Ganz deutlich wird der Standardzirkel in der Aporie des Werkzeugs: Ein Ding, Stein, Knochen, Axt usw. wird anders verwendet, als die unmittelbare Situation es verlangt. Der Zirkel liegt im Wort unmittelbar. Denn für einen Affen etwa kann es unmittelbar sein, mit einer Kokosnuß nach einem Feind zu werfen, obwohl die Kokosnuß sonst zum Essen verwendet wird. Nicht mehr unmittelbar ist es für ihn, die Schale der Kokosnuß als Trinkgefäß zu verwenden. Die berühmten Köhlerschen Affenversuche haben ergeben, daß die Fähigkeit der Tiere, Gegenstände umzufunktionieren, ihre deutliche Grenze haben. Das Gehirn des Menschen ist heute dazu viel besser in der Lage. Wie aber ist es dazu gekommen? Um einen Gegenstand umfunktionieren zu können, ist ein Schema vorausgesetzt, das gestattet, die Phänomene anders zu ordnen. Kokosnuß darf nicht nur in Zusammenhang von „Essen" oder „Werfen" gesehen werden, sondern auch in ihrem Teil – Kern und Schale – als Gefäß zum Aufbewahren von Flüssigkeit. Die Fähigkeit, eine Kokosnuß auch „so zu sehen", ist vorausgesetzt, damit sie auch tatsächlich so gesehen und verwendet werden kann. Wenn man Affen, die gerne Schokolade essen, diese in der Form gibt, daß eine Mandel von Schokolade umhüllt angeboten wird, dann werden die Affen die Mandel abschälen und die Schale – obwohl sie aus Schokolade ist – wegwerfen. „Auf den Kern kommt es an", könnte man das fixierte Verhaltensmuster in diesem Fall nennen. Wenn man die Resultate des Entwicklungsprozesses einander gegenüberstellt, kommt man zu zwei Feststellungen: Der Affe hat nicht die Fähigkeit, so weitgehende Abstraktionen wie das Zerlegen eines Dinges in seine Teile und das Zusammensetzen der Teile nach anderen Kombinationen durchzuführen. Der Mensch hingegen hat diese Fähigkeit, sie gehört zu seinem Standard.

Abstraktionsfähigkeit kann nun ganz offensichtlich nicht ohne Abstraktionsfähigkeit entstanden sein, da ja der Allgemeinbegriff vorausgesetzt ist, um das Detail als solches zu identifizieren und zu verwenden. Nur wer, wie man sagt, einen Begriff von Schale und Trinken hat, kann sich nach Gegenständen umsehen, die diesem Zweck zu genügen vermögen. Die Sprache kann für diesen Abstraktionszirkel als Beweis angeführt werden. Denn die Bezeichnung „Kokosnuß" ist vorausgesetzt, um dieses runde, braune, behaarte Ding als Kokosnuß zu identifizieren. Jeder, der nun versucht, das Entstehen der Abstraktion zu erklären, gerät notwendig in das Voraussetzungsproblem des Abstraktionszirkels. Die Schemata der Ordnung von Phänomenen müssen mitgebracht werden, damit die Phänomene tatsächlich geordnet werden können. Phänomene ordnen sich nicht von selbst. Daher können diese Schemata auch nie entstanden sein, sondern sie waren sozusagen immer schon vorhanden, wenn man diese Frage stellt.

Der Mensch unterscheidet sich also grundsätzlich vom Tier. Er baut in der Welt der Dinge eine zweite Welt aus Sprache und Bewußtsein auf. In dieser zweiten Welt – es ist die des menschlichen Standards – werden die Phänomene anders kombiniert und in Zusammenhang gebracht als in der ersten Natur. Ein Stein wird zum Werfen und Schlagen, Schaben und Schneiden, zum Beschweren, zum Bauen, Pflügen usw. verwendet. Es ist immer derselbe Stein der Natur, aber für den menschlichen Standard immer etwas anderes. Der Standard ist vorausgesetzt, damit der Stein auf diese vielfältige Art verwendet werden kann.

Andererseits ist aber der Standard gerade durch die vielfältige Verwendung des Steines als Werkzeug entstanden. Wir kennen heute ja bereits eine Geschichte der Werkzeuge, die im Laufe der Zeit immer abstrakter, d. h. komplizierter und differenzierter werden. Die Frage dabei ist wohl die, ob der Zirkel des Standards nicht Folge einer Betrachtungsweise ist, die den Menschen zum Unterschied vom Tier mit bestimmten Eigenschaften und Fähigkeiten ausgestattet sieht, die dem Tier eben abgehen. Kann man das Verhalten des Menschen aber aus seinen Eigenschaften erklären? Ist dies auch eines der Vorurteile der patriarchalischen Hierarchie, daß die Individuen Träger der Verantwortung, der Entscheidung usw. sind, weshalb sie auch mit allen möglichen Fähigkeiten ausgerüstet sein müssen? Die Erforschung der menschlichen Natur hat sich daher auch zunächst und zumeist dem Einzelwesen zugewandt. Ist sein Verhalten mehr aus dem Gruppenprozeß verstehbar oder mehr aus angeborenen oder erworbenen Eigenschaften? Sind die „Eigenschaften" Resultate des Gruppenprozesses, oder ist der Gruppenprozeß Resultat der „Eigenschaften" der Gruppenmitglieder? Dabei ist natürlich auch die alte philosophische Frage zu berücksichtigen, in welcher Weise jene Identität von Denken und Sein, von Sprache und Gegenstand denn wirklich ist, wenn man sie voraussetzt, um dem Zirkel zu entgehen? Eine solche Einheit muß ganz offensichtlich vorausgesetzt werden, da sonst Sprechen und Denken nicht möglich wären. Würde die Sprache nicht etwas meinen, würde das Denken nicht etwas denken, dann hätte es keinen evolutiven Wert dargestellt. So aber gelang es den Vorfahren der Menschen, sich mit Hilfe von Abstraktionen, z. B. dem Umfunktionieren von Werkzeugen und sprachlicher Kommunikation, an die Umwelt anzupassen und zu überleben (und nicht nur das). Abstraktion bedeutet: Teilaspekte und Phänomene in die verschiedensten Zusammenhänge zu bringen, einmal einen Stein eben als Waffe, dann wieder als Baumaterial und schließlich auch als Gewicht zu benützen. Diese Abstraktion tritt als zweite Stufe der Kommunikation auf, wenn die einzelnen Mitglieder einer Gruppe ihre Vereinheitlichung differenzieren.

1.3.2.4 Die Abstraktion

Aristoteles sieht die Erkenntnis jeweils als Abstraktion, deren eigentlicher Hintergrund aber „der Wille" ist. Die kommunikative Selbstbestimmung des Menschen ist Voraussetzung für die verschiedenen Weisen, die Dinge zu sehen: „Ursprung und Grundlage heißt erstens der Anfang eines Dinges, von dem aus man die Bewegung beginnt, z. B. ist hier der eine Anfang einer Länge oder eines Weges, drüben der andere. Zweitens der (1013 a) Ansatz, von wo aus man ein Ding am geschicktesten begreifen kann; so muß man beim Lernen bisweilen nicht mit dem ersten und für das Gebiet grundlegenden beginnen, sondern mit dem, was das Lernen am leichtesten macht. Drittens der Urbestandteil, mit dem ein Werk beginnt, z. B. der Kiel beim Schiff, die Grundmauern beim Haus und bei den Tieren das Herz, wie die einen, das Gehirn, wie andere sagen, noch andere, was ihnen sonst noch einfällt. Viertens der Ursprung einer natürlichen Bewegung oder Wandlung, der nicht Bestandteil ist, wie wenn sich das Kind aus Vater und Mutter, die Schlacht aus einer Schimpferei entwickelt. Fünftens die Führung, nach deren Plan das Bewegte bewegt und das Gewandelte gewandelt wird, wie etwa die Behörden in Städten und die Fürsten- und Königtümer und die Gewaltherrschaften, dazu auch die Künste genannt werden, vor allem die baumeisterlichen. Sechstens schließlich der Ausgangspunkt einer Erkenntnis in einem Gebiet, wie etwa bei den Beweisen die Grundsätze, auch das nennt man Grundlage dieses Gebietes. Ebensoviel Arten hat die Ursache; denn alle Ursachen sind Grundlagen. Allen Grundlagen gemein ist der Umstand, daß sie das erste sind, mit dem das Sein oder Werden oder Erkennen beginnt. Die einen sind dabei Bestandteile, die andern liegen außerhalb. Daher ist Natur Grundlage und Element und Vernunft und Wille und Wesen und Zweck. In vielen Fällen ist nämlich auch das Gute und Schöne Ausgangspunkt der Erkenntnis und der Bewegung."[50]

Das Gute (Agathon) können wir für unseren Gebrauch mit „Standard" übersetzen, jene Abstraktionen, die sich bewährt haben und mit denen es Menschengruppen gelungen ist, zu überleben. Standard ist dabei jeweils das Resultat eines Kommunikationsprozesses, in dessen Verlauf festgestellt wird, was für die Gruppe „gut und schön" ist. Agathon bei Aristoteles meint dabei nicht nur die Idee des Guten, sondern auch die jeweils gute Handlung. Als „gute" Handlung kann sie aber immer nur Resultat eines Kommunikationsprozesses sein. Nicht mehr die emotionale Partizipation schaltet alle gleich, sondern die Entscheidungen der Intimsphäre von Untergruppen werden kommuniziert, d. h. es mußte etwas kommuniziert werden, was eine Bedeutung hatte, die von der Kommunikation selbst unterschieden war. Sich geschlechtlich zu vereinigen und als Paar mit anderen zu kommunizieren, wurden zwei verschiedene Dinge, Jagen und die Beute mit anderen aufessen ebenfalls. Die Partizipation der Gruppe wurde eingeschränkt, abstrakter, damit es überhaupt zur Ausbildung einer Intimsphäre kommen konnte.

Die abstraktere Partizipation gelingt mit Hilfe von Signalen, die etwas bedeuten, ohne selbst diese Bedeutung zu sein. Die Trennung der Gruppen findet in der Form der abstrakten Kommunikation, nämlich durch die Sprache statt. Damit erweist sich die Bildung von Untergruppen und das Entstehen einer Intimsphäre als eigentlicher Ursprung der Abstraktion. Nachdem Adam und Eva vom Baum der Erkenntnis gegessen hatten, „sahen sie, daß sie nackt waren". Scham als Zeichen von innerlicher und weniger inniger Bindung als Ausdruck des Unterschiedes, der die Identität den anderen vermitteln muß. Die Vermittlung der Identität, die Einheit eines Menschen mit der Autorität oder der einer Gruppe einer anderen gegenüber geschieht aber nicht nur auf die Weise des Vereinheitlichens, sondern stellt selbst einen Unterschied dar. Identität und Unterschied bedingen einander, denn der Unterschied zwischen Gruppen (man weiß, welcher Gruppe man angehört) ist genauso eine Bestimmung der Identität wie umgekehrt. Auch kann etwas in verschiedenen Bezügen ganz anders sein. Der Gebrauch der unterschiedlichen Kommunikation als Angehöriger verschiedener Gruppen und in verschiedenen Situationen war die erste Form der Abstraktion und eine Voraussetzung der Differenzierung des Weltverhältnisses mit Hilfe unterschiedlicher Subsumierungen unter ein und denselben Standard.

Mit der Reife eines Individuums ändert sich seine Stellung zur Gruppe und zum Standard. Nun gehörte es nicht mehr oder nicht mehr ausschließlich einem Stamm oder einer Familie an, sondern auch der jagenden Männergruppe. Die Unterteilung des Stammes in Subgruppen und der dadurch notwendigen Subkommunikationen sowie die Feststellung der Unterschiede im Standard, waren die Voraussetzung für die unterschiedliche Verwendung von Gegenständen. Ein Stein oder ein Fell war eben einmal, d.h. in der einen Gruppe, ein Amulett, für die andere Gruppe Zeichen des Erwachsenseins oder Schmuck usw. Die unterschiedliche Subsumption unter den Standard verlangte auch eine unterschiedliche Handhabung der Dinge.

Genauso bildete sich auch eine unterschiedliche Bedeutung der Orte und Zeiten heraus. Gewisse Gegenden innerhalb und außerhalb des Lagers waren nicht allen Mitgliedern des Stammes zugänglich, sondern etwa nur den Erwachsenen oder nur den Frauen usw. Der allgemeine Standard und seine umfassende Wirklichkeitskonstitution regelte das Verhältnis der Unterschiede zueinander. So bedeuteten auch die Zeiten etwas anderes für andere Gruppen. Sonnenaufgang und Sonnenuntergang, Mittag und Abend waren nicht für alle Menschen bedeutungsgleich.

Natürlich ist zeitlich gesehen die Unterteilung eines Stammes beim Prozeß der erst bei der Konstitution des Stammes beginnt nicht früher, sondern er gehört zur Bildung jedes Stammes und erfolgt sozusagen synchron. Man könnte die Dialektik von Identität und Unterschied auf den Stamm bezogen auch so spezifizieren: Nur wenn Subgruppierungen möglich sind, kann sich ein Stamm als ganzer konstituieren.

Das Voraussetzungsproblem im Abstraktionszirkel kann somit auch so gesehen werden, daß genauso, wie verschiedene Gegenstände Voraussetzung für verschiedene Handlungen der Menschen sind, Unterschiede im Standard Voraussetzung für die Bestimmung von Unterschieden in der Gegenständlichkeit sind. Auch hier kann die Sprache zahlreiche Beispiele liefern. So haben manche Nomadenstämme der südlichen Sahara über 30 Wörter für die verschiedenen Dattelarten, aber nur ein Wort für Maschine. Bei uns ist es umgekehrt. Eskimostämme haben 20—30 verschiedene Wörter für Schnee, wir viel weniger. Der Standard ist umweltkonstitutiv, und dies ist das Voraussetzungsproblem der Abstraktion. Die menschliche Kommunikation ist also immer ein Zirkel, in dem die Einheit der Einheit und der Unterschiede hergestellt wird. Sie läßt sich nicht einseitig betrachten. Man kann daher weder sagen, daß die Normen der Standards durch Abstraktion aus den Handlungen der einzelnen entstanden seien (wer hätte abstrahieren sollen?), noch daß die Einzelhandlungen nur aus den Normen des Standards verstanden werden können. Beides ist zugleich richtig. Jedes allein für sich genommen ist falsch. Die Wirklichkeit der Gruppe liegt in der kommunikativen Identität der beiden Abstraktionen. Die Normen sind immer schon vorausgesetzt, damit es Normen geben kann. Die Entwicklung der Normen aus Verhaltensmustern der Primaten und Hominiden ist identisch mit der Entwicklung der Kommunikation.

Aus diesen Gedankengängen wird schon andeutungsweise sichtbar, daß

Kommunikation (fast) immer in sich widersprüchlich ist. Unsere Logik, die Widersprüche eliminieren will, ist ein sehr spätes Produkt der Zivilisation. Darauf wird in Kap. 3 genauer eingegangen.

1.3.2.5 Die Magie

Kommunikativ festgestellte Wirklichkeit ist also die Umwelt, in der die Menschen leben. Von unserem heutigen Weltbild (einer sehr komplizierten Umwelt) sind uns die Handlungen und Bezüge fremder oder bereits vergangener Kulturen oft unverständlich und erscheinen primitiv. Dabei handelt es sich aber häufig nur um verschiedene Formen der Realitätsverleugnung. Als Magie bezeichnen wir die Annahme, daß es möglich sei, die Naturvorgänge dem Willen des Menschen zu unterwerfen ohne Verwendung der von uns konstruierten Standardmodelle. So schreibt Freud: „Die Magie muß den mannigfaltigsten Absichten dienen, die Naturvorgänge dem Willen des Menschen unterwerfen, das Individuum gegen Feinde und Gefahren schützen und ihm die Macht geben, seine Feinde zu schädigen. Die Prinzipien aber, auf deren Voraussetzung das magische Tun beruht – oder vielmehr das Prinzip der Magie – ist so auffällig, daß es von allen Autoren erkannt werden mußte. Man kann es am knappsten, wenn man von dem beigefügten Werturteil absieht, mit den Worten E. B. Tylors ausdrücken: ‚mistaking an ideal connexion for a real one'. An zwei Gruppen von magischen Handlungen wollen wir diesen Charakter erläutern.

Eine der verbreitetsten magischen Prozeduren, um einem Feind zu schaden, besteht darin, sich ein Ebenbild von ihm aus beliebigem Material zu machen. Auf die Ähnlichkeit kommt es dabei wenig an. Man kann auch irgendein Objekt zu seinem Bild ‚ernennen'. Was man dann diesem Ebenbild antut, das stößt auch dem gehaßten Urbild zu; an welcher Körperstelle man das erstere verletzt, an derselben erkrankt das letztere. Man kann dieselbe magische Technik anstatt in den Dienst privater Feindseligkeit auch in den der Frömmigkeit stellen und so Göttern gegen böse Dämonen zu Hilfe kommen. Ich zitiere nach Frazer: ‚Jede Nacht, wenn der Sonnengott Ra (im alten Ägypten) zu seinem Heim im glühenden Westen herabstieg, hatte er einen bitteren Kampf gegen eine Schar von Dämonen zu bestehen, die ihn unter der Führung des Erzfeindes Apepi überfielen. Er kämpfte mit ihnen die ganze Nacht und häufig waren die Mächte der Finsternis stark genug, noch des Tags dunkle Wolken an den blauen Himmel zu senden, die seine Kraft schwächten und sein Licht abhielten. Um dem Gotte beizustehen, wurde in seinem Tempel zu Theben täglich folgende Zeremonie aufgeführt: Es wurde aus Wachs ein Bild seines Feindes Apepi gemacht, in der Gestalt eines scheußlichen Krokodils oder einer langgeringelten Schlange und der Name des Dämons mit grüner

Tinte daraufgeschrieben. In ein Papyrusgehäuse gehüllt, auf dem eine ähnliche Zeichnung angebracht war, wurde dann diese Figur mit schwarzem Haar umwickelt, vom Priester angespuckt, mit einem Steinmesser bearbeitet und auf den Boden geworfen. Dann trat er mit seinem linken Fuß auf sie und endlich verbrannte er sie in einem von gewissen Pflanzen genährten Feuer. Nachdem Apepi in solcher Weise beseitigt worden war, geschah mit allen Dämonen seines Gefolges das nämliche. Dieser Gottesdienst, bei dem gewisse Reden hergesagt werden mußten, wurde nicht nur morgens, mittags und abends wiederholt sondern auch jederzeit dazwischen, wenn ein Sturm wütete, wenn ein heftiger Regenguß niederging oder schwarze Wolken die Sonnenscheibe am Himmel verdeckten. Die bösen Feinde verspürten die Züchtigung, die ihren Bildern widerfahren war, als ob sie sie selbst erlitten hätten; sie flohen und der Sonnengott triumphierte von neuem'."[51]

Auch wenn man Regen erzeugen will, indem man als Ritual Wasser durch ein Sieb gießt, oder hofft, daß der Boden fruchtbar wird, wenn man einen ritualisierten Geschlechtsakt vollführt, versucht man die Natur dem Standard der Gruppe zu unterwerfen. Die Ähnlichkeit zwischen der vollzogenen Handlung und dem erwarteten Geschehen ist sicherlich ursprünglich das tertium comparationis der Subsumption. Deshalb dürfte diese, wie Frazer sie nennt, homöopathische oder imitative Magie zu den ursprünglichen Formen der Wirklichkeitsfeststellung der Gruppe durch den Standard gehören. Freud weist darauf hin, daß sich in den Spielen unserer Kinder noch ähnliche Formen beobachten lassen. Wenn ein Kind mit einem Holzauto fährt und dabei das Motorgeräusch mit dem Mund nachahmt, dann versucht es ebenfalls, sich unter den Standard zu subsumieren. „Die Möglichkeit einer auf der Kontiguitätsassoziation beruhenden kontagiösen Magie wird uns dann zeigen, daß sich die psychische Wertschätzung vom Wunsch und vom Willen her auf alle psychischen Akte, die dem Willen zu Gebote stehen, ausgedehnt hat. Es besteht also jetzt eine allgemeine Überschätzung der seelischen Vorgänge, d. h. eine Einstellung zur Welt, welche uns nach unseren Einsichten in die Beziehung von Realität und Denken als solche Überschätzung des letzteren erscheinen muß. Die Dinge treten gegen deren Vorstellung zurück; was mit den letzteren vorgenommen wird, muß sich auch an den ersteren ereignen."[52]

Diese Freudsche Unterscheidung von Ding und Vorstellung entsteht natürlich erst aus der Konfrontation unseres Weltbildes mit einem fremden. Erst wir wissen dann, „daß es nichts nützt", Wasser durch ein Sieb zu gießen, um Regen zu erzeugen. Wir werfen vom Flugzeug aus Silberjodidkörner auf die Wolken – und haben mehr Erfolg. D. h. aber, wir haben ein komplexeres Modell der Wirklichkeitsfeststellung, wir können mehr Phänomene widerspruchsfrei unter unser Modell subsumieren. Die „Allmacht der Gedanken" kennzeichnet unsere technische Welt aber noch genauso wie die Welt der sogenannten Primitiven. Gedanken sind ja doch die Wirklichkeit der Kommunikation einer Gruppe bzw. deren Resultat. Wie kompliziert diese

Kommunikation auch immer sein mag – über welche Umwege der Abstraktion sie auch immer gehen mag: das Resultat ist die Feststellung der Wirklichkeit – von der Aussage, daß dieser Wald heilig und daher nicht zu betreten sei, bis zur Formel $E = mc^2$.

Das bedeutet aber, daß die Welt grundsätzlich für den Menschen und sein Weltbild (ist gleich Wirklichkeitsfeststellung durch den Standard) immer in Ordnung sein muß, damit er handeln kann. Es darf keine für die Gruppe unklaren oder nicht deutbaren Phänomene geben. Man könnte auch sagen: Ist ein Phänomen nicht deutbar, so muß es trotzdem gedeutet werden, damit die Einheit und Allgemeingültigkeit des Standards aufrecht erhalten bleiben kann. Daß der menschlichen Phantasie dabei fast unbegrenzte Möglichkeiten offenstehen, wissen wir aus der Geschichte. Geister und Dämonen, freundlich helfende und feindlich verderbende Mächte sind überall im Spiel, wo menschliches Handeln sich bewährt oder versagt. Wir wissen heute z. B. schon aus (zum Teil bereits oben erwähnten) Untersuchungen, daß nicht nur die Phantasie und Theorienbildung, sondern auch schon menschliche Wahrnehmungen im Dienste der Retuschierung der Wirklichkeit zugunsten des Standards steht. Von den menschlichen Sprichwörtern („auf dem Ohr hört er schlecht"), über die Literatur (Don Quijote macht einen Zauberer für die Verzauberung der von ihm bekämpften „Riesen" in Windmühlen verantwortlich, als er sich besiegt in deren Gestänge wiederfindet) bis zu den modernen Massenmedien kann man zeigen, daß es für die Kommunikation eigentlich keine „objektiven" Fakten gibt. Je nach Intelligenz oder Bildungsniveau, nach politischer Einstellung oder gesellschaftlichem Rang, nach ökonomischem Interesse oder Auftrag wird ein und derselbe Vorgang völlig anders wahrgenommen und weiterberichtet. Nicht immer sind diese Unterschiede von den Akteuren beabsichtigt und ihnen bewußt.

In einem Aufsatz der Zeitschrift ‚Gruppendynamik' schreibt Brigitte Eckstein: „Realitätsverleugnung und Illusionsbildung gehören zu den gängigen Mechanismen, mit denen in unserem Kulturkreis Individuen wie Gruppen Identitätskrisen und die mit ihnen verbundenen Reifungsängste regredierend abzuwehren versuchen."[53] Diesen Satz könnte man stark verallgemeinern: nicht nur in unserem Kulturkreis und nicht nur in der Gegenwart, sondern in allen Kulturen und zu allen Zeiten muß die Welt mit dem Standard, der in der Gruppe kommuniziert wird, übereinstimmen. Der Rest wird geleugnet, verdrängt, bekämpft oder nicht bemerkt. „Mit Blindheit geschlagen zu sein gehört zu unserem Wesen, um nicht zu sagen: zu unserer Gesundheit." sagt Bilz.[54] Angst vor dem Unbekannten und Ungewissen, der horror vacui ließ die Menschen zu allen Zeiten und in allen Kulturen eine Grenze des Weltalls genauso vermuten wie einen Sinn in der Entwicklung der Gruppe. Ich komme im zweiten Teil bei der Diskussion der Denksysteme und ihrer Funktion für die Gesellschaftsstruktur darauf noch einmal zurück.

Heute noch lebende Jägervölker lassen das Bestreben, alles unter den menschlichen Standard zu subsumieren, sehr schön erkennen: „Die Waika wissen von der Erschaffung der Welt und der Menschen zu erzählen und schildern dann, wie ein Hirschgeist Hayaliwa einen Teil dieser Urzeit-Menschen, der gerade mit der Ernte einer Palmfrucht beschäftigt war, in Tiere verwandelte – vor allem in rote Hirsche, aber auch in Vögel, Tapire, Wildschweine usw. Zugleich wurden aus jener Sorte von Palmfrüchten, die die wichtigste Sammelnahrung der Menschen darstellte, Palmfrüchte einer anderen, von Hirschen bevorzugten Art. Der Vorgang dieser urzeitlichen Verwandlung der Menschen in Landtiere wird detailliert geschildert: die sich in Hirsche verwandelnden Menschen schabten sich selbst das Fleisch von den Unterschenkeln hinauf zu den Oberschenkeln, um das typische Hirschbein zu erzielen, und so geschah es auch mit den anderen Tiermerkmalen. Aus diesem Bericht, dem sich viele andere zur Seite stellen ließen, wird die jägerische Grundauffassung deutlich – daß nämlich die Tiere letztlich Menschen in anderer Gestalt sind und daß der Unterschied zwischen Tier und Mensch nur auf der äußeren Erscheinung beruht ... Da die physische Differenz von Mensch und Tier jedoch offensichtlich ist, wird die Verzahnung beider Wesenheiten in den Ideen der körperlich-seelischen Doppelung und der Verwandlung begriffen, von anderen Varianten zunächst einmal abgesehen. Da finden wir in der plastischen Kunst Sibiriens und Nordwestamerikas Tierfiguren, aus deren Brust ein menschliches Antlitz hervorsieht. Da hören wir von den westgrönländischen Eskimos, daß die geraubte Seele eines erkrankten Menschen durch die eines Tieres ersetzt werden kann. Da erzählt uns die westafrikanische Jägerlegende, daß die Antilopen von kleinen menschengestaltigen Geistwesen begleitet seien und nur dann stürben, wenn der Jäger auch diese getötet habe. Umgekehrt vernehmen wir vielerorten, daß einem menschlichen Leben ein tierisches – etwa das eines Büffelkalbes, eines kleinen Vogels usw. – parallel läuft und daß der Mensch stirbt, wenn diesem anderen Ich etwas zustößt. Und schließlich türmt sich vor uns ein Berg von Berichten, in denen beschrieben ist, wie sich Menschen in Tiere und Tiere in Menschen verwandeln. Ganz selbstverständlich heißt es in einer Jägererzählung der westafrikanischen Mande: ‚Ein großer Jäger tötete alle Tage große Antilopen und wilde Büffel. Da verwandelten sich eines Tages zwei wilde Büffel in zwei sehr schöne Mädchen und gingen so in des Jägers Dorf, um ihn in dieser schönen Gestalt zu verlocken und zu überlisten‘."[55]

Menschliches Verhalten ist durch den Standard geregelt. Das Töten spielt dabei eine besondere Rolle – wie sich noch zeigen wird. Die Tiere werden menschenähnlich gesehen, um den gleichen Normen unterworfen zu sein. Man betritt keine fremde Welt, wenn man sich mit ihnen abgibt. Die Welt muß, wie gesagt, immer in Ordnung sein, und dafür sorgen die jeweiligen Weltbilder. Ob die Erde eine Kugel oder eine Scheibe ist, eine Insel oder eine Höhle, ist grundsätzlich gleichgültig – wichtig ist, daß man sich auf ihr orientieren kann, daß die Gruppe weiß, „wo" sie ist. Nun gibt es aber einen sehr wichtigen Unterschied zwischen den Problemen der Feststellung der Wirklichkeit der Natur und der des Menschen. Wie die Umwelt zu interpretieren sei, woher der Regen kommt und die Sonne, woher die Tiere und das Getreide, darauf können sich Gruppen auch in der Traditionsbildung relativ leicht einigen. Wie wir bei Tieren beobachten können, geschieht die Einigung bei äußeren Feinden sogar auf der Stufe der emotionalen Partizipation rasch und erfolgreich. Die Gruppe als Einheit flüchtet oder kämpft, ihre Mitglieder tanzen und singen, sie vertreiben die Geister oder verkriechen sich vor den Dämonen.

Viel schwieriger wird das Problem der Wirklichkeitsfeststellung, wenn die Differenzen nicht zwischen Naturphänomenen (zuviel oder zuwenig Wasser, zuviel oder zuwenige Tiere usw.) auftreten, sondern innerhalb der Gruppe selber. Dies geschieht aber notwendigerweise durch die schon beschriebene Bildung und Entwicklung von Untergruppen. Hier muß Standard zu Substandard vermittelt werden. Dies bedeutet aber, daß notwendige Differenzen zwischen Standard und der emotionalen Selbstbestimmung der Gruppe und Untergruppe auftreten. Wenn intime geschlechtliche Beziehungen nur in der Subgruppe erlaubt sind, dann ist damit eine Differenz zwischen den Wünschen und Bedürfnissen der Gruppenmitglieder und der Norm des Stammes angesprochen. Das Verhalten der einzelnen muß also der Norm auch gegen die eigene jeweilige Emotionalität genügen. Dabei muß diese Differenz flexibel sein und auch über geringe räumliche und zeitliche Distanz normadäquates Verhalten gestatten. Was an einem Ort erlaubt ist, ist woanders – unter Umständen daneben – verboten. Was jetzt verboten ist, ist zu anderem Zeitpunkt, gleich danach, erlaubt usw. Die Emotionalität, die dem Standard entgegengebracht wird, ist nicht identisch mit derjenigen der Untergruppe und – auch das ist eine mögliche Entwicklung – wiederum nicht identisch mit der des einzelnen.

Daraus folgt, daß Gefühle, die nicht die emotionale Partizipation der ersten Stufe der Kommunikation verwirklichen, sondern über die Vermittlung des Standards gehen, notwendig ambivalent oder mehrdeutig sein müssen. Bindung an eine Person muß zugleich auch Ablehnung entwickeln. Freud hat gezeigt[56], daß jedes Tabu in sich entgegengesetzte Tendenzen birgt. Wer einen Feind tötet, erlebt nicht nur Aggression, sondern auch so etwas wie Reue oder Wertschätzung des Feindes: „Bei den Monumbos in Neuguinea wird jeder, der einen Feind im Kampf getötet hat, ‚unrein' wofür dasselbe Wort gebraucht wird, das auf Frauen während der Menstruation oder des Wochenbettes Anwendung findet. Er darf durch lange Zeit das Klubhaus der Männer nicht verlassen, während sich die Mitbewohner seines Dorfes um ihn versammeln und seinen Sieg mit Liedern und Tänzen feiern. Er darf niemand, nicht einmal seine eigene Frau und seine Kinder berühren; täte er es, so würden sie von Geschwüren befallen werden. Er wird dann rein durch Waschungen oder anderes Zeremoniell ...

Wenn ein Pima-Indianer einen Apachen getötet hatte, so mußte er sich schweren Reinigungs- und Sühnungszeremonien unterwerfen. Während einer sechzehntägigen Fastenzeit durfte er Fleisch und Salz nicht berühren, auf kein brennendes Feuer schauen, zu keinem Menschen sprechen. Er lebte allein im Walde, von einer alten Frau bedient, die ihm spärliche Nahrung brachte, badete oft im nächsten Fluß und trug – als Zeichen der Trauer – einen Klumpen Lehm auf seinem Haupte. Am siebzehnten Tage fand dann die öffentliche Zeremonie der feierlichen Reinigung des Mannes und seiner Waffen statt. Da die Pima-Indianer das Tabu des Mörders viel ernster nahmen als ihre Feinde und die Sühne und Reinigung nicht wie diese bis nach der Beendigung des Feldzuges aufzuschieben pflegten, litt ihre Kriegstüchtigkeit sehr unter ihrer sittlichen Strenge oder Frömmigkeit, wenn man will. Trotz ihrer außerordentlichen Tapferkeit erwiesen sie sich den Amerikanern als unbefriedigende Bundesgenossen in ihren Kämpfen gegen die Apachen."[57]

Tabu impliziert nach Freud immer eine ursprüngliche Gefühlsambivalenz. Diese Ambivalenz ist durch die Vermittlung der Kommunikation, sozusagen durch die Internalisierung des Standards zustande gekommen und ist somit eine soziale Bildung. Um die Identität des Standards als Einheit der Unterschiede aufrecht zu erhalten – und diese Identität ist für menschliche Gruppen überlebensnotwendig! –, müssen notfalls Gefühle des einzelnen verdrängt werden. Sie sind nicht – auch nicht vor sich selbst – erlaubt, eigentlich gibt es sie gar nicht. Nietzsche sagt: „ ‚Das habe ich getan' sagt mein Gedächtnis. ‚Das kann ich nicht getan haben' – sagt mein Stolz und bleibt unerbittlich. Endlich gibt das Gedächtnis nach."[58]

Der einzelne ist so sehr auf das Urteil der anderen angewiesen, daß es ihm nicht gelingt, auf die Dauer eine Doppelrolle zu spielen. Freud zeigt an der Neurose, die aus dieser unbewältigten Spannung hervorgeht, den grundsätzlichen Konflikt: „Ich will hier wiederum eine einzelne Tatsache zum Ausgangspunkt nehmen. Von der Übertretung eines Tabu wird bei den Primitiven eine Strafe befürchtet, meist eine schwere Erkrankung oder der Tod. Diese Strafe droht nun dem, der sich die Übertretung hat zuschulden kommen lassen. Bei der Zwangsneurose ist dies anders. Wenn der Kranke etwas ihm Verbotenes ausführen soll, so fürchtet er die Strafe nicht für sich, sondern für eine andere Person, die meist unbestimmt gelassen ist, aber durch die Analyse leicht als eine der ihm nächsten, von ihm geliebtesten Person erkannt wird. Der Neurotiker verhält sich also hierbei wie altruistisch, der Primitive wie egoistisch. Erst wenn die Tabuübertretung sich im Missetäter nicht spontan gerächt hat, dann erwacht bei den Wilden ein kollektives Gefühl, daß sie durch den Frevel alle bedroht wären, und sie beeilen sich, die ausgebliebene Bestrafung selbst zu vollstrecken. Wir haben es leicht, uns den Mechanismus dieser Solidarität zu erklären. Die Angst vor dem ansteckenden Beispiel, vor der Versuchung zur Nachahmung, also vor der Infektionsfähigkeit des Tabu ist hier im Spiele. Wenn einer es zustande gebracht hat, das verdrängte Begehren zu befriedigen, so muß sich in allen Gesellschaftsgenossen das gleiche Begehren regen; um diese Versuchung niederzuhalten, muß der eigentlich Beneidete um die Frucht seines Wagnisses gebracht werden, und die Strafe gibt den Vollstreckern nicht selten die Gelegenheit, unter Rechtfertigung der Sühne dieselbe frevle Tat auch ihrerseits zu begehen. Es ist dies ja eine der Grundlagen der menschlichen Strafordnung, und sie hat, wie gewiß richtig, die Gleichartigkeit der verbotenen Regungen beim Verbrecher wie bei der rächenden Gesellschaft zur Voraussetzung. Die Psychoanalyse bestätigt hier, was die Frommen zu sagen pflegen, wir seien alle arge Sünder."[59] Die Bedrohung durch die Tabuübertretung, die Standardverletzung, ist für die Gruppe so groß, daß sie nur unter Kontrolle zugelassen werden kann – Kontrolle des einzelnen über sich selbst, der Gruppe über den einzelnen, der Großgruppe über Subgruppen, der Gesamtgesellschaft über Gruppierungen usw. Die Gruppe, die in sich Unterschiede als Unterschiede in einer Standardidentität aufheben soll, braucht diese Kontrolle. Wo ein Verhalten der Kontrolle entgleitet, kommt die soziale Spannung und damit die Ambivalenz der Gefühle wieder zum Vorschein wie in den Fehlleistungen, im Fluchen, das ja auch sehr gegensätzliche Inhalte zu einer Wortkombination verbindet, und in allen Zusammenbrüchen der gesellschaftlichen Interaktion; etwa wenn jemand aus der Rolle fällt. Aus der Rolle fallen könnte aber niemand, wenn es nicht eine Differenz im Standard gäbe. Diese Differenz, die ja die Negation impliziert, ist ein wesentliches Moment der Entwicklung von Gruppen und soll nun näher untersucht werden.

1.4 Die Standardverletzung

1.4.1 Der Tod

Ein Mensch kann in einer Gruppe nicht ärger aus der Rolle fallen als dadurch, daß er stirbt. Der Tod ist die Standardverletzung schlechthin, da keine Interaktion den Zustand der Identität über allen Unterschieden wiederherstellen kann. Alle Gruppenprozesse für die Integration – sogar diejenigen der Aggression – kommen zu spät. Je enger die Menschen in Gruppen aneinander gebunden waren, je mehr Kommunikation verwirklicht wurde, desto größer und unlösbarer mußte das Problem des Todes eines Mitgliedes werden. Der Tod zerstört die Kommunikation und damit die Gruppe.

Umgekehrt wurde daher auch jede Standardverletzung oder jede Zerstörung der Gruppe mit dem Tod in Zusammenhang gebracht. Bis heute gibt es bei Standardverletzung die Redewendung: „sich zu Tode schämen". Nach Beobachtungen von Ethnologen gibt es den plötzlichen Tod in den sogenannten Primitivkulturen bei Tabu-Verletzung: „Erika Sulzmann, die wiederholt bei Volksstämmen in der ehemaligen Kolonie Belgisch-Kongo ethnologische Feldforschung betrieben hat, berichtete mir, daß eines Tages eine Batwa-Frau zu ihr kam, die über Leibschmerzen klagte. Es bestand kein Fieber, die Bauchdecke fühlte sich weich an. Der Gang zur Europäerin war, wie sich hinterher herausstellte, der Versuch, aus der verzweifelten Ausweglosigkeit herauszukommen, in die die Batwa-Frau geraten war: Sie hatte Früchte von einem Feld gestohlen, das in einer gewissen Weise als unberührbar gekennzeichnet, d.h. tabu war. Erst nachträglich, als sie die gestohlenen Früchte gegessen hatte, wurde ihr der Tabu-Bruch klar. Zu spät. Sie war in die Schuldverstrickung geraten. Es gab für sie keinen Pardon. Geschehen ist geschehen. Irgendwelche Wirkmale, die die Merkmale der Götter oder Dämonen auszulöschen vermöchten, gab es nicht. Sollte sie fliehen? Das wäre sinnlos gewesen. Wir kennen, wenn es sich um Schuld und Schuldverstrickung handelt, ein intrapsychisches ‚Wirkmal', das ist die Verdrängung, aber sie funktioniert offenbar nicht. ‚Was ich nicht mehr weiß, macht mich nicht heiß!' Wenn uns die Demuthaltung keine Gnade verschafft, so kann uns das Vergessen helfen, daß wir den Kopf aus der Schlinge ziehen. Der Besuch bei der Ethnologin hatte der Frau nichts genützt: sie starb noch am selben Tag."[60]

„Voodoo-Tod" nennen die Eingeborenen diese Situation, aus der es für den Standardverletzer keinen Ausweg mehr gibt. Nach vielfachen Berichten von Ethnologen können auch Medikamente in einer solchen Situation einem Menschen nicht helfen. Der suizidale Mechanismus wirkt allen medizinischen Gegenmaßnahmen zum Trotz.[61] So paradox es klingen mag, es handelt sich bei dieser Art von Tod (vielleicht beim Tod überhaupt?) ja nicht um ein körperlich-organisches Problem, sondern um ein soziales Problem. Die Gruppe verfügt über den Körper des einzelnen. Es ist interessant, daß die Versuche von Weißen, die Eingeborenen vor dem Voodoo-Tod zu bewahren, nur dort erfolgreich waren, wo auch die Gegenmaßnahmen sozialer Art waren: „Es liegt außerdem ein Bericht vor, den uns J.H. Schultz übermittelt. Er bezieht sich auf ein Erlebnis des Geographen Walter Behrmann, der an einer Forschungs-Expedition innerhalb der ehemaligen Kolonie Deutsch-Neuguinea teilgenommen hatte. Ein militärisch-forscher Stabsarzt der Schutztruppe begleitete die Gelehrten. Trägerdienste leisteten Jungen, die aus Eingeborenendörfern stammten. Die Medizinmänner waren damit nicht einverstanden, daß die Jungen in den Dienst der Europäer getreten waren. Sie bedrohten die Wegläufer mit dem Voodoo-Tod. Tatsächlich starben zwei der Jungen, die von Heimweh getrieben, vorübergehend in ihre Dörfer zurückgekehrt waren. Die ärztliche Untersuchung ergab nicht den geringsten Befund, so daß man an den psychogenen Tod denken mußte. Als ein dritter dieser Trägerjungen, der gleichfalls vorübergehend heimgekehrt war, psychisch verändert aus diesem Urlaub zurückkehrte, und zwar wie Schultz sich ausdrückt, mit der ‚gleichen hoffnungslos-ängstlichen Erwartung', wirkte der Stabsarzt mit einem kräftigen militärischen Anschnauzer auf den Todeskandidaten ein. Der Junge war so stark von der Autorität des Arztes beeindruckt, daß bei ihm der suizidale Mechanismus versagte. Da war er nun einer neuen Alphamacht konfrontiert und es schien, daß sie der in dem heimatlichen Dorf überlegen war. Es könnte in diesem Falle von dem Trend in das Utopisch-Überoptimale die Rede sein. Dieser schnauzende Stabsarzt ist der Exponent der neuen Sozietät, die mit großen Schiffen auf dem Meere erschien, ausgerüstet mit Kanonen und Donnerbüchsen. Waren seine Freunde ihrer tradierten Überzeugung getreu geblieben, der Überzeugung von der gnadlosen Macht ihrer Götter, so hatte dieser Junge eine neue Überzeugung, und das bedeutet: ein anderes, neues Bedeutungs-Erleben gewonnen. Überzeugung und Bedeutungs-Erleben ist ein und dasselbe Gefühls-Erleben einer Gewißheit. Die Situation der Ausweglosigkeit war damit ihres Radikalismus, d.h. ihrer tödlichen Konsequenz verlustig gegangen."[62]

Das Bedeutungserleben der Ausweglosigkeit ist auch oft bei Tieren Ursache für einen plötzlichen psychischen Tod. Ob die Situation tatsächlich ausweglos ist oder von anderen Subjekten als nicht ausweglos betrachtet wird, ist dabei belanglos. Das Bedeutungserlebnis des Feindes und der abgeschnittene Fluchtweg können z.B. bei Gazellen zum Schocktod führen. Der „Vagus-Tod" wurde bei Tieren auch experimentell untersucht: „Der amerikanische Physiologe Curt Richter warf wilde Ratten in einen mit Wasser gefüllten Glaszylinder, aus dem es kein Entrinnen ab. Die Tiere schwammen in großer Erregung etliche Minuten, dann sanken sie ab und ertranken. Daß sie in der kurzen Zeit bereits so erschöpft waren, daß ihnen die Kräfte versagten, war nicht anzunehmen. Richter konnte nachweisen, wie sich ihr Herzschlag zunehmend verlangsamte, was auf die Wirkung des Vagus schließen läßt. Bei der Sektion dieser offensichtlichen vagovasal zugrunde gegangenen Tiere zeigte sich ein weit dilatiertes Herz. Laboratoriumsratten dagegen, d.h. zahme Ratten, schwammen in dem gleichen Zylinder mehr als 80 Stunden um ihr Leben. Dieser Gegensatz ist von grundlegender Bedeutung. Es kam, während Richter mit den wilden und zahmen Ratten experimentierte, gelegentlich sogar vor, daß eine wilde Ratte, noch bevor sie in den Wasser-Zylinder eingesetzt wurde, in den Händen des Experimentors starb. Aus eigener Erfahrung kann ich berichten, daß eines meiner Tupaia, ein aus dem Tierhandel bezogener Wildfang, plötzlich starb, als ich es in meinen Händen hielt. Die Zuordnung von Ausweglosigkeit und suizidal anmutendem Tod war den Tierfängern seit jeher bekannt: Exotische Tiere, die in Netzen gefangen wurden, starben nicht selten, wenn die Tierfänger sie aus den Netzen lösen und in den bereitstehenden Transportkäfig stecken wollten. Die Ausweglosigkeit wird von der Natur korrigiert: Es tut sich in dieser Situation, wenn die radikale Ausweglosigkeit besteht, sodaß auch der Fluchtweg nicht mehr als Rückweg (=Ausweg) passierbar ist, ein physiologischer Ausweg auf, nämlich der Notausgang, der in den Tod führt. Ebenso könnte man sagen, daß der Vagus-Tod den grausamen Tod vereitelt, indem er dieses plötzliche Auslöschen arrangiert. Wir stellen uns vor, wie eine Gazelle in die Fänge eines Leoparden geraten ist. Dieser Tod in der Situation der Ausweglosigkeit befreit das Subjekt aus der Gewalt seines Feindes, der nun nur noch den Kadaver, nicht aber die lebende Gazelle vor sich hat. Es sind, so scheint es, dieselben zentralen Regulationen, die den Übersprung-Schlaf und den suizidal anmutenden Tod arrangieren: Timor est somnus, timor est exitus."[63]

Auch die Angst ist ein soziales Phänomen. Jede Gruppe kann jedes ihrer Mitglieder in Angst versetzen. Von einer tatsächlichen Lebens- oder Organismusbedrohung braucht dabei weit und breit nichts vorhanden zu sein, die vegetativen Reaktionen der Angst treten trotzdem auf: Schweißausbruch, Zittern, Blaßwerden usw. Der Verstoß gegen den Standard der Gruppe führt zu einer Reaktion, die beim domestizierten Menschen natürlich nicht mehr tödlich, aber oft todähnlich ist: von in „Ohnmacht fallen" bis „davonlaufen" gibt es eine breite Palette von Weisen, in denen sich ein Individuum einer Gruppe entzieht bzw. von ihr ausgeschlossen wird. Anderen Subjekten in anderen Gruppen mag dabei der Grund für die Angstreaktion durchaus unverständlich sein. Sie stehen unter einem anderen Standard. Früher wurden Menschen bei Tabuverletzungen an den Pranger gestellt. Sie mußten sozusagen die Angst einflößenden Merkmale des Feindes ertragen, ohne sich dieser Situation entziehen zu können. Diese Exposition führte dann auch bei extremen Fällen, z. B. beim Kreuzestod, der als Intensivpranger gilt, oft zu einer vorzeitigen Tötung unter Schockeinwirkung.

Die Standardverletzung durch ein Gruppenmitglied führt zum Tod oder jedenfalls zu einer Todesdrohung: „Von allen Bäumen des Gartens darfst du essen, nur von dem Baume der Erkenntnis des Guten und Bösen sollst du nicht essen; denn sobald du davon ißt, bist du dem Tode verfallen." (Genesis 2,17).

Die eigentliche Bedeutung der Handlung wurde von der Gruppe festgesetzt. Ich habe schon oben gezeigt, daß der Standard die Umwelt der Menschen bedeutet. Nun wurde das Verhalten der Menschen ja durch ihre Angepaßtheit von der Natur diktiert. Der Standard ersetzte in Jahrhunderttausenden langsam die Steuerung durch die Erbkoordinationen. Auch die Sitten und Gebräuche stellten daher eine Anpassung an das Jägerdasein dar. Der Standard schrieb den Menschen vor, wie sie sich in die Natur einfügen konnten. In vielen Mythen der Jägervölker gibt es noch die Verwandlung von Menschen in Tiere und umgekehrt. Standard und Sitte als eigentliche, über die Kommunikation festgestellte Wirklichkeit des Menschen war daher von der unmittelbaren natürlichen Angepaßtheit durch die Instinktregulierung zunächst gar nicht zu unterscheiden. *Ein Unterschied zwischen Sitte und Natur konnte erst durch eine Standardverletzung überhaupt in Erscheinung treten*.

Eine unumgängliche Standardverletzung stellt der Tod dar, da er zeigt, daß nicht die Natur, sondern die Sozietät der Gruppe die eigentliche Wirklichkeit des Lebens des Menschen darstellt. Durch den Tod wird die Kommunikation unterbrochen und dadurch der Unterschied zwischen Standard und Natur deutlich. Der Tod ist die Grenze der Macht des Standards. Wer tot ist, kann auf keine Appelle der Gruppe mehr hören, er ignoriert jeglichen Druck, der auf ihn ausgeübt werden kann, er ist jeder Bereicherung durch Feedback entkommen und hat damit eigentlich die Gruppe zerstört. Sie muß sich neu konstituieren – ohne dieses Gruppenmitglied. Diese neue Konstitution ist die eigentliche Krise des Standards. Es wird deutlich, daß Standard nicht Natur ist, sondern als Standard durch die Gruppe vermittelt wird und zugleich damit erst den Gegenstandsbegriff konstituiert. Der Tod eines Mitglieds ist eine Krise der Gruppe, die sie nur als Gruppe – sozusagen ohne Natur – bewältigen kann. Durch die radikale Angewiesenheit des Menschen auf die Gruppe, in der er lebt, durch die intensive umweltbestimmende Kommunikation also, wird der Standard zu einer Wirklichkeit „über der Natur". Er ist nicht den Gesetzmäßigkeiten von Geburt, Wachstum und Alter unterworfen, er braucht keine Nahrung und kennt keine Notdurft. Er regelt vielmehr das Verhalten der Menschen, und an ihm ist – oft über viele Generationen hinweg – kein Unterschied festzustellen. Der Standard bleibt sich gleich, er ist eigentlich über-natürliche Tradition.

Da die Menschen auf die Kommunikation und den Standard, der etwas „Über-Natürliches" ist, angewiesen sind, kann Kommunikation auch kein Kriterium ihres Endes in sich haben. Sie ist ja in der Form des Standards die Voraussetzung dafür, daß etwas einen Anfang und ein Ende hat. Standard reflektiert auch den szenischen Ablauf der Vitalfunktionen. Das Ende der Kindheit, das Ende der Jungfräulichkeit, das Ende der Jugend, das Ende eines Festes, Ende des Lebens usw., alles wird vom Standard in und durch die Kommunikation geregelt. Kommunikation selber kann daher kein Ende haben. Hat sie dennoch ein Ende, so bedeutet das ein Zugrundegehen des Standards als Voraussetzung des Lebens. Ein Überleben der Gruppe ist aber nur dann möglich, wenn das Ende der Kommunikation selber wieder standardisiert wurde, wenn es somit einen Überstandard gibt, der auch den Tod eines Menschen noch in sich begreiflich und handhabbar macht. Der Standard als übernatürliche Wirklichkeit darf auch den Tod nicht als unbegreiflich aus seiner Wirklichkeitsfeststellung ausklammern, da er sonst seine Funktion, die Angst zu bannen, nicht erfüllen könnte. Durch das Ende der Kommunikation mit einem Gruppenmitglied gerät die Gruppe in eine Krise und muß sich neu bestimmen. Die Neubestimmung der Gruppe geschieht am einfachsten und selbstverständlichsten durch die bekannte traditionelle Illusionsbildung: daß die Kommunikation gar nicht zu Ende sei. *Der Standard stellt fest: der Tote lebt.* Die Gruppe nimmt den Tod nicht als Ende der Kommunikation zur Kenntnis, sondern nur als Standardveränderung analog dem Erwachsenwerden oder der Paarbildung. Der Tote gehört einer eigenen Standardwelt an, unter deren Regeln er so ähnlich lebt wie die, die in der Gruppe leben. Die einfachste Form, die Andersartigkeit der Standardwelt der Toten zu bewältigen, ist die räumliche Dislozierung von der Welt der Lebenden. Dort, wo man aus früher Zeit Gräber fand, sind sie oft signifikant getrennt vom Lager, am anderen Ufer eines Sees oder Flusses oder auf der anderen Berg- bzw. Talseite. „Jenseits" wurden den Toten dann eigene Lagerstätten errichtet, die in den antiken Hochkulturen gelegentlich sogar größer und schöner waren als die Stätten der Lebenden (Ägypten).

Wenn die Toten eigentlich „leben", brauchen sie nicht nur Wohnung, sondern auch Kleidung und Nahrung. In den Gräbern der Frühzeit findet man daher so gut wie alle Gegenstände, die die Lebenden benützten. Bei manchen Völkern werden die Toten heute noch in Feiern miteinbezogen, man tafelt gemeinsam mit ihnen oder ihrer Attrappe und „spendet" (opfert) auch einen Teil der Nahrung. Da die Kommunikation mit den Toten nicht zu Ende ist, werden auch noch unangenehme Folgen vermutet. Deswegen versuchen viele Völker, getötete Feinde zu besänftigen, und lassen ihnen alle möglichen Ehren angedeihen. Bei den Jägern gilt dies analog für getötete Tiere. Schuster sagt: „Das hierin abermals deutliche Übergewicht des spirituellen Geschehens gegenüber dem praktischen Handeln kommt schließlich auch in dem Verhalten des Jägers nach erfolgreichem Abschluß der Jagd zum Ausdruck. Das getötete Großjagdtier erfährt zahlreiche Ehrungen, seine Gebeine werden bestattet, und in ihren Reden suchen die Jäger die Blutschuld von sich abzuwälzen und die Verzeihung des getöteten Tieres für das Geschehene zu erlangen. ‚Wir haben dich nicht getötet', versichern die Itälmen der Halbinsel Kamtschatka dem erlegten Bären, ‚die gewalttätigen Russen waren es'. Und im Kalewala, dem großen Epos der Finnen, wird dem Bären klar gemacht, daß ihm die Jäger gar nichts getan hätten; er selbst sei bei einem Fehltritt vom Baume gefallen."[64]

Was Schuster hier „spirituelles Übergewicht gegenüber dem praktischen Handeln" nennt, wurde von mir als Standard der Gruppe bezeichnet. Erst von ihm her ist das praktische Handeln verständlich. In der Philosophie wird diese Analyse nach Kant „transzendental" genannt. Man reflektiert nicht auf die Gegenstände der Erfahrung, sondern auf die Weise des Wissens von Gegenständen.[65] Das Wissen von Gegenständen ist ursprünglicher als diese, da ja die Wirklichkeit, also das „Was", „Wo", „Wie" der Gegenstände, erst Resultat einer gegenstandskonstitutiven Feststellung durch den Standard darstellt. Ursprünglich ist allerdings sicherlich kein großer Unterschied zwischen transzendent und transzendental aufgetreten, weil zwischen den „lebenden" Toten und den lebendigen Lebenden zwar ein Unterschied, aber auch Gemeinsames vorhanden war. Da die Toten in die Kommunikation nicht mehr in der gleichen Weise einzubeziehen waren wie Lebende, wurde ihre Sprache indirekt. Aus dem Feuer oder dem Flug der Vögel, aus den

Eingeweiden von Tieren oder dem Lauf des Wassers suchte man, die Gedanken und Wünsche der Toten abzulesen.

Was von den Toten kam, war aber sicherlich nur standardbewahrend. Der Tod selber ist die letzte Standardverletzung eines Menschen. „Lebt" er in einem Jenseits noch weiter, ohne jedoch zu handeln, d. h. ohne Möglichkeit, in eine Differenz zum Standard geraten zu können, dann wirkt sein Leben auch auf jede Kommunikation mit den tatsächlichen Lebenden standardstabilisierend. Von den Toten gehen keine Änderungsvorschläge mehr aus. Die soziale Funktion der Toten ist somit eine autoritär standardbewahrende. Mit der Zeit werden die Toten zum Standard selber. Sie regeln das Verhalten der Lebenden, sie rächen das inadäquate Verhalten und belohnen die Konformität absolut unbestechlich, da sie ja tot sind. *Die Toten sind somit wie der Standard unsterblich geworden*. Sie sind die Autorität und das Gesetz, denen die Lebenden sich unterzuordnen haben. Lebendiges Handeln steht dem toten Gesetz gegenüber. Im Gesetz liegt aber zugleich die Sicherheit der Lebenden, denn jede Abhängigkeit reduziert die Furcht vor der Umwelt, die durch Einbeziehung neuer Dimensionen (Weltall) sonst immer größer würde.

Wie wir aus den Märchen, Sagen und Mythen wissen, steht dem Handeln des Menschen eine Fülle von Regeln und Normen einer anderen Welt, nämlich der der Geister und Dämonen gegenüber. Oft erscheint das Wohlverhalten nach diesen Normen wichtiger als das praktische Handeln. Ein Mensch, der in unserem Sinne noch so sehr Erfolg im praktischen Handeln hat, aber dabei gegen die Regeln der Geister – der toten Ahnen – verstößt, muß zugrunde gehen. Daß eine Gruppe von Lebenden, die dieses Zugrundegehen eines ihrer Mitglieder erwarten, dieses dadurch auch zugrunde richtet (wie die griechischen Tragödien zeigen), ist die Stabilisation des Standards. Er darf nicht oder nur sehr langsam geändert werden, und seine Änderung setzt einen Bewußtseinsprozeß voraus.

Dieser Standard, der von den toten Ahnen repräsentiert und daher langsam anonym wird, den Lebenden gegenüber aber absolute Autorität besitzt, muß dauernd aktualisiert werden, damit er nicht vergessen wird. Die Jungen müssen damit vertraut gemacht werden, während sich die Erwachsenen darin üben. Viele Kommunikationsleistungen stellen deshalb auch eine dauernde Aktualisierung des Standards dar – wodurch er Ritual wird: Gesetz und Gebot der Autorität. Das Üben des Standards ist dabei nicht das praktische Handeln selber, sondern ist diesem vorausgesetzt, damit es gelingt. Vor und nach allen von Menschen als wichtig angesehenen Handlungen werden die Rituale des Standards bemüht. Vor und nach der Jagd, vor und nach der Ernte, vor und nach dem Essen; Geburt und Tod, Hochzeit und Initiation, Morgen, Mittag und Abend, Sonnenaufgang und -untergang, Wetter und Erdbeben, Krieg und Reisen, alles wird unter den Normen des Standards ritualisiert. Ohne dieses Ritual – bestimmte Worte und Gebärden, Bewegungen und Laute – kann eine praktische Handlung nicht gelingen (Ski-Heil, Grüß Gott, Auf Wiedersehen, Mahlzeit, Prost, Schalom, Gebete usw.).

Hüter der Unveränderlichkeit des Standards sind die toten Ahnen bzw. die toten Tiere. Von ihnen ist man über und durch den Standard abhängig. Die ritualisierten Dependenzen sind vermutlich die ersten Formen der Religion, „das Gefühl der schlechthinigen Abhängigkeit", wie es Schleiermacher formuliert hat. Überall dort, wo Handlungen für das Überleben der Gruppe große Bedeutung hatten, wurden sie unter den Normen des Standards ritualisiert. Dieses Ritual beinhaltet daher die jeweiligen Vitaldependenzen. Nahrungsbeschaffung durch die Jagd stand daher wohl an vorderster Stelle eines zeremoniellen Standardinteresses. Von allen Jagdvölkern wird kompliziertes und aufwendiges Jagdzeremoniell – vor und nach der Jagd –, insbesondere im Zusammenhang mit der Tötung der Tiere, berichtet. Auch viele der aufgefundenen, oft gefärbten und bemalten und holzgeschnitzten Gegenstände, denen man heute keinen praktischen Verwendungszweck zuordnen kann, dürften diesem Zeremoniell gedient haben. „Vermutlich ein Kultgegenstand" oder „eine Kultstätte" sagen die Archäologen bei nicht praktisch deutbaren Funden.

Die Abhängigkeit von der Tötung der Tiere, sowie die Ambivalenz dem Tod eines Menschen gegenüber, ist der notwendig erste Anstoß der Reflexion einer Ausgeliefertheit an übernatürliche Autoritäten, die mit Normen die Welt regieren. Daher findet die vergleichende Religionsforschung ursprünglich Tiergötter, später Pflanzengötter.

Die Autorität des Standards ist daher in dieser frühen Zeit keine persönliche, sondern eine anonyme. Die Götter sind eher Naturgewalten (Wasser, Wind, Sonne, Erde) oder Tiere als menschliche Personen. Der Versuch, die Religion in ihrer frühen dämonischen Form aus der Projektion der Gefühle eines Menschen abzuleiten, setzt die Geburt des Individuums bereits voraus. Das Individuum, das sich selbst durch eine bestimmte Negation zum Standard in Differenz bringen kann, ist aber mit Sicherheit eine spätere Entwicklung. Sigmund Freud schreibt: „Wir kennen nun das Moment, welches uns das vermeintliche Dämonentum der frisch verstorbenen Seelen und die Notwendigkeit, sich durch die Tabuvorschriften gegen ihre Feindschaft zu schützen, erklären kann. Wenn wir annehmen, daß dem Gefühlsleben der Primitiven ein ähnlich hohes Maß von Ambivalenz zukomme, wie wir es nach den Ergebnissen der Psychoanalyse den Zwangskranken zuschreiben, so wird es verständlich, daß nach dem schmerzlichen Verlust eine ähnliche Reaktion gegen die im Unbewußten latente Feindseligkeit notwendig wird, wie sie dort durch die Zwangsvorwürfe erwiesen wurde. Diese im Unbewußten als Befriedigung über den Todesfall peinlich verspürte Feindseligkeit hat aber beim Primitiven ein anderes Schicksal; sie wird abgewehrt, indem sie auf das Objekt der Feindseligkeit, auf den Toten, verschoben wird. Wir heißen diesen im normalen wie im krankhaften Seelenleben häufigen Abwehrvorgang eine

Projektion. Der Überlebende leugnet nun, daß er je feindselige Regungen gegen den geliebten Verstorbenen gehegt hat; aber die Seele des Verstorbenen hegt sie jetzt und wird sie über die ganze Zeit der Trauer zu bestätigen bemüht sein. Der Straf- und Reuecharakter dieser Gefühlsreaktion wird sich trotz der geglückten Abwehr durch Projektion darin äußern, daß man sich fürchtet, sich Verzicht auferlegt und sich Einschränkungen unterwirft, die man zum Teil als Schutzmaßregeln gegen den feindlichen Dämon verkleidet. Wir finden so wiederum, daß das Tabu auf dem Boden einer ambivalenten Gefühlseinstellung erwachsen ist. Auch das Tabu der Toten rührt von dem Gegensatz zwischen dem bewußten Schmerz und der unbewußten Befriedigung über den Todesfall her. Bei dieser Herkunft des Grolles der Geister ist es selbstverständlich, daß gerade die nächsten und früher geliebtesten Hinterbliebenen ihn am meisten zu fürchten haben.

Die Tabuvorschriften benehmen sich auch hier zwiespältig wie die neurotischen Symptome. Sie bringen einerseits durch ihren Charakter als Einschränkungen die Trauer zum Ausdruck, andererseits aber verraten sie sehr deutlich, was sie verbergen wollen, die Feindseligkeit gegen den Toten, die jetzt als Notwehr motiviert ist. Einen gewissen Anteil der Tabuverbote haben wir als Versuchsangst verstehen gelernt. Der Tote ist wehrlos, das muß zur Befriedigung der feindseligen Gelüste an ihm reizen, und dieser Versuchung muß das Verbot entgegengesetzt werden."[66]

Geister und Dämonen sind die Repräsentation der Standardabhängigkeit, die durch den Tod eines Menschen und der durch ihn erfolgenden Zerstörung der Kommunikation die Neuorientierung der Gruppe innerhalb ihrer Abhängigkeitsverhältnisse notwendig macht. Angst ist die Wirklichkeit der zugrunde gegangenen Kommunikation, die man überlebt hat. Denn Angst hat nur der Lebende, nicht aber der Tote. Nur mit Hilfe der permanenten Kommunikation im Standard kann die komplexe Umwelt des homo sapiens angstfrei oder jedenfalls möglichst angstarm aufrechterhalten werden. Schon Epikur sagt, daß man, rational gesehen, vor dem Tod eigentlich keine Angst haben dürfte, „denn solange wir sind, ist der Tod nicht, wenn aber der Tod ist, sind wir nicht." Man kann, wie Freud und die Aufklärung es getan haben, die Geister zur projektiven Schöpfung des Menschen machen: „Die erste theoretische Leistung des Menschen – die Schöpfung der Geister – würde also aus derselben Quelle entspringen wie die ersten sittlichen Beschränkungen, denen es sich unterwirft, die Tabuvorschriften. Doch soll die Gleichheit des Ursprungs nichts für die Gleichzeitigkeit der Entstehung präjudizieren. Wenn es wirklich die Situation des Überlebenden gegen den Toten war, die den primitiven Menschen nachdenklich machte, ihn nötigte, einen Teil seiner Allmacht an die Geister abzugeben und ein Stück der freien Willkür seines Handelns zu opfern, so wären diese Kulturschöpfungen eine erste Anerkennung der ‚Ananke', die sich dem menschlichen Narzißmus widersetzt. Der Primitive würde sich vor der Übermacht des Todes beugen mit derselben Geste, durch die er diesen zu verleugnen scheint."[67]

Individueller Narzißmus setzt bereits eine Emanzipation vom Standard voraus. Für die Hominisation ist der Tod Standardbruch, Zugrundegehen der für das Überleben notwendigen Kommunikation, und daher bedeutet jede Verletzung des Standards den Tod eines Gruppenmitgliedes. Dieses Stadium könnte man auch als das Stadium der Standarddependenz bezeichnen.

Das Standarddependenz-Stadium stellt gegenüber der tierischen Existenz eine Entwicklung dar, indem Natur (Erbkoordinationen) und Übernatur (Standard) bereits in einem wechselseitigen Voraussetzungsproblem wirklich sind, das sich nun in einem Zirkel formulieren läßt: die Gruppe muß sich in ihren Verhaltensweisen an die natürliche Umwelt (der Wälder, Steppe usw.) anpassen, die Umwelt wird erst durch den Standard in ihrem Sosein für den Menschen bestimmt. Die Frage, was war früher, Standard oder Natur, ist ähnlich der nach Henne oder Ei unlösbar, da sie das Wesen des Voraussetzungsproblems außer Acht läßt.

Kommunikation als Identität in allen Unterschieden stellt jene erste Form der dialektischen Überhöhung der Natur dar, die den Menschen sich als Naturwesen nun in seiner Natürlichkeit emanzipieren ließ. Die Momente dieser Emanzipation sind die Stufen der Kommunikation, wie sie in diesen Gedankengängen nachzuzeichnen versucht werden. Daß dabei der Tod bzw. die Tötung als die eigentliche Trennung von Natur und Standard erlebt wurde, läßt sich auch an den altpflanzerischen Mythen zeigen, deren Inhalte zum Teil noch in die Jägervergangenheit zurückreichen. Vom Tier und seiner Tötung waren die Jäger abhängig. Daher sind Tiergottheiten als Repräsentanzen der Standarddependenz die Konstituentien des jägerischen Weltbildes. Die Tötung der Gottheit (des Tieres) wird daher immer wieder rituell im Standard wiederholt, um die Praxis gelingen zu lassen.

Helmut Straube schreibt, wie die Völkerkunde diese Entwicklung heute rekonstruiert: „Als Bauern, die in einem einigen Verhältnis zur Pflanze stehen und die täglich das Werden und Vergehen der sie umgebenden tropischen Vegetation vor Augen haben, drängte sich ihnen die Erkenntnis auf, daß alles Lebendige der Welt unter dem Gesetz des ‚Stirb und Werde' steht. Diese Wahrheitserkenntnis spiegelt sich nun in den Mythen wider, die zu berichten wissen, daß der Mensch einst unsterblich gewesen und weder auf die Nahrungsaufnahme noch den Schlaf angewiesen gewesen sei. Dieser als paradiesisch zu bezeichnende und den Realitäten unserer Welt zuwiderlaufende Zustand wurde durch ein folgenschweres Ereignis beendet, das die Mythen in die ferne Urzeit zurückverlegen. Damals töteten die Menschen nämlich ein göttliches Wesen, aus dessen Leichenteilen dann die ersten Nutzpflanzen hervorsprossen. Durch diese erste Urzeittötung wurde die Seinsordnung der Welt begründet. Die Menschen waren damit sterblich, aber auch fortpflanzungsfähig geworden und zur Erhaltung ihres Lebens auf die Nutzung der Pflanzen angewiesen, die dem Tode der Gottheit ihre Entstehung verdanken. Dieses Mythologem, das im Zentrum der religiösen Vorstellungen der alten Pflanzervölker steht und ihr Weltbild vollkommen beherrscht, hat kulturgeschichtlich eine außerordentlich große Bedeutung gewonnen, da es sich auch in jüngeren Kulturen immer wieder durchzusetzen vermochte und in den Religionen der Hochkulturen nochmals zu einer späten Blüte gelangte. Der Mensch begnügt sich aber nicht nur mit der Rezitierung seiner Glaubensvorstellungen, sondern er sucht sich das religiöse Geschehen – in unserem Falle die Urzeittötung der Gottheit – plastisch vor Augen zu führen, er will es nacherleben, nachvollziehen und damit teilhaben an der Tat, die einst zur Begründung der heutigen Seinsordnung führte. Da sich das göttliche Geschehen der Pflanzervölker in der Urzeit vollzog, da die getötete Gottheit nicht mehr gegenwärtig ist, erscheint das Sich-erinnern an das Urzeitgeschehen als ein notwendiger und unumgänglicher Akt. Diesem Zwecke dienen in erster Linie die Kulthandlungen, in denen das mythische Geschehen dramatisch gestaltet wird. Der Urzeitvorgang wird in allen Einzelheiten szenisch dargestellt, und zwar unter Mitwirkung aller männlichen Volksangehörigen, die sich in diesem Augenblick mit den Gestalten des mythischen Geschehens identifizieren und sich als wesenseins mit ihnen fühlen. Die Erlebnisfähigkeit ist in diesen frühen Epochen unvergleichlich viel größer gewesen als in unserer säkularisierten Welt. Die Realistik der kultischen Aufführungen erreicht häufig einen Grad, der dem nüchternen Gegenwartsmenschen unverständlich, wenn nicht gar unheimlich ist. Die Darsteller der mythischen Gestalten treten in ausdrucksvollen Maskenkostümen auf, und der mythische Tötungsvorgang wird durch die Opferung eines Tieres oder gar eines Menschen nachvollzogen. Das Fleisch der Opferwesen, die die Gottheit repräsentieren, wird von den Kultteilnehmern gegessen, um mit der Gottheit wesenseins zu werden und an ihrem Schicksal teilzuhaben. Häufig wird das Fleisch auch zur Förderung der Fruchtbarkeit auf den Feldern vergraben – eine Handlung, die völlig sinnlos wäre, wenn wir nicht auf die Glaubensvorstellung der Eingeborenen Bezug nehmen würden, nach der aus den Leichenteilen der Gottheit die ersten Nutzpflanzen hervorgekommen sind. Die durch die Mythen bezeugte Identität des getöteten Urzeitwesens mit den Nutzpflanzen läßt die Gottheit selbst als Nahrung und Speise der Menschen erscheinen. Die menschlichen Opfer, die in Stellvertretung der Gottheit getötet werden, genießen göttliche Ehren, sie nehmen ihr Schicksal bewußt auf sich und gehen nicht selten freiwillig diesen Weg. Erst in späteren Phasen der Kulturentwicklung, wenn das Weltbild seine Geschlossenheit verloren hat, wenn die Sinnentleerung der einzelnen Sitten weit fortgeschritten ist und sich die Routine der Kulte bemächtigt hat, kommt es zu jenen Exzessen, die wir meistens mit dem Begriff Kannibalismus zu verbinden pflegen.“[68]

Wer das Ritual nicht beachtet (ein Tabuverletzer) oder gar eine andere Theorie besitzt (wie ein fremder Stamm), auf dessen Feld wachsen keine

Früchte, sondern höchstens Disteln, dessen Feld wird vom Hagel verwüstet etc. Er wird durch Erfolg belohnt, bzw. durch Mißerfolg für seine Standardverletzung bestraft. Wir sind damit wieder bei einer psychologischen Gesetzmäßigkeit, die am Beginn des zweiten Kapitels (1.2) erörtert wurde: beim Außenseiter. Bis heute wird unser Verhalten durch den Standard als sozialer Gewißheit geregelt. Nicht der einzelne macht den Großteil der Erfahrungen, sondern die Gruppe. Die Normen sind dem Handeln vorausgesetzt. Die Feststellung der Wirklichkeit – heute mit Hilfe komplizierter wissenschaftlicher Modelle – geschieht immer noch durch die Gruppe.

Peter R. Hofstätter bringt ein Beispiel für dieses Voraussetzungsproblem in der Gegenwart: „Nur relativ selten ist das Individuum in der Lage, die von ihm zur Erstellung seiner Erwartungen verwendeten Anzeichen auch auf deren Verläßlichkeit zu überprüfen. Daß bei einem bestimmten Thermometerstand das Wasser im Kühler des Wagens einfrieren wird, könnte ich zwar experimentell überprüfen; aus naheliegenden Gründen sehe ich davon aber ab. Ich verwende daher im Winter ein Gefrierschutzmittel, dessen Wirksamkeit ich aber auch lieber nicht auf eine allzu genaue Probe stellen möchte. Solange ich keinen Grund zum Zweifel habe, nehme ich die Versicherungen der Hersteller dieses Mittels für bare Münze, obwohl die Vermutung möglich wäre, daß diese ein Interesse daran haben könnten, mich mehr von ihrem Produkt verwenden zu lassen, als unbedingt erforderlich ist. Die Gewißheit, auf Grund derer ich handele, ist bereits eine soziale Gewißheit. Sie stammt nicht aus meiner persönlichen Erfahrung mit einfrierenden Autokühlern. Diese Gewißheit wird aber außer durch den ‚Ruf' der Erzeugerfirma auch noch dadurch verstärkt, daß sich die meisten meiner Bekannten ebenfalls an die Regeln der Firma halten. Einigermaßen beunruhigend wäre es aber, wenn in meinem Bekanntenkreis ein Mann auftauchte, der steif und fest behauptete, die halbe Menge des Gefrierschutzmittels würde ebenfalls ausreichen. Man kann sich ohne allzuviel Phantasie ausmalen, was in diesem Fall geschehen könnte: Irgendwie würden wir andern nämlich darauf warten, daß der Wagen dieses Herren einmal wirklich – und dann ‚hoffentlich' mit den übelsten Folgen – einfriert. Die Schadenfreude läßt sich voraussehen, obwohl für sie keine andere Veranlassung besteht, als daß Herr X eine von der Meinung unserer Gruppe abweichende Anschauung vertritt. ‚Recht geschieht ihm!' – der Zusatz könnte lauten: ‚Wir haben es ihm oft genug gesagt ...!' Der Extremist hat sich der Meinungskonvergenz widersetzt, und wir anderen haben ihm dafür eine ‚wohlverdiente' Strafe heimlich gewünscht, obwohl die Situation im Grunde völlig banal ist.

Worin liegt aber die Verfehlung des Mannes, der seinen Wagen hat einfrieren lassen und der sich nach dem Schaden nicht erst um den Spott zu sorgen braucht? Offenbar muß hier mehr auf dem Spiele stehen als der konkrete Anlaß. Ich vermute, daß es in diesem recht belanglosen Fall um die Vertrauenswürdigkeit der sozialen Gewißheit als solcher geht. Solange unserem Bekannten nichts passiert, stellt er eine sehr wesentliche Sicherung unseres planvollen Handelns in Frage; er stürzt uns damit in sehr unbequeme Entscheidungskonflikte. Das Maß des Grolls und des Spottes, das ihm zuteil wird, entspricht diesen Konflikten, und nicht dem konkreten Ereignis, das um seiner selbst willen eher zu einem hilfsbereiten Bedauern Anlaß geben sollte."[69]

Auch heute ist der Standard als Ordnungssystem jeweils vorausgesetzt, damit eine Handlung möglich ist. In dieser zweiten Natur sahen die Philosophen einen grundsätzlichen Unterschied zwischen Mensch und Tier. Auf den religiösen Zusammenhang mit dem Christentum bin ich an anderer Stelle eingegangen.[70]

Die zweite Natur in der Form der Kultur stellt denn auch den Zusammenhang zwischen Lebendem und Totem dar, nämlich in der Traditionsbildung. Ein Mensch kann nur überleben, wenn er in ein Ordnungsgefüge hineinwächst. Dieses Ordnungsgefüge stammt zum größten Teil von den Toten. Ihr Geist ist aber in den Standards lebendig geblieben. Die archäologischen Funde aus der Frühzeit des Menschengeschlechts zeigen, daß Tod und Ahnenkult eine sehr große Rolle spielten. Die Präsenz der Toten in der Form der vergegenständlichten Standards hat die Lebenden überdauert und ist oft bis heute erhalten geblieben. Von manchen Stämmen finden wir nichts mehr als die steinernen Totenmale (Megalithe). Ein Beispiel gibt die Darstellung von Eike Haberland: „Betrachten wir zunächst die den Toten gewidmeten Denkmäler. Bei den Naga gilt der Tote nicht als eine schreckende, lebensfeindliche Macht, im Gegenteil, die Kraft, die einmal in ihm tätig war, strahlt wie zu seinen Lebzeiten auch nach seinem Tode segenbringend auf die Lebenden aus. Das Erinnerungsmal soll helfen, etwas von seiner Existenz zu erhalten, es soll seinen Erfolg im Leben und seinen Reichtum verdinglichen, es soll die fruchtbarkeitsfördernde Wirkung festhalten, die man der Seele der Toten – und vor allem der bedeutenden Toten – zuschreibt. Für die Naga sind die Spitzen der Steinsetzungen und die Gipfel der Grabpyramiden die Ruheplätze der Totenseelen, die dort oben Dorf und Felder überblicken, während sich auf den Sitzsteinen zu ihren Füßen die Lebenden niederlassen, wenn sie mit schweren Lasten von den Feldern heimkehren. Dort sind auch die bevorzugten Plätze der Alten und Weisen, die in unmittelbarem Kontakt mit den verehrten Verstorbenen über das Wohl und Wehe der Gemeinschaft beraten. Auch unsere germanischen Vorfahren hielten Beratungen gerne an megalithischen Anlagen ab, auch bei den Griechen erhob sich die agora, der Markt und Mittelpunkt des sozialen Lebens einer Stadt, über dem Grab des halbgöttlichen Urahnen."[71] Sehr oft diente auch der Schädel eines verstorbenen Ahnen als Schutzgott für die Familie. Sogar in christlicher Zeit wurden noch Kirchen über dem Grab von Heiligen errichtet.

Alle diese Formen zeigen, daß über den Tod hinaus die Lebenden in irgendeiner Form Kommunikation mit den Toten aufrechterhalten müssen.

Der Tod wird nicht als Tod, sondern als Veränderung des Standards angesehen. Der Sinn dieser Illusionsbildung liegt wohl darin, daß die Gruppe nach dem Verlust eines oder mehrerer Mitglieder sich leichter neu konstituieren kann, wenn Kommunikation nach bestimmten Regeln mit dem eigentlich nicht Toten, sondern nur räumlich und zeitlich dislozierten Gruppenmitglied möglich ist. Die Toten werden zu Geist, zu Standard; als Geistwesen leben sie weiter. Die Autorität der Toten ist aber in der hier beschriebenen Phase noch keine persönliche Autorität, sondern Standardautorität. Name und Individualität der Ahnen sind oft unwichtig gegenüber ihrer allgemeinen Geistbedeutung. Deswegen ist es auch so schwierig, in den Mythen hinter den Namen der Personen auf den historischen Kern der erzählten Begebenheit zu kommen. Selbst so plastische und detaillierte Geschichten wie die Ilias und die Odyssee berichten bei genauerem Zusehen nicht einst geschehene Ereignisse, sondern allgemeine Standard-Zusammenhänge und Seevölkerrituale. Den „listenreichen Odysseus" gab es vermutlich nicht als Person.

Für die Phase unserer jägerischen Vergangenheit dürfen wir wohl die Abhängigkeit von Standards als vollständig voraussetzen. Wer den Standard verletzt, bedroht die Existenz der Gruppe und muß sterben. Wer gestorben ist, unterliegt dem übernatürlichen Standard oder dem Standard schlechthin. Raum für eine individuelle selbständige Entwicklung dürfte es noch nicht viel gegeben haben. Kooperation und Anpassung war das Leben der Menschen, das in seinen wesentlichen Phasen bis ins kleinste Detail genau geregelt war. Umgekehrt: Ist der Standard in Gefahr, kann er durch Tötung – via Opfer – wieder „repariert" werden.

Dennoch gab es in dieser Phase der Kommunikation die Möglichkeit einer emanzipativen Entwicklung. Der erste Ansatz dazu war die – schon oben dargestellte – Paarbildung. Eine Untergruppe löste sich aus der Gesamtgruppe heraus und entwickelte eine eigene Kommunikation. Die Verbindung zwischen dieser Subgruppe und der größeren Gruppe machte es notwendig, Unterschiede zu kommunizieren und standardmäßig zu regeln, die ohne Paarbildung nicht vorhanden wären. Man kann die Paarbildung auch so formulieren: Die Untergruppe bricht den Standard der Gruppe, indem ihr Handlungen vorbehalten bleiben, die in der größeren Gruppe tabu sind – z. B. die Intimität der sexuellen Kommunikation. Nicht nur die Toten, auch die Paare bzw. die Familien brechen den Standard und machen es notwendig, innerhalb des Standards Substandards zu errichten. Sexualität und Tod stellen in je unterschiedlicher Weise eine Negation des Standards dar, die von der Gruppe bewältigt werden muß. Wir haben schon gesehen, daß dies ohne Sprache nicht möglich gewesen wäre. Denn nur durch die Sprache kann die Negation als Negation in die Kommunikation integriert werden. Negation bedeutet nicht notwendig: den anderen vertreiben, töten, unterwerfen usw., sondern es ist möglich,: „nein" zu sagen. Nein zu sagen und nicht nur nein zu tun, stellt einen ungeheuren Fortschritt in der Entwicklung des sozialen

Gefüges dar – es ist dies eines der wichtigsten Momente der Emanzipation. Doch bevor dies untersucht wird, soll zunächst kurz das Thema „Opfer" behandelt werden.

1.4.2 *Das Opfer*

Wenn der Tod Standardbruch darstellt, somit ein Bruch des Standards auch mit dem Tod wieder gesühnt werden kann, dann liegt es nahe, eine aus der Ordnung geratene Situation durch Tötung eines Menschen oder Tieres wieder „in Ordnung" zu bringen. Am Beispiel des Opferns ist anhand der Ergebnisse eines Forschungsprojektes auch leicht der allgemeine Zusammenhang von archaischen Verhaltensmustern und Verhalten des modernen Menschen aufzuzeigen.

Ich vermute, daß noch sehr viel mehr aus dem Repertoire der modernen Rituale auf archaische Psycho- und Soziostrukturen zurückgeht, als wir heute wissen. Auf dieses Problem stieß ich beim Thema Opfer sozusagen von der anderen Seite. In den Jahren 1973 und 1974 hatte ich den Auftrag, zusammen mit einigen Kollegen ein Organisationsentwicklungsproblem in einer Versicherungsgesellschaft zu untersuchen. Später wurden dann auch die Motive und Verhaltensdimensionen der Kunden bezüglich des Produktes Versicherung dazugenommen. Diese Untersuchung hatte wiederum aufklärende und verändernde Wirkung auf die Organisationsstruktur. Dabei ergaben sich eine Reihe von Vermutungen über Zusammenhänge, die vielleicht für die weitere Entwicklung des Produktes Versicherung interessant sein könnten, mir aber auch Einblick in die Dialektik des Opfers gewährten.

Der Ausgangspunkt unserer gruppendynamischen Sozialintervention war eigentlich ein eher harmloses Problem. Die Versicherungsgesellschaft hatte im Zuge ihrer Rationalisierung, ausgehend vom Innendienst, den Außendienstmitarbeitern (Produzenten) eine sogenannte „elektronische Wegsteuerung" vorgeschlagen. Bei Recherchen bezüglich des verrechneten Kilometergeldes und der genaueren Untersuchung der Wege ergab sich, daß ein Produzent im Ort A einen Kunden besuchte, nach Abschluß des Geschäftes unter Umständen noch einen zweiten, dann aber in den Ort F fuhr, unter Umständen dort kein Geschäft machte, worauf er dann in den weit entfernten Ort M fuhr, und vom Ort M in den Ort A zurück, um dort wieder ein neues Geschäft zu tätigen. Die Analyse der Wege ergab, daß bis zu zwei Drittel „unnötig" gefahren wurden. Die betreffende Versicherungsgesellschaft war gerade dabei, die Gesamtdaten der Kunden EDV-mäßig zu verarbeiten, und einer der Nebeneffekte sollte die Einsparung an Wegzeit sein, indem man den Außendienstmitarbeitern bei der Planung ihrer Wege helfen wollte. Die in der Zentrale angestellte Rechnung sah ungefähr so aus: Bei einer Verringerung der „unnötigen" Wegzeiten würden pro Zeiteinheit mehr Kunden besucht werden, es würden dadurch mehr Abschlüsse zustandekommen, die Versicherungsgesellschaft hätte eine höhere Zuwachsrate, und die Produzenten, die ja auf Provisionsbasis arbeiten, könnten mit einer höheren Provision und insgesamt mit einem höheren Einkommen rechnen. Vom Standpunkt des Managements aus hätten die Produzenten dieses Verfahren einer „Wegsteuerung", wie es genannt wurde, daher außerordentlich begrüßen müssen.

Umso enttäuschter war man, als sich die Produzenten auf den verschiedensten Wegen – nicht zuletzt über den Betriebsrat – gegen dieses Ansinnen der Wegesteuerung querlegten. Man ging in der Zentrale davon aus, daß, wenn schon bei der Wegesteuerung – einem relativ harmlosen Kontrollinstrument der Zentrale – die Produzenten nicht mitmachten, dann bei dem relativ großen Projekt einer elektronischen Erfassung des Gesamtbestandes die Bereitschaft noch viel geringer sein werde. Wir wurden beauftragt, dieses Problem, das sich offensichtlich nicht im technischen Bereich allein bewegte, sozialwissenschaftlich zu analysieren und Vorschläge für die Verbesserung der Kommunikation zwischen Außen- und Innendienst zu liefern.

Wir machten eine Reihe von Interviews mit Außen- und Innendienstmitarbeitern. Dabei stellte sich zunächst heraus, daß der Widerstand der Produzenten gegen die Wegesteuerung relativ leicht zu erklären war. Die Autofahrten von einem Kunden zum anderen hatten nicht nur die Funktion, den Produzenten zum nächsten Kunden zu bringen, sondern hatten sozusagen auch eine psychohygienische Funktion. Der Versicherungswerber nämlich, der bei einem Kunden einen Abschluß getätigt hat, konnte ohne weiteres hochmotiviert, voll Gefühl seiner Abschlußpotenz, zum nächsten Kunden gehen. Hatte er aber einmal bei einem Kunden eine Abfuhr erlitten, dann gab es ein Gefühl der Frustration, der Depotenzierung und des Versagens. Er war nicht in der Lage, sofort zum nächsten Kunden zu gehen und dort abzuschließen, sondern im Gegenteil: er hatte für sich persönlich die Erfahrung gemacht, daß der Besuch des nächsten Kunden ihn nur dazu verleitete, nun seine Aggressionen und seinen Ärger an diesem Kunden abzureagieren.

Dies ist keine gute Voraussetzung für ein Verkaufsgespräch, und er setzte sich deshalb lieber ins Auto und fuhr nun 20, 30, 40, ja bis 50 Kilometer (zum Teil recht wild, wie einige Produzenten zugaben), bis sein Ärger verflogen war. An dem Ort, an dem er sich dann befand, konnte er „beruhigt" wieder zum nächsten Kunden gehen. Dies wirkt sich natürlich vom Standpunkt des Innendienstes auf die Wegkosten katastrophal aus.

Die Frage, die sich uns stellte, lautete nun: Wie ist es möglich, daß derart einleuchtende und simple Erklärungen für „unnötige" Wegstrecken von der Zentrale entweder überhaupt nicht verstanden oder ihr möglicherweise nicht zur Kenntnis gebracht werden konnten? Wieso ist die Motivation und das Bedürfnis des „Außendienstes" dem „Innendienst" völlig unverständlich?

Umkehrt ist die Frage zu stellen, wieso das betriebswirtschaftlich relativ vernünftige Ansinnen und Verhalten der Zentrale dem Außendienst lediglich als Kontrolle erschien, die man abschütteln wollte, und die als den Verdienst einschränkende bösartige Maßnahme der „Tintenburg", wie die Zentrale auch genannt wurde, ankam.

Im Folgenden stellte sich heraus, daß dabei eine viel tiefergreifende Störung des Kommunikationsgefüges vorhanden war, als der Vorstand ursprünglich annahm und auch wir ursprünglich vermuten konnten. Das gegenseitige Image war nicht nur nicht gut, sondern in manchen Punkten geradezu katastrophal. Die Eigenschaften, mit denen sich Innen- und Außendienst gegenseitig beschrieben, waren alles andere als schmeichelhaft. Der Innendienst erhielt vom Außendienst Kennzeichnungen wie „kleinlich", „Kontrollore", „neidisch", „unfähig" – der Außendienst wurde vom Innendienst als „unseriös", „Spesenritter", „betrügerisch" beschrieben.

Dieses Image hatte natürlich große Auswirkungen auf die Geschäftsabschlüsse und deren Bearbeitung. Der Innendienst hatte den Eindruck, daß vom Außendienst allerlei Geschäfte, vorwiegend „schlechte Risiken" angeschleppt werden, und war durch Statistiken, wonach sich die schlechten Risiken in einem sehr geringen Prozentsatz bewegen, kaum von dieser Meinung abzubringen. Der Außendienst hingegen war der Meinung, daß der Innendienst im Wesentlichen die Geschäfte ablehnt bzw. dort, wo er sie annimmt, im Schadensfall sich dann weigert zu zahlen. Auch hier zeigte die Statistik, daß dies nur zu einem ganz geringen Prozentsatz zutraf, und doch war der Außendienst nicht von dieser Meinung abzubringen. Es erhob sich also die Frage, woher eigentlich diese doch mehr oder weniger nicht zutreffenden Meinungen gegenseitig kommen und wie man sie im folgenden aus der Welt schaffen könnte.

Die genauere Durchleuchtung (neben den Interviews verwendeten wir zur Erfassung der Zusammenhänge auch noch den Besuch von Sitzungen und Konferenzen sowie Gruppeninterviews) ergab, daß der Hintergrund dieser negativen Einstellung in der wechselseitigen Eigen- und Fremdinterpretation ihres Berufes aufzufassen sei. Die Produzenten erlebten sich quasi als freie Kaufleute, die sozusagen nur nebenbei von der Versicherungsgesellschaft angestellt sind. Sie haben auch ein relativ geringes Fixum; bis zu 90 Prozent der Einnahmen beziehen sie aus Provisionen. Überspitzt ausgedrückt waren sie der Meinung, daß sie als freie Kaufleute eigentlich nur zufällig bei dieser Versicherung versichern, und einige Produkte würden sie für ihre Kunden auch recht gerne bei anderen Versicherungsgesellschaften unterbringen – d. h. sie strebten eigentlich den Status von freien Maklern an. Dabei kam wiederum in einzelnen Extremfällen die Emotion durch, daß die Kunden eigentlich beim Versicherungswerber abschließen, am besten auch diesem gleich die Prämie bezahlen, und im Schadensfall – der nach Meinung des Versicherungswerbers bei „seinen" Kunden extrem selten auftritt –

könnten sie auch gleich vom Versicherungswerber bezahlt werden. Durchgerechnet hat sich das niemand, aber die gefühlsmäßig vorgetragene Meinung, daß der „Wasserkopf" oder die „Tintenburg" der Zentrale im wesentlichen überflüssig sei, wurde teilweise verhüllt, teilweise ganz offen geäußert.

Umgekehrt verstanden sich die Innendienstmitarbeiter völlig anders. Sie waren der Meinung, daß die Leistung des Versicherungswerbers nicht so überaus groß sei. Viel leichter ginge es, wenn man die Leute anschriebe und auf dem Briefwege werbe. Die Leute sollten dann bei der Versicherungsgesellschaft einzahlen und im Schadensfall sich am besten wieder postalisch oder mit dem Schadensreferenten direkt in Verbindung setzen. Die Spesen für den Außendienst seien vielfach unnötig, und die Versicherung würde viel Geld einsparen, wenn die Außendienstmitarbeiter entweder fix angestellt wären oder wenn man großenteils auf sie verzichten würde.

Es stellte also jeder der beiden Bereiche – jedenfalls einige Mitarbeiter aus beiden Bereichen – jeweils die Berechtigung des anderen in Frage. Wir konzipierten daraus dann die in dieser Gesellschaft inzwischen zum Schlagwort gewordene Theorie von den „zwei Welten", die hier einander gegenüber stünden, und denen es nicht gelingt, jeweils vollständiges Verständnis für die jeweilige andere „Welt" aufzubringen. Natürlich erhebt sich für den Berater sofort die Frage: Wer von den beiden hat recht? Wer muß auf seine Meinung zugunsten des anderen verzichten, und wie läßt sich ein solches Problem von Beratungsseite her oder überhaupt unter dem Aspekt der Organisationsentwicklung lösen. Denn ganz offensichtlich waren die vielen Fehlleistungen und Probleme innerhalb der Organisation auf jenen grundsätzlichen Gegensatz zurückzuführen.

Wir merkten indessen sehr bald, daß wir mit dieser Fragestellung den Kern der Sache keineswegs treffen konnten und daß die Anwendung der Logik hier äußerst problematisch ist (s. dazu auch 2.6). Die Logik würde hier verlangen, daß von zwei einander widersprechenden Aussagen mindestens eine falsch sei. Dies würde bedeuten, daß ein Bereich sich dem anderen zu unterwerfen habe. Sieht man diese Sache aus der Sicht des „Zentralisten", muß man sozusagen das freie Leben der fluktuierenden Außendienstmitarbeiter einschränken. Sieht man es vom Aspekt des Außendienstes, muß man die restriktiven Kontrollmaßnahmen der Zentralisten einschränken oder überhaupt abschaffen.

Der Gedanke, daß jeweils aus ihrem Blickwinkel beide recht haben, ist zunächst vom traditionellen Problem einer Organisation undenkbar, denn das Wesen einer Organisation besteht ja darin, daß alles auf einen Nenner gebracht wird, d.h. daß die einzelnen Elemente der Organisation widerspruchsfrei zueinanderführen. Es ist ja undenkbar, etwas vom Standpunkt eines Kaufes und Verkaufs, daß etwa ein Kunde die Rechnung bezahlt und zugleich nicht bezahlt hat. Es ist ebenso undenkbar, daß im Zweifelsfall ein Kunde versichert und zugleich nicht versichert ist. Es muß sich eindeutig feststellen lassen, welches der Prinzipien das über- bzw. untergeordnete ist, wer recht hat und wer nicht. Es muß eine Identität in der Begriffsbildung vorhanden sein.

Ohne Zugrundelegung der Axiome der Logik ist eine geordnete Organisationsform hierarchischer Art nicht möglich.

Nun ist aber die Logik im Zusammenhang mit der hier vorliegenden Hierarchie ja dennoch an mehreren Punkten durchbrochen. Zunächst einmal ergibt sich eine Abweichung in dem Aspekt der Macht, daß nämlich die Machtverhältnisse nicht hierarchisch sind. Es ist keineswegs so wie bei traditionellen Hierarchien, daß an der obersten Spitze – also im Vorstand – die meiste Macht liegt und weiter unten weniger Macht vorhanden ist, so daß die äußersten, letzten Organe der Organisation nur noch Exekutionsfunktion haben – sondern im Gegenteil. Es tritt zwar zunächst eine Machtverdünnung ein, ausgehend vom Vorstand, von der Zentrale über die Zentralfunktionäre zu den Außendienstmitarbeitern. Die äußeren Mitarbeiter aber, die Produzenten, gewinnen einen Machtzuwachs, und zwar proportional zu ihrem Bestand.

Die Gesellschaft unterscheidet hier zwischen „normalen", „gestandenen" und „Großproduzenten". Großproduzenten haben wesentlich mehr Prestige und Autorität als die sie betreuenden Mitarbeiter der Organisation. Es ist gar nicht selten, daß solche Großproduzenten für den Fall, daß sie mit Entscheidungen der Gesellschaft nicht einverstanden sind, sich auch direkt an den Vorstand wenden. Das heißt, die Hierarchie dreht sich um. Auch einkommensmäßig stehen die Großproduzenten zum Teil höher als Vorstandsmitglieder.

Die zwei Welten sind auch durch zwei verschiedene Hierarchien repräsentiert: einmal der „Geldadel" mit den erfolgreichen Großproduzenten an der Spitze und immer weiter hinunter bis zum Anfänger, und auf der anderen Seite der „Funktionsadel" mit Generaldirektor, Vorstandsfunktionären der Betreuungsorganisation. Nach den Gesetzen der Logik würde das heißen, daß wir es hier auch mit zwei verschiedenen „Logiken" zu tun haben. Was in der einen Welt logisch erscheint – nämlich z.B. einem akquirierten Kunden, der einen Antrag stellt, diesen auch zu genehmigen – erscheint aus Sicht der anderen Welt überhaupt nicht logisch und umgekehrt. Was der einen Welt logisch erscheint, daß z.B. ein schlechtes Risiko nicht akzeptiert werden kann, wird von der anderen Welt als Einkommensminderung empfunden.

An diesem Punkt erwies es sich nun als unumgänglich, die Produktdialektik mit einzubeziehen. Die Stärke des Außendienstes – und dies dürfte ja eine allgemeine Problematik aller verkaufenden Organisationen sein – liegt ja in der Kundennähe. Weil die Außendienstmitarbeiter Motive und Bedürfnisse der Kunden berücksichtigen, haben sie eine gewisse Stärke innerhalb der Organisation. Man kann auch die eine Hierarchie als die Hierarchie der

Kundenbedürfnisse bezeichnen, die andere Hierarchie als die Hierarchie des Apparates, der aber seinerseits auch wiederum indirekt natürlich den Bedürfnissen der Kunden dienen sollte, aber auf eine andere Art und Weise.

Wie ist es nun zu verstehen, daß man auf zwei ganz verschiedene Arten und Weisen den Kunden dienen kann? Und zwar nicht nur auf verschiedene, sondern offensichtlich auch auf widersprechende Arten und Weisen. Denn es ist im konkreten Fall durchaus ein Widerspruch, wenn ein Produzent ein bestimmtes, vom Innendienst als ,,schlechtes Risiko" eingestuftes Projekt – z. B. die Versicherung eines Motorrades des Sohnes des Bürgermeisters – befürwortet; man dient dann dem Kunden, indem man das Risiko übernimmt und im Schadensfall auch bezahlt. Der Innendienst muß anders argumentieren. Er sagt: Wir dienen dem Kunden nicht, wenn wir schlechte Risiken übernehmen, weil wir dann allmählich zahlungsunfähig werden. Wir dienen dem Kunden am besten, wenn wir schlechte Risiken ablehnen. Ähnliche Argumente hat der Schadensberater.

Die nähere Untersuchung zeigte nun, daß der Widerspruch zwischen Innen- und Außendienst bereits im Produkt bei den Kunden selbst angelegt war. Die ,,wahren" Motive der Kunden zu befriedigen, ist nämlich ein Ding der Unmöglichkeit, weil sie bereits in sich widersprüchlich sind.

Worin bestehen nun die wahren Motive der Kunden im Bereich der Versicherung? Warum läßt sich jemand versichern? Jemand läßt sich versichern, weil er sich unsicher fühlt und hofft, sich durch Versicherung sicher zu fühlen. Die Angst vor einem Schaden macht ihn unsicher. Kann ihm diese Angst genommen werden, dann fühlt er sich wieder sicher. Dem Motiv des Kunden entspricht also die in der Alltagssprache gebräuchlichen Redeweise: ,,Es läßt sich jemand *gegen* Feuer versichern". Die genauere Durchleuchtung dieses Motivs ergibt bei einem ziemlich hohen Prozentsatz der Versicherungsnehmer die zum Teil unbewußte Vorstellung oder den zum Teil unbewußten Wunsch, daß durch den Abschluß einer Versicherung das Unglück erst gar nicht eintrete. Viele sehen in der Versicherung eine Art Unglücksvermeidungszauber.

Die Durchleuchtung der Struktur des Versicherungsabschlusses kann dieses Phänomen ohne weiteres aufklären. Jemand, der keine Angst vor einem Schaden hat, ist unversicherbar. Am besten läßt sich eine Feuerversicherung in einem Ort verkaufen, wo es kurz voher gebrannt hat. Mit Hilfe des Versicherungsabschlusses versucht der Versicherungsnehmer, seine Angst zu bewältigen. Hätte er ständig Angst, so würde er seine Handlungsfähigkeit verlieren. Auch hier zeigen die pathologischen Grenzfälle diese Struktur.

Mit dieser Begründung stechen die Versicherungsgesellschaften die religiöse Tradition vergangener Zeiten aus: man hat nicht mehr (nur) den Christopherus im Auto, sondern (außerdem) eine Kasko-Versicherung.

Mit Hilfe dieses Prinzips des Risikoausgleichs etablieren sich die Versicherungsgesellschaften als Nachfolger der religiösen Opfertradition, die darin besteht, daß man einen Teil des Gutes, vor dessen Verlust man Angst hat, absichtlich vernichtet, um den Rest zu sichern. Bezogen auf Geld heißt dies: man zahlt eine Prämie (Verlust) und schütz sich dadurch vor größerem Verlust.

Man wirft den Versicherungsgesellschaften vor, ihr Geschäft mit der Angst der Leute zu machen. Dies ist berechtigt und unberechtigt zugleich. Denn dieses Geschäft ist ein notwendiges, es hat es vermutlich auch immer schon gegeben. Die psychosoziale Funktion der Versicherung besteht ja darin, die Angst, die am Handeln hindern würde, in irgendeiner Form bewältigen zu helfen, z. B. durch Verdrängen der Angst. Für diese Verdrängung braucht man die Hilfe einer Autorität. Diese Autorität ist in der Form der Opferpriester in der Geschichte immer schon aufgetreten, um die Funktion der Angstbewältigung zu übernehmen.

Geht man in der Geschichte noch etwas weiter zurück, dann wird auch das Muster deutlich, auf dem diese Angstbewältigung mit Hilfe eines Opfers beruht: Man kann hier sehr schön studieren, wie Verhaltensmuster, die schon im Tierreich existieren, vom Menschen kulturell weiterentwickelt wurden.

Es ist eine bekannte Tatsache, und ich konnte es selber in Afrika beobachten, daß Tierherden (etwa Gnus oder Antilopen) vor angreifenden Löwen oder Geparden in panischer Angst fliehen. Diese Angst währt solange, bis das Raubtier sein „Opfer" gefunden hat. Sobald ein Herdentier von einem Raubtier gestellt und gerissen wurde, beendet die Herde die panische Flucht und beginnt trotz größerer Nähe des Raubtieres, wieder zu grasen. Die Tiere wissen offenbar, daß die mit ihrer Beute beschäftigten Raubtiere nicht mehr gefährlich sind.

Die Angst währt nur solange, als man nicht weiß, „wen" es erwischen wird. Die Tiere rennen um ihr Leben solange, bis feststeht, welches Tier das Opfer wurde. Dann ist die Angst vorbei. Man sieht daran sehr schön, wie geradezu lückenlos ein Ritual sich aus dem Tierreich herleitet. Denn: Opfern wir einen aus unserer Mitte, dann wird das Unglück gebannt, ist der Standard wiederhergestellt! Die Funktion der Raubtiere haben in diesem Fall die Götter, die als gierig angesehen werden. Schiller hat im „Ring des Polykrates" dieses Gefühl nachzuempfinden versucht: Nachdem dem König von Samos alles gelungen ist, spricht sein Gastfreund, der ägyptische König zu ihm:

„Mir grauet vor der Götter Neide,
des Lebens ungemischte Freude
ward keinem Irdischen zuteil.

Auch mir ist alles wohlgeraten,
bei allen meinen Herrschertaten
begleitet mich des Himmels Huld.
Doch hatt ich einen teuren Erben,

den nahm mir Gott, ich sah ihn sterben.
Dem Glück bezahlt ich meine Schuld.

Das Unglück, das es im Leben geben muß, ist vielleicht noch eine alte Schaltung, die von dieser permanenten Todesangst aus der Frühzeit der Menschheit herrührt. Raubtiere gibt es immer – wollen wir sehen, wen es erwischt. Die Todesangst wird bewältigt, indem man sieht, wie andere sterben, und selbst etwas dagegen tut, z. B. das Unglück herbeiführt.

Drum willst du dich vom Leid bewahren,
so flehe zu den Unsichtbaren,
daß sie zum Glück den Schmerz verteilen.
Noch keinen sah ich fröhlich enden,
auf den mit immer vollen Händen
die Götter ihre Gaben streuen.

Nachdem aber dem König alles zu gelingen scheint – die Feinde sind besiegt, überall hat er Erfolg –, meint sein Gastfreund:

Und wenn die Götter nicht gewähren,
so acht auf eines Fremdes Lehren
und rufe selbst das Unglück her.“

Vor diesem Zwang, die eigene Angst vor der Ungewißheit des irrationalen Unglücks irgendwie zu bewältigen, wird verständlich, daß die Menschen versucht haben, dieses Verhaltensmuster – ein Raubtier (= Unglück) schlägt ein Tier aus der Herde, die übrigen können dadurch angstfrei weiterleben – auszunützen und durch Opferung eines ihrer Mitglieder diese Funktion zu erreichen. Dies könnte der ursprüngliche Sinn des Menschenopfers gewesen sein.

Die Kulturentwicklung hat dieses Opferritual dann differenziert und zur ständigen Institution gemacht. Den Opferpriestern gab man einen Teil des Gutes, das gesichert werden sollte, um durch Opferung die Götter – das Schicksal sozusagen als Nachfolger der alten Raubtiere – milde zu stimmen.

Wichtig ist dabei, daß die Angst verschwindet, nachdem der Schaden oder der vorweggenommene Schaden eingetreten ist. Daher sind Berichte über aufgetretene Schäden auch so wichtig für die Versicherungsgesellschaften, die, über viele Jahrtausende hinweg, heute als die bislang letzten Erben der alten Opferpriester anzusehen sind. Die zu zahlende Prämie ist jener Teil, der geopfert wird, um den Rest zu sichern. Tritt dennoch ein Schaden auf, so haben viele „Geschädigte“ das Gefühl, daß eigentlich die Versicherungsgesellschaft versagt hat. Bis vor kurzem war in Österreich sogar der Gesetzgeber dieser Ansicht, denn jeder Schadensfall gab beiden Vertragspartnern das

Recht, den Vertrag zu lösen. Dahinter steht die Rechtsauffassung, daß der Schadensfall eigentlich eine Nichterfüllung des Vertrages darstellt.

Für unseren Gedankengang bedeutet dies, daß viele unserer heutigen Handlungen – die in der Gegenwart durchaus ihre rationale und ökonomische Begründung haben – dennoch in alten Verhaltensmustern und ihrer kulturellen Ritualisierung beruhen können. Dies ist von Produkt zu Produkt eigens zu untersuchen.

Auf den Tod bezogen bedeutet dies – und damit kehren wir zum Ausgangspunkt dieses Kapitels zurück –, daß der Tod eines Mitgliedes nicht nur die Kommunikation zerstört und die Mitglieder der Gruppe in Angst versetzt, sondern auch im Kontext des Weltbildes eine angstbannende Funktion haben kann. Immer dann, wenn der Standard bedroht wird, tritt Angst auf. Einen Standardbedroher (Außenseiter) zu töten, ist wiederum standardbewahrend.

Für die Bewahrung des Standards sind neben den toten Ahnen auch noch lebende Mitglieder der Gemeinschaft verantwortlich, deren Aufgabe immer eine dem Weltbild entsprechende rationale Theoriebildung ist. Diese Theorien sind im allgemeinen im Bestimmungszirkel definiert: Ein Opfer kann solange fortgesetzt werden, bis sich ein Erfolg einstellt. Wenn es nicht regnet und man „opfert" den vermeintlich Schuldigen, der „die Götter beleidigt hat", dann ist es leicht möglich, daß es immer noch nicht regnet. Dann müssen weitere Missetäter gesucht (und geopfert) werden. Erst das Einsetzen des Regens „beweist", daß man nun den Richtigen gefunden hat. Dies ist bis in die Gegenwart ein sehr stabilisierendes Muster. In vielen Wissenschaften tritt dieses Muster als Bestimmungszirkel auf.

Mit dem Gedanken des Opfers wird auch in den Risiken verschiedener Kulturen dieses Verhaltensmuster weitergeführt: man opfert einen Teil des Gutes, um den Rest dadurch zu sichern. Die Opferpriester haben immer einen Teil des Opfergutes entgegengenommen und durch die Ausübung der verschiedensten Rituale den Menschen Sicherheit gegeben. Für den Fall, daß ein Opfer nicht „wirkte", wurden Zusatzritual und Zusatzerklärungen zu Hilfe genommen.

Die Formen der Opferungen haben sich im Laufe der Zeiten geändert, das Grundprinzip dieses Verhaltensmusters ist aber bis heute gleich geblieben. Man spricht auch heute noch von „Verkehrsopfern", die der Moloch Verkehr verschlingt, und mit jedem Toten auf der Straße fühlen sich die anderen wieder eine Spur sicherer, denn sie sind es nicht gewesen. („Karl, du bist es nicht!")

Die modernste Form des Opfers ist die Versicherung. Indem man eine Prämie bezahlt, wird ein Teil des Schadens vorweggenommen. Die Wiedergutmachung des Schadens ist allerdings nur auf dem Weg über das Geld möglich. Die Versicherungsgesellschaften sind die Nachfolger der alten Opferpriester, wenn man von der Struktur der Motivation ausgeht. Nach dem Abschluß einer Versicherung versichert einem der Werber, daß „nun nichts mehr passieren kann“. Versicherung ist daher – wie das ja auch häufig so kommentiert wird – das Geschäft mit der Angst. Die Versicherungsgesellschaft übernimmt allerdings dabei eine sozialhygienische Funktion, nämlich die Angst, die am Handeln hinderlich wäre, verdrängen zu helfen.

Versichern ist somit die Weiterentwicklung des alten magischen Opferrituals, daß durch Vernichtung eines Teils des Gutes der Rest gesichert erscheint. Die Versicherungswerber können dabei das rationale Argument anführen, daß im Schadensfall der allgemeine Risikoausgleich wirksam werde, wodurch für den Kunden der Schadensfall als „nicht wirklich eingetreten“ erscheinen könne. Dies ist ja auch der Grund, warum die Versicherungsgesellschaften alle anderen Formen des Opfers und der Opferpriester mit ihrem allgemeinen Risikoausgleich ausstechen.

Vom Opferritual her wurden nun plötzlich eine Reihe von Konflikten innerhalb der Versicherungsgesellschaft verständlich.

So wurde etwa erklärbar, warum viele Produzenten eigentlich der Meinung sind, daß die Zentrale oder der Innendienst oder der „Wasserkopf“ der Gesellschaft im wesentlichen nicht notwendig sei, weil dieser mit seinen Kunden einen ohnehin sehr geringen Schadensatz habe. Die Diskussion um die Schadensätze war daher auch immer eines der kontroversen Themen zwischen Außendienst und Apparat.

Funktionieren kann das Versicherungsprinzip aber nur, wenn sich die vom allgemeinen Risikoausgleich ausgehenden Zentralisten gerade nicht jene Illusion machen, der sich der Kunde gemeinsam mit dem Werber hingibt. Denn hier wird nach mathematischer Wahrscheinlichkeit anhand exakter Statistiken das Kalkül des Risikos gezogen. Weil man in der Zentrale weiß, wie groß das Risiko ist, wieviele von 100 Prämien einen Schadensfall haben, wie hoch die Schadensumme im Durchschnitt ist, ist es möglich, diesen Risikoausgleich durchzuführen.

Dadurch entsteht aber gegenseitig ein notwendig unterschiedlicher Eindruck vom Produkt Versicherung. Der Apparat hat das Gefühl, daß die Produzenten den Kunden Dinge versprechen, die sie eigentlich nicht halten können. Dieses Gefühl haben sie zurecht. Denn der Schaden kann nicht wirklich verhindert werden, wie es die zumindest unbewußte Hoffnung eines Teils der Versicherungsnehmer ist.

Die Produzenten wiederum haben das Gefühl, daß der Innendienst, insbesondere die Schadensreferenten, das, was sie den Kunden versprochen haben, ihrerseits nicht halten. Dieses Gefühl haben sie ebenfalls zurecht. Denn der Kunde liest ja das sogenannte „Kleingedruckte“ nicht. In diesem Kleingedruckten stehen die verschiedenen Einschränkungen, die den Versicherungsnehmer nicht interessieren, weil sie das Verdrängen der Angst erschweren. Viele Kunden machen sich also über den tatsächlichen Risikoschutz Illusionen, die durch die Unterschrift der Gesellschaft auf der Police sozusagen „amtlich" beglaubigt werden.

Unserer Hypothese nach liegt nun die eigentliche Leistung der Versicherungsgesellschaft darin, diesen Widerspruch organisatorisch aufrechtzuerhalten. Würde man versuchen, den Widerspruch zu eliminieren, dann müßte man z. B. Innendienstmitarbeiter zu Produzenten machen, indem man sie Versicherungsverträge auf ihre Weise verkaufen ließe. (Jemandem, der sich gegen Feuer versichern lassen will, wird etwa geantwortet, daß dies nicht möglich sei. Man könne höchstens unter bestimmten Umständen – siehe Kleingedrucktes – den Schaden zu einem Teil von der Versicherungsgesellschaft in bar ablösen.) Diese Art von Verkaufen wäre aber sicherlich nicht sehr erfolgreich.

Würde man umgekehrt im Innendienst nur Produzenten beschäftigen, die sich nach wie vor der Illusion hingeben, daß ihren Kunden eigentlich nichts passieren kann, dann würde der allgemeine Risikoausgleich nicht funktionieren.

Das heißt, gerade weil hier zwei unterschiedliche Bewußtseinslagen vorhanden sind, funktioniert die Organisation der Versicherungsgesellschaft. Nicht die Elimination des Widerspruches, sondern die Pflege, der Ausbau und die Organisation dieses Widerspruches müssen das Grundziel der Versicherungsorganisation darstellen.

In Kenntnis dieser Motivlage könnte man daher sagen, der Wert bestehe darin, daß sie die Produktdialektik, den Widerspruch, den der Kunde im Grunde genommen in sich hat, weil er etwas will, was eigentlich nicht möglich ist, übernimmt. Die „Erfüllung" dieses unmöglichen Wunsches dient dazu, die Handlungsfähigkeit des Versicherten zu erhalten. Dieser Widerspruch (die Produktdialektik) wird von der Gesellschaft übernommen und in ihrer Organisationsstruktur weiter gepflegt.

Was folgt daraus für die Organisationsstruktur der Versicherungsgesellschaft?

1. folgt daraus, daß beide „Welten" lernen müssen, mit diesem Widerspruch zu leben, und die jeweils andere Welt als zwar gegensätzlich, aber als in ihrer Gegensätzlichkeit Notwendige anzuerkennen;
2. folgt daraus, daß bestimmte Punkte geschaffen werden müssen, an denen es möglich ist, den Konflikt jeweils auszutragen. Dabei hat sich herausgestellt, daß die beste Organisationsform die ist, in der neben den beiden Kontrahenten noch eine 3. Instanz vorhanden ist, die eine Art Schiedsgericht zwischen den beiden, ohne daß sie jeweils selbst Partei ist, möglich macht.
3. Diese Schiedsgerichtsfunktion muß möglichst dezentral organisiert sein. Das heißt, es erwies sich als günstig, viele Kompetenzen aus der Zentrale in die Filialen, die in Österreich mit den Bundesländern identisch sind, hinauszugeben und innerhalb der Filialen, möglichst vor Ort, die beiden

Gegensätze – Wahrnehmung des zentralen Risikoausgleiches und Wahrnehmung der Bedürfnisse des Kunden – auszutragen.

4. Dabei gab es einen subjektiven Lernprozeß bei den einzelnen Mitarbeitern der Gesellschaft, Konflikten positiv gegenüberzustehen, verschiedene Variationen der Konfliktaustragung zu lernen, von ihrer Alternativlogik, daß entweder nur der eine oder der andere recht haben könne, wegzugehen und die Gegensätze dialektisch zu sehen. Es wurden seit 1974 jährlich mehrere Seminare über Dialektik für die Mitarbeiter der Gesellschaft organisiert, die insgesamt schon von mehr als 500 Mitarbeitern besucht wurden.
5. Die Organisation mußte garantieren, daß möglichst kundennah beide Aspekte – das Bedürfnis des Kunden wie auch die Richtlinien der Organisation – zum eigentlichen Anliegen gemacht werden.

Damit mußten die Rollen des Außen- wie Innendienstes neu definiert werden. Der Außendienst ist nicht nur (wohl aber auch!) Befehlsempfänger zentraler Richtlinien industrieller Produktionsweise, sondern auch umgekehrt: er ist zugleich Richtliniengeber, Problemerzeuger, und der Apparat ist nicht nur Befehlsgeber, sondern gleichzeitig auch Servicestelle für den Außendienst. Es hat sich dies etwa – um zum Ausgangspunkt zurückzukommen – für das Problem der Wegesteuerung folgendermaßen ausgewirkt: Die Wegesteuerung ist nicht als Anordnung seitens der Zentrale zu verstehen, sondern als Service- und Hilfeleistung für die Außendienstmitarbeiter, die von diesem *freiwillig* in Anspruch genommen werden können oder nicht.

Anfangs nahmen nur wenige Außendienstmitarbeiter diesen Service in Anspruch. Es stellte sich aber sehr bald heraus, daß die Verwendung dieser elektronischen Wegesteuerung, die noch durch andere Daten ergänzt wurde, für die Betreffenden eine große Hilfe darstellte. In dem Maße, als sich das Vertrauen in die Zentrale wieder festigte, konnte diese Hilfeleistung in Anspruch genommen werden. Dadurch verbesserte sich wiederum diese Serviceleistung, wodurch sie wieder mehr in Anspruch genommen wurde. Vorher – sozusagen noch zu Zeiten der Logik – lief es umgekehrt: Je mehr die Zentrale kontrollierte, desto mehr Widerstand erzeugte sie auch. Je mehr Widerstand sie erzeugte, desto weniger funktionierten ihre Anordnungen, denn man kann immer durch „Dienst nach Vorschrift" streiken. Umso skurriler wurden dann auch die Anordnungen, was die beiden noch weiter voneinander entfernte.

Man mußte diesen Teufelskreis durchbrechen, um die beiden Aspekte – Fortführung oder Weiterentwicklung industrieller Produktionsweise nach den Richtlinien der Zentrale und besseres Eingehen auf die jeweiligen Kundenbedürfnisse des Außendienstes – *gleichzeitig* vorantreiben zu können.

Als hilfreich und teilweise sogar notwendig erwies sich die Schulung der Mitarbeiter in Gruppendynamik. Ein großer Teil der Mitarbeiter dieser Versicherungsgesellschaft hat immer wieder Kurse gemacht. Es wurden auch hausinterne Kurse veranstaltet, die ebenfalls zu einem gegenseitigen Verständnis beitrugen, weil sie es ermöglichten, die unterschiedlichen Rollen auch unabhängig von den jeweiligen persönlichen Eigenarten zu reflektieren. Prozeßanalyse ist ja eine der wichtigsten Voraussetzungen für Konfliktbearbeitung.

Die größte Schwierigkeit in dieser Art der Organisationsentwicklung ist die Unsicherheit, die das Verlassen der Logik erzeugt. Hat man früher die Konflikte als „Pannen" bezeichnet, so mußten sie jetzt als notwendig und permanent anerkannt werden. Hat es früher Gegensätze gegeben – etwa zwischen Apparat und Welt des Kunden –, so gab es wenigstens in der Theorie eine Überordnung des Apparates. Nun aber mußte man hinnehmen, daß die beiden Welten einander als „Gleichberechtigte" gegenüberstehen. Wo können aber Gegensätze gleichberechtigt sein?

Im Bereich der Schulung ergab sich damit die Aufgabe, durch Analyse der Prozesse und Verständnis der Problematik einen Teil der Sicherheit wiederherzustellen, der durch die Organisationsentwicklung verloren gegangen war.

Die positive Seite – der Gewinn durch die Unsicherheit – lag vor allen in der flexiblen Produktgestaltung sowie in dem erhöhten Geschäftsvolumen. Ohne den eigenen Standpunkt aufzugeben, muß jeweils auch der Standpunkt des anderen berücksichtigt werden. Das bedeutet, daß zum Beispiel ein Werber schon beim Abschluß eines Vertrages den Aspekt des schlechten Risikos miteinbezieht, so daß er weniger Aufträge bringt, die abgelehnt werden müssen. Umgekehrt können die Zentralisten mit Hilfe des Außendienstes kundengerechtere Produkte entwickeln und dem Außendienst, zu dem sie nun mehr Vertrauen als früher haben, einen größeren Spielraum geben.

Eine Hilfe stellte die erforschte Produktdialektik auch für andere Bereiche der Unternehmensführung dar, z. B. für die strategische Planung sowie für die Werbung.

Ein sehr umstrittener Punkt der strategischen Planung war die zukünftige Rolle des Außendienstes. In der Versicherungsbranche gab es (und gibt es heute noch) die Auffassung, daß die „mittelalterliche" Form der Kundenwerbung mit Hilfe von Außendienstmitarbeitern im persönlichen Gespräch überholt sei. Die Zukunft liege in der Schalterpolice oder auf dem Postweg. Die durch Abschaffung des Außendienstes eingesparten Kosten könnten zur Verbilligung der Versicherung verwendet werden, wodurch man auf dem Markt konkurrenzfähiger wäre usw.

Diese Streitfrage wurde durch unsere Untersuchung weitgehend geklärt. Angesichts der erforschten Produktdialektik konnte man den Gedanken, auf den Außendienst zu verzichten, sicher verwerfen. Der „Trend der Zeit", menschliche Kommunikation durch Maschinen zu ersetzen, wird in diesem Fall sicherlich keine ökonomischen Auswirkungen haben. Wie die letzten Jahre gezeigt haben, war unsere Antwort auf diese Grundsatzfrage richtig.

Auch für die Werbung konnte man wichtige Hinweise aus dem dargestellten Motivationszusammenhang ableiten. So ist etwa eine Abschlußwerbung im Fernsehen unsinnig, da der Prozeß: Angst bewußt machen und verdrängen, innerhalb einer situativen Einheit erfolgen muß. Über das Fernsehen (z. B. mit Hilfe von Schadensberichten) Angst bewußt zu machen, *ohne* die Möglichkeit zu bieten, ad hoc eine Versicherung abzuschließen, kann nur zu einer Imageverschlechterung der ganzen Branche führen.

Ich vermute, daß ähnliche Zusammenhänge, wie sie beim Produkt Versicherung aufgetreten sind, auch in anderen Bereichen (etwa bei Geld, Auto oder Nahrungsmitteln) gefunden werden müßten, um viele der Konflikte in Organisationen und in unserer Gesellschaft besser zu verstehen. Die Grundlagenforschung sollte in diese Richtung aktiviert werden. Eine neue Wissenschaft, wie in diesem Fall die Gruppendynamik, beleuchtet oft alte Zusammenhänge neu.

Ich habe allerdings mit diesem Exkurs sozusagen zur Anwendbarkeit der vorliegenden Überlegungen schon viele Aspekte verwendet, die erst im Folgenden abgeleitet werden können. Einer dieser Aspekte ist der von Identität und Dependenz.

1.4.3 Identität und Dependenz

Mit der Möglichkeit, nein zu sagen, gab es für die Gruppe die Möglichkeit, Konflikte in einer neuen Form auszutragen. Die Alternative: Unterwerfung oder Vernichtung fiel weg. Bei Aggressionen innerhalb der Primatenpopulationen siegt der Stärkere im Kampf. Der Schwächere muß sich unterwerfen oder wird getötet. Die Möglichkeit, die Meinung des Schwächeren in die Theorie des Stärkeren zu integrieren, gibt es nicht. Es geht immer um alles oder nichts. Eine weder von den Erbkoordinaten noch vom Standard vorgesehene Entwicklung – z. B. von Untergruppen – mußte durch den Kampf und die Aggression aller gegen diese Entwicklung verhindert oder unterdrückt werden. Mit der Sprache gab es aber nun das Phänomen einer bloß theoretischen Negation – sozusagen ein gefahrloser Irrtum. Man konnte über etwas reden. Nein sagen war nicht gleichbedeutend mit dem Verlust der Gruppe oder dem Verlust des Lebens. Die Menschen konnten ein Tabu verletzen und dennoch überleben. Eine Form dieser Tabuverletzung war die Paarbildung, sei es zwischen den Geschlechtern, sei es zwischen Mutter und Kind. Sie konnte, obwohl sie Negation und Ausschluß der übrigen Gruppenmitglieder einer Gruppe bedeutete, dennoch über sprachliche Kommunikation in die Gesamtgruppe integriert werden. Die Menschen hatten dadurch, wie gezeigt, einen evolutiven Vorteil, weil die längere Lernphase der Jungen in dieser Weise leichter zu bewältigen war. Eine lange Abhängigkeit von denselben Personen bildete die Voraussetzung für den gefahrlosen Lernprozeß. Abwehr des Fremden, Kampf- und Fluchtreaktionen mußten sich erst viel später herausbilden, so daß eine größere Aufmerksamkeit in gesicherter Dependenz vorhanden war.

So besteht auch ein Großteil der Handlungen der heute lebenden Menschen aus standardkonformen Handlungen. Selbst für den Fall, daß die Übereinstimmung mit dem Standard – mit dem, was man tun soll und was erwartet wird – nur äußerlicher Art ist, so ist doch jeder bestrebt, ein bestimmtes Bild („Image") vor sich herzutragen.

Was jemand nach außen hin präsentiert, muß zugleich von der Umwelt anerkannt sein. In diesem Sinne ist jeder, wie es Erving Goffman formuliert, „sein eigener Gefängniswärter". Es besteht ein sozialer Zwang, sein Gesicht zu wahren: „So wie vom Mitglied jeder Gruppe erwartet wird, Selbstachtung zu zeigen, so wird von ihm erwartet, einen bestimmten Standard von Rücksichtnahme aufrecht zu erhalten; man erwartet von ihm, daß er sich bis zu einem gewissen Grad bemüht, die Gefühle und das Image anderer Anwesender zu schonen, und zwar freiwillig und spontan auf Grund emotionaler Identifikation mit den anderen und ihren Gefühlen. Infolgedessen möchte er nicht Zeuge sein, wenn andere ihr Image verlieren. Bringt jemand es fertig, der Erniedrigung anderer zuzusehen und dabei kühl zu bleiben, dann bezeichnet man ihn in unserer Gesellschaft als ‚herzlos', genauso wie man von einem, der gefühllos dabeisteht, wenn er sein eigenes Image verliert, sagt, er sei ‚schamlos'."[72]

Die Begegnung zwischen Menschen muß also das eigene Image sowie das der anderen wahren. Anders scheint gegenseitige Anerkennung nicht möglich zu sein. Ehrerbietung kann man sich wünschen und verdienen, aber man kann sie sich nicht selber erweisen. Man ist gezwungen, sie von anderen zu erstreben. Das gute und richtige Benehmen impliziert Eigenschaften, die die Interpretation einer Gruppe gegenüber einem ihrer Mitglieder darstellen. Es wird erwartet, daß jeder sein Selbst entsprechend abgrenzt und die Grenzen des anderen respektiert. Die notwendigen Eigenschaften sind von Gruppe zu Gruppe, von Kulturkreis zu Kulturkreis verschieden, aber in jeder Gruppe und in jedem Kulturkreis kann man sich danebenbenehmen.

Es ist ganz interessant zu untersuchen, was passiert, wenn sich jemand danebenbenimmt und so sein Image verliert. Alle Kulturkreise kennen für diesen Fall zunächst eine Reihe von Verleugnungen. Zunächst wird der Betreffende nicht, später nur indirekt auf sein Fehlbenehmen aufmerksam gemacht. Als zweiter Schritt wird dem Missetäter die Chance geboten, sein Vergehen wieder gut zu machen und die Ordnung wiederherzustellen. Er habe nur einen Scherz gemacht oder auf dieses und jenes (z. B. einen Toilettefehler in Ordnung zu bringen) vergessen. Sodann gibt es eine ganze Reihe von rituellen Ausgleichshandlungen wie Selbstbestrafung, Demutsgebärden oder sogar einen Fehler (wie nicht richtig schreiben oder sprechen zu können) als Teil seines Selbst zu beanspruchen („mir geht das immer so", „ich konnte das noch nie" usw.). Gelingt das Herstellen der Grenze nicht und ist die rituelle Interaktion der Höflichkeit für diesen Fall zusammengebrochen, dann ist das Kennzeichen der Beteiligten Peinlichkeit und Verlegenheit.

Verlegenheit, Unbehagen usw. gehören zum Szenario der ersten Stufe der Kommunikation, der emotionalen Partizipation. Die Stimmung ist plötzlich zerstört, und das Unbehagen ergreift alle an der Situation Beteiligten. „Einige Verlegenheitssituationen scheinen einen abrupten, orgastischen Charakter zu haben: Einer plötzlichen Einführung des störenden Ereignisses folgt ein unmittelbarer Höhepunkt des Verlegenheitsgefühls und dann eine langsame Rückkehr zu der vorherigen Unbeschwertheit, wobei all diese Phasen in derselben Begegnung durchlaufen werden. Ein schlechter Augenblick zerstört so eine andernfalls euphorische Situation."[73]

Der Standardbruch, der Menschen aus der Fassung gebracht hat, läßt das Ordnungsgefüge der Kommunikation zugrunde gehen und bedroht das Image der Interaktionsteilnehmer. Meistens treten in seinem Gefolge auch die Übersprungshandlungen auf, die wir schon bei Tieren beobachten können: sich am Kopf kratzen, etwas zwischen den Fingern drehen, ein steifes Lächeln oder Grinsen zeigen, das Abwenden des Blickes, eine Kleinigkeit essen usw. Die Teilnehmer an einer solchen Situation unternehmen alles, damit die Haltung wiedergewonnen werden kann. Auf Haltung wird man sogar trainiert. Jeder Jüngling und jedes Mädchen muß sich in der Jugend von den Kameraden bespötteln lassen, um die Haltung zu gewinnen und um zu lernen, nicht so leicht aus der Fassung zu geraten. Sogar beim Sport (Eislaufen, Turnen etc.) wird Haltung oft eigens bewertet. Die Kontrolle über die Motorik und die Emotion ist eine Voraussetzung, die ein reibungsloses Funktionieren der Standardwelt als zweite Natur gewährleistet.

Man könnte die Kommunikation über die Rituale der Höflichkeit als indirekte Kommunikation bezeichnen. Nicht der Mensch, sondern sein Image wird kommuniziert. Er selbst ist aber immer noch von seinem Image verschieden, wie sehr er sich auch mit seinem Image identifizieren mag – sonst könnte er nicht in Verlegenheit kommen. Es ist auch eine alte Aporie der Philosophen, daß „ich" immer mehr bin, als ich oder andere von mir wissen. Die Frage ist, ob das von den Philosophen postulierte transzendentale Ich dieser Aporie genügt, oder ob das „mehr", das die Möglichkeit der Selbstbestimmung umschreibt, nicht vielmehr in der jeweiligen Gruppe gesucht werden muß.

Diese Vermutung könnte eine Bestätigung erfahren, wenn man den positiven Sinn der Verlegenheit bei Standardbruch untersucht: Eine Interaktion bei Standardverletzung, völlig ohne Überraschung und Verlegenheit, wird auf die Dauer fad. Goffman schreibt weiter: „Der Zustand von ich-befangenen Personen ist tatsächlich für diejenigen, die ihn erleben, so sehr ein Stimulus für spontanes Engagement, daß in Konversationen, wo es schwierig sein mag, das Engagement der anderen Anwesenden zu gewinnen, einzelne sowohl zu kleineren Verletzungen der Schicklichkeit als auch zum Verwirrtwerden Zuflucht nehmen, um sich dadurch des Engagements zu versichern. Daher das Paradox, daß, wenn alle Regeln korrekten sozialen Verhaltens befolgt werden, die Interaktion schlaff, fade und platt werden kann."

Dies bedeutet aber doch nichts anderes, als daß die Sitte, der Standard, die Höflichkeit verletzt werden muß, will man echt kommunizieren. Echt heißt in diesem Falle: über die Fassaden des Image hinaus.

Diese „echte" Kommunikation ist aber nur notwendig, wenn ein Mensch sich weiterentwickeln will oder muß. In diesem Falle gerät die Identitätsfindung in Widerspruch zu den vorhandenen Normen, und erst ihre Verletzung läßt den Menschen wieder „zu sich selber kommen". Bestes Beispiel dieser Dialektik ist die Pubertät: Solange ein Heranwachsender immer nur will, was auch die Autoritäten von ihm wollen, kann er seinen eigenen Willen von fremdem Willen nicht unterscheiden. Erst die Differenz zum Willen der Autorität (oft mit Hilfe einer aggressiven Trotzperiode des „Nein-Sagens") vermittelt ihm das Gefühl, einen eigenen Willen zu haben. Auch hier scheint eine stammesgeschichtliche Entwicklung später dann zu einer Stufe der Entwicklung des modernen Menschen geworden zu sein.[74]

Wenn wir heute die Entwicklung eines Menschen vom Kind zum Erwachsenen betrachten, ist die Rolle der Negation fast immer deutlich zu bemerken.

In den ersten Jahren nach der Geburt ist Dependenz Bedingung des Überlebens. Es gibt für das Kind nur die Entscheidungsinstanz der Autorität, meist der Eltern. Die Autorität trifft alle wichtigen Entscheidungen, die Kinder werden von ihnen betroffen. Fehlt eine solche Entscheidungsinstanz, dann hat ein Menschenkind nur geringe Chancen zum Überleben. Mutter und Kind sind zwar zwei verschiedene Menschen, jedoch ist in dieser frühen Abhängigkeitsphase nur *ein* Wille und nur *eine* Entscheidung vorhanden. Das Kind trifft keine Entscheidungen oder stimmt in seinen Entscheidungen mit denen der Mutter überein. Auch in der Emotionalität entwickelt sich eine Abhängigkeit. Stimmungen der Eltern, Unruhe und Nervosität oder Freude und Ausgelassenheit übertragen sich sehr rasch auf Kinder und kommen dort unter Umständen deutlicher zum Vorschein als bei den kontrollierten, verdrängenden Erwachsenen. Diese fraglose und unproblematische Abhängigkeit ist notwendig für die Entwicklung eines Menschen. Ohne die Entscheidung anderer Personen wäre die Unbestimmtheit der Koordination für das Kind tödlich. Gehirn, Nervensystem und Motorik müssen erst langsam an die jeweilige Umwelt angepaßt werden. Prägungen und Lernprozesse bestimmen die spätere Umwelt des Menschen. Je unbestimmter und unentwickelter ein Individuum geboren wird, desto besser ist es durch Prägung und Lernen auf die Umwelt zu adaptieren. Je weniger sozusagen vorprogrammiert ist, desto mehr Bestimmungsmöglichkeiten hat die Gruppe. Je weniger aber an Verhaltenssteuerung vorprogrammiert ist, desto größer ist die Abhängigkeit des einzelnen von den schützenden Artgenossen, desto größer also und notwendiger die Autorität der Erwachsenen.

Die Entwicklung der Menschen impliziert also von der Hominisation bis heute eine immer größer werdende Autorität der Erwachsenen den Kindern gegenüber. Eine Menschenmutter muß wesentlich mehr Funktionen und diese wesentlich länger für ihre Kinder übernehmen als irgendein Muttertier einer Säugetierart. Soll der Autoritätszuwachs und die lange Abhängigkeit von den Eltern aber nicht auf Kosten der späteren Selbständigkeit des Individuums gehen, muß es zwischen den Heranwachsenden und den Erwachsenen zu einer Krise kommen.

Soll der Mensch seine Handlungen motivieren können, so muß es irgendwann zu einer Differenz in der Motivation zwischen den Kindern und der Autorität kommen. Solange in der Dependenz dem Inhalt nach nur *ein* Wille und nur *eine* Motivation für mehrere Menschen gilt, kann es zu keinen wesentlichen Differenzen kommen. Es wird die Entscheidung der Autorität übernommen, ohne diese Abhängigkeit zu problematisieren.

Diese Abhängigkeit stellt zugleich auch einen paradiesischen Zustand für den Dependenten dar, da die Sorgen von anderen getragen werden – nämlich von der Autorität. „Natürliche" Autorität ist also zunächst gegeben, wenn sich einer Sorgen macht für andere, die dazu nicht in der Lage sind.

Die Selbständigkeitskrise beginnt in den ersten Lebensjahren und setzt die Fähigkeit zu sprechen voraus. Das Kind beginnt irgendwann, nein zu sagen. Dieses Nein hat noch keinen Inhalt, sondern richtet sich gegen eine Norm oder gegen einen ausdrücklichen Wunsch der Autorität. In dieser „Trotzphase" weiß das Kind noch nicht, was es will, es weiß nur, daß es jenes gerade nicht will, was die Autorität verlangt. Trotzig sind die Kinder deshalb, weil der eigene Wille des Kindes nur dadurch überhaupt als eigener Wille erlebt werden kann, daß er vom Willen der Erwachsenen abweicht. Solange der Wille des Kindes mit dem Willen der Autorität übereinstimmt, solange die Kinder also „brav" sind und tun, was man von ihnen verlangt, solange kann eine Eigenidentität nicht gefunden werden. Die Identitätsfindung geht also zunächst über die Negation, d. h. über eine Krise in der Kommunikation.

Dabei gibt es grundsätzlich zwei Möglichkeiten, den emanzipatorischen Sinn dieser Negation wieder zu verlieren. Erstens dann, wenn der Druck seitens der Autorität so groß wird, daß die trotzig erwachende Selbständigkeit von ihrer Negation wieder in die Dependenz zurückfällt. Der Sohn etwa „sieht plötzlich ein", daß der Vater doch recht hatte, und kehrt in die Sicherheit der Dependenz zurück. Besonders autoritäre Erziehungssysteme versuchen, oft Kinder schon in ihrem erwachenden Willen zu brechen.

Gut angepaßte und „brave" Erwachsene ohne Rückgrat wird ein solches Erziehungssystem hervorbringen. Unter dem Eindruck dieser Gefahr gibt es genau die gegenteilige Erziehungshaltung, die „Gummiwand-Erziehung". Man versucht, grundsätzlich und überall dem Willen des Zöglings nachzugeben. Interessanterweise führt auch diese Methode zu einer Verlängerung der Dependenz.

Einer meiner Bekannten hat einen Sohn, der – in der Pubertät – eines Tages erklärte, diesen Sommer nicht mit der Familie nach Italien fahren zu wollen. Seine emotionell vorgetragene Weigerung wurde vom Vater innerlich mit Befriedigung als Reifwerden registriert und äußerlich mit Lob über seine Selbständigkeit und einem entsprechenden Geldbetrag für den eigenen Urlaub beantwortet. Die Frage, wohin er nun fahren wolle, konnte der völlig perplexe Jüngling aber nicht beantworten. Er hatte ganz offensichtlich eine Auseinandersetzung mit dem Vater erwartet, um langsam durch Kritik und Widerstand der Autorität gegenüber zu eigenen Entscheidungen zu kommen. Stattdessen aber bekam er sofort die Freiheit. Was sollte er nun machen? Wohin sollte er denn fahren? Der Jüngling begann zu grübeln: „Vielleicht wollten ihn die Eltern gar nicht mitnehmen? Ja, das war es: sie wollten sich seiner mit Hilfe dieses schäbigen Geldbetrages entledigen! Diese Gemeinheit! Dem Vater wird er aber einen Strich durch die Rechnung machen" – nun wollte der Jüngling plötzlich mitfahren.

Dieses Beispiel zeigt die Bedeutung der bestimmten Negation. Statt Widerstand zu leisten, hatte der Vater nachgegeben. Idenditätsfindung ist aber nur gegen Widerstand möglich. Der Jüngling fühlte sich mit Recht manipuliert. Hatte er nicht erneut den Willen des Vaters reproduziert, obwohl er dagegen protestieren wollte? Was will der Vater eigentlich? Den Sohn im Urlaub loswerden oder mit der Familie wegfahren? Noch schlimmer, was will der pubertierende Jüngling? Allein wegfahren oder mit der Familie? Er kennt sich selber nicht mehr aus. Das Nachgeben des Vaters bringt ihn um die Früchte des eigenen Entschlusses.

Negation ist Voraussetzung dafür, daß der eigene Wille als eigener, nicht als fremder erlebt wird. Nur wenn der Sohn in unserem Beispiel dabei bleibt, allein wegzufahren, und der Vater dabei bleibt, dies für Unsinn zu halten, kann der Sohn seine Eigenständigkeit finden. Gibt der Sohn nach, kehrt er in die Sicherheit der Dependenz zurück. Gibt der Vater nach, bleibt ebenfalls die Dependenz aufrecht. Beide Willensäußerungen sind wieder identisch. Reproduzierte der Sohn nur den Willen des Vaters oder der Vater den Willen des Sohnes? Diese Alternative ist unentscheidbar. Es handelt sich um eine Abhängigkeit mit negativen Vorzeichen. Jedem Erzieher ist die Phase des Protestes um des Protestes willen bekannt. Sagt die Autorität „A", so will der Zögling „B", sagt die Autorität „B", so will der Zögling vielleicht wieder „A". Für die Phase der negativen Abhängigkeit wurde in der Gruppendynamik der Begriff Konterdependenz eingeführt.

Ohne Konterdependenz, d.h. ohne Phase der Negation einer Autorität gegenüber, von der man abhängig ist, können eigene Entscheidungen nicht gewonnen werden. Konflikte sind daher im Reifungsprozeß unvermeidlich. Sie auf ein Minimum reduzieren zu wollen, heißt, die Reifung nur in wenigen, nämlich minimalen Dimensionen zuzulassen.

Je größer und länger aber die Abhängigkeit des Jungen von den Erwachsenen werden, desto schwierigere Konflikte muß es in der Konterdependenz geben. Die Inhalte der Negation werden nach wie vor von der Autorität gesetzt. Der Konterdependente hätte nichts zu negieren, wenn nicht die Autorität Bestimmungen vorgäbe. Eine antiautoritäre Erziehung, die es vermeidet, einen Konterdependenten mit eindeutigen Stellungnahmen (Geboten und Verboten) zu konfrontieren, nimmt diesem eine Entwicklungschance. Ein Versagen des Elternhauses (weil der Vater nicht anwesend ist oder Konflikte vermeiden will oder Anhänger einer vulgär-antiautoritären Ideologie ist) führt dazu, daß die Konterdependenz in die Schule oder das Berufsleben hineingetragen wird. Da die Negation immer einen bestimmten Inhalt braucht, kann eine Autorität nur dort bekämpft werden, wo sie Initiativen setzt. Der Lehrer will, daß gelernt wird. Also kann der Lehrer nur dadurch bekämpft werden, daß die Schüler nichts lernen. Vermeidet auch der Lehrer den Kampf der Konterdependenz (der ja nicht zu den angenehmsten Dingen des Lebens zählt), indem er einfach mit Hilfe eines Klassifikationssystems die Resultate mißt und die schlechten (weil konterdependenten) Schüler durchfallen läßt, müssen die Autoritäten wiederum anderswo gesucht werden – unter Umständen bei der Polizei.

Die jugendliche Konterdependenz der Gegenwart zeigt sich meist in einer – zunächst in der Phantasie vollzogenen – Abwertung der bekämpften Autorität. Die Eltern werden plötzlich unmöglich, „spießig", „bürgerlich" oder „konservativ". Die Mutter ist schwach und der Vater schlicht und einfach ein Trottel. Meist geht die Abwertung der Autoritäten, von denen man dependent war, parallel mit der Konstitution von neuen Dependenzen (Freunden und Freundinnen), die dem Konterdependenten Rückenstärkung gegen die zu bekämpfende Autorität gewähren. Der Eintritt in eine jugendliche „Gang", in der man sich dann bedingungslos den Normen und Riten unterwirft, ist das Pendent zum Protest im Elternhaus. Die Kameradschaft mit Gleichgesinnten wird eine Alternative zur Abhängigkeit von Autoritäten.

Große Schwierigkeiten bereitet die Ablösung für die zwei Extreme der sehr schwachen und der sehr starken Autorität. Ein Vater, der auch nicht den leisesten Anschein einer Autorität repräsentiert, kann nicht zur Emanzipation beitragen. Ein sehr starker Vater macht die Abwertung in der Konterdependenzkrise ebenfalls unmöglich. Söhne berühmter Männer zeigen diese Schwierigkeiten überdeutlich.

Es ist zu vermuten, daß das Ausweichen in andere Dependenzen nicht nur eine Zeiterscheinung der Gegenwart darstellt, sondern grundsätzlich eine Bedingung der Identitätsfindung bildet. Der Konterdependente lernt, Autoritäten mit Hilfe anderer Autoritäten zu relativieren. Deshalb kann eine autoritäre Vorgesetzten-Untergebenen-Struktur (wie die Hierarchie) nur funktionieren, wenn jeder nur einen Chef hat. Eine Autorität allein kann nur schwer relativiert werden, da Dependenz in sich kein Kriterium der Konterdependenz haben kann. Die Negation muß von außen kommen. Identität ist immer schon vorausgesetzt, damit Identität überhaupt gefunden werden kann. Hier liegt die gleiche Problematik wie bei der Erklärung der Sprache und der Erkenntnis vor. Müßte man nicht zur Erkenntnis verführt werden, dann wäre Erkenntnis immer schon vorhanden, damit sie möglich ist. Diese Dialektik der Emanzipation ist in zahlreichen Mythen immer wieder reflektiert worden. Der bekannteste ist der vom Sündenfall in der Bibel:

Gott, die Autorität schlechthin, „schuf am Anfang Himmel und Erde" (Genesis 1,1). Damit ist Gott das Prinzip aller Abhängigkeit, da es nichts gibt, was nicht von ihm abhängig wäre. Nach dem Genesismythos schuf Gott auch noch den Menschen: „Dann pflanzte Gott der Herr einen Garten in Eden, fern im Osten und versetzte dahin den Menschen, den er gebildet hatte. Und Gott der Herr ließ aus dem Boden allerlei Bäume hervorwachsen, deren Anblick lieblich und deren Früchte wohlschmeckend waren."

Darunter auch den Baum des Lebens in der Mitte des Gartens und den Baum der Erkenntnis des Guten und Bösen. (Genesis 2,25)

Im dritten Kapitel des Genesis-Berichtes wird nun die Emanzipationsproblematik in einer allgemeinen und klassischen Form wiedergegeben:

„Die Schlange aber war listiger als alle Tiere des Feldes, welche Gott der Herr gemacht hatte. Sie sprach zu dem Weibe: hat Gott wirklich gesagt, von keinem Baume des Gartens dürft ihr essen? Das Weib entgegnete der Schlange: von den Früchten der Bäume des Gartens dürfen wir essen, nur von den Früchten des Baumes, welcher in der Mitte des Gartens steht, hat Gott gesagt, davon dürft ihr nicht essen, ja nicht einmal daran rühren dürft ihr, sonst müßt ihr sterben. Da erwiderte die Schlange dem Weibe: keineswegs werdet ihr sterben. Gott weiß vielmehr, daß sich an dem Tage, da ihr davon esset, eure Augen auftun werden und ihr wie Gott sein werdet, erkennend Gutes und Böses. Jetzt sah das Weib, daß die Früchte des Baumes wohlschmeckend und eine Lust für die Augen und begehrenswert seien, um durch sie weise zu werden. So nahm sie von seinen Früchten und aß und gab davon auch ihrem Manne, der bei ihr war und er aß auch. Nun gingen beiden die Augen auf und sie erkannten, daß sie nackt seien. Deshalb flochten sie Feigenblätter zusammen und machten sich Schürzen. Als sie aber die Stimme Gottes, des Herrn, hörten, der sich im Garten zur Zeit des Tagwindes erging, da versteckten sich Adam und sein Weib vor Gott, dem Herrn, unter den Bäumen des Gartens. Aber Gott der Herr rief nach dem Menschen und fragte ihn: wo bist du? Der antwortete ihm: deine Stimme hörte ich im Garten und fürchtete mich, denn ich bin nackt, darum habe ich mich versteckt. Da sprach Gott: wer hat dir kundgetan, daß du nackt bist? Hast du etwa von dem Baume gegessen, von dem zu essen ich dir verboten habe? Adam entgegnete: die Frau, die du mir beigestellt hast, die gab mir von dem Baume und so aß ich. Nun fragte Gott das Weib: warum hast du das getan? Das Weib erwiderte: die Schlange verführte mich, da habe ich gegessen. Da sprach Gott der Herr zur Schlange: weil du das getan hast, darum sollst du verflucht sein unter allem Vieh und den Tieren des Feldes. Auf deinem Bauche sollst du kriechen und Staub fressen alle Tage deines Lebens. Feindschaft setze ich zwischen dir und dem Weibe und zwischen deinem Sproß und ihrem Sproß. Der wird dir den Kopf zertreten und du wirst ihn nur an der Ferse verletzen. Zum Weibe sprach er: zahlreich werde ich machen die Beschwerden deiner Mutterschaft, in Schmerzen sollst du Kinder haben und doch wirst du nach deinem Manne verlangen, der dich beherrschen wird. Zu Adam aber sagte er: weil du auf die Stimme deines Weibes gehört und von dem Baume gegessen hast, von dem ich dir verboten habe, du sollst nicht davon essen, so soll der Erdboden deinetwegen verflucht sein. Mit Mühsal sollst du dich von ihm nähren alle Tage deines Lebens. Dornen und Disteln soll er dir tragen und doch mußt du das Kraut des Feldes essen. Im Schweiße deines Angesichtes wirst du das Brot essen bis du zur Erde zurückkehrst, von der du ja gekommen bist, denn Staub bist du und zum Staube mußt du wieder zurück. Und Adam nannte seine Frau Eva, denn sie ward die Mutter aller Lebendigen. Gott, der Herr, aber machte für Adam und sein Weib Kleider aus Fellen und bekleidete sie damit. Und Gott, der Herr, sprach: Führwahr, der Mensch ist wie unsereiner geworden, so daß er erkennt, was gut und böse ist. Nun aber, damit er nicht seine Hand ausstrecke und auch vom Baum des Lebens nehme und esse und lebe ewiglich – vertrieb ihn Gott, der Herr, aus dem Garten von Eden, damit er den Boden bearbeitete, dem er entnommen war. Und als er den Menschen hinausgetrieben hatte, stellte er im Osten des Gartens von Eden die Cherubim und die Flamme des blitzenden Schwertes hin, um den Weg zum Baume des Lebens zu bewachen." (Genesis 3,1–24)

Die Negation dieses Gebotes wird in diesem Mythos radikal verstanden, denn nach dem Essen vom Baum der Erkenntnis bestätigt Gott, der vorher mit dem Tode gedroht hatte, die Prophezeiung der Schlange: der Mensch ist gottähnlich geworden, indem er erkennt, was gut und böse ist. In der Dependenz gibt es keine eigene Entscheidung des einzelnen. Gut und Böse sind durch die Vorschriften der Autorität bzw. des Standards geregelt. Wer keine eigenen Entscheidungen trifft, ist für fremde Entscheidungen auch nicht verantwortlich. Erst das Essen vom Baume der Erkenntnis – womit der Mensch den gesicherten Bereich der Dependenz verläßt – führt zu einer Unterscheidung von gut und böse. Dependenz kann nach dem Genesis-Mythos aber nur durch die Negation der Autorität und ihres Gebotes verlassen werden. Die Mißachtung des Verbotes kam aber im Paradies nicht von den Menschen selber, sondern der Impuls zur Konterdependenz kam von außen, von der Schlange. Hier treffen wir im Mythos auf das Voraussetzungsproblem. Denn auch die Schlange – sie gilt als die Inkorporation des Teufels – ist einst von Gott abgefallen.

Luzifer, der „zweite Mensch in der Hierarchie", hatte sich mit dem Chef überworfen und verführt nun die Geschöpfe. Auch hier müßte man natürlich die Frage stellen: Wie kam es zum Sündenfall Luzifers, des Lichtträgers? Der Sündenfall ist immer schon vorausgesetzt, damit er möglich wird, wie die Sprache immer schon vorausgesetzt ist, damit gesprochen werden kann. Erkenntnis setzt schon Erkenntnis voraus.

Ein interessanter Hinweis auf Paarbildung findet sich im Genesis-Mythos unter den Folgen des Sündenfalls. Das erste, was Adam und Eva bemerkten, ist ihre Nacktheit. Damit ist der Zusammenhang von Konterdependenz und Intimsphäre angesprochen. Die Negation der Autorität, das Verlassen der Dependenz ist zugleich die Abschirmung einer Eigensphäre, der Versuch, eine Eigenidentität zu bekommen. Adam und Eva versteckten sich vor der Autorität Gottes im Garten. Zur Selbstbestimmung gehört die Kontrolle über die Intimsphäre, die Kommunikation in Subgruppen, z. B. in Paaren. Die Konterdependenz wird aber nicht nur zwischen den Menschen und Gott angesprochen, sondern auch zwischen den Menschen. Adam wird ja von Eva verführt, und Eva von der Schlange. Die Verführung als Dependenz verwandelt sich durch das Essen vom Baum der Erkenntnis in Konterdependenz. Die Autorität Gottes wurde für Eva durch die Schlange relativiert, für Adam durch Eva. Trotz aller Schwierigkeiten wird Eva nach dem Manne verlangen, obwohl er über sie herrschen wird. Weil Adam auf sein Weib hörte statt auf Gott, wird der Erdboden verflucht sein und Dornen und Disteln tragen.

Was hier beschrieben wird, ist noch keine sehr freie und glückliche Form der Selbstbestimmung, sondern der erste Versuch, Dependenzen zu verlassen und durch andere zu ersetzen – sozusagen der Beginn eines langen Entwicklungsprozesses. Damit geht der Verlust des Paradieses einher, in dem in dependenter Weise alle für das Überleben wichtigen Funktionen anderen Instanzen überlassen wurde. Diese Instanzen sind etwa die Programme der Erbkoordination oder die erwachsenen Tiere, die Gruppe oder der Stamm. Der jedenfalls zu einem Teil emanzipierte Mensch beneidet mitunter in romantischer Sehnsucht nach dem Paradies die Tiere um ihre unmittelbare Dependenz.

So schreibt Nietzsche: „Betrachte die Herde, die an dir vorüberweidet: sie weiß nicht, was gestern, was heute ist, springt umher, frißt, ruht, springt wieder, und so vom Morgen bis zur Nacht und von Tage zu Tage, kurz angebunden mit ihrer Lust und Unlust, nämlich an den Pflock des

Augenblicks, und deshalb weder schwermütig noch überdrüssig. Dies zu sehen geht dem Menschen hart ein, weil er seines Menschentums sich vor dem Tiere brüstet und doch nach seinem Glücke eifersüchtig hinblickt; – denn das will er allein, gleich dem Tiere weder überdrüssig noch unter Schmerzen leben, und will es doch vergebens, weil er es nicht will wie das Tier. Der Mensch fragt wohl einmal das Tier: warum redest du mir nicht von deinem Glücke und siehst mich nur an? Das Tier will auch antworten und sagen, das kommt daher, daß ich immer gleich vergesse, was ich sagen wollte, – da vergaß es aber auch schon diese Antwort und schwieg: so daß der Mensch sich vorab verwunderte.

Er wundert sich aber auch über sich selbst, das Vergessen nicht lernen zu können und immerfort am Vergangenen zu hängen: mag er noch so weit, noch so schnell laufen, die Kette läuft mit. Es ist ein Wunder: der Augenblick, im Husch da, im Husch vorüber, vorher ein Nichts, nachher ein Nichts, kommt doch noch als Gespenst wieder und stört die Ruhe eines späteren Augenblicks. Fortwährend löst sich ein Blatt aus der Rolle der Zeit, fällt heraus, flattert fort – und flattert plötzlich wieder zurück, dem Menschen in den Schoß. Dann sagt der Mensch „ich erinnere mich" und beneidet das Tier, welches sofort vergißt und jeden Augenblick wirklich sterben, in Nebel und Nacht zurücksinken und auf immer verlöschen sieht. So lebt das Tier unhistorisch: denn es geht auf in der Gegenwart, wie eine Zahl, ohne daß ein wunderlicher Bruch übrigbleibt, es weiß sich nicht zu verstellen, verbirgt nichts und erscheint in jedem Momente ganz und gar als das, was es ist, kann also gar nicht anders sein als ehrlich. Der Mensch hingegen stemmt sich gegen die große und immer größere Last des Vergangenen: diese drückt ihn nieder oder beugt ihn seitwärts, diese beschwert seinen Gang als eine unsichtbare und dunkle Bürde, welche er zum Scheine einmal verleugnen kann, und welche er im Umgange mit seinesgleichen gar zu gern verleugnet: um ihren Neid zu wecken. Deshalb ergreift es ihn, als ob er eines verlorenen Paradieses gedächte, die weidende Herde oder, in vertrauterer Nähe, das Kind zu sehen, das noch nichts Vergangenes zu verleugnen hat und zwischen den Zäunen der Vergangenheit und der Zukunft in überseliger Blindheit spielt. Und doch muß ihm sein Spiel gestört werden: nur zu zeitig wird es aus der Vergangenheit heraufgerufen. Dann lernt es das Wort „es war" zu verstehen, jenes Losungswort, mit dem Kampf, Leiden und Überdruß an den Menschen herankommen, ihn zu erinnern, was sein Dasein im Grunde ist – ein nie zu vollendendes Imperfektum. Bringt endlich der Tod das ersehnte Vergessen, so unterschlägt er doch zugleich die Gegenwart und das Dasein und drückt damit das Siegel auf jene Erkenntnis, daß Dasein nur ein ununterbrochenes Gewesensein ist, ein Ding, das davon lebt, sich selbst zu verneinen und zu verzehren, sich selbst zu widersprechen."[75]

In der Redeweise von der Erbsünde ist die Dialektik des Identitätsfindungsprozesses ebenfalls angesprochen. Die über die Sprache vermittelte Traditionsbildung ist eine der Verführungen zur Konterdependenz: sie läßt Abhängigkeit einsehen und vergangene Handlungen in der Reflexion reproduzieren.

Die Rolle des Luzifer übernimmt in der Gruppendynamik der Trainer. Er versucht, in der T-Gruppe vergangene Handlungen – meist sehr kurz vergangene – zu analysieren und dadurch die in ihnen liegenden Probleme (Konterdependenzen und Konflikte) der Gruppe verfügbar zu machen. Die Reflexion auf den Gruppenprozeß hat eine ähnliche Wirkung wie der Sündenfall. Viele Gruppenmitglieder kommen sich plötzlich nackt vor und schämen sich. Es wurde festgestellt, daß sie dominieren oder flüchten oder angreifen. Sie selbst „wußten es nicht", bevor es von der Gruppe analysiert wurde.

Die „Nacktheit" in der Genesis ist vielleicht der deutlichste Hinweis auf die Ausbildung einer Intimsphäre, die über den Bruch des Standards geht. Nackt heißt hier, sowohl die Sicherheit, die durch die (göttliche) Autorität gegeben wurde, verloren zu haben als auch, sich (über die Schuld) voreinander schämen. Damit ist der Zusammenhang von Autorität und Sexualität deutlich akzentuiert. Gelegentlich erhält diese Problematik auch in der T-Gruppe bewußt sexuelle Implikationen, die sich als Bruch der Sitte darstellen.

In allen diesen Zusammenhängen äußert sich eines der umstrittensten Probleme der Emanzipation, nämlich die Frage nach dem Zusammenhang von Negation (Konterdependenz) und Freiheit.

Überall dort, wo ein Mensch dependent ist, d. h. daß andere Instanzen und nicht er selber die jeweiligen Entscheidungen treffen, kann man offensichtlich nicht von Freiheit sprechen. Wie immer nun Freiheit aufgefaßt werden möge, Voraussetzung für jede eigene Entscheidung ist die durch die Negation eröffnete Möglichkeit der Distanzierung der Dependenz. Man kann gegen die Autorität entscheiden. Allerdings hat es hier nur Sinn, grenzbegrifflich von Freiheit zu sprechen, da ja der Inhalt von der Autorität festgelegt wird. Der Konterdependente entscheidet bloß, daß er dagegen ist.

Autorität kann – wie im Genesis-Bericht – sowohl eine persönliche als auch Standardautorität sein. Wir können annehmen, daß es für die früheste Zeit menschlichen Lebens diesen Unterschied noch nicht deutlich gegeben hat. Wo Väter, Mütter, Älteste oder Häuptlinge als persönliche Autorität auftraten, repräsentierten sie meist den Standard der Sippe.

Die Konterdependenz wird überwunden, sobald die eigenen Entscheidungen auch einen eigenen Inhalt bekommen. Dieser Inhalt mag nach den Kriterien der Sippe zunächst den von der Autorität gesetzten Ansprüchen nicht oder nur unzureichend genügen. (Eltern halten die ersten Entscheidungen ihrer Kinder oft mit Recht für Unsinn.) Der Wert liegt jedoch darin, daß es eine eigene Entscheidung des bis dahin Konterdependenten ist. Die Gefahr ist groß, unter dem Eindruck einer überlegenen Autorität in die Dependenz zurückzufallen.

Frei ist also weder der Dependente noch der Konterdependente, sondern nur derjenige, der eigene Entscheidungen treffen kann. Was aber heißt „eigene" Entscheidungen? Kommunikation bedeutet ja gerade, daß es eigentlich keine unabhängigen (independenten) Entscheidungen geben kann. Independent wäre eine Entscheidung nur, wenn sie in keinerlei menschliche Kommunikation verwickelt wäre. Zwei Menschen, die nicht miteinander kommunizieren, sind natürlich voneinander unabhängig. Nachdem aber die Menschen aufeinander angewiesen sind, kann es eine Unabhängigkeit nicht geben. Independenz ist immer eine Illusion der Konterdependenz. Man möchte gerne von der Autorität unabhängig sein, doch leider gelingt dies nur, wenn man anderswo dependent wird, indem die in der Konterdependenz abgebrochene Kommunikation erneuert und mit anderen Personen neu geknüpft wird.

Freiheit des einzelnen – wenn sie nicht eine Illusion ist – hat aber nur Sinn als gegenseitige Abhängigkeit von Menschen, die sich in einer Gruppe befinden (Interdependenz) und diese Abhängigkeiten handhaben können. Die Gruppe und ihre Kommunikation ist der Ort der Freiheit.

Freiheit kann somit nicht als ausschließliche Eigenschaft des Individuums aufgefaßt werden, sondern sie wird im Rahmen ihrer inhaltlichen Notwendigkeit bestimmt. Gelingt es einer Gruppe (Paar), Selbstbestimmung zu erreichen, dann ist diese Selbstbestimmung Resultat der Kommunikation der Gruppe und kann von Fall zu Fall wieder verlorengehen. Sie muß für jede einzelne Dimension neu gefunden werden.

Die gemeinsame Meinungsbildung einer Gruppe gestaltet sich in der Interdependenz natürlich schwieriger als in den beiden vorausgesetzten Phasen. Dependenz kommt am raschesten zu einer einheitlichen Meinung. Die Autorität befiehlt – und alle sind dafür. Die Konterdependenz erreicht eine fast einheitliche Meinung ebenso schnell. Die Autorität befiehlt – und alle sind dagegen. Dornen und Disteln wachsen erst auf dem Wege der Interdependenz, wenn eine Gruppe versucht, eine Meinungsbildung unter Einbeziehung aller Gruppenmitglieder zu erreichen.

Der für unseren Problemzusammenhang interessante Aspekt dieser Phänomenologie ist die Frage nach dem inneren Prinzip dieser drei Phasen. Erst daraus läßt sich ein Sinn ableiten. Irrtümlich wird oft angenommen, daß es sich beim Übergang von der Dependenz zur Konterdependenz um ein Reflexionsproblem handelt. Der unmittelbar und unreflektiert handelnde Mensch sei wesentlich dependenter als der reflektierte. Es ist aber leicht einzusehen, daß das Durchschauen einer Abhängigkeit noch nicht ein Lösen aus dieser darstellt. Die Einsicht der Dependenz kann wohl Voraussetzung der Konterdependenz sein, die Selbstbestimmung, und sei es auch nur eine negative, ist aber mehr als Reflexion. In Robert Musils Roman „Der Mann ohne Eigenschaften" wird ein überreflektierter junger Mann geschildert, der gerade durch die Reflexion und die vielen Möglichkeiten nicht zur Entscheidung kommen kann. Immer wenn er nahe daran ist, eine Entscheidung zu fällen, fallen ihm neue Möglichkeiten ein, wie er sich anders entscheiden könnte. Er bleibt in der bloßen Theorie befangen. Auch der Sinn des oft zitierten Sprichwortes, daß jede Theorie grau sei, liegt wohl darin, daß zur menschlichen Entscheidung mehr gehört als ein Spiel mit den Möglichkeiten.

Abhängig ist daher nicht die eine Abstraktion darstellende sogenannte Intelligenz, sondern der Wille, sozusagen das Zentrum unserer Entscheidungen und Motive. Intelligenz allein motiviert noch nicht. Deshalb ist auch die Intelligenz nicht in erster Linie für den Ort im Sozialbezug zuständig, den ein Individuum einnimmt. Bestimmend für den Platz in der Gruppe bzw. der Gesellschaft ist vielmehr die Art der Dependenz, der er unterliegt, und die Weise, in der er Dependenz handhaben kann.

Die Schwierigkeiten, die für ein Individuum in Zusammenhang mit seiner Situation und seinem Sozialbezug in der Gruppe oder der Gesellschaft auftreten, liegen zum einen Teil nun darin, daß zwischen zwei oder mehreren Personen alle drei Phasen der Dependenz auftreten können. Zum anderen Teil aber darin, daß nie alle Dimensionen der Dependenz bewußt gemacht und damit in die Selbstbestimmung der Person aufgenommen werden können.

Der Unterschied von Reflexion und Entscheidung ist im Genesis-Bericht enthalten. Adam wurde als Mensch erschaffen und gab auch in paradiesischer Dependenz allen Dingen einen Namen. Die Negation, die die Reflexion impliziert, ist noch nicht die der Erkenntnis von Gut und Böse, die den Verlust der paradiesischen Unmittelbarkeit beinhaltet und nun den Menschen im Sozialbezug sowie im Bezug zu Gott in die Identitätsfindungsprobleme der Konterdependenz bringt. Sündenfall bedeutet, daß die Kommunikation zwischen Menschen sowie die zwischen Menschen und Gott in die Selbstbestimmung aufgenommen wird. Da dieser Prozeß immer in konkreter Situation vor sich geht, bedeutet Identitätsfindung notwendig das Zerstören einer Autorität als Autorität.

Dependenz ist sozusagen die „natürliche" Existenzform der Individuen im Sozialbezug. Von Geburt an werden Entscheidungen, sobald sie überhaupt getroffen werden können, heteronom getroffen. Selbstbestimmung, die Beteiligung und Koordination mehrerer individueller Willensentscheidungen an und zu einer einzigen, ist daher immer ein erst herzustellendes Stadium eines Sozialbezugs.

Die abstrakte individuelle Reflexion ist nur theoretisch frei, sobald sie theoretisch Möglichkeiten relativiert. In konkreter Situation wird diese (oft mißverstanden als „philosophische" Freiheit) meist geleugnet, da im Sozialbezug Selbstbestimmung nicht mehr einem Individuum allein zukommen kann, sondern nur einer Gruppe. Die Frage, wieweit er selbst an der einen – gemeinsamen – Entscheidung beteiligt ist, entscheidet über die Art der Freiheit und Selbstbestimmung, zu der sich diese Gruppe emanzipiert hat.

Freiheit einem Individuum unabhängig von der jeweiligen Gruppe – sozusagen an sich – zuzusprechen, bedeutet, eine grundsätzliche Heteronomie seiner Partner vorauszusetzen. Dies ist der Begriff der Tyrannis, wie schon in der Antike das Verhältnis von Menschen, unter denen nur einer grundsätzlich als frei angesehen wurde, genannt wurde. Hegel hat in der „Phänomenologie des Geistes" in der Dialektik von Herr und Knecht sehr schön gezeigt, daß dieser Gedankengang eine Abstraktion von der Gruppe darstellt. Auch der Herr, der als frei angesehen wird, ist in einem Über- und Unterordnungsverhältnis nicht als selbstbestimmt anzusehen. In einer Gruppe von interdependenten Mitgliedern ist die Freiheit (Selbstbestimmung) immer Resultat der Kommunikation als mehr oder weniger gelungene. Frei ist daher nicht ein einzelner an sich (der Mensch zum Unterschied vom Tier), sondern Freiheit bedeutet eine Chiffre für die Identitätsfindungsmöglichkeit und Wirklichkeit, die ein einzelner und Gruppen in einem konkreten Sozialbezug haben.

Auch die einsamsten Entscheidungen eines Menschen sind Resultat seiner menschlichen Kommunikation und stehen als solche immer in Dependenz, Konterdependenz oder Interdependenz zu Personen, Gruppen oder Gesellschaften, denen er angehört. (Meistens sind einsame Entscheidungen allerdings Konterdependenz, da ihr Zustandekommen nicht in der mehrseitigen Kommunikation und Auseinandersetzung mit den Partnern erfolgt.)

Die Dimensionen, in denen ein Mensch seine Identität finden kann und muß, sind nun so vielfältig wie die Motivation selbst. Die Motivation geht dabei immer den Weg von der paradiesischen Abhängigkeit über die Konterdependenz gegenüber der Autorität zur Interdependenz der freien (das ist der als Resultat eines gemeinsamen Entscheidungsprozesses entstanden) Selbstbestimmung des Menschen im konkreten Sozialbezug.

Autoritäten, von denen man abhängig sein kann, müssen nicht allein Menschen (Eltern, Erzieher und Vorgesetzte) sein, es kann auch die Natur oder das Gesetz oder ein bestimmtes Tabu, es können aber auch einige Gruppen-(Gesellschafts-)strukturen sein. Auch bestimmte Gewohnheiten, Sozialstrukturen oder Vorurteile, bestimmte Einstellungen, äußerliche Umstände oder der Tod machen dependent. Dependenz in der allgemeinsten Form ist für den Menschen gar nicht vermeidbar. Er hat jedoch im Rahmen menschlicher Gruppen die Möglichkeit, sich mit seinen und anderen Dependenzen auseinanderzusetzen und durch ihre Handhabung zu einer Selbstbestimmung zu kommen.

Die durch den Sündenfall aufgetretene Schwierigkeit, die sich in jeder Konterdependenz wiederholt (Erbsünde), besteht darin, daß die gewonnene Autonomie nicht endgültig ist. Der Mensch, der in der Lage ist, seine Dependenzen zu durchschauen und zu negieren, merkt in der Negation, daß die Autonomie mit der Handlung wieder zugrunde geht. Alles praktisch Erreichte muß wieder zum Motiv werden und schafft neue Dependenzen. Sie werden meistens „Tradition“ genannt. Die individuelle Freiheit geht in der jeweiligen Handlung mit zugrunde, da die Handlung nun für immer feststeht; an der Vergangenheit kann nichts mehr geändert werden. In den vergangenen Handlungen ist die Motivation nicht mehr frei, sondern die vergangene Handlung ist eine Autorität, von der man sich immer wieder von neuem zu emanzipieren hat. Gelingt diese Identitätsfindung einmal nicht, so fällt das Individuum in der Gruppe von der Interdependenz auf die Konterdependenz oder von der Konterdependenz auf die Dependenz zurück. In christlicher Tradition heißt diese Regression auch „schlechtes Gewissen“. Die Freiheit in der Gruppe muß daher dauernd wiedergewonnen werden, um Freiheit bleiben zu können und nicht bloß einmal Freiheit gewesen zu sein. Aus diesem Grunde müssen Gruppen und Gemeinschaften, deren Sinn nur in der Differenz von Dependenzen liegt (wie etwa Lehrsituationen oder die Familie, in der ein Individuum für ein anderes notwendigerweise Funktionen übernimmt), mit dem Erreichen der Selbstbestimmung des einzelnen in anderen Gruppen zugrundegehen. Der Wegfall der grundsätzlichen Differenz (daß ein Indiviuum für ein anderes Entscheidungen treffen muß) zerstört den Sinn dieser Gruppe.

Dieser Gedanke läßt sich auch auf gesellschaftlich grundsätzliche Differenzen übertragen. Eine Gemeinschaft von Herren und Sklaven trägt vom Gedanken der Identitätsfindung her den Keim der Zerstörung in sich, obwohl Sklavengesellschaften in der Geschichte recht dauerhafte Gebilde waren. So versucht noch Paulus, den Gedanken der christlichen Identitätsfindung an der Differenz von Sklaven, die nicht notwendig frei werden müssen, und Kindern, die sich notwendig emanzipieren müssen, zu entwickeln. Paulus sieht als Folge des Sündenfalles, daß der Mensch zwar motivieren kann und muß, aber gerade dadurch wieder abhängig wird, nämlich von der Natur und vom Gesetz. Dieser Autorität kann der Mensch, der ja schon gottähnlich geworden ist, aber nicht genügen, er steht ihr (konterdependent) negativ gegenüber. Die Negation bringt aber keine Erlösung aus diesem Dilemma, denn das Übertreten des Gesetzes hat genauso wenig Sinn wie das Befolgen: „Wozu dient das Gesetz? Es wurde um der Übertretung willen gegeben.“ (Galater 3,19.) Die Phase der Konterdependenz, in der man inhaltlich an die Autorität gebunden ist, ihr aber doch schon negativ gegenübersteht, hat nach Paulus mit der Ankunft Jesu Christi ein Ende gefunden: „Solange ein Erbe noch unmündig ist, unterscheidet er sich in nichts von einem Sklaven. Wohl ist er Herr von allem, aber er steht unter Vormündern und Verwaltern bis zu dem Zeitpunkte, den der Vater festgesetzt hat. So war es auch bei uns. Solage wir noch unmündig waren, standen wir unter der Knechtschaft der Weltelemente. Da kam die Füller der Zeit und Gott sandte seinen Sohn, der, von einer Frau geboren, dem Gesetze unterworfen war. Er sollte die unter dem

Gesetz Stehenden loskaufen, damit wir die Annahme an Kindesstatt empfingen. Weil ihr nun Söhne seid, sandte Gott in unsere Herzen den Geist seines Sohnes, der da ruft: Vater! So bist du nicht mehr Sklave sondern Sohn als Sohn aber auch Erbe durch Gott." (Galater 4, 1–7.)

Der Emanzipationsappell des Hl. Paulus wird so ausgedrückt, daß die Menschen der Natur und dem Gesetz gegenüber nicht mehr Sklaven sind, die keine natürliche Möglichkeit der Identitätsfindung haben, sondern Kinder – besser Söhne und Töchter Gottes –, die von Natur aus in diesen Prozeß der Identitätsfindung geraten müssen. In der Tradition nach Paulus wurde der Erlösungsgedanke (z. B. von Augustinus und Hegel) immer wieder auf den Mythos vom Sündenfall rückbezogen. Das Übertreten des Gebotes hatte die Menschen zwar zunächst Gott ähnlich gemacht, aber den eigentlichen Sinn der Motivation noch nicht merken lassen – im Gegenteil: das Essen vom Baum der Erkenntnis hatte die Dependenzen, denen der Mensch unterliegt, erst richtig erkennen lassen, – die Abhängigkeit von der Arbeit im Schweiße des Angesichts, vom Boden, der Dornen und Disteln tragen wird, vom Schmerz und von der Triebhaftigkeit etc. Schon im Genesis-Bericht ist nicht nur die Widersprüchlichkeit der Konterdependenz, sondern im Zusammenhang mit dem Tod auch die Möglichkeit der Lösung dieser Dialektik angedeutet.

In der christlichen Tradition wurde der Baum des Lebens immer wieder mit Jesus von Nazareth als Christus in Zusammenhang gebracht (z. B. von Augustinus: De civitate dei XIII, 21: „Der Baum der Erkenntnis ist der eigene freie Wille, der Baum des Lebens ist Christus"). Der eigene freie Wille als Möglichkeit und Voraussetzung der Negation jeder Dependenz genügt nicht für die Selbstbestimmung – es bleibt die inhaltliche Abhängigkeit von der Natur, vom Gesetz und von Gott. Auch Gott ist durch den Sündenfall dem Menschen entfremdet. Die Identitätsfindung richtete sich notwendig gegen ihn – er hatte das Gebot gegeben, und von ihm, dem Schöpfer, waren die Menschen letztlich dependent. Man könnte es sogar geschichtlich belegen: Gott ist eine Chiffre für alle möglichen Dependenzen, die die Menschen zu reflektieren in der Lage waren – von der Nahrung, an die sie gebunden waren (Pflanzen und Tiergötter), bis zum einen, ewigen, allmächtigen und allgegenwärtigen Schöpfer, der selbst keine inhaltliche Bestimmung, sondern nur mehr das abstrakte Prinzip der Dependenz selber darstellt (Monotheismus).

Ein Gott als oberstes Prinzip tritt allerdings erst in Hierarchien auf. In den Jägerkulturen entwickelt sich die Konterdependenz langsam, proportional zur Abhängigkeit der Kinder von den Erwachsenen als notwendige Selbständigkeitskrise. Die Negation gehört zur Identitätsfindung des Menschen dazu und damit die Festlegung einer Grenze. Man könnte das Problem der Identitätsfindung auch als Entwicklung eines Grenzbewußtseins bezeichnen.

Die Negation tritt auch schon als Problem der Kommunikation von Gruppen auf, aber nicht als Problem des einzelnen. Mit der Konterdependenz ist die Entwicklung aber individualisiert worden. Der Mensch erhält ein eigenes Selbst und muß dieses gegen den Willen und das Selbst der anderen abgrenzen. Dazu müssen Regeln zur Abgrenzung dieses Selbst festgelegt werden. Zu diesen Regeln – sie sind in ihrer Entwicklung nur mehr schwer zu rekonstruieren – gehören heute Normen sowie die Höflichkeitsrituale, die es gestatten, immer das Image aufrecht zu erhalten, das jeder Mensch von sich selbst hat und nach außen präsentiert.

Diese konterdependente Standardverletzung ist aber nicht nur Traditionsgut der christlichen Lehre, man findet sie in allen Mythologien. Meistens endet die Auflehnung des „Rebellen" gegen die herrschende Ordnung mit dem Sieg der Herrschenden über den oder die Rebellen, womit die alte Ordnung wiederhergestellt ist. So etwa in der chinesischen Mythologie: „Tch'e-yeu ist ein Ungeheuer, dessen Beschreibungen keineswegs übereinstimmen; aber alle seine Züge, auch die sonderbarsten, sind von großer Bedeutung. Hier einige von ihnen: Er hat scharf geschliffene Hörner, einen Kopf aus Eisen und eine Stirn aus Kupfer; an seinen Schläfen sträuben sich seine Haare wie Schwerter oder Lanzen. Er hat einen Menschenleib und Rinderhufe, vier Augen und sechs Arme, acht Finger und acht Zehen. Bald erscheint er als Einzelwesen, bald spricht man von einundachtzig oder zweiundsiebzig Brüdern Tch'e-yeu. Er ißt Sand, Steine und Eisen. Er erfand Waffen und stellte sie auch her."[76] Dieses Ungeheuer hat seine Hand im Spiel, wenn Konflikte entstehen. Einmal aber trat er selbst dem großen Herrscher Huang-ti entgegen: „Tch'e-yeu griff Huang-ti an (manche Texte schreiben den Gelben Kaiser, andere den Erhabenen Herrscher) und jagte ihn bis in die Ebene von Tchuo-lu im Hupei, wo es zu einer großen Schlacht kam. Zum Heere Huangtis gehörten graue und schwarze Bären, Panther, Tiger und andere Raubtiere; Tch'e-yeus Heer bestand aus Dämonen. Einer anderen Überlieferung zufolge verfügte Huan-tis Heer über Wagen und der Feind über Reiter. Durch Zauberei ließ Tch'e-yeu einen dichten Nebel aufkommen, der das Heer Huang-tis einhüllte; diesem aber half seine Erfindung des Kompasses. Außerdem befahl er seinen Truppen, in Hörner zu blasen, um das Gebrüll des Drachen nachzuahmen. Der fürchterliche oder Zauberkräfte auslösende Lärm schlug Tch'e-yeus Truppen in die Flucht."[77]

M. Soymie interpretiert diese Geschichte folgendermaßen: „Der besondere Mythos von Tch'e-yeu ist eine Illustration des weitverbreiteten Rebellmotivs. Tch'e-yeu besitzt eine Kraft, die sich überlebt hat. Ob Minister oder Sohn (mythisch oder soziologisch unterscheiden sich der Minister – Verwalter, Lehensfürst usw. – und der Sohn nicht wesentlich voneinander): er stellt den Vorgänger Huang-tis dar. Der Zyklusbegriff ist eine der Grundlagen des chinesischen Denkens (das Yin und das Yang wechseln zyklisch miteinander ab), und er findet auch auf Politik und Geschichte und ebenso auf den historischen Mythos Anwendung. Tch'e-yeu besitzt eine unheilvolle Kraft. Er ist der rebellierende Minister, der Nebenbuhler des vom Himmel eingesetzten Herrschers. Seine Auflehnung findet noch in einem anderen Mythos Ausdruck, welcher aber auch manchmal den Kong-kong, den anderen Rebellen schlechthin, zum Helden hat. Er begibt sich in die ‚Neun Moraste', um den Hohlen Maulbeerbaum zu fällen. Der Hohle Maulbeerbaum (k'ong-sang) ist die Wohnung der aufgehenden Sonne, und diese ist der künftige Herrscher. Dieser besitzt zwar segensreiche und neue Kräfte, vermag aber nur nach siegreichem Kampf gegen den Minister – sein anderes Ich – zur höchsten Würde aufzusteigen. So begleitet und vervollständigt der Begriff der Gegensätzlichkeit den Zyklusbegriff (das Yin widersetzt sich dem Yang, und jedes existiert nur durch das andere). Segensreiche Kraft und neue Kraft können nur wirksam werden, indem sie sich einander widersetzen und so die Nachfolge einer unheilvollen und einer überlebten Kraft antreten."[78]

Fassen wir zusammen: Die rebellische Kraft wird besiegt, vom System disloziert, bewacht aber die Grenzen des Systems.

Eine ähnliche, schon deutlicher den Gedanken der Weiterentwicklung über den Fortschritt der Erkenntnis vermittelnde mythologische Darstellung der Konterdependenz ist der griechische Mythos vom Prometheus, der den Menschen das Licht (der Erkenntnis?), das Feuer bringt. Er wird zwar dafür bestraft, doch tritt in diesem Mythos der Gedanke der Gottähnlichkeit bereits in Erscheinung.

Die deutlichste Darstellung dieses Zusammenhangs von Norm und Tabuverletzung als Voraussetzung für die Gewinnung einer gottähnlichen Identität ist aber im jüdischen Bericht vom Sündenfall enthalten. Hier attestiert Gott den Menschen, die vom Baum der Erkenntnis gegessen hatten, ausdrücklich ihre dadurch erreichte Gottesebenbildlichkeit.

Betrachtet man diese „mythologische Ätiologie"[79] im Sündenfall unter dem Aspekt der Emanzipationsproblematik, dann scheint das Essen vom Baum der Erkenntnis, also das Durchstehen der Konterdependenz gegen die Autorität, nicht nur von Nachteil für die Menschen gewesen zu sein. Immerhin haben sie nun die Möglichkeit, sich in Gut und Böse selbst zu bestimmen. Eine solche Selbstbestimmung aber gehört zur Identität des Menschen, die sich auch über die Möglichkeit der Standardverletzung als solche vermittelt.

Die auftretende Paradoxie: Kommunikation ist durch Einheit im Rhythmus gekennzeichnet, dieser wird im Standard überhöht, der Standardbruch aber kann wiederum zur besseren Kommunikation führen usw., könnte auch als Paradoxie des Individuums bezeichnet werden. Denn von der ersten Trotzperiode des Kleinkindes bis über die Pubertät gilt, daß Konterdependenz Voraussetzung für eine individuelle Selbstbestimmung darstellt. Anders als durch bestimmte Negation des inhaltlichen Gebotes der Autorität ist grundsätzlich keine Sicherheit darüber zu gewinnen, wieweit die Entscheidung eines Konterdependenten seine eigene Entscheidung oder nicht doch wieder die Entscheidung der Autorität darstellt.

Diese Ich-Findung (ich kann sicher sein, daß ich entscheide und nicht andere für mich) stellt aber die Basis für eine völlig neue Art und Qualität der Kommunikation dar. Denn derjenige, der „Herr" seiner eigenen Entscheidungen ist, kann sowohl in der Zustimmung als auch in der Ablehnung eines Interaktionspartners das Hier und Jetzt ernst nehmen und in diesem Sinne „Ewigkeit" in der Gegenwart besitzen. Lassen sich seine Entscheidungen aber dagegen auf notwendige oder zufällige Dependenzen reduzieren, derer er sozusagen „nicht Herr werden konnte", wird das Hier und Jetzt durch Zukunft oder/und Vergangenheit entwertet. In der Sexualität etwa treten solche Dependenzen (sei es vom Standard, sei es von anderen Personen) als „Hemmungen" auf, die einen oder beide Partner darin hindern, gemeinsam auf die Einheit der emotionalen Partizipation zu regredieren und sich in diesem Verlust der Identität gerade als neue Identität wiederzufinden.

Daher ist auch die Regression vom Standard auf die emotionale Partizipation zwar ein Rückfall auf eine ursprüngliche Weise der Kommunikation, zugleich aber auch eine Form der direkten Kommunikation. Menschen können nicht ohne solche Rückfälle auskommen. Menschliche Sexualität ist daher als Standardbruch zu beschreiben. Sexuelle Handlungen stehen in dem Maße in einem Gegensatz zur Öffentlichkeit, als öffentliche Kommunikation eine umso größere Kontrolle und coolness verlangt, je mehr Menschen daran beteiligt sind. Das angemessene Benehmen jedes Partners ist Voraussetzung eines sozialorganisierten Miteinander. Fassungslosigkeit oder Verlegenheit, Affekte und Emotionen disqualifizieren den Kulturmenschen in der Öffentlichkeit – es sei denn, er ist wie beim Schauspieler durch den Standard dazu legitimiert. Jedermann muß sich in der Gewalt haben und Haltung bewahren. „Sich in der Gewalt haben" bedeutet aber gerade etwa in der sexuellen Kommunikation, das Image vor sich hintragen und auch nur mit dem Image des anderen kommunizieren, das ist jedoch Verlust bzw. die Unerreichbarkeit der gemeinsamen Rhythmik und somit entfremdete Sexualität.

Die Paradoxie der Selbstbestimmung läßt sich also folgendermaßen formulieren: Je abstrakter die Kommunikation wird – von der emotionalen Partizipation über Standard zur anonymen Kommunikation von Institutionen –, desto mehr und klarer bildet sich ein einzelner heraus, desto mehr Bestimmungen gewinnt das Ich zum Unterschied von anderen und umgekehrt: die emotionalen Bestimmungen verlieren sich, je abstrakter die Kommunikation wird, bis auf der anderen Seite schließlich ein Allgemeines überbleibt. Es hat sich befreit von den Emotionen, die dem Standard gegenüberstehen – nicht unter den Standard subsumiert sind. Je mehr Bestimmungen das Ich gewinnt, je seltener es auf die „primitive" Rhythmik regrediert, desto weniger echte und direkte Kommunikation kann es verwirklichen. Nun können Menschen speziell in einem größeren Bereich des Miteinander nicht ohne abstrakte Modelle auskommen. Die Sprache und der Sündenfall waren der Beginn der Entfremdung.

Sprache zerstört die ursprüngliche Identität im Rhythmus. Rhythmus zerstört, wenn es gelingt, auf ihn zu regredieren, die abstrakten Gespinste der Sprache und des Standards. Konterdependenz zerstört den alten Standard. Die Standarddependenz ihrerseits zerstört die Konterdependenz, wenn es gelingt, auf den Standard zu regredieren.

Deshalb sind neue Situationen (ein neues Gruppenmitglied, eine ungewohnte Umgebung oder überhaupt eine neue Zusammensetzung von Gruppen) oft durch Regression einiger oder aller Beteiligten gekennzeichnet. In der Gruppendynamik gehört es sogar zur Methode der Prozeßentwicklung, daß der Trainer auf die von ihm erwartete Autorität verzichtet, indem er bestimmte Funktionen nicht wahrnimmt. Die Gruppe erlebt diese Situation als Verunsicherung – so daß nicht selten ein routinierter Führungsprofi stellvertretend in die entstandene Autoritätslücke eintritt und versucht, die gewohnte Ordnung wiederherzustellen.

Dies gelingt ihm freilich nur solange, bis durch den Reflexionsprozeß in der Gruppe die nun entstandenen neuen Dependenzen aufgegriffen werden und dadurch wieder in Bewegung kommen. Diese Herrschaft ist oft nur von kurzer Dauer. Nach anfänglicher Erleichterung über den gewonnenen „Diskussionsleiter" verfällt auch seine Autorität dem Abbau.

Bei einem Seminar in Hernstein[80] erlebte ich einmal eine Gruppe, in der knapp hintereinander zwei Fehlleistungen einen solchen Autoritätsabbau einleiteten. Einer der Teilnehmer fragte, ob der Herr N. (der eben gekürte Diskussionsleiter) denn wirklich Autorität besitze? Ein anderer meinte, „man müsse ihn wohl wieder vom ‚Protest' stürzen". Dabei handelte es sich bei dem Herrn, wie ein anderer bemerkte, „um die einzig mögliche ‚Autoritot' in dieser Gruppe." Die vom „Protest" gestürzte „Autoritot" hielt sich nicht lange als Diskussionsleiter.

Dem gewonnenen Ansatz zufolge ist eine reife oder freie Gruppe nun nicht eine solche, in der es keine Dependenzen oder Konterdependenzen gäbe (im Gegenteil), sondern eine, in der diese Prozesse bewußt und handhabbar gemacht werden könnten. Dieser Gedanke ist auch ein erster Beweis für die oben aufgestellte Behauptung, daß Freiheit nie nur als Problem eines einzelnen gedacht werden kann, sondern immer als bestimmtes Stadium des sozialen Prozesses aufgefaßt werden muß. Man könnte die aristotelische Definition der Sittlichkeit abwandeln und sagen: „Frei ist, wer Mitglied einer reifen Gruppe ist." Reif ist eine Gruppe, die in der Lage ist, den eigenen Gruppenprozeß auch selbst zu steuern und daraus Motive für das Handeln zu gewinnen.

Wie beim Autoritätsproblem ist auch Freiheit nie als Eigenschaft eines Individuums zu denken, da jeder leicht die Erfahrung machen kann, daß er als Mitglied der einen Gruppe an ihrer Freiheit und Selbstbestimmung teilnehmen kann, als Mitglied einer anderen Gruppe jedoch unweigerlich in unlösbare Konflikte und Polarisierungen, in Krisen und chaotische Strukturen mit hineingezogen wird (für diese Tatsache sprechen z. B. nicht nur die Ängste vieler Eltern, wenn die Kinder „in schlechte Gesellschaft" geraten, sondern auch die vielfältigen Krisen von Personen, die – etwa durch Heirat – mit anderen Kulturkreisen in Berührung kommen, sowie die Erfahrungen vieler Trainer in der Arbeit mit sehr unterschiedlichen Gruppen). Es ist nicht möglich, die Selbstbestimmung als abstraktes Individuum sozusagen für sich allein vorzunehmen. Der Sozialbezug zu einer bestimmten Gruppe ist immer vorausgesetzt.

Dies bedeutet natürlich nicht, daß die Konterdependenz nicht über die „Krise der Einsamkeit" gehen muß. Die bestimmte Negation (der Protest nur um des Protestes willen) konstituiert kurzfristig das abstrakte Individuum, das jedoch mit dem Sozialbezug zugleich auch sich selber verliert. Erst die Fähigkeit, sich in den Sozialbezug wieder einzuordnen, also weder grundsätzlich durch Abhängigkeit noch grundsätzlich durch Negation motiviert zu sein, gestattet das „Zu-sich-selber-kommen des Menschen im Bewußtsein der Freiheit" (Hegel). Frei ist demnach nie der einzelne, sondern nur der einzelne in der Gruppe bzw. die Gruppe selbst. Von Freiheit eines einzelnen zu sprechen ist nur in abgeleiteter Form, sozusagen unter Angabe des konkreten Sozialbezuges möglich. In der Praxis kann es für eine Gruppe sehr hilfreich sein, wenn sie sich diejenigen Dimensionen bewußt macht, in denen sie Dependenz handhaben kann. Man könnte den zweiten Teil dieses Satzes auch so formulieren: „... in denen sie motivieren kann", denn jede Motivation ist eine Handhabung von Abhängigkeiten und deshalb nur über die bestimmte Negation überhaupt zu vermitteln. Dieses Problem ist unter dem Namen „Autonomie", d. h. „Selbstgesetzgebung", in der Geschichte der europäischen Kultur mehrfach aufgetreten. Vielfach ist aber Autonomie im Gegensatz zu Autorität gestanden: daß aber auch Autorität nur über ein Sozialgebilde vermittelt ist und sozusagen nicht „an sich" auftreten kann, soll im folgenden bewiesen werden.

1.4.4 Die Autorität

Für das Organisationsmodell der Hierarchie ist Autorität natürlich eine Eigenschaft des Vorgesetzten. Je höher jemand in der Hierarchie placiert ist, desto mehr muß er von diesen Führungseigenschaften haben.

Den Menschen in den niederen Rängen gehen diese Führungseigenschaften ab – deshalb befinden sie sich ja auch in den niederen Rängen.

Sofort drängt sich die Frage auf, um welche Eigenschaften es sich wohl beim Führen handelt? Aufgrund welcher Eigenschaften gelangt ein Mensch in eine Führungsposition? Was ist das geheimnisvolle Etwas, das jemandem Autorität verleiht?

Seit über 100 Jahren sind daher die Führungseigenschaften Forschungsgegenstand der Soziologen und Psychologen. Es gibt heute noch eine Reihe von Wissenschaftlern, die immer wieder Kataloge solcher Eigenschaften zusammenzustellen versuchen. Thomas Ellwein gibt noch 1954 eine allgemeine Definition: „Auctoritas bezeichnet ... eine dem Auktor anhaftende dauernde Eigenschaft: Die Eignung, maßgeblichen Einfluß auf die Entschließung der anderen kraft überlegener Einsicht auszuüben.“[81] Diese der Autoritätsperson anhaftende Eigenschaft mußte natürlich in den Feudalsystemen, in denen die Führungsfunktionen vererbt wurden, eine „angeborene“ Eigenschaft sein. Später genügte es für das hierarchische Modell, wenn sie erworben werden konnte; sie mußte dann aber dauerhaft bleiben.

Aufgrund welcher Eigenschaften kann man aber nun Einfluß auf die anderen Mitglieder einer Gruppe nehmen? Die Kataloge von Eigenschaften wurden seit Auguste Comte nie aufgrund empirischer Untersuchungen, sondern meist aus dem Gefühl der jeweiligen Autoren heraus gefunden.

Es handelt sich dabei, wie sich inzwischen herausgestellt hat, um ein typisches Vorurteil. Manche Eigenschaften kehren in diesen Katalogen häufiger wieder. Intelligenz, Urteilsgabe, Willensstärke usw., aber auch Sinn für Humor, Gerechtigkeitsempfinden, innere Ausgeglichenheit, Überparteilichkeit, Toleranz usw. werden weisen Führern nachgesagt. Diese Kataloge sind nun allerdings nicht einmal für das Alltagsverständnis brauchbar. Wer von uns kennt nicht einen Vorgesetzten, dem einige oder alle der aufgezeigten Eigenschaften abgehen?

Schwer anwendbar sind die Eigenschaften zur Erklärung der Autorität auch auf große Führerpersönlichkeiten der Geschichte. J. A. C. Brown schreibt: „Wenn wir an Männer wie Hitler, Napoleon, John Knocks, Oliver Cromwell, oder an Frauen wie Mary Baker, die erste Königin Elizabeth und Mrs. P ... denken, wird es uns fast grotesk anmuten, einer Führerpersönlichkeit Eigenschaften wie innere Ausgeglichenheit, Sinn für Humor oder Gerechtigkeitssinn zuzuschreiben. Einige der erfolgreichsten Führer in der Geschichte sind Neurotiker, Geisteskranke und Epileptiker gewesen. Waren humorlos, engstirnig, ungerecht und despotisch. Es gab religiöse Führer, die an Schuldgefühl, politische Führer, die an Größenwahnsinn, und Militärdiktatoren, die an Verfolgungswahn krankten. Sollte man einwenden, daß wir es mit der Industrie zu tun haben und nicht mit Religion, Politik oder Militärkunde, wäre mit Leichtigkeit nachzuweisen, daß auch die großen Industriekapitäne vielfach der von den Psychologen empfohlenen Eigenschaften ermangeln. Männer wie H. Ford, Carnegie und Morgan waren keineswegs Musterbeispiele an Tugend oder innerer Gesundheit.“[82]

Die Frage nach Wesen und Sinn der Autorität scheint heute gar keine individualpsychologisch beantwortbare Frage mehr zu sein. Kennt nicht jeder von uns Personen, die in unterschiedlichen Situationen oft unterschiedliche Autorität besaßen? So mancher Lehrer verfügt in der einen Klasse über ein großes Prestige, während er sich in einer anderen Klasse kaum durchsetzen kann. So mancher Sportler, Wissenschaftler oder Politiker wird unter bestimmten Umständen plötzlich eine Autorität, während er oft wenig später wieder in Vergessenheit gerät oder gar versagt. Angeborene oder dauernde Eigenschaften erwirbt und verliert man jedoch nicht so schnell. Der Verdacht liegt nahe, daß es sich beim Problem von Prestige und Autorität gar nicht um ein Problem eines einzelnen, sondern vielmehr um ein Problem der Gruppe handelt, die einen Menschen als Autorität anerkennt. Wer in der Praxis oder auch nur in Gedanken große Autoritäten eines bestimmten Faches in sozialen Bezügen, die mit ihrer Spezialautorität nichts zu tun haben, beobachtet oder sich vorstellt, wird dieser Fragestellung sofort zustimmen. Von Menschen anerkannt werden, ist daher eine der Bedingungen der Autorität. Die Frage der Wissenschaft dürfte also nicht lauten: Welche Eigenschaften treten bei führenden Persönlichkeiten häufig auf? (keine, wie wir inzwischen wissen), sondern: Unter welchen Umständen und in welchen Situationen treten in Gruppen Autoritäten auf?

Eine solche Situation wurde im vorangegangenen Kapitel bereits erörtert, nämlich die des Kindes bzw. die Situation der Dependenz. Für einen Menschen muß ein anderer Funktionen übernehmen, wenn jener dazu nicht in der Lage ist. Der Mensch, der für den Abhängigen Funktionen übernimmt, kann auch Autorität genannt werden. Er hat die Entscheidung und damit die Verantwortung für das, was geschieht. Er ist der Auktor der Handlung beider. Wendet man den Gedanken der Dependenz auf Gruppen an, so sieht man sofort, daß er leicht verallgemeinert werden kann. Auch erwachsene Menschen üben nicht alle Funktionen selbst aus, sondern sind auf andere Menschen angewiesen. So gibt es auch in der Gruppe relativ rasch eine Aufteilung von Funktionen.

1.4.5 Die Gruppenfunktionen

Man kann drei Arten von Funktionen unterscheiden:

1. Zielorientierte
2. Gruppenorientierte } Gruppenfunktionen
3. Analytische

Zu 1. In jeder Gruppe muß ein Ziel definiert und eine Methode zur Erreichung des Zieles festgelegt werden. Äußerer Rahmen und Initiative (nach Lösungen suchen, Ideen bringen, Ordnen des Materials, Definition des Problems usw.) Informationen geben und verarbeiten, Koordination der Beiträge und entscheiden, Kontrolle und Delegation sind einige der wichtigsten zielorientierten Gruppenfunktionen.

Zu 2. In jeder Gruppe muß darüber hinaus aber den einzelnen Gruppenmitgliedern geholfen werden, das Ziel und das Problem zu verstehen, man muß Konflikte bearbeiten und Dominanzen bremsen, man muß bewerten und kritisieren, ausgleichen und vermitteln, Mißverständnisse klären und Witze machen etc. Diese Funktionen dienen nur indirekt dem Erreichen des Gruppenziels. Primär dienen sie dem Fortbestand der Gruppe. Sie sind genauso wichtig wie die zielorientierten Beiträge; im Fall eines Streites etwa hat es keinerlei Sinn, neue Informationen zu bringen, statt auf die Gründe und Hintergründe des Streites einzugehen. Andererseits kann keine Gruppe ohne zielorientierte Funktionen auskommen. Bei Unklarheiten über die Art der Aufgabe sich auf das Witzemachen zu beschränken, heißt, aus der Situation flüchten.

Zu 3. Voraussetzung für das Ausüben einer notwendigen Funktion ist allerdings, daß der Mangel als solcher diagnostiziert wird. Wer etwa merkt, daß in einer Diskussion eigentlich das Ziel unklar ist, und nun die Klärung vornimmt oder anregt, übernimmt eine sehr wichtige Funktion für die Gruppe. Ohne rechtzeitige Diagnose der Situation kann keine Autorität Gruppenfunktionen wahrnehmen.

Mit Hilfe der Theorie der Gruppenfunktionen läßt sich nun leichter eine Definition der Autorität vornehmen als mit Hilfe von angeborenen oder dauernden Eigenschaften eines Menschen: Autorität ist, wer die in einer Situation notwendigen Funktionen für eine Gruppe ausübt oder anregt. Eine Autorität ist umso größer, je wichtiger die Funktionen sind, die das betreffende Mitglied für die Gruppe ausübt. Die Autorität eines Menschen ist umso geringer, je unwichtiger die Funktionen sind, die er für die Gruppe erfüllt. Je mehr die Gruppe von einer Person bezüglich wichtiger Funktionen abhängig ist, desto mehr Autorität besitzt dieses Gruppenmitglied bzw. dieser Mensch. Ein Vorgesetzter etwa, der allein das Ziel, die wichtigsten Beiträge und Methoden kennt, die notwendig sind, dieses Ziel zu erreichen, der außerdem als einziger wirklich die Mitglieder einer Gruppe sowie ihre Wünsche und Meinungen zu koordinieren in der Lage ist, der schließlich die Entscheidungen trifft, deren Durchführung kontrolliert – ein solcher Vorgesetzter besitzt Autorität.

Autorität ist somit ein anderes Wort für die Dependenz oder die Unreife einer Gruppe. Wo eine Gruppe auf Funktionen seitens einer Autorität angewiesen ist, hat diese Macht über die Gruppe. Wo Gruppenfunktionen in der Gruppe austauschbar und variabel sind, braucht die Gruppe keine Autorität. Daraus ergibt sich eine doppelte Funktion der Autorität.

1. Sie ist Garant der Ordnung. Grundsätzlich kann ein Mensch nur über Autorität und mit ihrer Hilfe erwachsen werden, kann eine Gruppe reif werden. Jede Gruppe braucht, um überhaupt Gruppe werden zu können, zunächst Autorität, die Ordnung garantiert, indem sie die verschiedenen notwendigen Funktionen wahrnimmt. In diesem Sinne kann ein reifer Mensch, der in einer großen Anzahl von Dimensionen selbst Entscheidungen treffen kann, dennoch in einer unreifen Gruppe auf einen dependenten Zustand zurückfallen: Krisen z. B. stellen für Menschen und soziale Gebilde meist einen Rückfall in schon überwundene Dependenzen dar. Neue Gruppenmitglieder oder gar die Zusammenstellung einer neuen Gruppe ist aber für alle Beteiligten eine echte Krisensituation.

Diese Funktion der Autorität liefert auch eine Erklärung für die Autorität in der Religion. Dort, wo Menschen abhängig waren, traten göttliche (allmächtige) Wesen auf, von denen man annahm, daß sie die Funktionen erfüllen konnten, die den Menschen versagt blieben. Ein schönes Beispiel ist die jeweilige Erklärung des Anfanges der Welt. Da wir in eine Welt geboren werden, die vorausgesetzt ist, verfügen wir weder individuell noch geschichtlich gesehen über den Anfang. Diese Funktion muß für uns und für alle Kulturen in irgendeiner Form eine Art Schöpfergottheit erfüllen. Dabei ist es von Kultur zu Kultur verschieden, ob – wie im Patriarchat – ein männlicher Gott die Welt aus dem Nichts geschaffen hat oder – wie in matristischen Kulturen – eine große Mutter die Erde geboren hat. Die Bedeutung ist überall gleich: wir wissen nichts über den Anfang und können über ihn in keiner Weise verfügen. Dort sind wir grundsätzlich einer Autorität ausgeliefert. Daher machen die meisten Mythologien auch dort ihre Autoritäten fest.

Aber nicht nur der Anfang der Welt, sondern jeder Anfang stellt für den Menschen eine Situation dar, in der er wenigstens teilweise wieder zum Kind wird und es nötig hat, daß andere für ihn bestimmte Funktionen wahrnehmen. Wer in ein neues Land kommt, in eine neue Familie einheiratet, seinen Beruf wechselt, in eine neue Schulklasse eintritt usw., ist auf die Hilfe von Autoritäten angewiesen. Allerdings muß das nicht so bleiben. Der Mensch kann mit der Zeit einige dieser Funktionen der Autorität selbst übernehmen. Die Autorität kann ihm dabei helfen. Dies ist die zweite Funktion der Autorität.

2. Proportional zur Reife einer Gruppe kann die Autorität ein Monopol auf bestimmte Funktionen abbauen. Wenn die Entwicklung eines Menschen und von Gruppen von der Dependenz über die Konterdependenz zur Interdependenz geht, dann ist der Sinn der Autorität für diesen Fall: Zugrundegehen. Führen und Erziehen heißt, sich als Autorität abbauen. *Führen ist die Kunst, sich überflüssig zu machen.*

Theoretisch ist dieses Prinzip natürlich leicht zu postulieren und formal leicht anschaulich zu machen; die Praxis ist etwas schwieriger: eine Gruppe,in der zirka 20 Prozent der Funktionen von den einzelnen Gruppenmitgliedern wahrgenommen werden können, braucht eine Autorität, die 80 Prozent der Funktionen wahrnimmt, damit die Gruppe bestehen bleibt und ihr Ziel erreicht.

Abb. 1

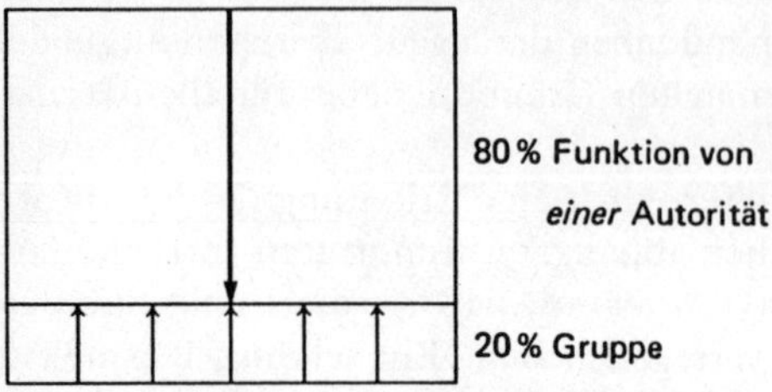

Abb. 2

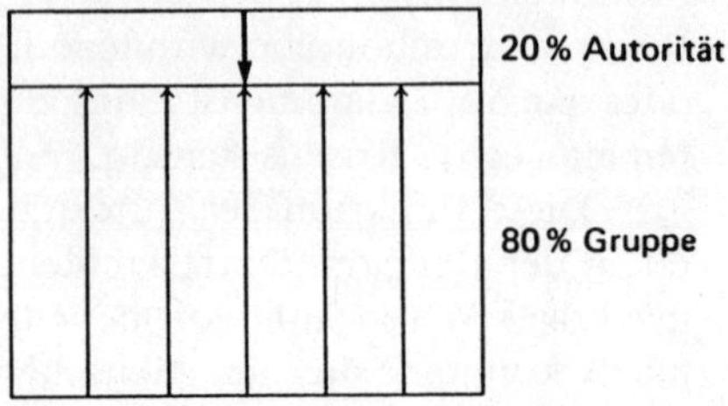

Eine Gruppe, in der 80 Prozent der Funktionen von den einzelnen Mitgliedern wahrgenommen werden können, braucht nur für 20 Prozent der Funktionen Entscheidungen, die nicht bei der Gruppe selbst liegen.

Es ist einer der Lernprozesse in Gruppendynamikkursen, zu beobachten, welche Funktionen von welchen Gruppenmitgliedern wahrgenommen werden können und in welchem Umfang sich dies im Laufe des Gruppenprozesses ändert. Dieses Modell kann man auf jede Führungssituation in Wirtschaft und Verwaltung, Schule und Kirche, Heer oder Wissenschaft anwenden. Jeder Mensch und jede Gruppe kann sich überlegen, in welchen Funktionen welche Autoritäten maßgeblich sind.

Abbildung 2 beschreibt eine reifere Gruppe als Abbildung 1. In beiden Fällen nimmt die Autorität nur genauso viele Funktionen wahr, wie die Gruppe selbst nicht übernehmen kann.

An diesem Schema kann man nun eine autoritäre von einer kooperativen Autorität leicht unterscheiden. Autoritär ist eine Autorität dann, wenn sie Gruppenfunktionen monopolisiert und damit den möglichen Reifungsprozeß abstoppt. Kooperativ ist eine Autorität dann, wenn sie versucht, den Reifungsprozeß zu fördern, und jeweils soviel an Funktionen abgibt, wie die Gruppe übernehmen kann. Im verwendeten Schema liegt der Unterschied darin, daß die Grenze zwischen Gruppe und Autorität einmal zugunsten der Autorität und einmal zugunsten der Gruppe verschoben wird.

An der Einstellung der jeweiligen Chefs, die zu Gruppendynamikkursen kommen, läßt sich dieser Unterschied ebenfalls aufzeigen. Zur ersten Kategorie – autoritär – gehören alle jene, die bei sich Überlegungen anstellen, wie sie Führungsfunktionen nun in Betrieben monopolisieren können, um ihre schwindende Autorität zu retten. An einem Besuch von Gruppendynamikkursen durch Mitarbeiter sind solche Chefs natürlich nicht mehr interessiert, denn die Reflexion auf die Dependenzen und Funktionen ist der erste Schritt zur Identitätsfindung einer Gruppe. Zur zweiten Kategorie – kooperativ – gehören alle, die nun nach einem Lernprozeß, in dem sie die Möglichkeiten, aber auch die Schwierigkeiten des kooperativen Führungsstiles bemerkt haben, sich wünschen, daß auch ihre Mitarbeiter einen ähnlichen Lernprozeß mitmachen, damit sie dann gemeinsam ihre eigene Situation reflektieren können.

Sowohl autoritärer als auch kooperativer Führungsstil lassen sich natürlich übertreiben, dann nämlich, wenn die Funktionen zwischen Autorität und Gruppe nicht entsprechend der Gruppenreife aufgeteilt sind. In diesem Sinne ist das Gegenteil der autoritären Führungsstruktur die antiautoritäre.

Die autoritäre Übertreibung liegt dann vor, wenn eine schon relativ reife Gruppe, etwa mit der Fähigkeit, 80 Prozent der Funktionen zu übernehmen, einen Chef erhält, der glaubt, nun seinerseits ebenfalls 80 Prozent der Funktionen selbst wahrnehmen zu müssen.

Abb. 3

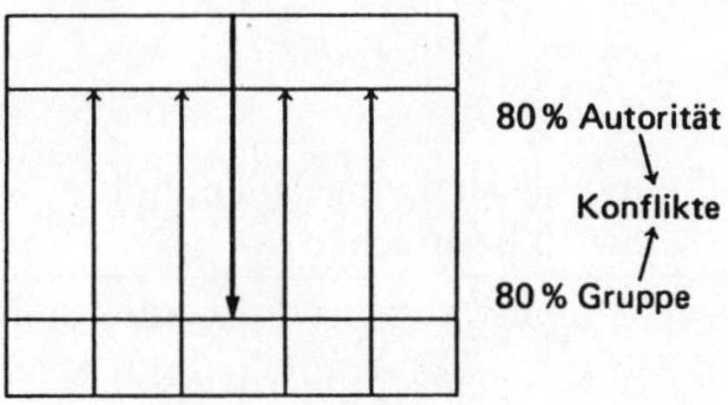

Abb. 4

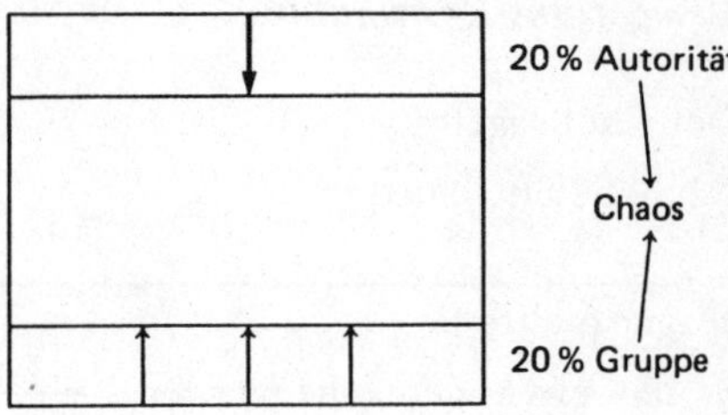

Eine solche Funktion-Situation führt unweigerlich zu Konflikten. Die kooperative Übertreibung oder die antiautoritäre Autorität liegt dann vor, wenn eine relativ unreife Gruppe etwa nur 20 Prozent der Funktionen übernehmen kann, einen schwachen oder antiautoritären Chef erhält, der auch nur 20 Prozent der Funktionen zu übernehmen gewillt ist.

Eine Gruppe, wie in Abb. 4 dargestellt, wird im Chaos zugrunde gehen. Abbau der Autorität muß gleichbedeutend sein mit Aufbau der Selbständigkeit einzelner Gruppenmitglieder und der Fähigkeit der Gruppe, zu funktionieren.

Nach diesem Denkmodell werden wieder viele mythologische Aussagen in der Geschichte verständlich. So war beim Sündenfall die Konterdependenz von Adam und Eva gegen das Verbot, vom Baum der Erkenntnis zu essen, notwendig, um den Unterschied zwischen Gut und Böse selbst wahrzunehmen. Der Dependente ist ja nicht selbst gut oder böse, da er ja nur „Befehle" ausführt. Die Frage, wieweit jemand selbst verantwortlich für seine Handlungen gemacht werden kann, spielt in der Rechtsprechung eine große Rolle.

Man kann mit diesem Modell auch viele politische Situationen besser verstehen. Immer wenn Ordnungen nicht mehr funktionieren, d. h. wenn die vorhandene Autorität nicht mehr in der Lage ist, die nötigen Funktionen wahrzunehmen, tritt der „Ruf nach einem starken Mann" auf. Man könnte hier auch sagen: die Autorität ist ein Reifeausgleich. Dort, wo ein Mensch, eine Gruppe, eine Organisation oder eine Nation ein Defizit an Selbstbestimmungsmöglichkeiten hat, muß eine Autorität diesen Mangel verwalten. Je reifer die Personen oder das Sozialgebilde, desto geringer die Notwendigkeit der Autoritäten, Funktionen wahrzunehmen. Wie ein solcher Autoritätsabbau funktioniert und welche Prozesse dabei in Kleingruppen auftreten, untersucht die Gruppendynamik.

Der Gruppenprozeß einer T-Gruppe ist nicht nur für Wissenschaftler, sondern vor allem auch für die Beteiligten selbst eine interessante Möglichkeit, über die vielfältigen Schwierigkeiten eines solchen Autoritätsabbaues etwas zu lernen. Trygve Johnstad hat 1969 ein Delegationskontinuum für die Praxis der Führung in Organisationen entwickelt:

Delegations-Kontinuum

Der Chef sagt:

Ich habe entschieden:		und Sie sind eingeladen, mit mir zu besprechen:
1. gar nichts	⟷	1. ob etwas gemacht werden soll
2. daß etwas gemacht werden soll	⟷	2. was gemacht werden soll
3. was gemacht werden soll	⟷	3. wann, wie, wo, von wem es gemacht werden soll
4. wann, wie, wo, von wem es gemacht werden soll	⟷	4. die Beweggründe für meine Entscheidung
5. alles	⟷	5. nichts, sondern nur um zu hören, welche Konsequenzen für Sie damit verbunden sind
6. alles	⟷	6. gar nichts

Punkt 1 repräsentiert die kooperativste Möglichkeit, da völlig offen bleibt, welche Funktionen von wem übernommen werden. Punkt 5 und 6 repräsentieren die autoritärste Form, da aufgrund der einseitigen oder gar nicht vorhandenen Kommunikation keine Möglichkeit für die Übernahme von solchen Funktionen seitens der Untergebenen vorgesehen sind. Dieses grobe Schema zeigt, daß es nicht sinnvoll ist, wenn man sich als Chef zwischen 4 und 6 befindet, plötzlich auf 1 überzugehen. Die Mitarbeiter sind in diesem Falle gewöhnlich überfordert. Vermutlich kann man in der Praxis einem Vorgesetzten aber nur statistisch einen der Punkte zuordnen, weil nämlich sein autoritärer und kooperativer Führungsstil meist problemgebunden sein wird. Es ist oft nicht sinnvoll, alle Dinge mit allen Mitarbeitern zu besprechen, weil dadurch der Vorteil der Arbeitsteilung manchmal wieder aufgehoben wird. Die meisten Vorgesetzten werden also je nach Problem zwischen 1 und 6 hin und herpendeln, vielleicht sogar bei ein und demselben Problem einmal die Mitarbeiter informieren und mit ihnen die Situation besprechen, ein anderes Mal (z.B. wenn rasches Handeln erforderlich ist) selbst eine Entscheidung treffen.

Das Delegationskontinuum soll zeigen, daß man die Dependenzen im Führungsstil handhaben können muß, um den Identitätsfindungsprozeß zu fördern. Es ist möglich (und gar nicht selten), die Mitarbeiter zu unterschätzen, indem man ihnen ein Problembewußtsein abspricht, das sie tatsächlich haben. Sehr oft können die Mitarbeiter, wenn man ein Problem mit ihnen bespricht oder gar ihnen selbst die Entscheidung überläßt, ein besseres Ergebnis zustande bringen als der Vorgesetzte.

1.4.6 Die Gruppenreife

Reife bei Gruppen läßt sich nun ähnlich wie bei Einzelpersonen durch die Art und Weise, in der Dependenzen gehandhabt werden können, definieren. Bei Gruppen ist die Art und Weise, in der ein Konsens zustande kommt, Maßstab für ihre Reife. (Gruppen, die über lange Zeit hinweg in wichtigen Problemen keinen Konsens zustande bringen, zerfallen.)

Im Stadium der Dependenz ist ein Konsens rasch und einfach zu erreichen. In den Dimensionen, in denen die Gruppe auf die Funktionen eines Vorgesetzten angewiesen ist (z.B. Informationen verschaffen, Ziele setzen), trifft der Vorgesetzte die Entscheidung und bringt sie der Gruppe (evtl. einzelnen) zur Kenntnis. Die dependente Gruppe kann gar nicht anders als zustimmen.

Der Autor wurde gelegentlich mit solchen noch gut funktionierenden Dependenzstrukturen in Kirche und Wissenschaft, Verwaltung und Wirtschaft konfrontiert. Etwa anläßlich eines Vortrages über den Vorteil der Gruppenentscheidung wird die Qualität des Konsens gegenüber einer Abstimmung betont. Mit erstauntem Kopfschütteln sagt der Generaldirektor: „Aber Herr Doktor, Sie laufen bei uns offene Türen ein, bei uns werden alle wichtigen Entscheidungen nur im Konsens, nur einstimmig getroffen, nicht wahr, meine Herren!“ Die ganze Runde der versammelten Mitarbeiter nickt: „Jawohl, Herr Generaldirektor“.

In der Konterdependenz besteht der Konsens meist darin, gegen die Autorität zu sein, egal was die Autorität will. Erst wenn die einzelnen Gruppenmitglieder in der Lage sind, ihre Dependenzen einzusehen und die eine oder andere zu akzeptieren, nähert sich die Gruppe einer Reife. Es können dabei durchaus im Sinne des Delegationskontinuums eine oder mehrere Funktionen konstant von einem bestimmten Gruppenmitglied wahrgenommen werden, ohne daß die Reife der Gruppe darunter leidet, sofern ein Konsens darüber erzielt wurde, welche Funktionen am besten von welchen Gruppenmitgliedern wahrgenommen werden. Gruppen, die in der Lage sind, ihren eigenen Prozeß zu reflektieren, sind daher meist reifer als Gruppen, die dies nicht können.

Auf dem Reifungsprinzip der Prozeßanalyse – und zwar des je eigenen Prozesses – beruht unter anderem der Erfolg der T-Gruppe. In ihr werden die jeweils vorhandenen Dependenzen und Funktionen analysiert und der Prozeß, der sich aus der Stellungnahme zu dieser Analyse ergibt, untersucht. Meist ist es eine Autorität – der Trainer –, der zunächst die notwendigsten Funktionen monopolisiert hat. Er setzt den äußeren Rahmen fest, teilt die Gruppen ein, verfügt über eine Reihe von Analysen und Interpretationsmodellen usw. Die Kunst eines Trainers besteht nun darin, einerseits nicht zuviele Funktionen zu übernehmen, da sich sonst die Gruppe unter dem Titel Lernsituation in eine zu starke Dependenz begibt, andererseits aber auch nicht zuwenige Funktionen zu übernehmen, da sonst eine Lernsituation durch organisatorisches Chaos oder zu große Angstreaktionen ebenfalls unmöglich gemacht wird. Sofern der äußere Rahmen einer T-Gruppe gesichert erscheint, beginnt der Trainer, auf bestimmte Funktionen zu verzichten (z. B. Zielvorgabe, Themenstellung etc.). Die Gruppe gerät in eine Krisensituation, in der aber seitens des Trainers nun verschiedene Modelle zur Erhellung und Klärung der Gründe und zum Hintergrund der Krise angeboten werden müssen. Befindet sich die Gruppe im Klärungsprozeß, können auch die interpretativen Modelle des Trainers langsam wegfallen. Die Mitglieder der Gruppe erleben den Autoritätsabbau, der die Gruppe allmählich zu einer reifen Gruppe macht.

1.4.7 Autorität und Autonomie

Karl Marx greift in seiner Definition der Demokratie als eine ihrer Voraussetzung die Emanzipation auf: „Alle Emanzipation ist Zurückführung der menschlichen Welt, der Verhältnisse auf den Menschen selbst.“[83] Er schließt damit – nicht politisch, aber grundsätzlich – an eine Emanzipationstheorie an, die etwa 1800 Jahre vorher in Palästina durch eine Zusammenfassung jüdischer und griechischer Gedanken in der Lehre des Jesus von Nazareth das

Licht der Welt erblickt hat: „Der Sabbat ist um des Menschen willen da und nicht der Mensch um des Sabbats willen.“ (Markus 2,27).

Auch Jesus führt alle Verhältnisse immer wieder auf den Menschen und seine Selbstbestimmung zurück. Im Genesismythos heißt der Baum der Erkenntnis: „Baum der Erkenntnis des Guten und Bösen“, weil erst durch die Emanzipation aus der Dependenz die Unterscheidung von Gut und Böse getroffen werden kann. Wer nicht selbst Entscheidungen trifft, dessen „Entscheidungen“ können nicht gut oder böse sein. Wenn für ein Kind der Vater Entscheidungen trifft, dann ist der Vater gut oder böse, aber nicht das Kind. In diesem Sinne ist die Negation in der Konterdependenz eine der Voraussetzungen der Motivation und damit der Sittlichkeit. Sittliche Entscheidungen, die Verantwortlichkeit eines Menschen, sind nur in den Dimensionen gegeben, in denen er interdependent ist.

Aristoteles hat das Prinzip der Interdependenz als Voraussetzung für die Motivation erstmals in unserer Tradition in der Form des Freiheitsproblems formuliert: „Wie es scheint, ist unfreiwillig das, was unter Zwang und in Unkenntnis geschieht. Gewaltsam geschieht, was seine Quelle in einem anderen hat, so daß der Handelnde oder Leidende nichts dazu beiträgt, wie wenn Sturm oder Menschen jemanden verschleppen, über die sie Gewalt haben.“[84] Dort, wo das Prinzip, „die Quelle“ des Menschen in einem Menschen liegt, nennt Aristoteles eine Handlung freiwillig: „Während also die Unfreiwilligkeit auf Zwang und Unkenntnis beruht, scheint Freiwilligkeit da zu sein, wo der Ursprung bei einem selbst liegt, und wo man die näheren Umstände der Handlung kennt.“

Dependenz, die Abhängigkeit von fremden Instanzen bezüglich der Entscheidung, ist Unfreiheit. Freiheit ist nach Aristoteles die Selbstbestimmung. Sie kommt bei wichtigen Entscheidungen nicht dem einzelnen allein zu, sondern nach Aristoteles der Gruppe: „Zur Beratung ziehen wir andere hinzu bei wichtigen Entscheidungen, wenn wir uns allein die rechte Erkenntnis nicht zutrauen.“ Aristoteles unterscheidet dabei – wie die moderne Sozialpsychologie[85] – Gruppenleistungen vom Typus des Suchens und solche vom Typus des Bestimmens: „Denn bei einer Beratung, so scheint es, geschieht das Suchen und Auflösen wie bei einer Figur. Aber nicht jedes Suchen erscheint als Beratung, z. B. die mathematische, wohl ist jede Beratung ein Suchen, und das letzte Glied der Auflösung ist das erste in der Ausführung. Trifft man auf etwas, was unmöglich ist, dann nimmt man Abstand, z. B. wenn man Geld braucht, erscheint dagegen alles möglich, macht man sich ans Werk. Dabei ist möglich, was in unserer Hand liegt. Was nämlich durch Freunde erreichbar ist, ist es im gewissen Sinne durch uns selbst, da der Ursprung bei uns liegt.“[86]

Bis in die Gegenwart versucht man immer wieder, diese Dialektik aufzulösen: Ist die Entscheidung der Gruppe Resultat der Zusammensetzung vieler Einzelentscheidungen (etwa analog zu einem Kräfteparallelogramm), oder ist die Einzelentscheidung Resultat des Einflusses durch die Gruppe? Im ersten Fall müßte man die Entscheidung des einzelnen ohne Einfluß seiner sozialen Bezüge zustande gekommen denken, was praktisch wie theoretisch undurchführbar ist. Niemand trifft Entscheidungen, die nicht in irgendeiner Form Resultat seiner Interaktionen darstellen. Im zweiten Fall müßte man der Gruppe eine „Entscheidungsfähigkeit" zubilligen, die nicht die Entscheidungsfähigkeit der einzelnen Gruppenmitglieder voraussetzt. Beides ist, je für sich genommen, nur ein Teilaspekt des Problems. Was „durch Freunde geschieht", ist eigentlich durch uns selbst geschehen, und umgekehrt, was wir selbst entschließen, das entscheiden wir immer unter Zuhilfenahme der Gruppe, ihrer Meinung, ihrer Normen und Standards.

„Aber beraten und vorgenommen wird dasselbe, nur daß der Vorsatz ein bestimmtes Ergebnis der Beratung ist, weil man das sich vornimmt, was in der Beratung den Sieg davongetragen hat. Jedermann nämlich schließt das Suchen nach der rechten Handlung ab, wenn er deren Quelle auf sich selbst zurückgeführt hat."[87] Sich mit etwas identifizieren und dadurch eine Meinung oder Entscheidung auf sich selbst zurückführen, ist denn auch das Problem der Autonomie. Würden Menschen in ihren Entscheidungen immer auf die Gruppe oder auf den Standard allein angewiesen sein, gäbe es kein Problem der Ethik, kein Problem von Gut und Böse. In diesem Falle wäre die Widerspruchsfreiheit der einzelnen Normen zueinander das einzige Ordnungsprinzip menschlichen Handelns. Gäbe es umgekehrt keine dem Willen des einzelnen gegenüberstehende Normen, könnte man ebenfalls nicht von einem Problem der Sittlichkeit sprechen, da „Gut und Böse" immer je vom einzelnen festgesetzt werden würden. Erst die Internalisierung von Normen sowie die Entwicklung einer individuellen Identität stellt das Problem der Ethik und Sittlichkeit dar, da weder das Treffen einer motivierten Entscheidung ohne Normen noch die Entwicklung der Normen ohne individuelle Entscheidungen gedacht werden kann.

Im Hinblick auf die Entwicklung steht sowohl das einzelne Individuum als auch die Gesellschaft vor der vorausgesetzten Autorität. Autorität repräsentiert die Standards und Normen, Autorität hilft bei der Entwicklung der Entscheidungsfähigkeit. Nun ist aber auch bei der Entscheidungsfähigkeit das Verhältnis von Autorität und einzelnem durch die Negation vermittelt. Normen und Gesetze müssen für ein unmündiges Individuum von der Autorität interpretiert werden. Notwendigerweise wird dabei das Verhältnis der Abhängigkeit mitinterpretiert. Solange also etwa bei Kindern die Interpretation der Abhängigkeit von den Eltern kommt und die Kinder diese Interpretation akzeptieren, bleibt Dependenz erhalten.

Dieser Zirkel gilt ganz allgemein: Solange man die Interpretation der Autorität als verbindlich ansieht, bleibt die Autorität aufrechterhalten, da sie immer eine Interpretation geben wird, die die Autorität stützt.

In der T-Gruppe der Gruppendynamik wird dieser Zirkel als das Stadium der Allmachtsphantasie bezüglich des „Trainers"[88] bezeichnet. Die meisten Gruppen merken zwar bald, daß der Trainer nicht die üblichen „Führungsfunktionen" wahrnehmen will (Ziel setzen, Beiträge leisten, koordinieren, entscheiden, usw.), anerkennen ihn aber als „Fachmann", der die „Gesetze" der Gruppe beherrscht. Da der Trainer angeblich die Gesetze der Gruppe beherrscht, sind seine Interpretationen der Gruppensituation naturgemäß von besonderer Bedeutung. Gibt nun der Trainer grundsätzlich nur Interpretationen, die seine Autorität unterstützen (wie Schwierigkeit in der Kommunikation aufzeigen, Vermutungen über Konfliktursachen äußern etc.) und die aber zugleich von sich und seinen Aktionen ablenken, dann kann die Dependenz nicht überwunden werden.

Das Paradoxe dieser Situation besteht darin, daß durch diesen Zirkel auch eine falsche Theorie leicht verifiziert werden kann, etwa wenn die Theorie aufgestellt wird: es gebe unveränderliche Positionen in der Gruppe, einer sei immer der Oberste (Alphatier) und einer der Letzte (Omegaposition). Sofern die Gruppe diese Theorie glaubt, wird sie sich sofort auf die Suche nach dem Alpha und nach dem Omega machen. Hat sie die beiden Positionen gefunden und fixiert, wird dadurch der Inhaber der Alphaposition zwangsläufig wichtiger als der Inhaber der Omegaposition. Der Alpha kann sich nun ohne weiteres in seiner Position sonnen, es kann ihm nicht viel passieren, wogegen der Omega keine Möglichkeit hat, aus seiner Position herauszukommen, da ja von ihm nichts für die Gruppe Wichtiges erwartet wird (per definitionem der Omegaposition).

Anders sieht die Sache aus, wenn der Trainer in seinen Interpretationen die Meinung vertritt, daß die Positionen wechseln können. Er wird dann die Gruppe auf Indizien des Autoritätsverlustes der Alphaposition aufmerksam machen oder sogar Angriffe gegen den Alpha unterstützen oder einleiten.

So ist durchaus möglich, daß von zwei verschiedenen Trainern (oder Gruppendynamikschulen) die einen zu der Überzeugung kommen, daß die Positionen in Gruppen unveränderlich seien und dafür die Entwicklung in ihren T-Gruppen als Beweis anführen, während die anderen von einem steten Wechsel der Führung zu berichten wissen, ebenfalls mit Belegen aus ihren Gruppen.

Dieser Autoritäts- oder „Dogmenzirkel" versucht, jede Autonomie durch dieselbe Methode zu verhindern, durch die Autonomie eigentlich entstehen soll: durch Interpretation, man könnte auch sagen, durch Ausbildung eines entsprechenden „Gewissens", wo mit in der christlichen Tradition die Fähigkeit, Entscheidungen zu treffen, umschrieben wurde. Andererseits muß Autonomie durch diese Stufe der heteronomen Interpretation ihrer eigenen Situation immer hindurch. Darin besteht ja unter anderem der Lerneffekt der gruppendynamischen T-Gruppe. Bevor eine Gruppe ihre eigene Situation selbst interpretieren kann, muß sie von der Autorität interpretiert werden.

Autonom sind erst Gruppen, die in einen stetigen Prozeß der Selbstfindung und Selbstinterpretation eingetreten sind, die also auch ihre eigenen Interpretationen relativieren können.

Das Verhältnis von Autorität und Autonomie läßt sich als Entwicklung in der Gruppendynamik durch folgende Stadien beschreiben:

1. Das Gesetz wird von der Autorität gegeben (Paradies: Autorität = Gott). Die Interpretation des Gesetzes wird ebenfalls von der Autorität gegeben.
2. Das Gesetz gibt die Autorität, die Interpretation aber geben Gruppen oder Einzelpersonen (Propheten). Die Interpretation ist noch nicht allgemein zugänglich, noch nicht wissenschaftlich.
3. Das Gesetz gibt sich die Gruppe selber, aber seine Interpretation obliegt einer Autorität, die aber als Formalsystem allgemein zugänglich ist (Phase der Wissenschaft).
4. Gruppen sind in der Lage, sich auch von selbst gegebenen Gesetzen wieder zu befreien, indem sie selbst das Gesetz und die Interpretation dazu geben. An dieser Interpretation können sich alle Mitglieder der Gruppe beteiligen (Konsens).

Bezüglich der Wissenschaft läßt sich jener „Dogmenzirkel" ebenfalls formulieren: Sofern die von der Wissenschaft aufgestellten Gesetze sich auf das menschliche Handeln beziehen (z. B. Theorien über Gefühle und Reaktionen oder über Stadien und Abläufe), können sie selber motivieren und dadurch verifiziert oder falsifiziert werden. Wenn also etwa die Wissenschaft die Theorie aufstellt, daß Männer mit Glatze mehr Sex-Appeal haben als Männer ohne Glatze, dann läßt sich die Theorie bei wissenschaftsgläubigen Männern und Frauen mit Sicherheit verifizieren. Es gibt zwar keine Gesetze über den Sex-Appeal mit Glatze, aber dadurch, daß welche aufgestellt und „geglaubt" werden, werden sie tatsächlich zu „Gesetzen", die sich signifikant nachweisen lassen. Erst Gruppen oder Personen, die sich bewußt gegen diese Art von Gesetzen motivieren (Sündenfall), durchbrechen diesen Zirkel.

Philip Slater beschreibt diese Phase des Gruppenprozesses am Beispiel einer T-Gruppe: „Im letzten Grunde kann Selbständigkeit nicht ausgehändigt oder verliehen werden; man muß sie sich selbst nehmen. Denn Selbständigkeit ist in erster Linie eine geistige Verfassung, und wir können lediglich sagen, daß sie bei einem Individuum oder einer Gruppe dann manifest geworden ist, wenn es dieser Gruppe oder diesem Individuum nicht mehr in den Sinn kommt, die Lösung der eigenen Probleme bei einem Außenstehenden zu suchen. ‚Seine Selbständigkeit verlangen' – ein Satz, den man oft von Collegestudenten hört, die in ambivalenter Weise um die Lockerung der Familienbande kämpfen, ist natürlich ein Widerspruch in sich selbst.

Ebenso können wir eine Gruppe nicht als ‚selbständig' bezeichnen, deren Einheit ausschließlich auf einer gemeinsamen Haltung gegen ein äußeres Objekt beruht. Wenn eine Gruppe es nötig hätte, ständig den Gruppenleiter anzugreifen, um zusammenzubleiben, so würden wir annehmen, daß sie über ihren Anfangszustand der Abhängigkeit nicht sehr weit hinausgekommen ist.

Daraus ergibt sich das interessante Paradox, daß Feindseligkeit unter den Gruppenmitgliedern sowohl ein Symptom der Abhängigkeit vom Leiter als auch ein Symptom der Unabhängigkeit von ihm sein kann. Das hat seinen Grund darin, daß die strukturelle Entwicklung des Dreiecks Teilnehmer – Teilnehmer – Leiter in Wirklichkeit drei verschiedene Stufen hat. Auf der ersten Stufe besteht, als Resultat einer normalen Sozialisierung, eine allgemeine Hemmung feindseliger Gefühle, aber da während des ganzen Lebens der Gruppenmitglieder die Äußerung von Feindseligkeit gegenüber Gleichrangigen unter einer weniger strikten Strafdrohung stand als manifeste Feindseligkeit gegen eine Autorität, findet in gewissem Umfang eine Verschiebung der letzteren auf die erstere statt. Während die Revolte sich zusammenbraut, kehrt sich dieser Prozeß immer mehr um, und eine erfolgreiche Revolte ist, wie wir sahen, davon abhängig, daß die Animosität gegen den Leiter nahezu einhellig ist. Nach der Revolte bleibt dieses Verlangen nach Einhelligkeit der Gefühle weiter bestehen, und Konflikte zwischen Gruppenangehörigen sind in hohem Grade tabuisiert. Allmählich wird dieses Verbot jedoch gelockert, und wieder kommt nun ein beträchtliches Maß an Feindseligkeit zwischen den Gruppenangehörigen zum Ausdruck. Dies geht mit der Tatsache einher, daß die in Selbsterfahrungsgruppen übliche Hochschätzung der freien und offenherzigen Äußerung von Gefühlen in bezug auf zwischenmenschliche Beziehungen jetzt mehr oder weniger allgemein akzeptiert wird."[89]

Das offene Besprechen zwischenmenschlicher Beziehungen bedeutet, daß die Gruppe versucht, die ihr adäquate Interpretation der Dependenz selbst zu suchen und zu finden. Erst das Resultat dieses Prozesses, sozusagen das akzeptierte „Feed-back", kann als Autonomie bezeichnet werden. *Sehr problematisch ist es daher, nur von der Autonomie eines einzelnen zu sprechen.* „Individuelles Gewissen" stellt immer nur eine mögliche, oft von anderen eben nicht akzeptierte Interpretation einer Abhängigkeit dar. Jede Polarisierung in einem solchen Konflikt – und um Konflikte handelt es sich ja überall dort, wo zwei oder mehrere verschiedene Interpretationen einer Dependenz vorhanden sind – führt aber zum Rückfall in die Konterdependenz. Diese Regression ist durch das Bibelwort gekennzeichnet: „Wer nicht für mich ist, ist gegen mich". Wer also nicht eine gemeinsame Interpretation einer gemeinsamen Dependenz innerhalb einer Interaktion finden kann, ist meist „dagegen", weil der andere dafür ist. Daraus folgt, daß Autonomie, also Selbstgesetzgebung und Selbstinterpretation, auch immer als Resultat eines Gruppenprozesses möglich ist, nicht nur als abstrakte Einzelleistung.

Autonomie kann daher weder von der Autorität „befohlen" noch von den jeweiligen Untertanen „verlangt" werden. Trotzdem kann (und sollte) die Autorität den Versuch machen, den Abbau der Autorität über die Interpretation der Dependenz vorzubereiten. Der wichtigste Schritt ist dabei wohl der Übergang von einer inhaltlichen Fixierung der Normen zu einer „formalen Interpretation", wie es Kant im kategorischen Imperativ formuliert: „Autonomie des Willens ist die Beschaffenheit des Willens, dadurch derselbe ihm selbst (unabhängig von aller Beschaffenheit der Gegenstände des Wollens) ein Gesetz ist. Das Prinzip der Autonomie ist also: nicht anders zu wählen, als so, daß die Maximen seiner Wahl in demselben Wollen zugleich als allgemeines Gesetz mit begriffen seien."[90]

Es wählt und entscheidet – nach Kant – zwar jeder Mensch einzeln für sich; aber was er wählt und entscheidet, muß als allgemeines Gesetz für die Betroffenen gelten können. Würde das Feed-back ausgeklammert, würde also die Entscheidung eines Menschen unabhängig von oder womöglich gegen die Entscheidung der anderen zustande kommen, dann würden die Interaktionspartner nicht als Personen, sondern bloß als Mittel der sich dadurch zur Herrschaft aufschwingenden Einzelentscheidung gebraucht. Autonome Entscheidung ist nach Kant nie autonom, wenn die Interaktionspartner dabei heteronom sein müssen: „Der praktische Imperativ wird also folgender sein: Handle so, daß du die Menschheit, sowohl in deiner Person, als in der Person eines jeden anderen, jederzeit zugleich als Zweck, niemals bloß als Mittel brauchst."[91] Auch Kant definiert Autonomie somit nicht als Möglichkeit eines einzelnen, sondern als Möglichkeit einer Sozietät, in der einzelne nicht als Mittel angesehen werden dürfen. Dependenz bedeutet: füreinander gegenseitig Mittel sein. Interdependenz bedeutet: den Interaktionspartner genauso wie sich selbst als Zweck ansehen. Daß dabei nicht der Inhalt einer Kommunikation als solcher aus dem Zusammenhang gerissen, für sich allein genommen werden kann, sagt der als Motto vorangestellte Satz Norbert Wieners: „Ich wußte nicht, was ich sagte, ehe ich nicht die Antwort darauf hörte."

Ein Mensch, der den Sinn einer (z.B. seiner) Aussage allein festsetzt, braucht andere als Mittel, da sie ihre Motive und ihre Selbstbestimmung nicht in die Interpretation der Aussage einbringen dürfen. Einen solchen Menschen, der sich aber um die Motive der anderen nicht zu kümmern braucht (aus welchen Gründen auch immer), bezeichnen wir als Autorität. Dort, wo Menschen füreinander asymmetrisch Autorität sind, gibt es somit keine Autonomie und keine Partnerschaft, wie es z.B. im Eltern-Kind-Verhältnis notwendig der Fall ist, solange das Kind nicht erwachsen ist.

Weshalb in unserer Tradition das Verhältnis zwischen Erwachsenen auch oft als Eltern-Kind-Verhältnis (Chef – Untergebener) interpretiert und gehandhabt wird, müßte nun ein Thema für die nächste Stufe der Kommunikationsentwicklung sein.

Der von Kant ausgesprochene Gedanke der Autonomie, die jeden Partner und sich selbst als selbstentscheidenden Zweck voraussetzt, sofern es gelingt, im Interaktionsprozeß der Primärgruppe einen Konsens herzustellen, ist in der europäischen Geschichte nicht neu und geht eigentlich auf den neutestamentlichen Versuch zurück, griechische und jüdische Gedanken zu verknüpfen. In den letzten Jahrhunderten vor Christi Geburt gab es sowohl bei den Griechen als auch bei den Juden (es ist nicht genau festzustellen, inwieweit voneinander unabhängig) den Versuch, die Verbindlichkeit des Gesetzes als eine Verbindlichkeit des Gewissens anzusehen.

Die große Schwierigkeit, die dabei auftrat, ist die Institutionalisierung von Normen und Standards. Institutionalisierte Normen sind ursprünglich das Resultat eines Konsens, stehen später aber der Gruppe wie dem einzelnen oft fremd gegenüber. Seitdem man nun in der menschlichen Kultur auf das Dreiecksverhältnis: einzelner – Gruppe – Institution reflektierte, hatte jede Zeit das Problem, die Dialektik der Freiheit als politische in einem allgemeinen Konsens zu begreifen und in eine für alle Beteiligten befriedigende Form des Zusammenlebens zu gießen. Wie weit die Gruppendynamik für diese Dialektik – theoretisch und praktisch – einen neuen Beitrag zu leisten imstande ist, soll nun im folgenden untersucht werden.

2 Die Institution: Indirekte Kommunikation

2.1 Zur Systemgeschichte der Institutionen

2.1.1 Rationale Zweckgebilde und Bedürfnisse

Mit dem Begriff der Autonomie, wie er im letzten Kapitel entwickelt wurde, ist eigentlich der Systemgeschichte schon sehr weit vorgegriffen worden. Ihre Hauptbedeutung hatte die Autonomie in ihrer Dialektik zum Gesetz. Das Gesetz setzt aber den Begriff einer differenzierten Institution bereits voraus. Institution ist aber noch nicht der Standard einer Gruppe oder eines Stammes, sondern erst die Ordnung verschiedener Standards und verschiedener Gruppen zu einer einheitlichen, auch organisatorisch vermittelten Allgemeinheit.

Die soziologischen Institutionstheorien arbeiten zwei Momente für die Bestimmung von Institutionen besonders heraus: das der (rechtlichen) Ordnung und das der Rationalität. Es ist für den Gedankengang an dieser Stelle noch nicht nötig, zwischen Organisation und Institution zu unterscheiden. In der „Organisationslehre 1" von Hill, Fehlbaum und Ulrich heißt es: „Unter Organisation soll hier die Gesamtheit der auf die Erreichung von Zwecken und Zielen gerichteten Maßnahmen verstanden werden, durch die
- ein soziales System strukturiert wird und
- die Aktivitäten der zum System gehörenden Menschen,
- der Einsatz von Mitteln und die Verarbeitung von Informationen geordnet werden.

Der Begriff der Organisation wird hier also instrumental verstanden, d. h. als Mittel zur Erreichung der Ziele sozialer Systeme."[92]

In ähnlicher Weise definiert Renate Mayntz die Organisation: „Gemeinsam ist allen Organisationen erstens, daß es sich um soziale Gebilde handelt, um gegliederte Ganze mit einem angebbaren Mitgliederkreis und interner Rollendifferenzierung. Gemeinsam ist ihnen zweitens, daß sie bewußt auf spezifische Zwecke und Ziele orientiert sind. Gemeinsam ist ihnen drittens, daß sie im Hinblick auf die Verwirklichung dieser Zwecke oder Ziele zumindest der Intention nach rational gestaltet sind."[93]

Auch Zwecke und Ziele gehören zu jenem rationalen Element. Man könnte daher die zitierten Autoren zusammenfassen: *Organisationen sind rationale Ordnungen von Menschen und Menschengruppen*. Der Gegensatz dazu, der in den angeführten Werken allerdings nicht genannt wird, ist offenbar die – im Vergleich zu den rationalen Zweckgebilden jedenfalls – irrationale Ordnung der Bedürfnisse der einzelnen. In diesem Sinne entwickeln Organisationen oder Institutionen den schon im Standard als Verhaltenssteuerung angelegten Gegensatz zwischen Bedürfnissen des einzelnen und Norm der Gruppe weiter.

Der Ausdruck Bedürfnis ist allerdings in der Gegenüberstellung zum Zweck und zur Norm einer Gruppe aporetisch insofern, als auch Standard und Norm sowie später Institution dem Bedürfnis ihrer Mitglieder entsprechen müssen, mindestens dem Bedürfnis, Unsicherheit und Angst zu bannen. Daher gibt es auch eine Reihe von Organisationsdefinitionen, die von den Bedürfnissen der organisierten Menschen ausgehen. So Helmut Schelsky, wenn er die Malinowskische Institutionentheorie analysiert: „Bedürfnisse setzen Funktionen, die in Handlungen erfüllt werden. Zugleich nimmt er (Malinowski) aber zur Kenntnis, daß dieser generalisierte Mensch der Träger vitaler Primärbedürfnisse, auch ein ‚soziales Wesen' ist, d. h. seine Handlungen gruppenhaft organisiert werden müssen, sollen sie auf Dauer konstante Bedürfnisse befriedigen. Diese gruppenhafte Organisation nennt er Institution; so bilden sich um alle bedürfnisbedingte Funktionen oder Aktivitäten Institutionen als organisierte Gruppenstützung dieses Verhaltens und erst diese Institutionen schaffen die Ganzheit eines kulturellen Systems oder Subsystems."[94] Die beiden Auffassungen sind natürlich zunächst Gegensätze: Ist die Institution eine Synthese der Bedürfnisse der in ihr organisierten Menschen, oder werden die Bedürfnisse der Menschen nach den Zielen und Zwecken der Organisationen bestimmt und befriedigt?

Mit Sicherheit treten immer wieder Ziele und Zwecke der Institutionen in Gegensatz zu den Bedürfnissen der in ihr organisierten Menschen (Kunden, Schüler, Bürger, Kranke, Gläubige etc.). Natürlich liegt die Frage nahe: Wessen Bedürfnisse werden durch die Organisation befriedigt? Die aller oder die von bestimmten privilegierten Personen? Je nachdem, wie die Antwort ausfällt, wird daher die Zustimmung der einzelnen zu der jeweiligen Organisation unterschiedlich groß sein. So treten Organisationen auch immer wieder in Gegensatz zu ihren Gründern und zu jenen, die sie schufen (Geldgeber, Könige, Spitäler, Krankenkassen usw.).

Auch Arnold Gehlen, der ja die Entlastungsfunktion der Institutionen analysiert hat, schlägt in die Kerbe der Vertragstheorie: „Die inneren, anthropologischen Motive, aus denen es zur Arbeitsteilung kommt, sind von ihrer Funktion zu unterscheiden, die sich als zweckmäßig herausstellen und aufgegriffen werden kann. Hier begegnen wir wieder der Trennung von Motiv und Zweck; es ist dies eine für die gesamte Kulturtheorie deswegen grundlegende Unterscheidung, weil wir uns heute die Entstehung von Institutionen kaum anders vorstellen können, denn als rationale Vereinbarungen. Dieser Gesichtspunkt versagt aber bei jenen elementaren Institutionen, wie der Arbeitsteilung, die deshalb rätselhaft bleiben."[95]

Gehlen konstruiert zur Lösung dieses Rätsels eine umfangreiche Theorie über Habitualisierung von Motivgruppen, die sich verselbständigen und ähnliches, unterläßt aber Reflexionen über den der Arbeitsteilung implizierten Begriff der Herrschaft, der das Rätsel als einfache mögliche und notwendige Entwicklung darstellen läßt.

Gehlen kommt nicht auf die Idee, daß jemand um des Überlebens willen zu bestimmten Handlungen gezwungen werden kann: „So sagt der Bauer mit einem Blick auf die Felder: die Arbeit muß getan werden. Auf die Frage ‚warum eigentlich?' wüßte er mit Recht keine Antwort – das ist selbstverständlich im Sinne von verselbständigt. Wenn er sagte, die Menschen müssen zu essen haben, so beschriebe er die Funktion des Gefüges, aber nicht sein eigenes Motiv. Die Gewohnheit liefert ihren eigenen Antrieb. Vielleicht antwortet er auch mit einer Theorie, z. B. der vom größten Glück der größten Zahl, die aber niemals das leisten würde, ihn zum Arbeiten zu veranlassen."[96]

Zuzustimmen ist Gehlen sicherlich darin, daß die deutlich im nachhinein abstrahierte Theorie von der Zweckmäßigkeit der Arbeitsteilung als optimales Instrument zur Befriedigung der Bedürfnisse aller nicht Motiv des Arbeitens gewesen sein kann. Ist es nicht denkbar, daß der Bauer gezwungen wurde zu arbeiten? Gezwungen im doppelten Sinn der Arbeitsteilung: einerseits von der Notwendigkeit, seine eigenen Bedürfnisse zu befriedigen, andererseits von der Notwendigkeit, ein Überschußprodukt an zentrale Stellen abliefern zu müssen.

Es ist interessant, daß manche Sozialwissenschaftler der Gegenwart Herrschaft nicht als notwendiges Moment der Kulturentwicklung sehen wollen. Dies ist sicherlich aus dem ideologischen Hintergrund des jeweiligen Wissenschaftlers zu verstehen. Für unsere Analyse der Entwicklung kommunikativer Strukturen ist die Entwicklung von Herrschaft und der Fortschritt, der dadurch erreicht wurde, zunächst als neue Stufe der Entwicklung der Kommunikation zu untersuchen.

2.1.2 *Herrschaft*

Vorweg sei die noch zu beweisende These gestellt: Herrschaft ist legitimierte Macht und entsteht durch Umkehrung der Abhängigkeitsverhältnisse in der Entwicklung der Zentralisierung von Funktionen. Die Zentralisierung von Funktionen ist eine Notwendigkeit bisheriger arbeitsteiliger Wirtschaftsordnungen.

Jagende Stämme haben wenig Grund, mit anderen stammesfremden Menschen eine Kooperation einzugehen. Meist sind andere Stämme Konkurrenten um dieselbe Nahrung und daher Feinde. In den Geschichten und Vorstellungen der Jägerstämme dominieren daher Kampfhandlungen: Abwehr und Angriff. Auch die Jagd selber fördert das Verhalten einer kollektiven Aggressivität.

Die relativ autark und isoliert lebenden Stämme haben daher – idealtypisch – einen je eigenen Standard, ein Normen- und Verhaltenssystem, das sie tradieren. Ihr Reichtum besteht oft in diesem Traditionsgut, wobei durch das Aneinanderreihen der Erfahrungen vieler Generationen eine Kooperation mit lebenden Stämmen ersetzt wird. Heute im Amazonas lebende Indianerstämme haben außer der Exogamie oft keinerlei institutionalisierte Formen der Kooperation, aber in jeder Familie und in jedem Stamm ein eigenes Geheimnis, eine Mythologie, die von den Alten auf die Jungen weitergegeben wird. Diese Mythologie beinhaltet eine Anzahl von Verhaltensweisen für bestimmte Situationen (Jagd, Initiation, Eheleben etc.) sowie Anweisungen für den täglichen Gebrauch wie das Herstellen von Fallen oder von Pfeilgiften. Der Medizinmann hat einen Mythos, dessen Heruntersagen oft Tage in Anspruch nimmt. Er sitzt bei einem Kranken und sagt seinen Mythos auf. Dieser stellt die Beschreibung von Krankheiten dar und die einzelnen therapeutischen Maßnahmen. Der Medizinmann bespricht so lange den Kranken, bis die Symptome im Mythos mit denen des Kranken übereinstimmen. Dann steht er auf und verkündet laut seine Erleuchtung, nämlich die im Mythos enthaltenen Anweisungen für die Therapie. Wie Indianerforscher herausgefunden haben, besitzen manche Stämme ein überraschend großes und wirksames Repertoire an pflanzlichen Wirkstoffen, von Antibiotika bis zu empfängnisverhütenden Mitteln.[97]

Dieses Wissen ist durch Tradierung über viele Generationen hindurch entstanden und als Geheimwissen sehr leicht zu verlieren. Stößt einem Familienvater oder Medizinmann etwas zu, bevor er dieses Wissen weitergeben konnte, ist es ein für alle Mal unwiederbringlich verloren. Entwicklungen sind daher in einer solchen Form der Traditionsbildung sehr langsam und punktuell. Allerdings verlangt das Überleben in den tropischen Regenwäldern keine Weiterentwicklung zu Ackerbau und Viehzucht.

Man könnte dieses Prinzip des Überlebens in isolierten Stammesverbänden heute als evolutive Sackgasse definieren und auch so formulieren: *Kommunikation in einer Gruppe ist sich selbst genug und verlangt aus sich heraus keine Kooperation mit Außengruppen, wenn sie nicht dazu gezwungen wird.*

Die kommunikative Selbstgenügsamkeit von Gruppen ist bis heute oft die Hauptschwierigkeit einer mehrere Gruppen umfassenden Administration: Ob es sich um Nomadenstämme Arabiens oder Afrikas handelt, um Indianer in den Reservationen Floridas oder Brasiliens oder um Abteilungen in einem Spital, einer Schule oder einem Industriebetrieb. *Gruppe bedeutet Zusammenschluß einiger und Ausschluß anderer.* Ein Verhaltensmuster, das vermutlich durch viele Jahrhunderttausende hindurch unsere Vorfahren geprägt hat.

Daß es in der Menschheitsgeschichte dennoch zu einer Kooperation von Gruppen bis hin zu jener Dialektik von Institutionen, in denen die Handlungen im Sinne der Allgemeinheit den Bedürfnissen der Gruppe und ihren Mitgliedern widersprechen, gekommen ist, bedarf somit einer Erklärung. Wir können für den Bedarf unserer Systemgeschichte annehmen, daß für den Beginn der Zivilisation erst recht gilt, was Experimente mit Gruppen in der Gegenwart ergeben: Gruppen koordinieren sich nie freiwillig aus Bedürfnis, sondern immer nur unter Zwang.[98]

Die Frage, die sich nun ergibt, ist wohl: Um welche Art von Zwang handelt es sich beim Entstehen von Intergruppenkommunikation?

Sehr unwahrscheinlich sind Gründe, die nur in äußeren Umständen liegen, wie etwa ein Ansteigen der Bevölkerungszahl. Mit dem Übergang vom jägerischen Dasein nach dem Ende der letzten Eiszeit zu Ackerbau und Viehzucht und damit zur Intergruppenkommunikation ist ein sprunghaftes Ansteigen der Bevölkerungsdichte festzustellen. Die Frage ist immer wieder dieselbe: Führte die Bevölkerungsdichte zur Entstehung von Akkerbau und Viehzucht, oder hatte die Revolution der Ernährungsgrundlage ein Ansteigen der Bevölkerung zur Folge?

Das Abschmelzen des Eises und der damit verbundene Anstieg des Meeres, wodurch große Landstriche überflutet wurden – in allen Mythologien als Sintflut überliefert – mag das Seine zur Flucht vieler Menschengruppen beigetragen haben. Aber auch diese Erklärung reicht nicht aus, um den Zwang von Kooperation zu verstehen. Denn Wanderungen von Gruppen haben ebenfalls das Gegenteil von Kooperation, nämlich den Kampf gegen die Fremdlinge zur Folge. Da die Menschen einander ja noch nicht als „Menschen" anerkannten, endete dieser Kampf oft mit der Vernichtung des Verlierers. R. Wenskus analysiert diesen den meisten Stämmen eigenen „Ethnozentrismus": „Der Stolz, auf die eigene Art zu leben, verbindet sich mit der *Abwertung* der fremden Gesittung, wobei die als ‚Barbaren' bezeichneten Fremdgruppen nicht immer auf der nach unseren evolutionistischen Vorstellungen ‚tieferen' Kulturstufe stehen müssen. So wunderte sich schon Tacitus darüber, daß die wildbeuterischen, schweifenden Fenni in Nordosteuropa ihre dürftig erscheinende Lebensweise für besser hielten als die ihrer ackerbauenden Nachbarn, eine Erfahrung, die in der Neuzeit in gleicher Weise etwa bei nordamerikanischen Indianern gemacht werden konnte. So erscheint die eigene Lebensweise als die einzig menschenwürdige, ja der Begriff ‚Mensch' wird vielfach nur der eigenen Gruppe vorbehalten. Unter den echten Völkernamen, d. h. Eigenbezeichnungen, bedeutet eine große Zahl bekanntlich einfach ‚Mensch': koikoin (Hottentotten), yamana (Feuerländer), inuit (Eskimo), bantu (Bantu), leleges, Dajak, ud-murt (Wotjaken), manši (Wogulen), magyar < mogyeri (Ungarn), Zuñi, Dene, Kowa u. a. Namen von Indianerstämmen. Bei manchen nordamerikanischen Indianern fällt der Stammesname mit dem Wort für ‚Mann' zusammen. Der eigene Zustand wird als schlechthin maßgebend empfunden, was nach W. E. Mühlmann mit der charakteristischen Unfähigkeit der Naturvölker zusammenhängt, anders als in den Begriffen der eigenen sozialen Lebensverhältnisse überhaupt zu denken. Dem primitiven Menschen fehlen die Vorstellungen der Welt als Einheit und der Menschheit als Gesamtheit dessen, was Menschenantlitz trägt."[99]

Das Beispiel südamerikanischer Indianer zeigt, daß auch äußere Umstände, die Ackerbau und Viehzucht ermöglichen, noch nicht genügen, damit die Menschen in dieser Form des Wirtschaftens erfolgreich waren, wenn ihre Standardvorschriften es nicht zuließen. H.G. Wunderlich schreibt: „Ohne Viehhaltung, das heißt ohne animalische Düngung und Pflugbau, war aber eine Intensivierung der Landwirtschaft nicht möglich, durch die steigende Menschenzahlen zu ernähren gewesen wären. Im Gegenteil, der primitive Grabstock-Feldbau der Indianer in vorkolumbischer Zeit mußte schließlich zu immer geringeren Erträgen führen, da er nicht mit einer entsprechenden Ergänzung des Nährstoffvorrats der Böden und vor allem auch nicht mit einer ausreichenden Durchlüftung des Unterbodens – wie etwa beim Tiefpflügen – verbunden war. Das Fehlen der benötigten Haustiere und des erforderlichen Pfluggerätes bis zum Erscheinen der Europäer läßt nur den Schluß zu, daß sich die Indianerkulturen nie aus eigener Kraft zu einer Lösung dieses Dilemmas – steigende Menschenzahlen bei schwindendem Ertrag – hätten durchringen können. Hierzu wären zwei wichtige Voraussetzungen unerläßlich gewesen: 1. die Domestizierung von Großtieren, insbesondere des Hausrindes, 2. die Überwindung der totemistisch bedingten Trennung von (weiblicher) Pflanzennutzung und (männlicher) Tiernutzung. Denn auch die Haustierhaltung allein, etwa in Form des Hirtennomadismus, meist mit ausgeprägter patriarchalischer Sozialstruktur, führt nicht zur intensiven Bodennutzung, die nur über eine Kombination von Feldbau und Tierhaltung zu erzielen war ... Vor allem aber stand der Düngung bei Naturvölkern die nahezu allgemein verbreitete scharfe Trennung von Tier- und Pflanzentotems mit jeweils unterschiedlicher Zugehörigkeit zu den beiden Geschlechtern entgegen. Nur die allerschwerste Arbeit des Bodens wurde von Männern vorgenommen, während die übrige Bebauung und Bepflanzung des Bodens den Frauen überlassen blieb. Bilder und Beschreibungen von männlichen Indios beim Grabstock-Feldbau stammen aus der Zeit nach der Conquista und können keinesfalls als typisch für die Zeit vor der spanischen Eroberung angesehen werden. Zudem fehlte den Eingeborenen in der Regel jedes Verständnis für den praktischen Zusammenhang von Düngung und Ernte, da ja nach ihrem festen Glauben reiche Ernten nach Besänftigung der Gottheiten durch deren Zutun zustande kamen."[100] Eine Nutzung des vor der Küste in sehr großen Mengen lagernden Vogelmistes (Guano) war nicht möglich, da in den Vögeln die Seelen der Toten wohnen.

Mit diesem Beispiel kann man demonstrieren, daß Menschen, auch wenn sie von den äußeren Umständen her eine naheliegende Möglichkeit oder sogar Notwendigkeit der Weiterentwicklung haben, sie diese jedoch nicht nützen müssen. Selbst das Zugrundegehen und Verhungern von Gruppen oder Teilen von Gruppen zwingt die Menschen nicht unbedingt, ihre Methoden des Überlebens zu verbessern. Es gab durch lange Zeit statt dessen auch die Kindesaussetzung oder Tötung der Alten, wenn die Nahrung knapp geworden war.

Die oben zitierte Frage Gehlens: Wer zwang eigentlich den Bauern zu mehr Arbeit? kann, so meine ich, nur dahingehend beantwortet werden: es waren immer Menschen, die in der weiteren Geschichte dann als Herrscher bezeichnet wurden. Erst mit der Erfindung von Herrschaft konnte jener Zwang ausgeübt werden, der zur Erwirtschaftung eines Überschußproduktes notwendig war. Andererseits ist natürlich Herrschaft erst mit der Erwirtschaftung eines Überschußproduktes möglich. Zerlegt man diese Dialektik in einzelne Schritte, dann wird auch der Wandel im Weltbild der Menschen von der Jäger- und Sammlerkultur zur Ackerbaukultur verständlich.

Wie schon oben gezeigt wurde, können historische Prozesse nicht vom naturwissenschaftlichen Kausalitätsbegriff her verstanden werden, sondern nur als Entwicklung der Kommunikationsstruktur. Die Frage kann also nicht lauten: Welches historische Ereignis oder welche Ursache führten zur Ausbildung von Herrschaft? Sondern: warum und wie mußten sich die zwischenmenschlichen Formen der Interaktion ändern, damit Kommunikation zwischen Gruppen entstand? Diese Frage ist – wie übrigens fast alle historischen Fragen – natürlich auch mit einer aktuellen Dimension verflochten: jeder Versuch, Organisationsstrukturen zu verbessern, steht vor derselben Dialektik, die Hemmungen und Schwierigkeiten, die bei der Weiterentwicklung von Strukturen auftreten, analysieren zu müssen, wobei oft festgestellt werden kann, daß lineare (kausale) Empfehlungen im Sinne von Maßnahmen (da einen Abteilungsleiter ersetzen, dort eine Kompetenz anders verteilen usw.) meist keinen Erfolg bringen. Erfolg stellt sich erst ein, wenn die von dieser Struktur Betroffenen in einen Lernprozeß eintreten, der die Änderung der Kommunikationsstruktur zur Folge hat und als dessen Resultat erst organisatorische Maßnahmen entstehen.

Zunächst zurück zur Rekonstruktion der Kommunkationsgeschichte. Die Frage lautet nach wie vor: Wie entstand die Intergruppenaktion? Welche Voraussetzungen seitens der kommunikativen Struktur der Gruppen mußten dabei gegeben sein, und über welche Schritte oder Stadien entwickelten sich Herrschaft und damit Institutionen?

Die Frage der Voraussetzung läßt sich nach den im ersten Teil entwickelten Gedanken leicht beantworten. Die Menschen hatten gelernt, Subeinheiten in der Gruppe zuzulassen, ohne daß dadurch die Einheit der Gruppe zerstört worden wäre. Sie haben dafür relativ abstrakte Formen der Kommunikation (Sprache) entwickelt. Damit hatten sie die Möglichkeit, grundsätzlich eine Einheit von Einheit und Unterschied zu kommunizieren. Die ersten Formen der Arbeitsteilung zwischen Mann und Frau (Mann für Tiere und Jagd, Frau für Feld-, Früchte- und Kinderbetreuung) sind Resultate dieser Kommunikationsdifferenzierung. Weitere Subeinheiten waren die Mutter mit den Kindern sowie auch die sexuellen Gemeinschaften. Die sozusagen erste Form der Institutionalisierung dieser in sich differenzierten Einheit ist der Ritus und der gesamte Standard der Gruppe. Repräsentiert wird dieser Standard durch Menschen, die eine besondere Stellung im Sozialgebilde haben (Zauberer, Medizinmänner), und durch heilige Gegenstände oder Orte, die sich von anderen Gegenständen dadurch unterscheiden, daß sie nicht einem unmittelbaren Zweck dienen und – aus Gold oder Steinen hergestellt – auch dauerhafter waren als die Zweckgebilde. Der Standard stützte die institutionalisierten Unterschiede, deren Hauptinhalt bei den Lebenden die Verwandtschaftsbeziehungen waren. Verwandtschaftsbeziehungen stellen auch die erste Möglichkeit für die Menschen dar, die natürlichen Unterschiede zwischen sich selbständig zu erweitern und zu variieren. Man könnte die für alle Menschen per definitionem ihres Überlebens von der Natur her der Kommunikation vorausgesetzten Unterschiede auf vier Grundtypen zurückführen:

Unterschied zwischen 1. Individuum und Gruppe (Gemeinschaft), 2. Kindern und Erwachsenen, 3. Lebenden und Toten, 4. Männern und Frauen.

Diese vier nicht aufeinander reduzierbaren Unterschiede stellten die erste Abstraktionsforderung an das menschliche Kommunikationsgefüge. Sie wurden daher zuerst reflektiert und durch Sprache sowie Gegenstände und Zeichen bestimmt. Die erste Zuordnung von Werkzeugen oder die erste Kennzeichnung durch Gegenstände (Schmuck, Amulette, Kleidung), die erste Form der räumlichen Dislozierung (Hütte, begraben) betrifft diese Unterschiede. Zunächst aber dient die Kommunikationsstruktur der Bewältigung der ersten drei Unterschiede. Nicht ganz so grundsätzlich, aber dennoch zu den „natürlichen" Unterschieden müßte man etwa die zwischen Wachenden und Schlafenden, Arbeitsfähigen und Nicht-arbeitsfähigen und Starken und Schwachen rechnen.

Die Logik der Eiszeitmenschen muß daher der Bewältigung dieser Unterschiede gedient haben. Geburt, Erwachsenwerden, Sexualität und Tod sind die großen Stationen im Leben der einzelnen und für die Gruppe. Um diese Probleme kreisen die Differenzierungen der Sprache und der Kommunikation. Für den Menschen am ehesten variabel und verfügbar ist dabei der Unterschied zwischen Mann und Frau, und auch dieser nur in der Form der Paarung. Das Erwachsenwerden ist, so wie das Sterben, nicht zu verhindern oder wesentlich zu verändern. Die Arbeitsteilung zwischen Mann und Frau sowie die Paarungsbestimmungen liegen eher in der Verfügbarkeit der Gruppe.

Ich habe oben gezeigt, wie schwierig die Dialektik von Einheit und Unterschied kommunikativ zu handhaben ist. Dies ist einer der Gründe, warum die Entwicklung der Kommunikation so „langsam" vorankam. Um die Einheit nicht durch Unterschiede zu zerstören, war es daher (und ist zum Teil heute noch) so, daß notwendige neu auftretende Unterschiede zunächst an vorhandene sozusagen „angehängt" wurden. Ergab sich also in einem Stamm etwa die Notwendigkeit, eine Vertretung nach außen zu finden, dann wird man dafür ein Mitglied der Gemeinschaft suchen, das sich schon bisher durch irgendwelche Funktionen in dieser oder jener Richtung ausgezeichnet hatte. Dies heißt, daß ein Unterschied, der schon vorhanden war, benützt wird, um einen neuen Unterschied zu bewältigen. (Es liegt also, wenn man so will, die Tendenz zur Ämterkummulation schon in der Struktur der Kommunikation begründet.)

Betrachtet man nun die vier Grundunterschiede, dann sieht man, daß das Generationen- und das Todesproblem im Gegenstatz zu männlich – weiblich und Individuum – Gruppe im Leben der erwachsenen Menschen weniger zum Tragen kommen. Auch die Differenz von Individuum und Gruppe kann auf den Unterschied der Geschlechter zurückgeführt werden. An diesem Geschlechterunterschied sind daher ursprünglich und bis heute viele Unterschiede sozusagen „angehängt" worden, die eigentlich mehr als nur sexuelle Unterschiede darstellen. Von der Arbeitsteilung Tier – Pflanze über Zauberei und Riten bis zur Hierarchie geht ein langer Weg kultureller Geschlechterdifferenzierung, der aus „der Natur" nicht erklärbar ist. Die erste Form der „Tauschwirtschaft" dürfte daher aus diesem Grunde der Tausch von Frauen und Männern gewesen sein: die Exogamie.

Wie Untersuchungen der Exogamie und des Totemismus ergeben haben[101], stellt die Festlegung der Verwandtschaftsbeziehungen innerhalb der sogenannten Primitivkulturen den wichtigsten und zugleich am weitesten variierten Rahmen einer institutionellen Zugehörigkeit dar. Wer nach welchen patrilinearen oder matrilinearen Deszendenzen eigentlich wohin gehört, ist immer wieder in den verschiedensten möglichen Variationen bei jedem Volk anders gewesen. Da Unterschiede auch bezeichnet werden müssen, ist das Heranziehen von Tieren und Pflanzennamen für verschiedene Gruppen und Clans naheliegend.

Nun dürfte aber die Exogamie über die Tatsache hinaus, daß sie eine Differenzierung und Variation von Einheit und Unterschieden im Bereich der Zugehörigkeit darstellte, noch eine sehr wichtige direkte und indirekte Rolle für die Nahrungsbeschaffung der Horden und damit für deren Überleben gehabt haben: direkt in der Form, daß einem Stamm, der einem anderen exogam verbunden ist, auch dessen Ressourcen zur Verfügung standen, und indirekt, indem Erfindungen und technologische Entwicklungen durch den Austausch von Geschlechtspartnern weiterverbreitet wurden.

Die „Geheimnisse" eines Stammes gelangten in den Besitz eines anderen Stammes, was zur Veränderung des Standards führen mußte. Anders gesagt: die Exogamie war die erste Form der Außenpolitik (wie sie bis in die Neuzeit praktiziert wurde: „bella gerant alii, tu felix austria nube"). Die Außenbeziehungen stellten oft für isoliert lebende Stämme ihre einzige Form der Sicherheit dar, sozusagen die erste Form von Außenhalten. Peter Farb zeigt dies für die Indianer. Er zitiert Tylor: „‚Stämme mit einer primitiven Kultur besitzen nur eine Möglichkeit, dauerhafte Bündnisse zu schaffen, nämlich die Ehe. Die Fremdheirat ermöglicht es einem größer werdenden Stamm durch fortwährende Heiraten innerhalb des sich erweiternden Clans, einen festen Zusammenhalt zu bewahren und kleine, isolierte Gruppen zu überflügeln. Im Laufe der Geschichte müssen wilde Stämme immer wieder vor der Alternative gestanden sein, entweder nach außen zu heiraten oder von außen getötet zu werden.‘

Tylor macht deutlich, welche Bedrohung der Inzest, der Bündnisse durch Fremdheirat unmöglich macht, für die ganze Sippe darstellt. Je primitiver die Gruppe, desto größer die Bedrohung, und deshalb ist der Begriff des Inzest bei sehr primitiven Völkern genau umrissen, und werden Verletzungen hart bestraft. Damit wird auch das Verbot einer Ehe mit der Stieftochter, die gar keine Blutsverwandte ist, verständlich. Die Verbindung bringt keinerlei Vorteile, da der Mann in eine Gruppe einheiratet, zu der er durch die Ehe mit der Mutter bereits gute Beziehungen unterhält. Heiratet ein Mann seine eigene Schwester, wird er niemals einen Schwager haben, der ihm zu Hilfe eilt. Heiratet er die Schwester eines anderen Mannes und wieder ein anderer heiratet seine Schwester, so hat er zwei Schwäger gewonnen, mit denen er auf die Jagd ziehen kann und die seinen Tod rächen werden, falls er in einem Kampf unterliegt. Der Primitive sieht im Inzest nicht sosehr etwas Verwerfliches als vielmehr etwas Bedrohliches. Der Inzest schafft keine neuen Bindungen zwischen nicht verwandten Gruppen, er ist der absurde Verzicht auf das Recht jedes Menschen, die Anzahl derer zu vergrößern, denen er trauen kann.“[102]

Wie archäologische Funde zeigen, gelangten schon in den steinzeitlichen Jägerkulturen bestimmte Gegenstände auf dem Tauschweg in andere Kontinente. Tausch von Gegenständen und Menschen ist also eine in der Logik des Steinzeitmenschen mögliche Form der Standardveränderung. Tausch im größeren Stil brachte aber ohne Zweifel Änderung in die Sozialstruktur der Stammesgesellschaft. William Durant schreibt: „Der Handel war der große Störenfried der primitiven Welt.“[103]

Tausch im Sinne des Handels war daher erst möglich, als sich die einzelnen Untergruppen auch zu einer arbeitsteiligen, Überschuß produzierenden Wirtschaftsform differenzierten, die dennoch eine Einheit im Sinne des Tausches darstellte. Wie aber war dies möglich?

Meines Erachtens ist das Durchbrechen der Selbstgenügsamkeit von Stämmen nur als Kommunikationsnotwendigkeit erklärbar. Tausch als solcher setzt ja nicht unbedingt ein Überschußprodukt voraus. Wie aber soll es zur Entwicklung eines Überschußproduktes gekommen sein, wenn Gruppen nicht mehr produzierten, als für ihr Überleben notwendig war? Dies könnte dadurch geschehen sein, daß verschiedene miteinander durch Exogamie verbundene Gruppen genötigt waren, sich voneinander zu unterscheiden und dennoch eine Einheit darzustellen. Die einzelnen Clans identifizierten sich mit verschiedenen Tieren, was oft Anlaß zur Theorie des Totemismus gegeben hat. Diese Tiere könnten ursprünglich der Versuch gewesen sein, durch Jagd oder Tierhaltung eine Vorratswirtschaft zu erreichen, die das Überleben in leergejagten oder jahreszeitlich unterschiedlich nahrhaften Gegenden ermöglichte. Durch Austausch des Überschusses, der in großem Stil erst bei Tierhaltung und Züchtung möglich war, konnte sowohl die Einheit des Clans durch verschiedene Tiere als auch die Unterschiede der einzelnen Stämme erhalten bleiben. Der Austausch von Tieren und später Pflanzenprodukten wäre demnach nur eine Fortsetzung der Exogamie gewesen, sozusagen ein erster Erfolg in der Handhabung der Dialektik von Einheit und Unterschied.

Interessante Hinweise auf diese Zeit geben die Märchen. Während viele Märchen den Austausch von Frauen (Prinzessinnen) oder von Männern (Prinzen) mit den dazugehörigen Standarderneuerungen (Prinz oder Prinzessin beherrschen Fähigkeiten, die den Ansässigen fremd sind) beschreiben, kommt in einer Reihe anderer alter Märchen durch ein nicht ausgeprägtes Wertbewußtsein das Staunen über die Tauschmöglichkeit zutage; einer zieht mit einem Stück Gold los, tauscht es gegen einen Sack Mehl, diesen gegen ein Schwein, dieses gegen eine Gans usf.

Die für eine Tauschgesellschaft nötige Organisation stellen nun die „zentralen Orte" dar. Es ist meines Erachtens völlig richtig, diese Orte als Resultat einer kommunikativen Notwendigkeit und nicht die Sozialstruktur als Resultat von Naturgegebenheiten anzusehen. In diesem Sinne hat M. Mitterauer die Bedeutung der zentralen Orte methodisch analysiert:

„Ohne besondere Reflexion der methodischen Prämissen spielen Vorstellungen einer gewissen Eigengesetzlichkeit des Naturraums in stadt- und siedlungsgeschichtlichen Darstellungen immer wieder eine Rolle. In Hinblick auf physisch-geographische Voraussetzungen wird betont, daß hier eine Stadt entstehen ‚mußte'! Es wird hier praktisch der Versuch gemacht, den Vorgang einer Siedlungsentstehung mit rein naturwissenschaftlichen Kategorien zu erklären. Gegenüber solchen Reduktionen des sozialen Raumes auf den naturhaften muß entschieden betont werden: So sehr auch der Mensch in den Einrichtungen seines Siedlungswesens von Faktoren der Naturbasis abhängig ist, von der er sich freilich im Verlauf der geschichtlichen Entwicklung immer stärker zu lösen vermochte – zentrale Orte entstehen und entstanden nie zwangsläufig aus bestimmten naturräumlichen Gegebenheiten. Diese sind bloß Bedingungen, deren Motivationswert für die Menschen in geschichtlicher Abfolge ganz unterschiedlich anzusetzen ist, je nachdem welche Bedürfnisse, Verhaltensweisen und Wertvorstellungen bei ihnen jeweils vorherrschend sind. So kann etwa der Standort einer zentralen Siedlung durch die Unzugänglichkeit eines Platzes bestimmt sein, wenn das Schutzbedürfnis dominiert, dann wiederum durch leichte Erreichbarkeit, wenn die günstige Verkehrslage wichtig wird. Ein Platz ist also nicht von Natur aus zentral. Dieser Rang kommt ihm erst durch seine Bedeutung für das menschliche Zusammenleben zu. Zentrale Orte sind stets besonders prägnanter Ausdruck für die jeweiligen Formen des Zusammenlebens einer sozialen Gruppe.

Zentrale Orte sind nicht unbedingt mit zentralen Siedlungen gleichzusetzten, wenn auch in der Regel eine derartige Übereinstimmung gegeben ist. Das Merkmal der Besiedlung ist jedoch für zentrale Orte nicht essentiell. Unbesiedelte zentrale Orte lassen sich vor allem auf urtümlichen Kulturstufen häufig feststellen. Hierher gehören etwa siedlungsferne Marktplätze, abgelegene Kult- und Versammlungsorte oder Fluchtburgen ohne ständige Besatzung. Trotz des Fehlens einer Besiedlung ist das Charakteristikum einer für das Zusammenleben einer sozialen Einheit wichtigen zentralen Einrichtung in allen diesen Fällen klar gegeben. Späte Nachwirkungen solcher unbewohnter zentraler Orte begegnen uns im kirchlichen Bereich. An der Stelle vorchristlicher Berg- oder Quellheiligtümer sind vielfach christliche Kirchen entstanden, die sich dann oft bis in neuere Zeit herauf pfarrliche Rechte erhalten konnten, ohne daß sie in direkter Verbindung mit einer Siedlung gestanden wären. Ähnlich gelagerte Sonderfälle von unbesiedelten Plätzen, denen trotzdem zumindest zeitweise Zentralität zukam, finden sich auch im Marktwesen noch bis weit herauf. Diese Plätze behielten freilich nur für eine ganz spezielle Seite des Gemeinschaftslebens einer Lokalgruppe – den Kult- oder Warenaustausch – so lange Zeit hindurch zentrale Funktionen, wobei deren örtliche Sonderung als Zeichen einer besonderen Bewertung gesehen werden muß. Es sind also besondere Voraussetzungen im Bewußtsein einer Gemeinschaft, durch die selbst unbesiedelte Plätze bis in die jüngste Vergangenheit oder bis in die Gegenwart eine gewisse Zentralität bewahren konnten."[104]

In diesem Sinne sind also zentrale Orte, an denen Siedlungen entstanden, als organisatorisches Resultat der Notwendigkeit, Funktionen zu zentralisieren, zu betrachten. Die Notwendigkeit, Funktionen zu zentralisieren, ergab sich aus der Dialektik von Einheit und Unterschied der einzelnen Gruppen:

Die über den Tausch von Tieren, Pflanzen oder Werkzeugen miteinander verbundenen Gruppen stellen eine Einheit dar, die aber nun schon deutliche abstrakte Züge trägt. Die einzelnen Menschen oder Gruppen können – nun indirekt – über Vermittlung der zentralen Orte miteinander kommunizieren. Diese relativ abstrakte Einheit gestattet aber doch größere Unterschiede, als in der direkten Kommunikation möglich wären. So konnte die Arbeitsteilung günstig genützt und ein erster bescheidener kultureller Aufschwung erzielt werden.

Für unseren Zusammenhang ist interessant, wie sich die Ordnung des Zusammenlebens ändern mußte, damit dieser Übergang von der direkten zur indirekten Kommunikation möglich war. Dieser Übergang wird meist als die erste Revolution der menschlichen Lebensumstände bezeichnet. Der Mensch trat in die Dialektik der Zentralisierung ein, er erfand Institutionen. Abstrakt formuliert könnte man sagen, die Menschen lernten nicht nur direkt, sondern indirekt über Dritte zu kommunizieren. Dieses Dritte waren ursprünglich sicherlich Menschen, die als Vermittler auftraten und Gegenstände, mit deren Hilfe vermittelt wurde: eben der Tausch.

Voraussetzung ist dabei, einen Gegenstand in unterschiedlicher Bedeutung handhaben zu können. Diese Fähigkeit ist ja schon durch den Werkzeuggebrauch entwickelt worden. Wie beim Werkzeuggebrauch sind es eigentlich Verdinglichungen von Kommunikationen, die den Tausch charakterisieren. Vielleicht sind „fremde Gegenstände" ursprünglich bei Änderung von Identität zur Kennzeichnung oder Definition (Abgrenzung) von Menschen und Menschengruppen verwendet worden. Die Mannbarkeitsriten etwa implizierten, daß ein junger Mann von diesem Zeitpunkt an bestimmte Waffen oder Gegenstände als Zeichen seiner Zugehörigkeit zu den Männern tragen darf. Die ihm als Kind fremden „Federn" der Männer kennzeichnen ihn als Mann. Vielleicht schmückte man sich grundsätzlich früher mit fremden Federn, indem Schmuck die ritualisierte Kennzeichnung einer Veränderung im Rahmen des Standards darstellt. Bis heute wären dann Schmuckgegenstände, die zu den Feiern der Änderung von Status gegeben werden (Hochzeit, Taufe, Promotion usw.), in diesem Sinne die Standardisierung einer Entwicklung.

Dem Tausch von Zweckgegenständen gehen bis heute auch bei Geschäften oft der Tausch von Geschenken, die Standardübereinstimmung bedeuten sollen, voraus. Die Flut von Weihnachtskarten und Werbegeschenken kann sicher nicht allein mit Zweckmäßigkeit einer wirksamen Bestechung oder mentalen Präsenz des Absenders erklärt werden. Vielleicht wirken hier alte Gewohnheiten nach: „kleine Geschenke erhalten die Freundschaft" – größere nennt man Bestechung.

Wer von einer Reise aus fremden Ländern zurückkommt, bringt einen fremden Standard in Form eines dem unmittelbaren praktischen Gebrauch entrissenen Gegenstandes mit. Das „Souvenir", die „fremden Federn", mit denen er fortan sein eigenes Heim schmückt, werden heute bereits industriell erzeugt und stellen einen nicht zu unterschätzenden ökonomischen Faktor dar.

Mit diesen Überlegungen soll gesagt werden, daß der Austausch von Gegenständen und Menschen im Kommunkationsinteresse jeder Gruppe liegt, die dadurch die Unterschiede zur anderen Gruppe zugleich mit ihrer eigenen Zugehörigkeit bestimmt.

Baut nun auf einem solchen Austausch eine Arbeitsteilung auf, müßte diese Struktur der indirekten Beziehung aber sofort wieder in eine Krise kommen, da man ja dadurch von „fremden Göttern" abhängig würde. Solche Art von Arbeitsteilung (nämlich Dinge produzieren und sie tauschen), wird daher anfangs nur bezüglich der Überschußprodukte entwickelt worden sein. Diese Überschußprodukte können an zentralen Orten getauscht werden, am Zusammentreffen von Tälern und Flüssen. Dort, wo auch natürliche Kommunikationslinien einander schneiden, entstanden Ansiedlungen von Menschen, deren Hauptbeschäftigung es war, den Austausch von Produkten und Informationen zu organisieren. So sagt Robert Gradmann: „Hauptberuf der Stadt ist es, Mittelpunkt ihrer ländlichen Umgebung zu sein.“[105] Schematisch läßt sich diese Struktur in der Draufsicht folgendermaßen darstellen:

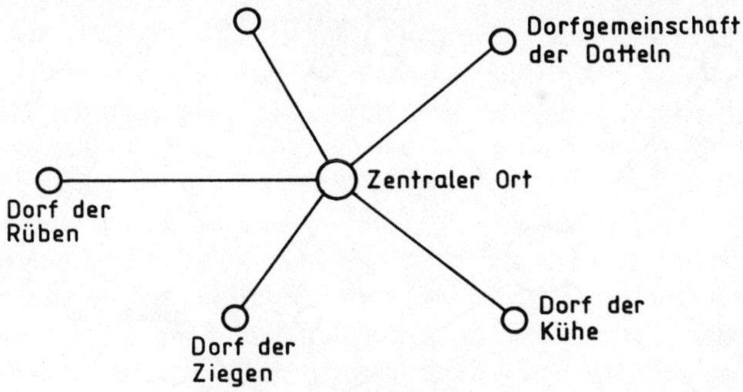

Abb. 5

Diese Struktur wird auf die Dauer zu einer Art doppelter Arbeitsteilung führen. Die erste Form der Arbeitsteilung gibt es zwischen denen, die Kühe, Datteln oder Rüben in tauschbaren Mengen züchten. Die zweite Form aber ist die Arbeitsteilung zwischen den Produzenten einerseits und denen, die den Tausch vermitteln, meist die Siedler an zentralen Orten, wo sich Händler niedergelassen haben.

Überlegen wir einen Augenblick, was diese doppelte Art der Arbeitsteilung für das Kommunikationsgefüge bedeutet. Nehmen wir als Ausgangspunkt zwei in leicht überwindbarer Entfernung vom zentralen Ort gelegene Ansiedlungen, die ihr Produkt unter Zuhilfenahme des zentralen Ortes austauschen wollen.

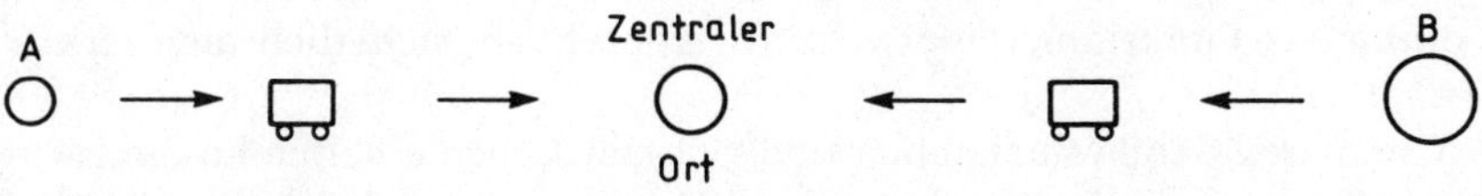

Abb. 6

Es ergeben sich daraus idealtypisch mindestens fünf verschiedene Interaktionspartner: 1.: der Produzent, der das Überschußprodukt im Ort A erwirtschaftet; 2.: derjenige aus der Ansiedlung A, der dieses Produkt an den zentralen Ort bringt. Er braucht auch die nötigen geographischen und organisatorischen Fähigkeiten, es gegen ein anderes Produkt einzutauschen; 3.: derjenige, der am zentralen Ort diesen Tausch organisiert und beschützt; 4.: der, der die Außenpolitik der Ansiedlung B erfolgreich bewerkstelligt, und 5.: der Produzent B. Noch wesentlich mehr verschiedene Partner ergeben sich aber, denkt man an eine Kooperation mehrerer zentraler Orte wie Stadt- und Marktflecken mit unterschiedlicher Zentralität.

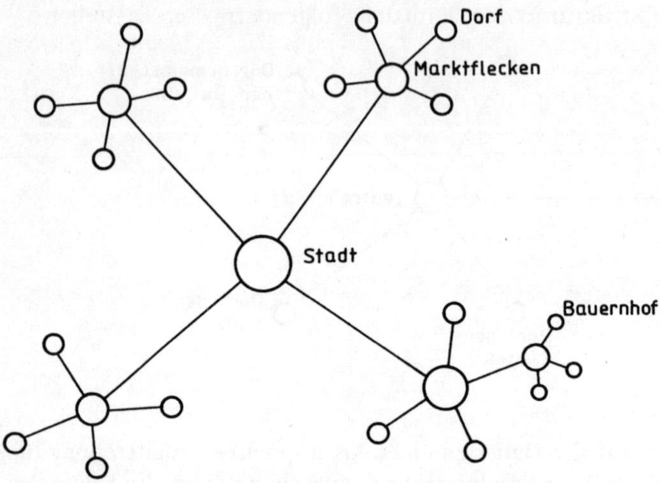

Abb. 7

Um diese 5 Interaktionspartner zusammenzubringen, sind mindestens drei Funktionen notwendig:

A Produzieren
B Tauschgegenstände transportieren
C Tausch im zentralen Ort organisieren,

also: A ⇔ B ⇔ C ⇔ B ⇔ A

Hier handelt es sich schon um ein sehr komplexes Gebilde indirekter Kommunikation, dessen Entstehung allein aus seiner Zweckrationalität, die ja erst durch das Funktionieren erwiesen werden kann, sicherlich nicht erklärbar ist.

Wie dieses Gebilde entstehen und sich am Leben erhalten konnte, wird aus der Kommunikationsstruktur deutlich, wenn man die Abhängigkeiten untersucht:

Die Lebensbasis derer, die den Tausch organisieren, ist das Produkt, das arbeitsteilig erzeugt wird. Von diesem Produkt müssen die Vermittler einen Teil erhalten. Daß diese Vermittlungsleistung ursprünglich nicht und auch später nicht immer der Produktion als gleichwertig anerkannt wurde, zeigen mythologische Kennzeichnungen, wie die des Hermes, Gott der Händler und

Diebe. Hermes hatte schon als Kind seinen Onkel Apollo bestohlen und rettete sich vor einer Strafe mit einem Tauschgeschäft – etwas für die Götter Ungewöhnliches. Man berichtete Zeus von dem jungen „Händler", und daraufhin entspann sich folgender Dialog: „,Du scheinst ein sehr einfallsreicher, beredter und überzeugender kleiner Gott zu sein', sagte Zeus. ,Dann mache mich zu deinem Boten', ,Vater', erwiderte Hermes, ,und ich werde für die Sicherheit alles göttlichen Besitzes sorgen und niemals mehr lügen. Aber ich kann nicht versprechen, immer die ganze Wahrheit zu sagen'. ,Das wird auch nicht von dir erwartet', sagt Zeus mit einem Lächeln. ,Deine Pflichten würden im Schließen von Verträgen, in der Förderung des Handels und in der Aufrechterhaltung des Wegrechtes für alle Reisenden auf allen Straßen der Welt bestehen'. Als Hermes diesen Bedingungen zustimmte, gab ihm Zeus einen Heroldstab mit weißen Bändern, den laut seinem Befehl jeder respektieren mußte. Außerdem einen runden Hut gegen den Regen und geflügelte goldene Sandalen, die ihn mit der Geschwindigkeit des Windes umhertrugen. Sofort wurde er in der olympischen Familie, die er die Kunst des Feuermachens mit den Feuerstäben lehrte, willkommen geheißen."[106] Hermes darf nicht lügen, aber er muß auch nicht die ganze Wahrheit sagen. Er informiert seine Handelspartner nur über Teilaspekte seiner Wahrheit. Es ist interessant, daß diesem Gott der Kaufleute und Diebe zugleich aber die Erfindung wichtiger Kulturleistungen zugeschrieben wird: „Er (Hermes) half den drei Schicksalsgöttinnen in der Zusammenstellung des Alphabets, erfand die Astronomie, die Tonleiter, die Kunst des Boxens und des Turnens, die Gewichte und Maße (welche manche dem Parlamedes zuschreiben) und die Kultur des Olivenbaumes."[107]

Möglicherweise gewinnt auch die Tatsache, daß Hermes im Vergleich zu den „alten" und „gestandenen" Gottheiten, die er bestahl, sich durch sehr rasches Wachstum auszeichnete, eine Bedeutung durch den Erfolg des rasch aufblühenden Handels. Ranke-Graves meint allerdings: „Die Erzählung über sein schnelles Wachstum könnte eine verspielte homerische Obszönität sein."[108]

Der Hermesmythos scheint jedenfalls zu zeigen, daß die Einstellung zu den Händlern an zentralen Orten ambivalent gewesen sein dürfte. Keineswegs hatten die zentralen Orte ursprünglich Macht, wie dies später der Fall war. Die Machtumkehr und damit die Umkehr der Abhängigkeitsverhältnisse war für die weitere Entwicklung bestimmend. Sie gilt es zu erklären.

Im Sinne der hier entwickelten Systemgeschichte ist nun die Frage zu stellen, welche Probleme die Entwicklung der Kommunikation über zentrale Orte mit sich brachte. Die wirtschaftliche Grundlage der zentralen Orte, sofern sie nicht selber produzierten, war der Einbehalt eines Teiles des getauschten Überschußproduktes. Deshalb durften sie ja nicht allen Menschen alle Informationen geben. Menschen, die an zentralen Orten zentrale Funktionen für eine kleinere oder größere Umgebung wahrnahmen, möchte ich Zentralfunktionäre nennen. Dies können Stadt- oder Landfürsten gewesen sein, Priester und Beamte, Könige oder Angehörige einer kriegerischen Adelsschicht. Diese Zentralfunktionäre waren ursprünglich abhängig von denjenigen, die das Überschußprodukt erzielten und tauschten. In guten Zeiten blühte eine solche Siedlung auf; kamen Hungersnöte oder Kriege, so verfiel sie. Wie Archäologen in allen Teilen der Welt entdeckt haben, wurden solche zentralen Orte immer wieder besiedelt. „Immer wieder" deshalb, weil Zeiten der Besiedlung mit Zeiten ohne menschliche Ansiedlung wechselten.

Es drängt sich die Frage auf, warum solche Ansiedlungen immer wieder zugrunde gegangen sind? Wie die Archäologie heute feststellen kann, findet man an manchen Fundstellen an zentralen Orten bis zu achtzehn verschiedene Schichten, immer wieder unterbrochen von Sandablagerungen, aus deren Dicke auf die Dauer der Nichtbesiedlung geschlossen werden kann. Ein typisches Beispiel eines solchen Ortes ist Jarmo in Mesopotamien.[109]

Ich hatte Gelegenheit, 1964 eine derartige Ausgrabung in Sichem in Samaria zu besichtigen. Bis zu diesem Zeitpunkt konnten elf Schichten freigelegt werden. Durch die C-14-Methode sowie durch Analyse der Keramik und des Verhältnisses der Spurenelemente können Archäologen heute den Einzugsbereich des zentralen Ortes von Schicht zu Schicht ungefähr feststellen. Es läßt sich erkennen, wie weit die an diesem Ort etwa hergestellten Töpferwaren in der Umgebung distribuiert wurden. Immer wieder, in Sichem also elfmal, wurden Blütezeiten dieser Orte von Zeiten der Zerstörung abgelöst. Immer wieder entstanden dort Ansiedlungen und entwickelten sich Ansätze für Kultur.

Meist wird das Zugrundegehen solcher erster Kommunikationsansätze über zentrale Orte mit äußeren Einflüssen wie Mißernten oder Überschwemmungen, Erdbeben oder Stürmen, aber auch Wanderungen und Überfälle feindlicher Stämme erklärt. Sehr oft stellt eine Brandschicht das Ende einer Besiedlungsepoche dar. Selbst wenn einzelne oder mehrere solcher Gründe eintreffen, so ist außerdem noch zu fragen, wieso dies geschehen konnte und warum das Kommunikationsgefüge noch nicht so funktioniert hat, daß es derartige Ereignisse überleben konnte.

Vielleicht müßte man heute die schriftlose Zeit der ersten Ackerbaukulturen und ihr regelmäßiges Zugrundegehen als Lernprozeß deuten. Was gelernt werden mußte, war die Anpassung des Kommunikationsgefüges an die Arbeitsteilung, und damit eine Umstrukturierung der Machtverhältnisse. Wenn der kommunikationstheoretische Ansatz stimmt, dann muß jede Weiterentwicklung sich aus der Kommunikationsstruktur ableiten lassen. So wie die Natur macht auch die Sozialstruktur keine Sprünge. Die ersten Ansätze für die Arbeitsteilung müssen also bereits in der Stammesorganisation vorhanden gewesen sein, es war dies die Arbeitsteilung zwischen Männern und Frauen und zwischen bestimmten besonderen Funktionen und den Gruppenmitgliedern. Wie es in allen heute lebenden Stammesorganisationen immer eine Art Häuptlingsfunktion gibt, so gibt es auch Personen, die ein besonderes

Näheverhältnis zum Standard haben, eine Art Medizinmänner. Sie kennen sich besonders in der mythologischen Tradition und in den Handlungsanweisungen für alle Lebensfragen aus. Oft sind es alte und weise Frauen und Männer. Fast alle Völker kennen daraus abgeleitet etwas wie heilige Orte, heilige Zeiten und heilige Gegenstände, mit denen die Hüter des Standards umgehen können. F. Heiler schreibt: „Frühzeitig wurden Priester zur berufsmäßigen Ausübung des Umgangs mit heiligen Kräften ausgesondert. Zuerst wurde das Zauberwesen einem besonderen Beruf vorbehalten, dem des Zauberers oder Medizinmannes (ein indianischer Ausdruck), der Zauberin oder Medizinfrau, des Schamanen (nordasiatisch von Sanskrit śramaṇa) oder der Schamanin. Sie waren Vollzieher der Zauberhaltung, Kenner der Zauberworte, Helfer in Krankheit, Dürre, Kriegsgefahr, Vermittler des Verkehrs mit der übersinnlichen Welt, Enträtseler der Zukunft.

Der Zauberer war eng verbunden mit dem Mantiker, Divinator. Die Orakelkunst verlangte berufsmäßige Kenntnis, sie lag ebenfalls oft in weiblicher Hand. Beispiele sind die ‚Windwasserleute' in China, die ‚Vogelleute' in Griechenland und die haruspices in Rom, die baru-Priester (Leberschauer) in Babylonien. Die Mantik ist eine Sache des Trainings und der Unterweisung. Dieses professionelle Zaubertum ist neben dem Königtum eine Wurzel des Priestertums. Die Funktionen des Zauberers und der Zauberin wurden übernommen von Priestern und Priesterinnen, desgleichen solche des Häuptlings und Königs oder des stellvertretenden Beamten. Entscheidend ist bei dem Priester und der Priesterin das Überwiegen des personalen Verhältnisses zu dem göttlichen Wesen, beim Zauberer das des impersonalen Elements. Der Priester ist der Diener einer oder mehrer Gottheiten, der Zauberer hat es mit ‚Mächten' und ‚Kräften' zu tun. Der Priester steht in regelmäßigem, geordnetem Verkehr mit der Gottheit, wie es teilsweise schon beim Häuptling der Fall war. Priestertum und Kult sind Korrelate. Gerade die Ausdehnung des Kultwesens hat vielerorts die Loslösung der priesterlichen Funktionen von den körperlichen und beamtlichen veranlaßt."[110]

Da der Priester oder sein Vorläufer, der Medizinmann, Hüter des Standards einer Gruppe ist, muß er auch eine besondere Funktion bei der Begegnung mit fremden Standards haben. Häuptling und Medizinmann entscheiden, ob das Fremde akzeptiert oder bekämpft werden muß. In dem Maße, in dem Gruppen mit anderen Gruppen in Berührung kamen, dürfte auch die Außenpolitik eine Funktion der Standardhüter gewesen sein.

Es liegt nahe, daß die Wahrnehmung zentraler Funktionen an zentralen Orten sehr eng mit den jeweiligen Medizinmännern, später Priestern, verbunden gewesen sein dürfte. Die Trennung von Priestern und Beamten ist wahrscheinlich eine spätere Entwicklung. Soweit man über den Beginn der kulturellen Tradition etwas weiß, liegen die priesterlichen und die ökonomischen Funktionen in einer Hand. Vermutlich ist unsere Unterscheidung von sakral und profan eine viel spätere Abstraktion.

Im zweiten Band der Fischer Weltgeschichte heißt es: ,,Die Mittelpunkte des wirtschaftlichen Lebens waren in der frühgeschichtlichen Zeit die Tempel des Landes, auch wenn sicher nur wenige Kultzentren die Bedeutung des Eanna-Heiligtums in Uruk, das nach vorsichtiger Schätzung eine Fläche von 9 ha bedeckte, erreicht haben werden. Aus den Bedürfnissen der Tempel war die frühe Schrift erwachsen, die dazu dienen sollte, die großen, kaum noch zu überblickenden Wirtschaftsbetriebe fest in der Hand zu behalten. Daß die ältesten Tontafeln ausschließlich im Bereich der Tempelanlagen gefunden wurden, beweist zusammen mit der Tatsache, daß die Urkunden durchweg wirtschaftliche Transaktionen aufzeichnen, daß die Schrift nur für die Tempelwirtschaft bestimmt war. Für Gebiete mit anderer Wirtschaftsstruktur war sie, wenn nicht unbrauchbar, so doch unnötig. Auf den Siegelbildern und den Reliefs sehen wir immer wieder Herden, die durch Symbolzeichen als Eigentum der Götter und damit ihrer Tempel ausgewiesen sind. In diesem Zusammehang ist weiter wichtig, daß im Eanna-Bezirk in Uruk Anlagen bestanden, die die Arbeitsstätten von Töpfern, Steinarbeitern und Metallgießern darstellten. Mit der Menge der handwerklichen Erzeugnisse und ihrer Qualität zeigt uns das Fundmaterial, daß schon damals ein hoher Grad von Spezialisierung, eine weitgehende Arbeitsteilung erreicht war, bei der, wie es das Kennzeichen der städtischen Kultur ist, ein beträchtlicher Teil der Bevölkerung von der Nahrungsmittelerzeugung freigestellt war. Dieser hatte den eigenen Bedarf zu befriedigen, aber auch die Güter zu erstellen, die die umfangreichen Importe aus dem Ausland aufwiegen konnten.

An der Spitze der Tempelwirtschaft stand der Herrscher, der ‚Mann im Netzrock' in den Werken der bildenden Kunst. Welche Titel er damals trug, ist ungewiß. Wahrscheinlich hieß er ‚ēn', was wir nur unzulänglich mit ‚Herr' wiedergeben können; denn dabei kommt nicht zum Ausdruck, daß das Wort den Rang eines obersten Priesters oder einer Priesterin mitbezeichnet. Aber gerade die Verbindung von priesterlicher und profaner Tätigkeit, wobei diese Scheidung wohl nur aus unserem Blickwinkel berechtigt ist, ist das, was uns die Bildüberlieferung über den ‚Mann im Netzrock' aussagt. (Nur einmal begegnet auf einer Urkunde der Schicht IIIb das in geschichtlicher Zeit für ‚König' gebräuchliche Wort ‚lugal', das wörtlich ‚großer Mann' heißt. Als der ‚gute Hirte', dies ein Titel, den die späteren Könige Babyloniens häufig trugen, erscheint der ‚Mann im Netzrock' auf einem Rollsiegel, auf dem zwei hochspringende Mähnenschafe von den Blättern zweier Zweige fressen. Daß diese Szene religiösen Gehalt hat, beweisen die Symbolzeichen der Göttin Inanna, das sogenannte Schilfringbündel, die die symmetrische Gruppe einfassen.)

Nach allem, was uns das frühgeschichtliche Material, die archäologischen Funde wie die Schriftdenkmäler, zeigt, dürfen wir die Organisationsform der ‚sumerischen Tempelstadt', die in unseren schriftlichen Quellen erst gegen Ende der frühdynastischen Zeit deutlich faßbar wird, in die frühgeschichtliche Epoche zurückführen. In diesem System ist der Leiter der Tempelwirtschaft der irdische Vertreter der Gottheit. Er sorgt für die Errichtung und Instandhaltung der Tempel, für die Durchführung aller Kultfeiern. Ihm oblag die Planung der Bewässerungsrichtungen, die die Bestellung der Tempelländereien erst ermöglichten, und die Lenkung der vielfältigen Tätigkeit der Tempelangehörigen. Dazu hatte er noch seinen Bereich nach außen zu verteidigen."[111]

Wenn es also gelingt, durch Austausch von Produktion eine Einheit verschiedener Gruppen derart herzustellen, daß die verschiedenen Gruppen an verschiedenen Orten ihr eigenes Leben weiterführen konnten, dann hat sich damit die doppelte Form der Arbeitsteilung entwickelt.

Daß die ursprünglichste Form der Zentralisierung Tempelwirtschaft war, ist von der Funktion der Priester als Hüter des „übernatürlichen" Standards her verständlich. Vermutlich waren die einzelnen Stämme und Clans nur mit Hilfe jener übernatürlichen Normierungen zu koordinieren. Immerhin mußten sie ja einen Teil ihres Produktes an die zentralen Tempelwirtschaften abliefern. Nicht immer wird dies freiwillig geschehen sein. Nehmen wir den Fall an, daß durch Unglück oder Mißernte nicht der nötige Anteil für die Zentralfunktionäre abgeliefert werden kann. Wenn diese nicht Mittel und Wege fanden, ihr Überleben dennoch zu sichern, d.h. ihren Anteil einzutreiben, könnte eine solche zentrale Stelle durchaus wieder zugrunde gegangen sein. Mittel und Wege, sich gegenüber den Außenstellen durchzusetzen, fanden sie aber erst, als es gelang, die zentralen Stellen mit Macht und Autorität auszustatten, d.h. mit einer Art Polizeigewalt oder mit Militär.

Soldaten waren ja auch notwendig, um das ganze Gebilde nach außen zu verteidigen sowie die „Wege zu sichern". Mit dem Vorhandensein militärischer Macht an zentraler Stelle mußte sich aber notwendigerweise das Abhängigkeitsverhältnis umkehren. Waren ursprünglich die zentralen Stellen vom Austausch eines Überschußproduktes abhängig, so konnten sie nun die Ablieferung eines solchen erzwingen. Den Priestern und Königen mußte Tribut gezahlt werden, da sie in der Lage waren, die Soldaten auch gegen die Mitglieder der Tauschorganisation einzusetzen.

In seiner Kulturgeschichte der Menschheit schreibt William Durant „Denn wie immer der Staat auch beginnt, wird er nach kurzer Zeit eine unentbehrliche Ordnungsstütze. Aus dem Sippen und Stämme verbindenden Handel brechen sich Beziehungen Bahn, die nicht auf Verwandtschaft, sondern auf Nachbarschaft beruhen und ein künstliches Regulierungsprinzip notwendig machen. Wir sehen es an der Dorfgemeinschaft; auf kleinen Flächen wurde eine fast demokratische Regierungsform mittels Versammlung der Familienältesten erzielt. *Doch eine äußere Gewalt erwies sich als unumgänglich, um die Beziehungen solcher Gemeinschaften in ein größeres Wirtschaftsnetz zu verweben.* Der Staat, obwohl ein Ungeheuer in seinem Ursprung, half diesem Mangel ab. Er wurde nicht allein organisierte Gewalt, sondern auch ein Werkzeug zur Wahrung der Interessen der eine weitläufige Gesellschaft bildenden Gruppe. Immer mächtiger wurde der Staat und obgleich er auswärtigen Krieg zerstörender machte als zuvor, hielt er inneren Frieden aufrecht und erweiterte ihn sogar. Die Menschen sahen ein, daß es vernünftiger war, Steuern zu zahlen, als miteinander zu kämpfen; vernünftiger, einem einzigen mächtigen Räuber Tribut zu zahlen, als sie alle zu bestechen. Was ein Interregnum für eine an Regierungsgewalt gewöhnte Gesellschaft bedeutet, kann am Verhalten der Bagandamänner beurteilt werden, die beim Tod ihres Königs alle zu den Waffen griffen; denn der Gesetzlose streute Aufruhr, mordete und plünderte überall. ‚Ohne autokratische Herrschaft', sagt Spencer, ‚hätte die Entwicklung der Gesellschaft nicht beginnen können.' "[112]

„Alle Macht geht vom Volke aus . . ., um nie wieder dorthin zurückzukehren", kommentiert Bert Brecht die lange Entwicklung der Institutionen. Denn mit der Dependenzumkehr ist erstmals in der Geschichte ein überlebensfähiges Gebilde entstanden, das in der Lage war, die Kommunikationsstruktur auch zu verteidigen. Allerdings um den Preis von Abhängigkeit.

Die Menschen waren von der Zentralgewalt somit abhängig und damit weisungsgebunden. „Über eine solche Weisungsbefugnis aber gebot der Herrscher. Ein Passus aus der Tempelbauhymne des Gudea von Lagaš beschreibt, wie der ensi seine Stadt ‚wie einen Mann' zur Arbeit beim Neubau des Ningirsu-Tempels aufbot. Bei wörtlicher Interpretation würde das bedeuten, daß der Herrscher bei Arbeiten von großem Umfang, die im gemeinsamen Interesse der Stadt lagen, wie Monumentalbauten, Befestigungen, Anlage und Pflege der Bewässerungskanäle, die gesamte Bevölkerung rekrutieren konnte, wenn man die Priesterschaft und die Verwaltungsbeamten ausnimmt."[113]

Es ist durchaus möglich, daß die ersten Tyrannen, die auch namentlich überliefert werden, Herrscher mit funktionierender Zentralgewalt waren. Von Gilgamesch wird überliefert, daß er als erster die Stadtmauer von Uruk erbaut habe. Dabei habe er alle seine Untertanen beim Mauerbau beschäftigt.[114] Nach dem archäologischen Befund ist diese Mauer das älteste Zeugnis für die Existenz von Stadtmauern in Mesopotamien. Brücken und Dammbauten, sowie Wege und Fluchtburgen dürften neben dem Mauerbau zu den ältesten Gemeinschaftsleistungen gehören.

Das Vorhandensein von Mauern in vielen, besonders aber den jüngeren Schichten (wie etwa in Troja, wo die „zyklopischen" Mauern der 6. von 9 Schichten zuzuordnen sind), läßt den Schluß zu, daß die Entwicklung der Zentralgewalt nicht ungefährdet war. Zu erklären wäre auch die Tatsache der vielen Schichten der Besiedlung, die zum Teil gar nichts miteinander zu tun haben. So findet man gelegentlich in den höheren, d.h. jüngeren Schichten eine primitivere Kultur (z.B. der Keramikbearbeitung) als in älteren Schichten. Wieso sind Errungenschaften wieder verloren gegangen?

Die Erklärung dieser Phänomene – die auf der ganzen Welt zu finden sind – könnte darin liegen, daß zuerst ein langer Lernprozeß notwendig war, bis zentrale Organisationsformen eine Überlebenschance hatten. Es ist nicht anzunehmen, daß alle Menschen gleichzeitig die Errungenschaften von Ackerbau und Viehzucht übernommen haben. Vermutlich war es so, wie es zum Teil heute noch in Afrika zu beobachten ist, daß Jäger, Viehzüchter und Ackerbauern nebeneinander lebten.

Jäger haben aber von der Art ihrer Nahrungsbeschaffung her eine wesentlich aggressivere und flexiblere Lebensform als Ackerbauern. Man kann daher annehmen, daß die ersten Ackerbauansiedlungen, sobald sie eine gewisse Größe und somit Anziehungskraft gewonnen hatten, eine leichte Beute der Jäger und eventuell auch der Nomaden wurden. Denkbar ist hier über längere Zeit hinweg (daher die vielen Schichten) eine Art „ökologisches Gleichgewicht", wie es im Tierreich so oft zu beobachten ist.

Anziehend für noch nicht seßhaft gewordene Stämme sind die Ansiedlungen der Ackerbauer erst von einer gewissen Größe an, die im Umkreis „auffällt". Dadurch werden Jäger aus den umliegenden Jagdgründen, Steppen oder Wüsten angezogen. Bei einer bestimmten Übermacht wird die Ansiedlung und die um dieses Zentrum gelegenen Dörfer zerstört. Die Jäger, die nun nicht länger davon leben können, müssen weiterziehen. Irgendwann wird der zentrale Ort wieder besiedelt, zieht mit seinem Reichtum wieder noch nicht seßhafte Stämme an, die irgendwann wieder die Übermacht bekommen und schließlich diesen zentralen Ort samt Anhang wieder zerstören. So könnten die vielen Schichten erklärbar sein und auch die Tatsache, daß sie oft nichts miteinander zu tun haben.

Für unseren Gedankengang ist wichtig, daß es den zentralen Siedlungen erst dann gelungen ist zu überleben, als sie großräumige Verteidigungssysteme aufbauen konnten, um auch die umliegenden Bauern zu schützen. Um jedoch solche Verteidigungssysteme zu entwickeln, ist ein sozialer Lernprozeß durchzumachen. Dieser Lernprozeß stand sozusagen unter Zeitdruck: gelang es der Zentralgewalt nicht, in der vorhandenen Zeit sich selbst und ihre Funktionen (Militär, Transportwesen, Bürokratie, Vorratshaltung, Schrift etc.) rasch genug zu entwickeln, dann waren die angreifenden „Barbaren" schneller und das Gebilde zerfiel wieder. Dieser Zeitdruck macht vielleicht verständlich, weshalb sich die Systeme mit stärkerer Zentralgewalt, wie in Ägypten, eher durchsetzen konnten als andere, bei denen die Koordination mehr auf Freiwilligkeit denn auf Zwang beruhte. Zwang und somit die Entwicklung von Herrschaft war der Preis, der für die rasche Entwicklung einer Zentralgewalt bezahlt werden mußte.

2.1.3. Die Axiome der Hierarchie

Wie oben gesagt, gibt es eigentlich keinen Grund für Gruppen, sich mit anderen Gruppen zu koordinieren – außer durch Zwang. Dieser Zwang war die Notwendigkeit des Überlebens und die Geschwindigkeit, mit der das System entwickelt werden mußte. Zwang wurde aber erst durch die neue Kommunikationsstruktur der Zentralisierung möglich.

Es kristallisierten sich 4 Axiome der neuen Struktur heraus:

1. *Die Entscheidungen konnten immer nur von der zentralen Stelle aus getroffen werden.* (ENTSCHEIDUNGSAXIOM)
2. *Aufgrund des Informationsmonopols verfügte die jeweils zentrale Stelle über mehr und über wichtigere Informationen als die Peripherie.* (WAHRHEITSAXIOM)
3. *Die Ausbildung der Zentralfunktionäre erfolgte bald entsprechend den Aufgaben, die sie zu bewältigen hatten.* (WEISHEITSAXIOM)
4. *Die Zentralfunktionäre wurden zu Herrschern und die Peripherie zu Untertanen, die von den Obertanen abhängig waren.* (DEPENDENZAXIOM)

Die Ordnung als Über- und Unterordnung, die Einteilung in Ober- und Untertanen ist in allen Hochkulturen in irgendeiner Form als „heilige Ordnung", im Griechischen „Hierarchie", beschrieben worden. Das Wort „arche" bedeutet neben Ordnung auch noch Herrschaft und Anfang. Hier ist also vom Wort her Ursprung, Ordnung und Herrschen dasselbe. Das bis heute gebräuchliche Schema der heiligen Ordnung erhält man, wenn man die zentrale Stelle oben und die Peripherie darunter zeichnet.

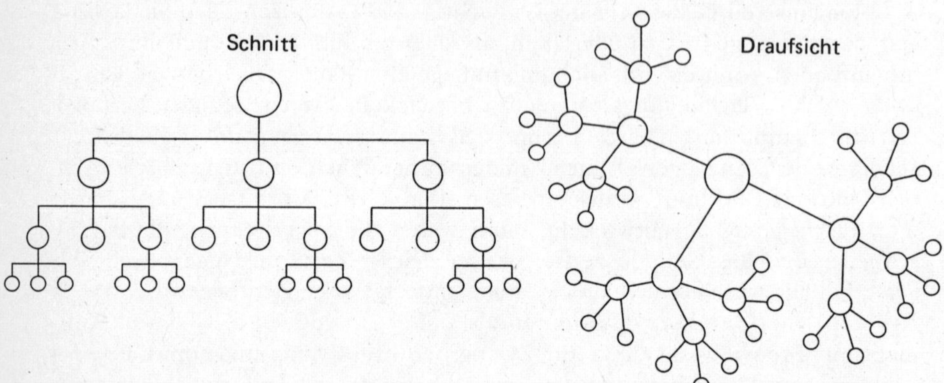

Abb. 8

Die Kommunikationsstruktur dieser heiligen Ordnung wird nun am besten durch die vier Axiome der Herrschaft beschrieben.

2.1.3.1 Das Entscheidungsaxiom:
Die Zentralperson trifft alleine die Entscheidungen für andere

Nur dort, wo alle Informationen zusammenkommen, können wirkliche Entscheidungen getroffen werden, daher werden alle wichtigen Probleme nur an der zentralen Stelle entschieden. Vom Pharao in Ägypten heißt es: „Alle Autorität kommt tatsächlich vom König, der wirklicher Leiter der gesamten Verwaltungsorganisation des Landes ist. Wenn man die Beinamen, die er führt, wörtlich nehmen würde, müßte man in ihm einen wahrhaften Gott auf Erden sehen: Als ‚Sohn des Re' und Abkömmling des Horus ist er der ‚gute Gott' (neter nefer) par excellence, von dem die Ordnung des Universums abhängt. Die Schnur oder ‚Kartusche', die seinen Namen einrahmt und im Alten Reich erscheint, ist vielleicht ein Symbol des Laufs der Sonne um die Erde. Wie das himmliche Gestirn war demnach der Pharao der Herr des Universums."[115]

Schon im alten Ägypten trat die Entfremdungssituation auf, daß wichtige Entscheidungen aus den Gruppen und Stammesverbänden an zentrale Gewalten delegiert werden mußten. Bis heute kann übrigens der Antagonismus von Nomaden und Seßhaften im Nahen Osten beobachtet werden. Die Seßhaften beneiden die Nomaden (Beduinen) um ihre Freiheit; sie können gehen und ziehen, wohin sie wollen; sie fragen niemanden. Die Nomaden beneiden wiederum die Seßhaften um ihren Komfort, verachten sie aber als Sklaven. Die Bauern wiederum verachten die Nomaden als Primitive und nennen sie „Sandbewohner".

Die Festlegung der Kompetenz – wer welchen Entschluß zu treffen hat – ist eines der komplexesten Probleme, die in der Funktionsfähigkeit höher entwickelter Hierarchien auftauchen. In diesem Zusammenhang ist wichtig, daß als Zentralperson besser nur *ein* Mensch fungieren kann, nicht mehrere.

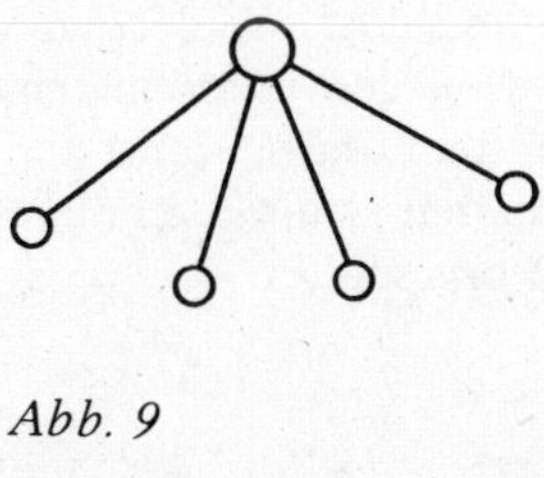

Abb. 9

Es ist schwierig, bei dieser Art von Kommunikationsstruktur zwei Personen in gleicher Weise zentral zu bestimmen, wie das etwa von einer Familie nahe läge. Gibt es zwei Personen „gleichrangig" an der Spitze, so muß eine eventuelle Konfliktsituation zwischen diesen beiden ausgeschlossen werden. Die einzige Möglichkeit aber, Konflikte auszuschließen, ist die Über- und Unterordnung von Personen, da der Untergebene in einem möglichen Konflikt auf jeden Fall unrecht hat, womit Konflikte weitgehend vermieden werden. So wurde etwa bei Brüdern, die gemeinsam regieren, der „Erstgeborene" zum „Ersten" bestimmt. Wo es Doppelkönige gab, hatten sie oft getrennte Funktionen (z. B. Sakral- und Kriegskönig o. ä.).

Somit darf auch jeder in diesem System nur einen Chef in ein und derselben Dimension haben. Die Kommunikation über die Zentralperson muß wichtiger sein als die mit denen auf der gleichen „Ebene". „Divide et impera" ist daher eine andere Formulierung des Entscheidungsaxioms.

Ich habe einmal ein österreichisches Unternehmen beraten, in dem der Generaldirektor fast nie mit seinen Direktoren eine gemeinsame Konferenz abhielt. Hatte er mit jemandem etwas zu besprechen, ließ er ihn rufen. Man konnte aber auch jederzeit selbst zu ihm kommen. Alle wichtigen Dinge wurden unter vier Augen besprochen. Der Generaldirektor legte Wert darauf, daß die Beziehungen eines jeden zu ihm deutlich besser waren als die der einzelnen Mitarbeiter zu ihren Kollegen. Er hatte dabei ein ausgeklügeltes, zum Großteil gar nicht bewußt reflektiertes System von Konfliktförderung und Konfliktschlichtung entwickelt. Der Vorteil dieses Systems war, daß er über sehr viel Autorität verfügte und als Zentralperson tatsächlich unentbehrlich war. Der Nachteil bestand darin, daß die Herren in seiner Abwesenheit nie Entscheidungen treffen konnten, weil Rivalität und Konkurrenz zwischen ihnen immer größer wurde und sich gelegentlich ganz unkontrolliert an Sachproblemen entluden, was den Geschäftsablauf mitunter empfindlich störte. Die Zentralperson pflegte sich dann über den mangelnden Willen der Herren zur Zusammenarbeit zu beklagen. Er wußte gar nicht, wie weit er selbst dafür die Ursache war.

Untersucht man die kommunikative Qualität dieser Struktur unter dem Aspekt der Bedürfnisse, so entpuppt sie sich als außerordentlich unbefriedigend: die Zentralperson kann von den von ihr Abhängigen kein echtes feedback erwarten, da niemand etwas sagen wird, was ihm selbst schadet, wohl aber viel, was dem Kollegen schaden könnte. Die Kollegen untereinander können also auch keine gute Beziehung haben. Jeder der Mitarbeiter ist aber in der Hierarchie selbst wieder Zentralperson der anderen Gruppe, in der er dieselbe Stellung und dieselbe Methode hat wie sein Vorgesetzter.

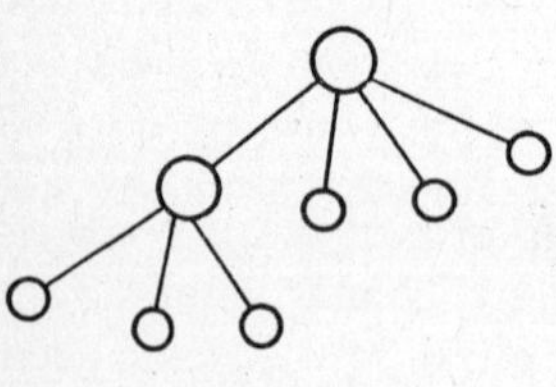

Abb. 10

Als Zentralperson ist er allein. Bedürfnisgerechte Kommunikation ist weder mit den Untergebenen („Dienst ist Dienst und Schnaps ist Schnaps") noch mit den Kollegen noch mit dem Vorgesetzten möglich. Mit den Untergebenen nicht, weil diese in einem Abhängigkeitsverhältnis stehen; mit den Vorgesetzten nicht, weil man selbst zu ihnen in einem Abhängigkeitsverhältnis steht. Aufgrund dieser gegenseitigen Abhängigkeitsverhältnisse müssen nun alle Informationen, selbst wenn sie tatsächlich ehrlich und wahr sein sollten, mit Mißtrauen betrachtet werden. – Und mit den Kollegen schließlich auch nicht, weil man ja zu ihnen in Konkurrenz steht.

Es ist interessant, daß diese Struktur in der Geschichte der Herrscher schon frühzeitig reflektiert wurde. Auf fünf Papyri hat man einen Brief des Königs Ammenemes I an seinen Sohn Sesostris I gefunden. Der Pharao schrieb vor etwa 4000 Jahren: „Du, der du als Gott erschienen bist, höre auf das, was ich dir sagen werde, damit du als König herrschst und die Länder regierst und ein Übermaß an Wohlsein erhältst.

Halte dich fern von deinen Untergebenen, die nichts sind und deren Schrecken keine Beachtung zuteil wird. Nähere dich ihnen nicht in deiner Einsamkeit. Fülle nicht dein Herz mit einem Bruder, kenne keinen Freund, schaffe dir keine Vertrauten; denn es kommt nichts dabei heraus."[116]

Ammenemes I war sich aber nicht nur seiner Einsamkeit, sondern auch seiner daraus resultierenden Macht und seiner Leistungen bewußt. An einer anderen Stelle dieses Briefes heißt es: „Ich war es, der die Gerste schuf, der Geliebte des Korngottes. Es verehrte mich der Nil an jeder Quellordnung. Nicht hungerte man in meinen Jahren und nicht dürstete man darin, sondern man saß da dank dessen, was ich geschaffen hatte; und erzählte von mir. Alles, was ich befohlen hatte, war am richtigen Platz.

Ich bändigte Löwen und fing Krokodile. Ich schlug die Leute von Wawat (Nubien) und brachte als Beute die Leute von Medja (bei Nubien). Ich baute mir ein Haus, geschmückt mit Gold, seine Decken aus Lapislazuli, die Wände aus Silber, der Fußboden aus Akazienholz, die Tore aus Kupfer, die Riegel aus Bronze, geschaffen für die Ewigkeit, bereitet für die Unendlichkeit ... Sesostris, mein Sohn! Obwohl meine Füße fortgehen, gehört dir doch mein Herz. Meine Augen blicken auf dich, den in einer glückhaften Stunde Geborenen, in Gegenwart des Himmelsvolkes. Sie geben dir Lobpreis."[117]

Der letzte Absatz läßt vermuten, daß die Beziehung des Vaters zum Sohn vielleicht aus jener funktionalen Entfremdung herausgehalten werden konnte, in die der Pharao seine Stellung als oberster Zentralfunktionär eines großen Reiches gebracht hatte. Vielleicht war das mit ein Grund für die feudale Erbfolge in den Funktionen.

Beachtenswert erscheint mir auch der Passus: „Halte dich fern von deinen Untergebenen, die nichts sind und deren Schrecken keine Beachtung zuteil wird". Der Pharao als Zentralfunktionär muß Entscheidungen treffen, im Interesse des Systems oft unabhängig von oder sogar gegen die Bedürfnisse seiner Untergebenen. Es muß ihm daher gelingen, von den Motiven der Betroffenen abzusehen, sogar dann, wenn er selbst dies als „schrecklich" anerkennen muß. „Keine Beachtung des Schreckens" ist eine sehr klare Formulierung jenes Abstraktionsprinzips, das zweckrationale Gebilde unter „Absehen von den Motiven" konstruiert. Die Logik der Herrschaft wird später dieses Abstraktionsprinzip verallgemeinern und damit die Untertanen zu „nicht motivierenden Dingen" erklären. Dies wird später noch zu behandeln sein.

An dieser Stelle wird auch bereits sichtbar, warum diese heilige Ordnung von Männern, nicht von Frauen entwickelt wurde. Die Ressourcen werden nach Leistungen und nicht nach Bedürfnissen verteilt, von denen in zentralen Funktionen völlig abstrahiert wird. Das Leistungsprinzip aber ist ein männliches. Von hier aus wird auch verständlich, wie es zu jener von Bert Brecht ironisierten individuenzentrierten Geschichtsschreibung kam. „Cäsar schlug die Gallier. Er allein? Hatte er nicht wenigstens einen Koch bei sich?" Entscheidungen und damit Verantwortung lagen tatsächlich ausschließlich bei der jeweiligen Zentralperson, deren Eigenname oft mehr ein Prinzip (Cäsar = Kaiser) als die Bezeichnung für ein Individuum war.

Die rechtliche Auswirkung des Entscheidungsaxioms war und ist bis heute die Einzelverantwortlichkeit. Ob Minister oder Abteilungsleiter, es wird immer die Zentralperson, die die Entscheidungsgewalt hat, „mit Recht" zur Verantwortung gezogen. Dennoch betrifft meist sowohl die Entscheidung als auch deren Folgen eine größere Anzahl von Personen, so daß sich bis heute die Frage stellt, ob nicht Gruppenentscheidungen – und dann natürlich auch Gruppenverantwortung – dieses funktionale Kommunikationsmodell ablösen oder jedenfalls ergänzen könnte. In manchen Bürokratien gibt es bereits eine Tradition für Gruppenentscheidungen (verschiedene Kollegialorgane), die allerdings meist deshalb nicht gut funktioniert, weil die Anzahl der zur gleichen Zeit am gleichen Ort entscheidenden Personen zu groß ist, um einen echten Meinungsbildungsprozeß zuzulassen.

In bezug auf unsere Systemgeschichte ist zu vermuten, daß die Machtbefugnis der zentralen Stelle, also die Entwicklung des Entscheidungsaxioms, erst das Resultat eines längeren Lern- und Entwicklungsprozesses – bis die Menschen aus ihrer ursprünglichen Gleichheit in eine derart große Verschiedenheit gekommen waren – darstellt und wahrscheinlich eben nicht auf Basis des freiwilligen Zusammenschlusses von verschiedenen, peripheren Überschuß produzierenden Siedlungsgemeinschaften zustande gekommen ist. *Vielmehr setzt das Entscheidungsaxiom Gewalt voraus*. Es ist also nur in Kombination mit dem Dependenzaxiom funktionsfähig gewesen. Eine solche Gewalt könnte auch durch großräumige Überlagerungen (etwa Einwanderung von Kriegsvölkern) in bereits bestehende Kulturgebilde gedacht werden.

Das Überleben des Gesamtgebildes und damit auch das der zentralentscheidenden Instanzen hing natürlich auch davon ab, daß diese die richtigen Entscheidungen trafen. Die Voraussetzung dafür ist unter anderem der Besitz richtiger und ausreichender Informationen. Zu den zentralisierten Ressourcen gehört daher auch das Informationsmonopol der Zentralperson.

2.1.3.2 Das Wahrheitsaxiom: Die Zentralperson weiß alles und hat immer recht

Die meisten Informationen in einem Dorf haben die Frauen, die einander am Dorfbrunnen oder Marktplatz treffen. Dort kommen die Mitglieder verschiedener Familien und Haushalte zusammen. Sie erzählen einander alle Neuigkeiten. Wer sich am Schnittpunkt verschiedener Kommunikationslinien befindet, verfügt grundsätzlich über mehr Informationen als jemand, der an der Peripherie lebt. Kommunikationsforscher haben in einer Reihe von Experimenten nachgewiesen[118], daß besonders bei Leistungen vom Typus des Suchens Menschen in zentraler Position immer im Vorteil sind gegenüber anderen, die sich in weniger zentraler Position befinden. Weniger signifikant bevorzugt sind Zentralpersonen bei Leistungen vom Typus des Bestimmens – ein Faktum, das sich später auch als eine der Schwachstellen des hierarchischen Systems herausstellen wird.

Jedenfalls hat aber die Entscheidung eines Menschen eine umso höhere Chance, besser zu sein, über je mehr Informationen der Betreffende verfügt, die er für diese Entscheidung braucht. Unter den Titeln, die auf den Wänden der Beamtengräber im alten Reich Ägypten eingraviert sind, finden sich bei Provinzoberhäuptern außerordentlich oft Titel wie: „Herr der Geheimnisse", „Herr der Geheimnisse der Dinge, die nur ein einziger Mensch sieht", „Herr der Geheimnisse des Königs an allen Orten" usw.[119] Im alten Reich genossen aus diesem Grunde auch die Schreiber eine sehr große Autorität. Der Schreiber, Herr über die anonyme Kommunikation schlechthin, hat als erster und oft als einziger den Überblick über die gesammelten Daten.

„Letzten Endes ist es nicht übertrieben zu behaupten, daß die Verwaltungsorganisation Ägyptens auf dem ‚Schreiber' ruht. Er ist es in der Tat, der auf Provinzebene die Bestände aufnimmt und die Eingänge kontrolliert und auf zentraler Ebene die aus den Provinzen gekommene Dokumentation zusammenfaßt und klassifiziert, eine Dokumentation, die ihrerseits der eigentlichen, von dem Wesir und seinen Assistenten geleiteten Verwaltung als Grundlage dient. Seit der I. Dynastie zumindest verfügten die ägyptischen Ämter über ein unvergleichliches Schreibmaterial, den Papyrus. Hergestellt aus den inneren Fasern der Stengel des cyperus papyrus, waren die Papyrus-‚rollen' leicht, geschmeidig und handlich. Sie ermöglichten es den ‚Schreibern', alle für die Verwaltung unerläßlichen Operationen durchzuführen: Erfassung des Personals und des Materials, Buchhaltung, Registrierung der Dekrete und der Akten, Führung des Grundbuches usw. Sein einziger Mangel ist seine Empfindlichkeit gegen Feuchtigkeit und vor allem gegen Feuer, was für den Historiker die tragische Konsequenz hat, daß die auf Papyrus geschriebenen Dokumente, die das Studium der Verwaltung des Alten Reiches ermöglicht hätten, mit sehr wenigen Ausnahmen seit langem verschwunden sind.

Eines der häufigsten Motive der ägyptischen Kunst des Alten Reiches ist die Darstellung des ‚Schreibers': Auf einer Matte hockend, die Papyrusrolle in der linken Hand, das laufende ‚Blatt' flach zwischen den Knien, wachen Auges, scheint er ewig bereit zu sein, entweder auf Diktat zu schreiben oder den letzten Satz zu überlegen, den er soeben mit seinem Pinsel, einem einfachen, am Ende zerquetschten Stück Schilfrohr, gemalt hat. Er ist der Hauptförderer der gesamten ägyptischen Organisation, und man wünschte, besser zu wissen, wie er sich auf die vielfältigen Aufgaben vorbereitete, die ihm oblagen. In späterer Zeit scheint jede Stadt ihr ‚Lebenshaus' (per-ankh) besessen zu haben, in dem die Schreiber ausgebildet wurden. Es ist nicht unmöglich, daß es im Alten Reich ähnliche Zentren gab."[120]

In der Kommunikationstheorie wird neben dem Primärcode, der Sprache, ein Sekundärcode, die Schrift, unterschieden, da dieser für die Tradierung und die Dokumentation geeignet ist.

Je höher jemand sich in einer Hierarchie befindet, desto näher ist er der Wahrheit, desto allgemeiner und umfassender sind seine Informationen – desto unfehlbarer daher auch seine Entscheidungen. Der Oberste weiß alles und entscheidet daher immer richtig. Der „Gottesöberste" erhält nicht nur bei den alten Ägyptern, sondern bis in die Gegenwart in vielen Organisationen aufgrund seiner Allwissenheit quasi göttliche Prädikate. Die Dependenzumkehr führt nun dazu, daß auch der Umkehrschluß berechtigt ist. Nicht nur, weil er an zentraler Stelle sitzt und daher über mehr Informationen verfügt, besitzt er mehr Wahrheit, sondern weil diese Informationen „von oben" kommen, müssen sie wahrer sein als solche, die eine geringere Autorität ausspricht.

Versuche von Sozialpsychologen (Kelley 1951, Cohen 1959; u.a.) haben ergeben, daß den Aussagen von Personen, die einem höheren Sozialstatus angehören, mehr Aufmerksamkeit und auch mehr Glaubwürdigkeit eingeräumt wird als solchen von Personen mit niedererem Status.[121] So richtet etwa ein Mitglied einer Organisation seine Anrede häufiger an einen Höhergestellten als an einen Gleichrangigen, und er verwendet dabei mehr Worte (im Durchschnitt 148 Wörter pro Zeiteinheit an die Höhergestellten, aber nur 20,8 Wörter an die Gleichrangigen. Die Wortzahl pro Mitteilung war 17,84 an die höhere, aber nur 5,74 an die niedrige, eigene Position).

Dieses Verhalten wirkt sich nach Cohen auch autoritätsstabilisierend aus. Je größer die Bedeutung, die der Meinung der höhergestellten Person eingeräumt wird, desto mehr Informationen bekommt sie und desto wichtiger wird sie auch für die anderen Mitglieder der Organisation. Je wichtiger die Zentralpersonen aber werden, desto mehr wird man von ihnen abhängig, und je mehr man von ihnen abhängig wird, desto mehr entwickelt man autoritätszentriertes Verhalten – was wiederum ihre Position stärkt usw. So ähnlich könnte man sich wohl auch die historische Entwicklung vorstellen. Sie wäre dann Resultat sich gegenseitig verstärkender Tendenzen.

Die Dependenzumkehr (die ursprünglich nur sekundär, über die Zentralisierung von Ressourcen erhaltene Überlebensmöglichkeit wird zur primären Zentralmacht) wirkt sich also im Verhaltensmuster von Menschen, die Hierarchien angehören, dahingehend aus, daß alles, was von oben kommt, mehr Wahrheit hat, als das von unten kommende. Wie später gezeigt werden wird, trifft dies nicht nur für die soziale Wahrheit einer Organisation, sondern auch für logische Wahrheit einer Wissenschaft zu, die ihren sozialen Ursprung scheinbar vergessen hat.

Die Stabilisierung dieser Dependenzumkehr ist auch noch mit dem bereits dargestellten Zusammenhang von Erwartungen und Leistung zu erklären. Je eher man von jemandem gute Leistungen erwartet, desto größere Chancen hat er auch, solche zu erbringen. Wer hingegen durch eine mindere Leistungserwartung der Gruppe verunsichert wird, entspricht oft mehr den Erwartungen als seinem eigenen Leistungsstandard. In diesem Sinne haben also Zentralpersonen, von denen mehr Wahrheit und Können erwartet wird als von anderen, größere Chancen, diesen Erwartungen zu genügen, besonders dann, wenn sie auch für diese Leistungen speziell qualifiziert sind. Die arbeitsteilige, asymmetrische Erziehung der Jungen gehört daher ebenfalls zu den Voraussetzungen des Wahrheitsaxioms der Hierarchie.

Manche Pädagogen der Gegenwart haben diese aus der Arbeitsteilung sich ergebenden sozialen Einteilungsmöglichkeiten der Menschen auf Erziehung und Begabungsunterschiede angewandt. So schreibt der 1960 verstorbene Pädagoge Heinrich Weinstock: „Dreierlei Menschen braucht die Maschine, den, der sie bedient und sie in Gang hält, den, der sie repariert und verbessert; schließlich den, der sie erfindet und konstruiert. Hier ergibt sich: Die richtige Ordnung der modernen Arbeitswelt gliedert sich, im großen und ganzen und in typisierter Vereinfachung ... in drei Hauptschichten: die große Masse der Ausführenden, die kleine Gruppe der Entwerfenden und dazwischen die Schicht, die unter den beiden anderen vermittelt. Das heißt: Die einen müssen anordnen und verordnen, die anderen müssen die Ordnungsgedanken ausführen; aber damit das ordentlich geschieht, muß eine dritte Gruppe den Übergang vom Gedanken zur Tat, von der Theorie zur Praxis vermitteln.

... Die ersten müssen zuverlässig antworten, die dritten selbständig fragen können; die Mittelschicht ist aber dafür verantwortlich, daß die Fragen der einen von den anderen richtig verstanden werden ... Was ergibt sich nun aus dieser Struktur unserer modernen Arbeitswelt für den Aufbau des

Bildungswesens? Offenbar verlangt die Maschine eine dreigegliederte Schule: eine Bildungsstätte für die Ausführenden, also zuverlässig antwortenden Arbeiter, ein Schulgebilde für die verantwortlichen Vermittler und endlich ein solches für die Frager, die sogenannten theoretischen Begabungen."[122] Auch diese pädagogische Theorie und die daraus resultierende Praxis wirkten sich stabilisierend auf das System der hierarchischen Funktionsdifferenz aus.

Es liegt nahe, daß man die Funktionsdifferenzen irgendwann mit dem Inhaber dieser Funktion in einen Zusammenhang brachte, was bedeutet, daß der Inhaber einer zentralen Position nicht nur mehr weiß, sondern grundsätzlich tüchtiger ist als seine Untergebenen. Aus den obersten Zentralfunktionären wurden Idole, die Weisheit der Herrscher wurde gerühmt und in allen aus dem Rahmen fallenden Fragen, z. B. bei Konflikten, in Anspruch genommen.

2.1.3.3 Das Weisheitsaxiom: „Wenn sich zwei streiten, entscheidet (freut sich) der dritte."

Soll eine zentrale Position erhalten bleiben, dann muß es den Inhabern der Position gelingen, einen offenen Konflikt zwischen einzelnen peripheren Instanzen zu vermeiden. Dies geschieht am besten durch Monopolisierung sämtlicher Kontakte und Kommunikationen. Die zentrale Instanz muß in den strittigen Dimensionen als Autorität anerkannt werden, da nur über sie eine Verbindung hergestellt werden kann. Die Weisheit der alten Fürsten und Könige, z. B. Salomons, wurde in dieser Hinsicht sprichwörtlich.

Viele heute noch lebende Hirten- und Nomadenvölker oder Wildbeuter, etwa im Amazonasgebiet, sind kontinuierlich mit ihren Nachbarn verfeindet. Ein dichtes Netz von Blutrache, Territoriumsverletzungen, Viehdiebstahl etc. überzieht das Kommunikationsgefüge dieser Stämme. Möglicherweise kann eine Koordination überhaupt nur mit Zwang (wie oben ausgeführt) und vielleicht auch nur über die Konfliktvermeidung der anonymen Kommunikation weiterentwickelt werden. Ohne zentrale Autorität sind einzelne Gruppen oft nicht bereit und in der Lage, den Kampf gegen eine andere Gruppe einzustellen.

Autorität und Konfliktvermeidung standen in der Entstehungszeit der Institutionen wahrscheinlich in einem dialektischen Abhängigkeitsverhältnis: je größer die Autorität einer zentralen Instanz ist, desto leichter fallen die Schlichtungsaktionen, oder desto leichter gelingt es, Konflikte überhaupt hintan zu halten. Umgekehrt entsteht Autorität auch dadurch, daß an den, der ursprünglich nichts mit der Sache zu tun hatte, delegiert wurde ... (genaueres dazu s. Kapitel 4.3). Auch in diesem Fall wird der Fortschritt – nämlich die durch dritte vermittelte Kooperation – um den Preis in Kauf genommen, daß die Konfliktkompetenz an andere – Unbeteiligte – abgegeben wird.

2.1.3.4 Das Dependenzaxiom: „Wes Brot ich eß, des Lied ich sing."

Es hätte überhaupt keinen Sinn, wenn Vorgesetzte Entscheidungen treffen, die dann von den Untergebenen nicht durchgeführt werden. Soll das System der Hierarchie also funktionieren, muß gewährleistet sein, daß die Untertanen auch das tun, was die Obertanen wollen. Die einzige Möglichkeit, diese Kontinuität zu gewährleisten, ist eine weitgehende Abhängigkeit der Unteren von den Oberen. Wer in der Lage ist, die Mittel zu kontrollieren, die jemand für die Befriedigung seiner Bedürfnisse braucht, kann diesen, sofern er auf Überleben Wert legt, zu Handlungen zwingen. Das Organisationsprinzip der Zentralisierung der Funktionen beruht also nicht auf Freiwilligkeit. Erst die Dependenzumkehr machte es funktionsfähig. Ursprünglich aßen ja die Zentralfunktionäre das Brot derer, die an der Peripherie ein Überschußprodukt erwirtschafteten. Gerade weil aber auf Basis der Freiwilligkeit (insbesondere in Konfliktsituationen) keine Übereinstimmung auf die Dauer zu erzielen ist, muß Zwang und damit Abhängigkeit die Kooperation sicherstellen.

Was von den vorgesetzten, zentralen Instanzen kommt, ist in der heiligen Ordnung der Männer grundsätzlich wahrer und richtiger als der eigene Wille und die eigenen Bedürfnisse. Im Extremfall sind die peripheren Positionen nur noch Exekutionsorgane eines zentralen, allmächtigen Willens. Nachdem in einer Hierarchie alle, bis auf einen Menschen, immer noch andere über sich haben, verschwindet eigentlich so etwas wie Selbstbestimmung von einzelnen und Gruppen in bezug auf das gemeinsame Ziel. Gruppen gibt es nicht mehr und der einzelne ist ein abhängiges Rädchen in einem großen funktionalen Gebilde.

Man könnte die historische Bedeutung der vier Axiome der Herrschaft auch so beschreiben: an die Stelle von direkten Verwandtschaftsbeziehungen, Gruppen und Clans traten anonyme Herrschaftsverhältnisse, die den Menschen in die (entfremdete) Dialektik von Individuum und Institution brachten. Die Zerstörung von echten Primärgruppen ist eine wichtige Voraussetzung für die Etablierung von hierarchischer Herrschaft. Bindungen wurden außerhalb der Hierarchie nur in Familien geduldet. Hatten die Familien aber ökonomische Bedeutung, so wurden auch sie hierarchisiert. Die patria potestas, die Abstufung vom erstgeborenen Knaben über die Frauen bis zu den Knechten und Mägden war sicherlich der Versuch, das Modell der heiligen Ordnung auch in der Familie zu etablieren. An die Stelle primärer Kommunikation (etwa Liebe und Anerkennung) wurde dadurch ein Dependenzverhältnis gesetzt, wodurch die Familie schon den Keim der Zerstörung in sich trug.

Da eine hierarchische Organisation nur dann funktioniert, wenn die Kombination aller vier Axiome gegeben ist, wenn also derjenige, der entscheidet, zugleich über die Wahrheit verfügt, weise ist, und alle anderen von ihm abhängen, hatte es sicherlich eines langen Lernprozesses bedurft, bis das

Modell soweit etabliert war, daß es überlebte. Das Zugrundegehen von Kulturansätzen ist daher verständlich.

Es herrscht bei den Historikern ziemlich einhellig die Meinung vor, daß die Aufweichung der Zentralgewalt immer zum Zusammenbruch des gesamten Systems geführt hat. Der Verlust an Macht bei der Zentralgewalt kann durch rasches Zuwandern von Fremden, die das System nicht schnell genug integrieren kann, erfolgen: „Am Ende der frühgeschichtlichen Zeit zeigte sich in Babylonien ein deutlicher Zusammenbruch. Schon in der letzten Stufe bekundet sich bei den Werken der bildenden Kunst, besonders bei den Rollsiegeln und den Tieramuletten, ein unverkennbarer Verfall. Sorglosigkeit in der technischen Ausführung, Abgehen von dem Bemühen nach rundplastischen Formen und Ersatz durch grobe Figuren, die nur durch eingeritzte Umrißlinien bezeichnet sind, sind so häufig, daß sie nicht als das Werk einzelner ungeschickter Handwerker eingestellt werden können. Das vielfältige Neue, das die folgende Epoche, die frühdynastische Zeit, bringt, verbietet im übrigen grundsätzlich eine derartige Deutung. Wie sich der Zusammenbruch im einzelnen vollzog, wissen wir nicht, wohl aber, was die Ursache war: der massive Zustrom semitischsprechender Gruppen aus dem Norden und Nordwesten nach Babylonien.

Für Katastrophen aller Art, auch für die Störungen, die die Zuwanderung fremder Völker im Gefolge hatte, verwendet die sumerische Dichtung vielfach das Bild der ‚Flut', wobei sie auf ein in Babylonien nur zu häufiges Naturereignis verweist. Wenn die Kompilatoren der sumerischen Königsliste die ‚Flut' in die Zeit verlegen, in die der Bruch zwischen der frühgeschichtlichen Epoche und der frühdynastischen Zeit fällt, meinen sie mit diesem Bild den Zustrom der akkadischen Schicht."[123]

Die Prozesse der Zentralisierung mit dem Erlernen der Axiome 1–4 dauern eine gewisse Zeit, die natürlich durch das plötzliche Hereinströmen von anders organisierten Völkern nicht für Lernprozesse zur Verfügung stand. Konnte sich das Gebilde nicht insgesamt gegen den Ansturm wehren, mußte es zugrunde gehen. „Welches sind die Kräfte und Strömungen, die zum Sturz der III. Dynastie von Ur geführt haben? Einmal ist es die unvermeidliche und immer wiederkehrende Tendenz zum Partikularismus, der fehlende Wille, sich ein für allemal einer Zentralgewalt unterzuordnen. Sodann der immer stärker anwachsende Zustrom semitischer Nomaden, die ‚amurritische' oder ‚kanaanäische' Wanderung. Und schließlich das nie bereinigte Spannungsverhältnis zwischen Babylon und Elam, dessen anderssprachige Bevölkerung zwar in der Schuld der babylonischen Kultur stand, jedoch nie zur Assimilierung bereit gewesen ist."[124]

Ein interessantes Beispiel für die aufgezeigte Entwicklung stellt Ägypten dar. Es kann sogar als Beweis für die oben von M. Mitterauer aufgestellte These gelten, daß nicht die geographischen Bedingungen allein zur Zentralisierung führen, sondern die soziale Organisationsstruktur erst Zentralität definiert. In Ägypten würde man allein von der geographischen Beschaffenheit des Landes her eher eine Zersplitterung denn eine Zentralisierung erwarten: „Ägypten ist ungefähr 35 mal länger als breit. Wo die Zentralmacht sich auch installiert, sie ist immer mehr oder weniger weit entfernt von den kleinen Verwaltungsstellen, die sich in winzigen Landwirtschaftsgebieten entlang dem Nil staffeln. Daher die Versuchung für jeden dieser Provinzhauptorte, sich zu unabhängigen Fürstentümern zu machen, sobald die königliche Macht schwach wird oder den Fehler begeht, ihr zuviel Freiheit zu gewähren."[125]

Auf der anderen Seite aber verlangt die Meisterung der Überschwemmung ein Höchstmaß an Zentralisierung. So heißt es in der Fischer-Weltgeschichte: „So ist es kein Paradoxon, zu sagen, der wirkliche Ursprung der ägyptischen Zivilisation beruhe auf der Meisterung der Überschwemmung.

Der Mensch hat zu diesem Zweck mehrere Mittel angewandt. Er hat zunächst entlang der Ufer des Stromes Schutzdeiche errichtet. Dann hat er ein komplexes System von Kanälen und Staudämmen angelegt, das es ihm erlaubte, die Überschwemmungen zu kontrollieren. Da der Nil so gezwungen war, durch die von Assuan bis zum Delta hintereinander angelegten Bekken zu fließen, wurde einerseits die Gewalt der Strömung gebrochen, andererseits blieb das verlangsamte Wasser länger auf den Feldern stehen und setzte auf ihnen den sich senkenden Schlamm ab. Schließlich gelang es den Ägyptern durch eine konsequente Planierung des Tales und die Anlage eines Netzes von Zuführungskanälen, das Wasser nach und nach auf Ländereien zu leiten, die normalerweise außerhalb der Reichweite der Überschwemmung lagen. Während der Nil und seine Schwelle Naturphänomene sind, ist Ägypten hingegen eine Schöpfung des Menschen.

Um dieses außerordentliche Ergebnis zu erzielen, das die ägyptische Oase darstellt, bedurfte es einer straffen Organisation. Diese Notwendigkeit erklärt zu einem großen Teil die rasche Entwicklung der Zivilisation in Ägypten. Die in der thinitischen Verwaltung dem Kanalbau und der Wasserregulierung beigemessene Bedeutung bezeugt, daß in dieser Epoche die Organisation des Landes vollendet wurde.

Das zweite Mittel, das der Mensch anwandte, um das Versagen des Nils wettzumachen, war die systematische Anlage von Reserven in den fruchtbaren Jahren, um den Bedarf zu befriedigen, wenn die Überschwemmung unbefriedigend sein sollte. Der ‚königliche Schatz' ist daher in Wirklichkeit ein Speicher, jede Provinz hat den ihren, und es ist die doppelte Aufgabe einer guten Verwaltung, Deiche und Kanäle in gutem Zustand zu erhalten und dafür zu sorgen, daß die Speicher immer voll sind. Diese Notwendigkeit hat zweifellos in hohem Maße zur Errichtung eines zentralisierten autoritären Regimes und zur Entwicklung einer leistungsfähigen Verwaltung beigetragen."[126]

Jedesmal, wenn die zentrale Verwaltung zusammenbrach, gab es in Ägypten eine Zeit des Niederganges (erste und zweite Zwischenzeit), bis es wieder gelang, die Verwaltung für eine gewisse Dauer aufzubauen (altes, mittleres und neues Reich). Die Zwischenzeiten waren Epochen der Wirren des Hungers: „Die Aufrechterhaltung der systematischen Kontrolle des Stromes ist so kategorisch, daß die geringste Schwäche der Zentralmacht wirtschaftliche Katastrophen zur Folge haben muß und diese wiederum erleichtern die Rückkehr zu einer stark zentralisierten Macht."[127]

Um eine größere Anzahl von Menschen zu ernähren, mußte der Nil über ein kompliziertes Schleusensystem auf die Felder geleitet werden. Ein solches Schleusensystem ist aber nur durch Zentralisierung der Kommunikationsstruktur möglich gewesen, was gleichbedeutend ist mit Herrschaft, die über indirekte Kommunikation vermittelt ist. Mit der indirekten Kommunikation und der auf ihr und den vier Axiomen der Herrschaft fußenden Institution betrat die Menschheit im Hinblick auf die Ordnung des Zusammenlebens völliges Neuland. Weder der einzelne noch die Gruppe hatte von Natur aus so etwas wie ein „Organ" für indirekte Kommunikation oder für Institutionen. In den Jahrhunderttausenden der Evolution gab es nie ein Training oder eine Auswahl für institutionsgerechtes Verhalten. Institutionen konnten direkt weder auf spezifische Verhaltensmuster noch an bestimmte Organe anschließen. Wenn die in diesem Buch von den Paläoanthropologen übernommene These stimmt, daß kulturelle Verhaltensmuster an die vorhandenen Vitalfunktionen anschließen müssen, indem sie den Sinn dieser Vitalfunktionen zum Teil ändern, zum Teil erweitern, dann kann man das Ausmaß dieser ersten Revolution der zwischenmenschlichen Beziehungen ungefähr erahnen. In den letzten Jahren und Jahrzehnten wird versucht, einzelne Rituale von Institutionen auf verschiedene Vitalfunktionen zurückzuführen und auszuleuchten, welcher Sinn ursprünglich etwa mit Demutsgesten oder dem Teilen von Speisen verbunden war. Hier befindet sich die Forschung sicherlich noch in ihren Anfängen.

Es ist aber andererseits abwegig anzunehmen, daß alle kulturellen Verhaltensweisen auf Vitalfunktionen und deren ursprünglichen Sinn zurückgeführt werden können. Speziell die immer größeren Abstraktionsleistungen entfernen sich deutlich von den Verhaltensmustern der Steinzeit. Herbert Kühn formuliert den Gedanken, den die Philosophen seit mehr als 2000 Jahren monieren, folgendermaßen: „Das Mesolithikum ist der allmähliche Weg zu einer vollkommen anderen Stellung des Menschen im Kosmos. Wenn der Mensch der Eiszeit konkret denkt, wenn ihm das Wirkliche im Vordergrund steht, dann denkt der Mensch der bäuerlichen Periode, seit dem Neolithikum, abstrakt. Er ist dem Jenseits verbunden.

Schiller hat in seiner Abhandlung ‚Etwas über die erste Menschengesellschaft' die Wandlung als die glücklichste und diese Änderung als die größte Begebenheit in der Menschengeschichte bezeichnet. Er nennt diesen Wechsel einen Abfall von dem Instinkt, er nennt ihn die erste Äußerung der Selbsttätigkeit, das erste wahre Stück der Vernunft. Und das ist es in der Tat, und die Funde bestätigen auf das genaueste diese rein gedankliche Überlegung Schillers. Das Denken tritt ein in seine abstrakte Form. Es ist das Denken über das Gute, über das Böse, über das Verhalten von Mensch zu Mensch, es ist das Denken über die Seele, das Denken über den Tod. Und Schiller sagt, es entsteht damit die entscheidende Wandlung. Er spricht es so aus: ‚Der Mensch wurde dadurch aus einem Sklaven des Naturtriebes ein freihandelndes Geschöpf, aus einem Automat ein sittliches Wesen, und mit diesem Schritt trat er zuerst auf die Leiter, die ihn nach Verlauf von vielen Jahrtausenden zur Selbstherrschaft führen wird.''[128]

Das „abstrakte Denken des Ackerbaus" umschreibt den schon mehrfach beschriebenen Zirkel der Entwicklung: die Zentralisierung von Funktionen führt zu Abstraktionsleistungen, die Abstraktionsleistungen ihrerseits ermöglichen wiederum eine verbesserte, zentrale Organisation. Ein typisches Produkt dieses Zirkels ist etwa die Schrift. Schrift ist das Paradebeispiel einer indirekten Kommunikation, in dem die Kommunikation selbst vergegenständlicht wird. Sie steht schon deutlich auf der Seite rationaler Zwecke gegen unmittelbare Bedürfnisse. Wer in der Hier- und Jetztsituation immer die ganze Gruppe für Entscheidungen parat hat, wer keine Informationen sammeln und kombinieren muß, wer keine Konflikte an dritte delegieren kann, wessen Dependenzen nicht außerhalb der Gruppe liegen (was alles auf die Nomaden zutrifft), der braucht keine Schrift. Wenn aber nicht mehr alle in einem organisatorischen Gebilde zusammengefaßten Menschen miteinander direkt kommunizieren können, ist die Schrift eine Möglichkeit, die Dialektik von Einheit und Unterschied voranzutreiben.

Räumliche und zeitliche Differenzen können dennoch zur situativen Einheit gebracht werden. Ein Mensch kann reagieren auf eine Mitteilung, die ein anderer vor längerer oder kürzerer Zeit weiter oder näher entfernt an ihn richtet. Arnold Gehlen schreibt: „Die Schrift nämlich wie das Bild wenden sich in dauerndem Material an jeden, der sehen und verstehen kann, das heißt sie entlasten den Inhalt auch noch vom Erzähltwerden. Von jeder konkreten Sprachsituation, sie abstrahieren, wie die Erzählung an sich, von jedem Sprecher der Mitteilung und jedem angebbaren Adressaten, darüber hinaus sogar noch von jedem beliebigen Zeitpunkt der Kenntnisnahme und Aktualisierung. Das in Stein geschnittene, in Stein geformte mythische Bild muß in seiner sichtbaren Unendlichkeit der Dauer und in seiner überwältigenden Indifferenz gegen das Zur-Kenntnis-genommen-werden für das archaische Bewußtsein von höchster Bedeutung gewesen sein. Daß also der Mythos sich in Ägypten, Babylonien usw. als Bild oder als Schriftdenkmal niederschlug, hat nichts Überraschendes, denn damit wurde die im Mythos angelegte Tendenz zur Endgültigkeit, zu Stereotypierung nur gesteigert. Aber es besteht nur ein notwendiger Zusammenhang zwischen Mythos und Bild, keiner zwischen Mythos und Schrift. Denn die Schrift ist durchaus profaner Herkunft."[129]

Mit profaner Herkunft meinen Historiker und Philosophen oft, daß die Schrift vermutlich ursprünglich für die Aufzeichnung der Tempelwirtschaft Verwendung fand. Da aber die Unterscheidung „ökonomisch" gleich „profan" und „sakral" eine viel spätere Abstraktion darstellt, kommt dieser Aussage keine Bedeutung zu. Die Tempelwirtschaft und ihre organisatorischen Prinzipien gehörten sicherlich in den Bereich des Standards, in den Bereich der Übernatur, weshalb auch kommunikative Möglichkeiten gesucht werden mußten, vom Hier und Jetzt und deren Vergänglichkeit bei Mitteilungen absehen zu können.

Ich halte die Entwicklung der Schrift eher für den Ausdruck einer geglückten Synthese der Dialektik von nicht möglichen, aber notwendigem Ende einer Kommunikation. Mit den Institutionen (den vier Axiomen der Herrschaft) gelang den Menschen, etwas zu schaffen, was sie vorher relativ erfolglos schon mit ihren Toten probierten: *nämlich Kommunikation unsterblich zu machen*; um den Preis der Nichtbeachtung der einzelnen und der kommunikativen Situation des Hier und Jetzt gelang der Schritt zur Unsterblichkeit: ein Toter lebt, weil seine Worte, Aussagen, Befehle, Handlungen in Stein aufgeschrieben werden konnten. Daß der Inhalt der ältesten Urkunden nach unserer heutigen Terminologie wirtschaftlicher Art ist, sollte den Blick nicht ablenken davon, daß es sich auch bei diesen Aufzeichnungen um Standard handelt: um allgemeine und damit unsterblich gewordene Kommunikation.

Jede Form der Einteilung von Feldern und Wasser, von Bauten und Wegen, jede Form des Maßes von Öl und Korn, Früchten und Fleisch, jede Form der Zählung von Vieh oder Waffen stellt in seiner Fixierung eine allgemeine, dauerhafte, unsterbliche Form der Kommunikation dar, deren Ausdruck die Schrift ist.

Meines Erachtens trifft diese Dialektik ansatzweise schon auf die Bilder zu, die Menschen vor vielen Jahrtausenden in Steine ritzten. Auch sie sind unsterbliche Kommunikation, wenn wir ihren Sinn und den mitgeteilten „Inhalt" enträtseln können. Ich kann mich der Meinung E. Cassirers nicht anschließen, wenn er sagt: „Alle Schrift beginnt als mimisches Zeichen, als Bildzeichen, wobei das Bild zunächst noch keinerlei Bedeutungs- und Mitteilungscharakter in sich schließt. Es tritt vielmehr für den Gegenstand selbst ein; es ersetzt ihn und steht für ihn. Auch die Schrift gehört in ihrem ersten Hervortreten und in ihren primären Gestaltungen der magischen Sphäre an."[130] Gerade die Magie ist ja eine Form der ritualisierten Kommunikation, die versucht, die Umwelt des Menschen in seine Kommunikation einzubeziehen. Cassirer sagt dann auch weiter – m. E. völlig im Widerspruch zu dem eben zitierten Satz: „Sie (die Schrift) dient der magischen Besitznahme oder der magischen Abwehr: Das Zeichen, das dem Gegenstand aufgedrückt wird, zieht ihn in den Kreis des eigenen Wirkens hinein und hält fremde Einwirkungen von ihm fern. Dieses Ziel wird umso vollkommener erreicht, je mehr die Schrift dem, was sie darstellen will, gleicht – je mehr sie also reine Gegenstandschrift ist. Lange bevor das Schriftzeichen als Ausdruck eines Gegenstandes begriffen wird, wird es daher gewissermaßen als der substantielle Inbegriff der Wirkungen, die von ihm ausgehen, als eine Art dämonischer Doppelgänger des Gegenstandes gefürchtet."[131]

Auf die Wirkungen, die von einem Menschen oder einem Gegenstand ausgehen, kam es und kommt es den Menschen, die miteinander kommunizieren immer noch an. Cassirer drückt diesen Gedanken eine Seite später aus, wenn er meint: „Es gibt kein bloß Gedachtes, Vorgestelltes oder Gemeintes, das nicht zugleich ein Wirkliches und Wirksames wäre."[132]

Die indirekte Kommunikation in den Formen der zentralisierten Funktionen wird durch die Schrift zu jener Wirklichkeit, die auch wirksam genug ist, die Dependenzumkehr herbeizuführen. Die nicht bloß gesagten, sondern auch aufgeschriebenen Regeln, Befehle oder Ordnungsversuche der jeweiligen Zentralfunktionäre (Heilige, Könige) wurden der erste Ansatz für allgemeine Prinzipien des indirekten, kommunikativen Handelns, also zu Ordnungsprinzipien des Intergruppenbereiches.

Diese Ordnungen stellten eine Einheit des jeweiligen Kommunikationsgefüges dar, ohne die Unterschiede zu zerstören. Eine solche Einheit kann den Tod von einzelnen und von Gruppen überdauern. Mit der Schrift wurde daher das zweckrationale, unsterbliche Moment der Institution auf Kosten des Momentes der Bedürfnisse und der Emotionen weiter entwickelt. Bei Gehlen heißt es: „Das rationale Denken ist gekennzeichnet durch die Lösung vom Konkreten und Anschaulichen, also durch Abstraktheit, wie die Schrift nach Überwindung der Bilderschrift; es löst sich vom Emotionalen und Subjektiven zugunsten größerer Objektivität, so wie auch die Schrift die emotionalen und musikalischen Elemente der Sprache fallen läßt, und es hat die Richtung auf überindividuelle oder konventionelle Allgemeingültigkeit, so wie die Schrift für ‚beliebige Leser' da steht. Beide Seiten können sich nur an – und gegeneinander entwickelt haben, in einem Vorgang der Wechselwirkung, bei dem der Außenhalt der Schrift für die Funktionalisierung dieser Bewußtseinsstruktur unentbehrlich war."[133]

Die Funktionalisierung dieser Bewußtseinsstruktur aber war die Weiterentwicklung der vier Axiome der Herrschaft von einer zweckrationalen Organisationsform zu einer Logik, die den Menschen auf das Denken in Über- und Unterordnungen hin schulte.

Den vorläufig letzten Höhepunkt dieses Unsterblichkeitscharakters von Institutionen stellt die Naturwissenschaft mit ihren abstrakten und „ewigen" Gesetzen dar. In der Form der Naturwissenschaft ist menschliche Kommunikation „unsterblich" geworden. Wie es dazu gekommen ist, soll nun im folgenden untersucht werden.

3 Die Heilige Ordnung: Denkform und Gesellschaftsform

Wenn Schrift also dazu erfunden wurde, um den Unsterblichkeitscharakter von Institutionen zu dokumentieren, dann mußte sich dieser Charakter in einer schriftlichen und für alle verbindlichen Ansammlung von Regeln, die zueinander nach den vier Axiomen der Herrschaft geordnet sind, niederschlagen. H. Klein beschreibt diesen Übergang: „So hat also nicht der Handel und die Stadt als solche zur Schriftlichkeit des Mythos und damit zu seiner zweiten Epoche im angegebenen Sinn geführt, sondern die ‚zentrale Planwirtschaft' der Kanalbauer in ihrer Bindung an das heilige Königtum.

Für die Geschichtlichkeit als Erkenntnis des Guten und Bösen muß festgehalten werden, daß nunmehr die Bindung der Gewissenssubstanz, der Sittlichkeit, an den Ritus nicht mehr bloß über die unmittelbare Sitte, sondern auch über das von einer differenzierten Regierungsmacht konstituierte Recht erfolgt."[134]

3.1 Das Recht

Das Recht ist eine recht eigenartige Frucht der Kommunikationsstruktur: einerseits stellt es Resultat der tatsächlichen Wünsche und Bedürfnisse sowie der allgemeinen Übung im Ordnen der zwischenmenschlichen Beziehung dar, andererseits gelingt diese Ordnung nur dadurch, daß die widersprüchlichen Beziehungen in einen Bereich gehoben (abstrahiert) werden, in dem gerade von diesen Beziehungen abgesehen werden kann. Denn Rechtsausübung bedeutet die Subsumption (Unterordnung) einer Situation, eines Falles, einer Beziehung unter ein allgemeines Prinzip, das natürlich von den jeweiligen Zentralfunktionären (Könige, Herrscher) aufgestellt wurde.

Am Recht wird daher die Aporetik der Dependenzumkehr besonders deutlich: die meisten Rechtsnormen lassen in ihrer Untersuchung auf ihre Entstehung irgendwie einen Zusammenhang mit der Gewohnheit, dem Brauch und der Übung erkennen. Daß Menschen in einer bestimmten Weise zusammenleben, die jeweilige Öffentlichkeit (einer Familie, eines Stammes, eines Dorfes, einer Stadt oder eines Volkes) sich in bestimmter Weise in die Angelegenheiten einzelner einmischt, ist noch nicht Recht. Zum Recht wird es erst durch die Setzung (Satzung) einer Autorität, der es obliegt, „die Ordnung" herzustellen.

Eine der ältesten Überlieferungen aufgeschriebenen Rechtes, nämlich der Kodex Hammurabi, scheint entstanden zu sein, indem Hammurabi die an ihn im Laufe der Zeit herangetragenen Rechtsfälle sowie die Entscheidungen, die er zu treffen pflegte, aufschrieb. Sein Motiv, diese Rechtsfälle auf eine Stele in Stein meißeln zu lassen, war, „daß seine Gerechtigkeit" eine größere Verbreitung fände. Er wollte einer gerechten Ordnung damit Dauer verleihen. Hammurabi selbst bezeichnet sein Werk als „dinat misarium", als „Rechtssprüche einer gerechten oder heiligen Ordnung", und sagt in der Einleitung: „Ein unterdrückter Mann, der eine Rechtssache hat, soll vor meine Statue, die des Königs der gerechten Ordnung, hingehen, meine geschriebene Stele sich vorlesen lassen und meine hochzuschätzenden Worte anhören; meine Stele soll ihm seine Rechtssache aufhellen, so daß er sein Recht sieht."[135]

Der Form nach geht also Hammurabi bei der Aufzeichnung seiner gerechten oder heiligen Ordnung von den Bedürfnissen der Bürger aus. Betrachtet man aber den Inhalt seiner 208 Paragraphen, dann erweisen sie sich größtenteils als Handlungsanweisungen: wie Verträge gemacht werden müssen; wie und wann man eine Frau bekommt; Sklavenkauf und -tausch; Miettarif und Kaufpreis sowie Strafmaß für bestimmte Straftaten.

Eine gerechte und heilige Ordnung ist offenbar dann erreicht, wenn die Menschen sich bei ihren Handlungen an die Anweisungen halten, die Hammurabi in Stein meißeln ließ. Im Brockhaus (1972) heißt es unter „Recht": „Das Recht tritt dem einzelnen mit dem Anspruch entgegen, von ihm als Richtschnur seines Verhaltens anerkannt und befolgt zu werden ... Solange es anerkannt und befolgt wird, beeinflußt es das Verhalten der Menschen und dadurch die soziale Struktur."[136]

Sollte irgendjemand das Recht nicht befolgen, so sind schon im Kodex Hammurabi eine Reihe von drastischen Maßnahmen vorgesehen, ihn dennoch dazu zu zwingen bzw. den Rechtsbruch zu rächen: Körperverstümmelung, Erschlagen, Ertränken, Verbrennen, vom Turm hinabstürzen usw. Man hat somit Grund anzunehmen, daß das Recht nicht nur Recht von Brauch und Übung darstellt, sondern auch als Grund für Handlungen angesehen werden kann. Recht hat in einem Rechtsstaat derjenige, der die Rechtsnormen als Motiv nimmt, d.h. sich an die Regeln hält. Wer dagegen verstößt, hat unrecht. Das Recht hat aber als Motiv (Grund für Handlungen) nur Sinn, wenn es allgemein ist (Beispiel: Rechtsfahrordnung). Für alle gleichartigen Fälle trifft nur eine Norm zu.

Es ist nicht schwer, somit das Recht als Ausdruck der Zentralisierung von Funktionen zu erkennen. Sowohl die Organisation der Rechtsprechung als auch die abstrakte Einteilung der Normen folgen dabei ungefähr den vier Axiomen der Hierarchie.

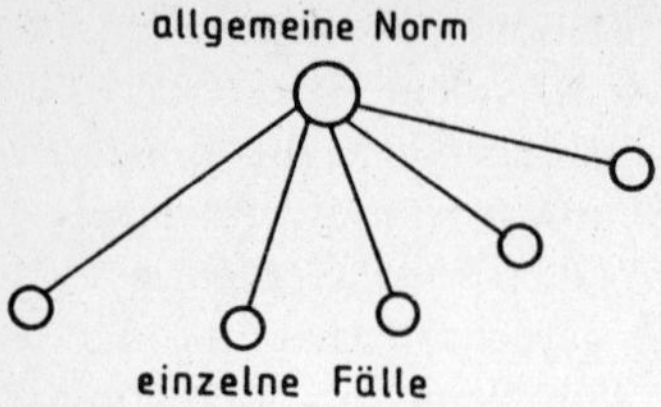

Abb. 11

Ein Richter (Zentralperson), der selbst an dem Konflikt nicht beteiligt sein darf (Weisheitsaxiom), entscheidet (Entscheidungsaxiom) nach den Gesetzen und den vorliegenden Informationen (Wahrheitsaxiom) den vorgelegten Fall, indem er ihn dem Gesetz unterordnet (Dependenzaxiom).

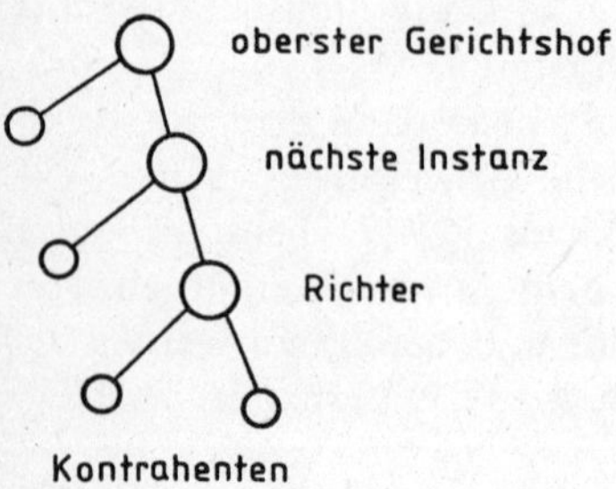

Abb. 12

Der Richter wird selber von einer höheren Instanz überprüft, diese wiederum von einer noch höheren, bis schließlich irgendwann eine oberste Instanz das letzte Wort zu diesem Fall sagt. Darüber gibt es nur noch den Gesetzgeber.

Die jeweils höheren Instanzen entscheiden aber nach den in den Gesetzesmaterien implizierten und jeweils allgemeineren Gesichtspunkten, so daß die personelle und funktionelle Organisation der Rechtsprechung der Hierarchie der Normen folgt.

Nach der Hierarchie der Normen muß genau festzustellen sein, welche Zusammenhänge in welcher Über- und Unterordnung stehen. Das jeweils Untergeordnete (z.B. die Regel rechts vor links) setzt das jeweils übergeordnete (z.B. die Straßenverkehrsordnung) voraus, damit es Gültigkeit hat. Andererseits ist es natürlich offensichtlich, daß die Straßenverkehrsordnung mit ihren abstrakten Über- und Unterordnungen nur notwendig ist, um den Verkehr auf den Straßen zu ordnen. Das doppelte Voraussetzungsproblem der Zentralisierung ist also auch hier festzustellen. Beim Recht ist aber das Bewußtsein, daß es sich hier um Verallgemeinerungen handelt, noch wesentlich deutlicher, als es bei den Hierarchien der Organisationen ist. Der Richter wird auch noch eher als Repräsentant der Allgemeinheit angesehen als etwa ein Wirtschaftsfunktionär.

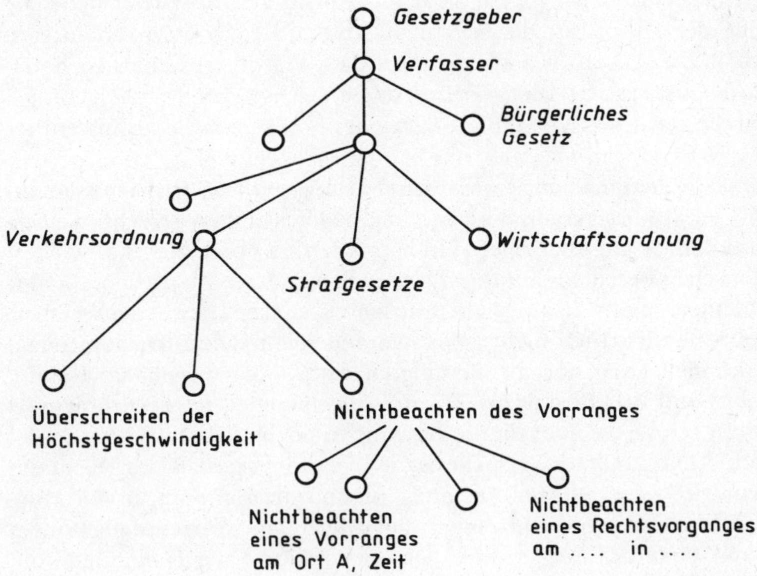

Abb. 13

Für den einzelnen kulminiert dieses doppelte Voraussetzungsproblem in der biblischen Frage: „Ist der Mensch wegen des Sabbat da oder der Sabbat wegen des Menschen?" Weil hier die oben beschriebene Dialektik der Institution dahintersteckt, kann diese Frage natürlich nicht linear beantwortet werden. Daher ist auch der Begriff der Gerechtigkeit ambivalent. Geht man von den Bedürfnissen des einzelnen aus, dann ist die „gerechte" Entscheidung jeweils die, die diesen Bedürfnissen entspricht. Die Mutter ist gerecht, wenn sie dem kleinen, neugeborenen Kind mehr Zuwendung gibt als dem älteren Kind. In einem biblischen Gleichnis bekommt der verlorene und dann heimgekehrte Sohn mehr Zuwendung vom Vater als der brave, daheimgebliebene Sohn. Der letztere empfindet die dem ersteren erwiesene Wohltat als ungerecht. Damit solche Konflikte überhaupt entschieden werden können – man kann sie offensichtlich nicht immer den Beteiligten überlassen –, muß ein formales Prinzip installiert werden, das von den Bedürfnissen (also von dem eigentlichen Konfliktstoff) absieht und die Handlungen oder Motive nach Normenkonformität beurteilt.

Sieht man von den Bedürfnissen der Menschen ab, ist eine Entscheidung natürlich leicht zu finden. Man ist fast versucht zu sagen: das könnten auch die Beteiligten, wenn man sie ließe. Können sie es auch wirklich? Oder neigen nicht die meisten Menschen dazu, auf Autoritäten auszuweichen? Die Entscheidung der Autorität, die sich nicht an den Bedürfnissen orientieren soll – weshalb die Autorität auch nicht an dem Fall interessenmäßig beteiligt sein darf (justitia hat verbundene Augen) –, ist grundsätzlich „ungerecht", weil sie davon absehen muß, daß jeder von seinen Bedürfnissen her recht hat.

Auf einer höheren Ebene – wo von den ungerechten Bedürfnissen abgesehen wird – ist aber gerade die Entscheidung des dritten gerecht, weil sie sich nicht auf den Gegensatz eingelassen hat. Allerdings bedeutet dies wiederum, daß Menschen bereit sind, *ihre* Probleme von anderen Menschen, die mit diesen Problemen nichts zu tun haben, lösen zu lassen. Dies bedeutet aber, daß die Probleme eigentlich nicht gelöst werden. Denn eine zufriedenstellende Lösung können eben nur die Beteiligten finden (dazu mehr im Kapitel über Konflikte und ihre Lösungen). Für die Allgemeinheit ist das Problem jedoch oft schon gelöst, wenn es für die Beteiligten noch nicht gelöst ist.

Für den Kommunikationsaspekt ist jedoch wichtig, daß das Rechtssystem ein Ausdruck der heiligen Ordnung ist und die Handlungen der Menschen in der Dialektik von Einzelnem und Allgemeinem nach dem Prinzip der Über- und Unterordnung ordnet. Die vier Axiome der Hierarchie konstituieren das Rechtssystem: die Situation ist in ihrer rechtlichen Beurteilung abhängig von der Norm, unter die sie subsumiert werden kann. Diese Norm ist Spezialfall einer allgemeineren usw. Schließlich sind irgendwelche Rechtsgrundsätze, von denen alle anderen abhängen, maßgebend. Nach diesem System wird Wahrheit von der jeweils höheren Instanz festgestellt und zur Entscheidung gebracht.

3.2 Die Moral

Das gleiche Prinzip der Ordnung als Über- und Unterordnung wurde auch zur Erklärung der Moral angewandt. Auch hier können einzelne Situationen kasuistisch unter moralische Normen subsumiert werden. Auch hier gibt es höhere und niedere Normen in einer Werthierarchie. Der heiligen Ordnung der Werte steht allerdings nach der christlichen Tradition das individuelle Gewissen gegenüber. Das Gewissen ist ein Versuch, die Selbstbestimmung nach dem Prinzip der Bedürfnisse auch gegen eine allgemeine – zentralisierte – Moralinstanz durchzuhalten.

Natürlich geriet das Gewissen in dieselbe Dialektik der Dependenzumkehr wie die Organisation und das Recht. Entscheidet nämlich ein Gewissen gegen eine moralische Norm, so kann es von den Hütern der Moral als „irrend" oder „verbildet" bezeichnet werden. Die Frage mit dem Sabbat und dem Menschen läßt sich dann so formulieren: Hat der einzelne das Recht, die Rangordnung der Werte je für sich anders zu ordnen, als zentrale Wertfunktionäre das für ihn tun?

Aus der Sicht der Kommunikationsstruktur ist dies die Frage, wie es zu den allgemeinen verbindlichen, sittlichen Normen überhaupt kommt? Werden die moralischen Normen von einigen Menschen anderen Menschen – im Extremfall gegen deren Willen – vorgeschrieben, oder haben letztere an der Verbindlichkeit der Normen auch Anteil?

Der kategorische Imperativ Kants stellt solange keine Lösung dieser Aporie dar, als nicht angegeben werden kann, wie er sich konkret sozialisiert. Im hierarchischen System ist die moralische Heteronomie genauso selbstverständlich wie die organisatorische Dependenz der Untertanen von den Obertanen. In einer katholischen Moraltheologie heißt es: „Sobald wir einen Beruf ergreifen, ein Handwerk ausüben, ein weltliches oder geistliches Amt, begeben wir uns auf vollkommen abgegrenzte und festgelegte Bahnen und die vollkommene Sittlichkeit besteht in dieser Hinsicht darin, sich anzupassen; sie will, daß wir unsere Pflicht tun, daß wir den Anforderungen und Verpflichtungen, an die uns unser Stand bindet, entsprechen."[137] Zurückgeführt wurden im Mittelalter – zum Teil bis heute – die moralischen Normen auf Gott, dessen „Zentralität" und die daraus resultierende Abhängigkeit der Menschen mit dem natürlichen Dependenzverhältnis von Vater und Kindern ausgedrückt wird. Thomas von Aquin geht dabei so weit, daß er die heilige Ordnung als natürlich und gottgegeben annimmt: „Dasjenige, was durch göttliches Gesetz vorgeschrieben ist, hat seine Richtigkeit (moralische Rechtheit und Güte) nicht nur auf Grund eines gegebenen Gesetzes, sondern bereits auf Grund der Natur.

Durch die Vorschriften des göttlichen Gesetzes wird nämlich der Geist des Menschen unter Gott geordnet, und alles andere, was im Menschen ist, unter die Vernunft. Nun fordert es aber schon die natürliche Ordnung, daß das Niedere dem Höheren untergeben sei. Also ist dasjenige, was durch göttliches Gesetz vorgeschrieben ist, bereits aus sich der Natur nach richtig (d.h. sittlich gut und verpflichtend)."[138] Thomas sieht eine Analogie zwischen der hierarchischen Struktur des göttlichen Gesetzes, der Moral, der Natur und der hierarchischen Struktur von Organisationen. Für ihn ist die Natürlichkeit dieser Art von Ordnung – das Niedere ist dem Höheren untertan – zugleich eine Begründung für den hierarchischen Aufbau der Moral: „Nun wurde bewiesen, daß der Mensch von Natur aus auf Gott als seinem Ziel hingeordnet ist. Also ist alles dasjenige, wodurch der Mensch zur Erkenntnis und Liebe Gottes angeregt und hingeführt wird, bereits von Natur aus richtig. Was sich aber gegenteilig hierzu verhält, das ist bereits von Natur aus für den Menschen schlecht. Also erhellt, daß ‚Gut' und ‚Schlecht' in den menschlichen Handlungen nicht nur auf der Gegebenheit eines Gesetzes, sondern schon aufgrund der natürlichen Ordnung beruhen."[139]

Die natürliche Ordnung ist aber diejenige, die durch die Vernunft erkannt wird. Vernünftig sind jedoch nicht die Bedürfnisse des einzelnen, sondern vernünftig ist die rationale Ordnung des Ganzen. Die Bedürfnisse des einzelnen sind nur soweit in diesem System akzeptabel, soweit sie sich der allgemeinen Ordnung unterwerfen: „Also ist es schon von Natur aus richtig, daß vom Menschen der Körper und die niederen Seelenkräfte so verwaltet und regiert werden, daß dadurch einerseits die Vernunfttätigkeit und das Gut derselben am wenigsten behindert wird und andererseits umsomehr Unterstützung findet. Wenn es sich aber anders verhält, so wird von Natur aus bereits eine Sünde vorliegen. Die Gewalttägigkeit, sowie die Schlemmereien und der ungeordnete Gebrauch des Geschlechtlichen, wodurch die Vernunfttätigkeit behindert wird, und das Unterworfensein unter Leidenschaften, die das freie Urteil der Vernunft behindern, sind schon von Natur aus schlecht."[140]

Die Begründung des Thomas von Aquin enthält eine von ihm selbst nicht reflektierte ideologische Voraussetzung: das System der Ordnung als Über- und Unterordnung generell als einziges Prinzip anzusetzen, nachdem die einzelnen Dimensionen des menschlichen Lebens geordnet werden können. Weil es für den Menschen selbstverständlich geworden ist, daß das Niedere dem Höheren untertan sei, sucht er die hierarchische Ordnung auch in der Natur – und findet sie auch. Weil er die heilige Ordnung aber in der Natur findet, begründet dies zugleich die Moralität und die Legalität sowie die Organisationsform des Zusammenlebens.

Der Vorrang der Rationalität – „alles, was im Menschen ist, muß unter die Vernunft geordnet werden" – vor allen anderen Dimensionen menschlicher Selbstverwirklichung (z. B. den emotionalen Bedürfnissen) ist dabei eines der Postulate der heiligen Ordnung. Dies führt an den Ausgangspunkt dieses Kapitels zurück, wo gezeigt wurde, daß von der Soziologie die Zweckrationalität der Organisation als deren konstitutives definitorisches Merkmal angesehen wird.

Das Paradoxe an der gegenwärtigen Situation der Sozialwissenschaften liegt allerdings darin, daß sie in einer Art Zeitverschiebung ein mittelalterliches Ordnungsprinzip implicite in der Methode übernimmt, von dem sie sich im Inhalt gerade freimachen will.

Denn die Ordnung der Natur – nach den Axiomen der heiligen Ordnung – ist ein mittelalterliches Postulat, das erst in der Neuzeit methodisch wirklich ausdifferenziert wurde. Nach den Ausführungen im ersten Teil versucht der Mensch mit Hilfe des Standards, die Umwelt kommunikativ zu bewältigen. Es läßt sich zeigen, daß er ein und dieselben Standardmodelle, die er für das Verständnis und für die Ordnung des Zusammenlebens verwendet, auch für die Ordnung der Natur heranzieht. Erst in der Philosophie – fast bin ich versucht zu sagen: bisher nur in der Philosophie – konnte sich der Mensch auch als „das andere der Natur" begreifen. Diese Selbstbestimmung ist aber erst ansatzweise in die Ordnung des Zusammenlebens eingegangen.

In einer totemistischen Ordnung etwa begreifen die Menschen sich als Tiere und ordnen sich die Verhaltensregeln der Tiere zu. Jede Gruppe oder jeder Clan hat sein eigenes Totemtier (Käuzchen, Krähe, Eidechse, Hase, Adler, Rabe). Die Einheitlichkeit der Tierklasse ist zugleich ein Realsymbol für die Einheitlichkeit der Gruppe.[141]

Ein Thomas des Totemismus müßte wahrscheinlich sagen: Es ist „natürlich", daß die Ordnung der Menschen und Tiere so ist, daß jeder einzelne zu einer Gruppe gehört und nicht zugleich zu einer anderen. „Hasen-Menschen" haben daher mit „Adler-Menschen" nichts gemeinsam. Offensichtlich ist die Welt nach Totemtieren und, daraus abgeleitet, nach Totem-Clans eingeteilt. Vielleicht könnte man daher die Pflanzen und Steine diesen Clans zuordnen. Natürlich könnte eine solche Totemlogik, selbst wenn sie zu einem allgemeinen kosmologischen Einteilungsprinzip würde, nicht die Zentralisierung von Funktionen nützen, da der Umgang mit Menschen andere Totems nur sehr beschränkt (z. B. in Form der Exogamie) erlaubt ist. Eine solche Ordnung erweist sich für die Inhaber dieses Weltbildes zwar nicht als weniger wahr, wohl aber in unserer Welt als weniger brauchbar. Das bisher sicherlich effizienteste Ordnungs- und Einteilungsprinzip ist die Herrschaft über die Natur, wie es von Thomas formuliert und von der neuzeitlichen Naturwissenschaft durchgeführt wurde.

3.3 Die Natur

Tiere, Pflanzen und Steine müssen je in sich als hierarchisch verstanden werden, um der gesellschaftlichen Selbstbestimmung der hierarchisch organisierten Menschen zu genügen. Diesem Gedanken des Thomas wird auch in der Gegenwart noch entsprochen. In dem 1975 erschienenen Buch von R. Riedl: „Die Ordnung des Lebendigen" heißt es im Vorwort: „Diesen ordnenden Mechanismus will ich versuchen darzulegen. Es ist das jener kausale Zusammenhang, der die Gesetzmäßigkeiten der Makroevolution sowie der geordneten, vorhersehbaren Mannigfaltigkeit der organischen Gestalten zur notwendigen Folge hat; ja der die Ursache dafür ist, daß das Lebendige nicht ein unbeschreibliches Wirrwarr, sondern eine beschreibbare Ordnung bildet, welcher selbst von den Mustern unseres Denkens und seinen ordnenden Folgen (unserer Zivilisation) entsprochen wird. Bei so universeller Wirkung besteht Gefahr, reale mit gedachter Ordnung zu verwechseln.“[142]

Von der Kommunikationstheorie her müßte man natürlich sagen, die Ordnung sei weder nur real noch nur gedacht, sondern in der Sozialstruktur gelebt und deshalb universell anwendbar. Riedl gibt denn auch gleich als Prinzip die Zentralisierung von Funktionen an: „Der Schlüssel liegt nämlich in der Einsicht, daß die zahlreichen Rätsel, die uns das Richtungshafte in der Evolution und das Vorhersehbare in Gestalt und Entwicklung noch immer aufgeben, sämtliche Konsequenzen jenes allgemeinen Ordnungsprinzipes sind. Sie verhalten sich wie die Fälle zum Gesetz.“[143]

Hierarchie ist nach Riedl eines der Grundmuster biologischer Ordnung: „Die Ordnung der Hierarchie ist durch Merkmale (oder Begriffe) gekennzeichnet, deren Geltungsbereiche, ohne daß sich ihre Grenzen schnitten, ineinander verschachtelt sind; wobei meist mehrere gleichrangige Unterbegriffe innerhalb eines Oberbegriffes vorkommen. Dabei bestimmt der Oberbegriff die Bedeutung seiner Unterbegriffe und diese gegengleich dessen Inhalt.“[144]

Sowohl das Verhältnis der Tiere und Pflanzen zueinander als auch der Aufbau des Organischen überhaupt, so wie die Wissenschaft der Biologie es bis heute erforscht hat, folgt den vier Axiomen der heiligen Ordnung: „Vom Regime der Hierarchie (griech.-byz.: ‚heilige Herrschaft‘) gewinnt man eine erste Vorstellung, wenn man sich bewußt wird, daß alle organischen Strukturen hierarchisch organisiert sind, alle Gemeinwesen des Menschen sich hierarchisch ordneten, ja, daß wir keinen Begriff zu bilden vermögen, der nicht durch seinen Oberbegriff Sinn und durch seine Unterbegriffe erst seinen Inhalt bekäme. Und man sieht auch sogleich, daß die Koinzidenz dieser drei Phänomene in einem Maße weit gespannt erscheint, daß man nicht auf den Gedanken kommen konnte, sie wären ursächlich verknüpft.“

Riedl sieht im Hierarchieprinzip aber noch eine universellere Struktur als bloß ein Ordnungsprinzip für das Organische: „Unser Denkapparat benützt das hierarchische Muster darüber hinaus zum Ordnen der anorganischen Erscheinungen, ja selbst der physischen wie gedachten Produkte des Menschen, wodurch endlich Zweifel aufkeimt, ob denn dieses Muster ein vorgegebenes oder hineingetragenes wäre. Schon in der Definition mußten ‚Merkmalsgruppe‘ und ‚Begriffe‘ synonym verwendet werden. Sogar die Sprachen sind sämtlich von hierarchischer Struktur. An dieser Stelle genügt es aber zu erkennen, daß das Hierarchiemuster so tief in unserem Vorstellungsvermögen verankert ist, daß es schwer fällt, eine nicht-hierarchische Welt auch nur zu denken. Tatsächlich sänke ein Großteil des bereits Verstandenen ins Unverstehbare.“

Das Prinzip der heiligen Ordnung ist das vermutlich in der Geschichte der Menschen universellst differenzierte, so daß ein anderes Prinzip (Riedl nennt für das Verständnis des Organischen noch drei weitere mögliche Ordnungsprinzipien) zunächst schon deshalb unterläge, weil es nicht gelingt, alle Phänomene, die mit der hierarchischen Ordnung bewältigt werden könnten, ebenso nach einem anderen Prinzip zu ordnen. Der eigentliche Hintergrund dieses Problems ist aber die schon im ersten Teil entwickelte Notwendigkeit für die Gruppe, die Umwelt in die Kommunikation des Menschen mit einzubeziehen, *wodurch notwendig Kommunikationsstruktur zugleich zum Ordnungsprinzip der Welt wird.*

Sieht man die Analogie zwischen Hierarchie, Denkstruktur und Ordnung in der Natur aber nur von der Seite der Naturwissenschaft, dann muß sie Riedl als seltsamer Zufall anmuten: ,,Wenn man an der Realität der hierarchischen Ordnung fixierten Bauteile nicht mehr zweifeln kann, dann ergeben sich zwei Konsequenzen: In der biologischen leiten wir die Realität der Homologa, der Baupläne, Systemgruppen und des hierarchischen Systems der Verwandtschaft aller Organismen ab. In einer erkenntniskritischen Konsequenz aber müssen wir sogleich fragen, wie denn nun die Koinzidenz mit den nicht minder universellen und völlig unersetzlichen Hierarchiemustern unseres Denkens zu beurteilen wäre.

Wir sind an den Ausgangspunkt des Kapitels zurückgekehrt, wenn wir feststellen, daß unser Denken keinen Begriff zu fassen vermag, wenn er nicht durch seine hierarchischen Unterbegriffe seinen Inhalt und durch seine Oberbegriffe seinen Sinn erhielte. Ja die Grenzen unseres Denkvermögens fallen mit jenen der Begriffshierarchie zusammen, wo uns jenseits von ‚Punkt', ‚Null' und ‚Bewegung' die Unterbegriffe, jenseits von ‚Raum', ‚Zeit' und ‚Unendlichkeit' die Oberbegriffe zu fehlen beginnen.

Wir sind aber über den Ausgangspunkt hinausgelangt, als wir erfahren haben, was von Realität und Zufall zu halten ist. Die Realität der Hierarchiemuster in der Natur schließt aus, daß es sich um eine Projektion des Denkens handelt und der Umfang dieser Koinzidenz, daß diese auf den Zufall zurückgeführt werden können. Wenn nun nur mehr ein ursächlicher Zusammenhang angenommen werden, das Denkmuster aber nicht Ursache des Naturmusters sein kann, so muß das Hierarchiemuster der organischen Strukturen die kausale Ursache des hierarchischen Denkmusters sein.''[145]

Warum kann das Denkmuster nicht Ursache des Naturmusters sein? Dem Naturwissenschaftler erscheint die Sache allerdings umgekehrt, und sie geben dafür auch Gründe an: es kommt zum hierarchischen Denken des Menschen – ganz so wie Thomas es gesagt hat –, weil eben die Natur so geordnet ist: ,,Erstens: Unter allen möglichen Formen von Gedächtnis und Vergleich muß die Evolution stets jene selektiv bevorzugen, die den objektiven Zusammenhängen in der Natur subjektiv am besten entsprechen. Zweitens: Bei den Kosten, die der Einbau, die Speicherung und die Aufrufung eines jeden bits verursacht, mußte das ökonomischste System gleichermaßen bevorzugt werden. Beide leiten nun zwingend zur Kanalisation in das Ordnungsmuster der Hierarchie.''

Der Naturwissenschaftler wirkt natürlich von diesem thomistischen Ansatz her systemstabilisierend. Denn wenn es tatsächlich nur dieses von der Natur den Menschen aufgezwungene Ordnungsmuster gibt, hat er keine Chance, sich über die vier Axiome der Hierarchie hinauszuentwickeln. Die Naturwissenschaften führen in diesem Fall zum Teil die Funktion der Kirche weiter, indem sie allgemeines Chaos androhen für den Fall, daß dieses Prinzip der Hierarchie verlassen werden sollte: „Tatsächlich sind die vergrößerten Erfolgschancen hierarchischen Fließens von Determinations-Befehlen nie ernstlich bezweifelt worden, nicht in der Gruppe, im Betrieb, in welcher Truppe, Kirche oder Staatsform immer. Sie werden überall demonstriert (in den Haufen der aufständischen Bauern wie in der Kaiserlichen Armee gegenüber). Und der Zusammenbruch der Ränge, wo sie fragwürdig werden, hat stets dieselbe Form von Chaos und Verwirrung zur Folge gehabt, mit dem einzigen Erfolg, daß sich die Ränge sofort re-etablierten, quer zu den ersten (also wider die Tradierungsgesetze), ja daß sie schon erforderlich waren, um jene effizient genug (mit Pech und Schwefel) verfolgen zu können.

Noch vertrauter sind uns die Hierarchieformen ihres Werdens. Wie im organischen Strukturbereich entstehen sie als Massen-Hierarchien undifferenzierter Menschen-Klassen (in den somit immer juvenil bleibenden Armeen, Sport- und Sparvereinen), um, sollten sie im Trubel des Fortschrittes lange überleben, in die Senilitätsphase der Schachtelhierarchie (der Kammerherren und Kirchenfürsten) einzumünden. Hierarchie ist eine Notwendigkeit: jeder Versuch sie zu ersetzen ersetzt (vor ihrer Wiedereinsetzung) Ordnung durch Chaos."[146]

Nicht nur das Lebendige, auch das Anorganische wird von der Physik hierarchisiert. Die Methode der Physik bzw. der Naturwissenschaften überhaupt folgt konsequent dem Prinzip der Zentralisierung von Funktionen. Das Prinzip heißt dort Induktion und Deduktion. Die beiden Begriffe sind nur eine andere Formulierung des schon bekannten Kommunikationszirkels. Ausgangspunkt der Naturwissenschaft sind immer die beobachtbaren Phänomene. Zur Wissenschaft wird die Beobachtung der Phänomene aber dadurch, daß eine bestimmte Vermutung über allgemeine Zusammenhänge vorausgesetzt wird, von der aus das Phänomen verstanden werden kann. Die einzelnen Vermutungen müssen zueinander ein widerspruchsfreies Verhältnis haben und unter eine jeweils noch zentralere Vermutung subsumiert werden können.

Sieht man einen Gegenstand zu Boden fallen, so „entdeckt" man noch nicht die Gesetze des freien Falls. Erst mit dem zentralisierten Wissen über Raum (als Abstand definiert), Zeit (als Maß der Bewegung definiert) und Erdbeschleunigung (deren Ursache die Schwerkraft sein soll) ist der Versuch, den Galilei unternahm, das Gesetz des freien Falls $s = \frac{g}{2} t^2$ zu finden sinnvoll. Aus der Analyse des Phänomens „freier Fall" in verschiedenen Fällen schließt man auf das allen gemeinsam „Dahinterliegende", nämlich auf die Schwerkraft. Die Schwerkraft ist zwar nicht sichtbar wie das Phänomen des freien Falls, sondern erst Resultat eines Abstraktionsvorganges verschiedener Fälle.

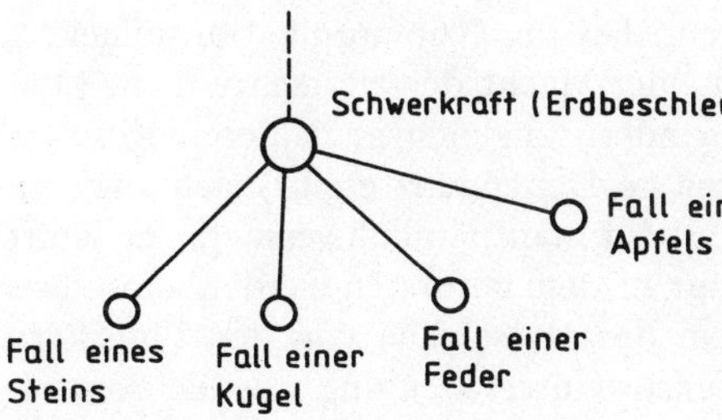

Abb. 14

Dennoch wird dieses Postulat der Zentralisierung dann als *Ursache* des Falls, etwa einer Kugel, angesehen. Dies ist die schon ausgeführte Dependenzumkehr der heiligen Ordnung, in der das ursprünglich Sekundäre durch die Herrschaft als Primäres angesehen werden kann.

Die Schwerkraft ihrerseits ist wiederum nur Spezialfall der allgemeinen Massenanziehung, die ihrerseits wieder nur ein Spezialfall des allgemeinen Phänomens von Anziehung bzw. Abstoßung darstellt usw. Ich habe an anderer Stelle ausführlich[147] auf die Schwierigkeiten hingewiesen, die auftreten, wenn die Physik versucht, die Schwerkraft selbst wieder als Körper zu bestimmen, wie das etwa beim Problem der Ausbreitung von Energie im Raume notwendig wird. „Energie unterwegs" ist eine ähnlich naheliegende, aber genauso aporetische Vorstellung wie „Kommunikation unterwegs". Für das „Außereinander" von Körpern, die sich an verschiedenen „Orten" des Raumes befinden, wird eine im Feld lokalisierte Ursache – nämlich die Kraft – verantwortlich gemacht. Es ist nicht weiter verwunderlich, daß die Dialektik der Kommunikation (wie kann eine Einheit hergestellt werden, ohne auch Unterschiede zu zerstören?) selbst in dieser schon sehr veräußerlichten Form immer noch Schwierigkeiten bereitet.

Denn die Kraft in der Physik – offensichtlich Resultat der Zentralisierung – ist Ursache von Bewegung oder jedenfalls Ursache der Änderung von Bewegung. Das Postulat der Dependenzumkehr war ja: Ursache der Handlungen der Untertanen sind die Obertanen oder die Herrscher. Veränderungen dürfen nur von den zentralen Funktionen ausgehen, weil nur sie über die Wahrheit verfügen. Mit den Menschen muß aber zugleich auch die Natur beherrscht werden. Daher „bleibt jeder Körper im Zustand der Ruhe oder der (geradlinigen) gleichförmigen Bewegung, wenn er nicht durch eine aufgeprägte Kraft gezwungen wird, seinen Zustand zu verändern.“ Dieses von Aristoteles aufgestellte und von Newton um das Wort geradlinig zum ersten Axiom der Mechanik erweiterte Prinzip der Bewegung zeigt die Rolle der Dependenzumkehr für die Physik.

Es ist nicht schwer vorauszusagen, daß die Kommunikationsdialektik der Herrschaft (nämlich daß die Kraft oder Macht der Herrscher nicht bloß Ursache der Arbeit der Untertanen, sondern zugleich auch deren Resultat darstellt, wodurch sich eine wechselseitige Dependenz ergibt) sich auch im Kraftbegriff der Physik zeigen muß: Sobald man nämlich versucht die Kraft zu finden, stellt sich heraus, daß sie nur in dem gefunden werden kann, was sie eigentlich bewegen soll, nämlich in der Masse. Die von den Physikern aufgrund dieses Widerspruches eingeführte Unterscheidung war die von träger und schwerer Masse. Träge Masse ist der Widerstand, den ein Körper seiner Beschleunigung entgegensetzt, und schwere Masse ist proportional der Kraft, mit der ein Körper auf die Unterlage drückt. Als schwere Masse ist sie somit Ursache der Beschleunigung, als träge der Widerstand gegen die Beschleunigung. Um diesem Widerspruch zu entgehen, werden sie einfach im Formalismus gleichgroß gesetzt – was eigentlich bedeutet, die Kraft aus der Diskussion gerade wiederum auszuklammern.

Die Physik hilft sich also beim Auftreten von Widersprüchen genauso wie die Herrscher in den Hierarchien. Das Problem (etwa der Widerspruch zwischen Raum und Körper) wird auf die nächst höhere Ebene verlegt (z. B. in eine mathematische Raumtheorie), wo die Widersprüche verschwinden und daher leicht gelöst werden können. Probleme, die sich auf diese Art nicht beseitigen lassen, werden überhaupt ausgeklammert oder ausgesperrt. Aussperren (von vogelfrei über entlassen bis ausbürgern) oder einsperren (außerhalb einer Gesellschaft, aber in einem Gefängnis) sind ja auch die Methoden, die Hierarchien anwenden müssen, um mit auftretenden Widersprüchen fertig zu werden.

H. Pietschmann erläutert die Zentralisierung für die Physik: „Unter physikalischem Fortschritt (oder Verbesserung des physikalischen Weltmodelles) verstehen wir die Möglichkeit, immer mehr experimentelle Ergebnisse unter immer weniger theoretischen Voraussetzungen zu erklären. ‚Erklären‘ heißt dabei, daß das Ergebnis eines Experimentes aus der Theorie (dem physikalischen Weltmodell) ableitbar ist. Der Physiker nennt dies eine Voraussage, unabhängig davon, ob das experimentelle Ergebnis schon vorliegt oder ob die Theorie ein neues Experiment erst vorschlägt. Nun ist das Kriterium dafür, daß eine Theorie akzeptiert wird, d. h. daß sie in das physikalische Weltbild miteinbezogen wird, gerade der Nachweis, daß kein Experiment den Voraussagen der Theorie widerspricht. Wenn ein Widerspruch auftritt, können wir nicht einfach feststellen, daß die Wirklichkeit eben doch widersprüchlich sei. Innerhalb des physikalischen Weltmodells ist der Widerspruch nicht akzeptabel. In einem solchen Fall muß entweder das Experiment oder die Theorie falsch sein. Wird das Experiment als richtig akzeptiert, dann muß die Theorie entweder modifiziert werden, oder sie muß in ihrem Gültigkeitsbereich eingeschränkt werden, oder der Widerspruch wird durch eine Zusatzhypothese aufgelöst. In diesem Fall muß jedoch auch die Zusatzhypothese unabhängig überprüft werden können, d.h. sie muß außer der Auflösung des Widerspruchs auch zumindest ein weiteres experimentelles Ergebnis voraussagen. Die Erklärung nur eines Experimentes durch eine Zusatzhypothese ist unzulässig.

Wir sehen also, daß das Postulat der Widerspruchsfreiheit oder die Voraussetzung der logischen Axiome den Filter darstellt, der das physikalische Weltbild aus der Wirklichkeit extrahiert.“[148]

Physik im speziellen oder Naturwissenschaft im allgemeinen wäre also der Versuch, die Umwelt des Menschen nach demselben Modell „zu erkennen“ (besser wäre: zu konstruieren), nach dem die Menschen untereinander organisiert sind. Dies ist im Falle der europäischen Kultur – in der ja auch Wissenschaft so weit vorangetrieben wurde – die Ordnung als Über- und Unterordnung. Die vier Axiome der Herrschaft gelten auch als Axiome der Erkenntnis für die Wissenschaft.

Man könnte hier den Satz Galileis über die Physik (Physik heißt, alles Meßbare messen und das Nichtmeßbare meßbar zu machen) verallgemeinern und sagen: Wissenschaft bedeutet, alles Erklärbare erklären (in eine Ordnung bringen) und das Nichterklärbare trotzdem erklären. Manchmal nehmen die abstrakten Konstruktionen in der Wissenschaft skurrile Formen an, weshalb Lichtenberg über die Zusatzhypothesen einmal bemerkt: „Es gibt viel zwischen Himmel und Erde, wovon sich unsere Wissenschaft nichts träumen läßt. Aber es gibt noch mehr in der Wissenschaft, wovon sich weder im Himmel noch auf der Erde etwas findet.“

3.4 Die Logik

Explizit für die Wissenschaft wurden die vier Axiome der Herrschaft aber schon bei den Griechen als die sogenannten logischen Axiome reflektiert. Unter Logik verstehen wir den Versuch, sich der Denkstrukturen, die verwendet werden, um die Phänomene der Umwelt zu bewältigen, bewußt zu werden. Logik ist und war natürlich stark an der Sprache orientiert.

Wie sich die Logik aus der Kommunikationsstruktur ergibt, versteht man am besten, wenn man die klassische Einteilung in Begriff, Urteil und Schluß analysiert.

3.4.1 Der Begriff

Schon bei den Griechen wird der Begriff von der kommunikativen Zentralisierung her verstanden. Begriff ist das, womit die Menschen etwas meinen, was an vielen Dingen gemeinsames Merkmal ist. Kant stellt den Begriff dann der Anschauung gegenüber: „Der Begriff ist der Anschauung entgegengesetzt, denn er ist eine allgemeine Vorstellung dessen, was mehreren Objekten gemeinsam ist."[149] Begriffe müssen demnach definiert werden können, d.h. in ihrer Allgemeinheit (Zentralität) gegen andere abgegrenzt werden. Zur Allgemeinheit kann nur der kommen, der viele verschiedene Gegenstände vergleicht und feststellt, was ihnen gemeinsam ist. So weisen oft sogenannte primitive Sprachen, die nur von einer kleinen Gruppe von Menschen gesprochen werden, Merkmale geringerer Zentralisierung bzw. Allgemeinheit auf. Indianer etwa benennen verschiedenfarbige Bananen oder Afrikaner verschiedenfarbige Datteln mit je verschiedenen Worten. Höher entwickelte Sprachen nennen hingegen alle Datteln eben Datteln und fügen die Farben als differentia specifica dazu. Die Begriffe stellen also bereits eine erste Form sprachlicher Zentralisierung dar. Ihre Definitionen müssen deutlich, präzise und komplett sein, damit sie untereinander in eine hierarchische Ordnung gebracht werden können. Die Hierarchie der Begriffe – auch als porphyrischer Baum bekannt – ist eine der ersten Reflexionen über den Zusammenhang von Denkstrukturen und Gesellschaftsstrukturen.
„Definitio fit, genus proximum cum differentia specifica", lautet das Prinzip der Logiker. Man geht zur nächsthöheren Instanz und gibt an, wodurch sich der Begriff von seinem Nachbarbegriff unterscheidet. Der Mensch ist ein vernunftbegabtes Lebewesen, ein animal rationale. Das Tier ist ein belebter Körper usw.

Die Begriffe sind somit im hierarchischen Begriffssystem das, was die Individuen in einer Organisation darstellen, allerdings nur hinsichtlich ihrer allgemeinen Funktion. Denn das einzelne selber ist undefinierbar. Was angegeben werden kann, sind immer nur die allgemeinen – ist gleich – zentralen Bestimmungen. Die Begriffe sind also die Übertragung der sozialen Identität eines Menschen in die sprachliche Kommunikation. Wer oder was ist das?

3.4.2 Das Urteil

Weil aber Kommunikation zwischen verschiedenen Individuen stattfindet, ist erst die Kombination verschiedener Begriffe eine Aussage: das Urteil. Im Deutschen bedeutet das Urteil neben der Feststellung eines Sachverhaltes in der Logik auch noch die richterliche Entscheidung, sozusagen die Feststellung einer sozialen Wahrheit. Durch das Urteil werden also die Verhältnisse der Individuen zueinander geklärt. Wer gehört zu wem, was ist wem gemeinsam usw. Versucht der Begriff eine Sicherheit auf ‚Wer ist das?‘ Frage zu geben, so gibt ein Urteil Sicherheit auf die Frage ‚Welche Beziehungen herrschen hier?‘

Nach den Beziehungen werden daher die Urteile in der Logik auch eingeteilt: Quantität, Qualität, Relation und Modalität sind vier Kategorien, wie man Urteile einteilen kann.

1. Quantität

Die kommunikative Frage nach der Quantität lautet: *Wieviele gehören dazu?* Für die Logik ergeben sich daraus die Bestimmungen: alle, einige oder nur einer. Demnach beziehen sich die Urteile auf:
alle: *universelle*: alle Menschen sind Lebewesen oder alle gehören dazu;
einige: *partikuläre*: „einige Menschen sind Österreicher“ oder Minder-Mehrheit gehört dazu;
einen: *singuläre*: „Max ist ein Wiener“ oder nur einer gehört dazu.

Entsprechend diesen drei Möglichkeiten ist der Informationsstand des Urteilenden bei universellen Urteilen:
umfassend oder alle wissen es und denken so;
bei partikulären Urteilen: lückenhaft oder einige wissen es und denken so;
bei singulären Urteilen: zufällig oder einer weiß es und denkt so.

2. Qualität

Die kommunikative Frage nach der Qualität ist: Wie gehöre ich dazu? Welche Funktion hat ein Mitglied? Wie weit stimmen die Mitglieder mit der Gruppe oder deren Aussagen überein? Dabei ergeben sich wieder drei Möglichkeiten:
sie stimmen zu: bejahende oder affirmative Urteile: „die Behauptung ist wahr“;
sie stimmen nicht zu: verneinende oder negative Urteile: „die Behauptung ist unwahr“;
einige stimmen zu, einige nicht: unendliche oder limitierende Urteile: „die Behauptung sagt nicht dieses, dieses, dieses ...“;
oder einmal ja oder nein oder es ist ungewiß.
Affirmative Urteile sind einschließend und betreffen den Kern einer Gruppe: $A = B$
Negative Urteile sind ausschließend und betreffen die Außenseiter oder die andere Gruppe: $A \neq B$.
Limitierende Urteile betreffen ein anderes Problem: $A \neq B \quad C \quad D \ldots$

Wenn die Quantität den Informationsstand betrifft, so wird durch die Qualität der Diskussionsstand ausgedrückt. Zustimmung bedeutet Einverständnis: es ist klarerweise so. Negation bedeutet Widerspruch bei Streit: es ist klarerweise nicht so. Limitation bedeutet Unklarheit: es ist unklar oder ganz anders.

3. Relation

Die kommunikative Frage nach Relation ist: Mit wem gehöre ich dazu? In welcher Gruppierung wird entschieden? Man könnte Relation auch mit „entscheidende Beziehung" übersetzen.
Wird die Entscheidung autoritär getroffen: kategorische Urteile: „Ich treffe die Entscheidung".
Gibt es bezüglich der Entscheidung verschiedene Gruppierungen, die miteinander verhandeln, um zu einer gemeinsamen Entscheidung zu kommen: hypothetische Urteile: „Wenn ihr zustimmt, dann stimmen auch wir zu".
Können sich verschiedene Untergruppen aber nicht auf ein gemeinsames Resultat einigen, dann gibt es: disjunktive Urteile: „Es geschieht entweder das, was wir wollen, oder das, was ihr wollt".
Die Relation gibt Auskunft über den Argumentationsstand eines Problems in einer Gruppe.
Kategorische Urteile werden verwendet, wenn nur eine Auffassung möglich ist, sei es aufgrund der Autoritätsstruktur oder der Sache, die als Autorität angesehen wird.
Hypothetische Urteile verwendet man, wenn die Koordination von Meinungen oder von Zusammenhängen wichtig ist.
Disjunktive Urteile werden verwendet, wenn verschiedene Alternativen abzuwägen sind.

4. Modalität

Die kommunikative Frage nach der Modalität ist: Mit welcher Sicherheit bin ich dabei? oder Wie gerne bin ich dabei?
Hier gibt es wiederum drei Möglichkeiten:
Ich muß unbedingt dazugehören: apodiktische oder Notwendigkeitsurteile – Imperativ.
Ich gehöre dazu, ich fühle mich wohl: assertorische oder Wirklichkeitsurteile – Indikativ.
Vielleicht könnte ich mich dort wohl fühlen: problematische oder Möglichkeitsurteile – Konjunktiv.

Die Modalität könnte man auch mit der „Überzeugung", die in einer Gruppe herrscht, übersetzen. Dinge und Zusammenhänge, die über jeden Zweifel erhaben und selbstverständlich sind („Dies muß man einfach so sehen."), werden mit apodiktischen Urteilen ausgesagt. So verlangt etwa die katholische Kirche per definitionem der Zugehörigkeit Glauben von ihren Mitgliedern für „de fide divina" oder „de fide catholica" verkündete Wahrheiten. Wer sie nicht glaubt, ist nicht nur von der Kirche ausgeschlossen, sondern auch verdammt (annathema sit).

Daneben gibt es in jeder Gruppe Dinge, die man nicht glauben muß, obwohl sie den Mitgliedern als relativ sicher erscheinen. Die katholische Kirche nennt solche Wahrheiten etwa „theologice certum". Sie werden mit assertorischen Urteilen vorgetragen.

In jedem Sozialgebilde gibt es aber problematische und strittige Wahrheiten. So steht am untersten Ende der Qualifikationsskala theologischer Wahrheiten die „sententia tolerata", die gerade noch geduldete Meinung, gegen die das Lehramt nur bloß noch nicht eingeschritten ist.

In der Logik berühmt geworden sind vier Urteile, die sich aus der Kombination aus quantitativen und qualitativen Urteilen ergeben. Sie werden abgekürzt nach den Worten affirmo und nego als a- und i-Urteile sowie als e- und o-Urteile bezeichnet.

a-Urteil ist allgemein bejahend: alle Menschen, die diese Aussage betrifft, sind eingeschlossen.

i-Urteil ist partikulär bejahend: einige Menschen sind eingeschlossen.

e-Urteil ist allgemein verneinend: alle sind ausgeschlossen.

o-Urteil ist partikulär verneinend: einige sind ausgeschlossen.

Diese Einteilung der Urteile ist für das Schlußverfahren wichtig. Denn man kann nach den Regeln der Logik von einem a-Urteil auf ein i-Urteil schließen (wenn alle Frauen Menschen sind, dann auch die Ehefrauen), nicht aber von i auf o (wenn in einigen Ländern die Menschenrechte gelten, so noch nicht in allen). Ebenso kann man von einem e-Urteil auf ein o-Urteil schließen, aber nicht umgekehrt.

Man kann von dieser Analyse her nun auch unschwer jeweils den kommunikativen Sinn der „logischen Faustregeln", die im Laufe der Tradition aufgestellt wurden, verstehen, wie z. B.: „Aus bloß negativen Aussagen kann nichts geschlossen werden." Wer keine Beziehungen hat, kann grundsätzlich in einem Sozialgefüge nicht vermitteln. Kommunikationsexperimente haben ergeben[150], daß eine Person umso größere Chancen hat, einen Sachverhalt zu begreifen (z. B. gemeinsame Figuren auf verschiedenen Karten herauszufinden), über je mehr Kommunikationslinien sie verfügt.

Oder: „Aus bloß positiven Aussagen kann keine negative erschlossen werden." Wer sich ohne Abweichung an den Standard hält, kann nicht ausgeschlossen werden. Ausschluß setzt eine Störung des Kommunikationsgefüges voraus. Oder: „Aus bloß besonderen Aussagen folgt nichts" (Major muß universell sein). Dies bedeutet, daß unwesentliche Gemeinsamkeiten sozial nicht wirksam werden, wie etwa die sogenannte serielle Kommunikation, daß etwa eine Anzahl von Menschen „zugleich", aber nicht „gemeinsam" vor dem Fernsehapparat sitzt.

Diese Liste ließe sich fortsetzen, sie genügt aber, um zusammenfassend festzustellen: Beziehungen sind notwendig, damit Erfahrungen gemacht werden können. Jede Gruppe muß sich aufgrund dieser Beziehungen zu einer Feststellung der Wirklichkeit durchringen, die auch eine emotionale Bedeutung hat. Die Doppeldeutigkeit im Wort ‚Urteil' hat also einen guten Sinn. Die Verbindung solcher Beziehungen zu einem System der anonymen Kommunikation besorgt aber nun der Schluß.

3.4.3 Der Schluß

Schlüsse sind Regeln zur Verknüpfung von zwei oder mehreren Urteilen über einen gemeinsamen Mittelbegriff. Es ist die klassische Denkform der Zentralisierung von Funktionen. Denn mit Hilfe von Schlüssen, allein durch Kombination verschiedener Informationen (Prämissen), ohne selbst Erfahrungen gemacht zu haben, kann jemand Neues erkennen.

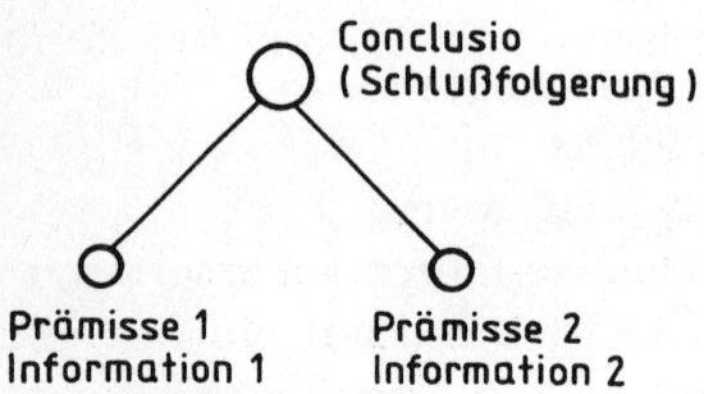

Abb. 15

Mit Hilfe des Schlußmodelles kann eine Zentralperson Erkenntnis erhalten, die keiner der beiden oder vielen Informationsgeber haben kann. Am besten wäre es natürlich, wenn die Zentralperson für sich allein, sozusagen unabhängig von allen Informationen Erkenntnisse haben könnte. Kant hing dieser Idee an, indem er meinte, es gebe Urteile, die Neues bringen, ohne sich auf die Erfahrung zu stützen: „Wenn ich über den Begriff A hinausgehen soll, um einen anderen B damit verbunden zu erkennen, was ist das, worauf ich mich stütze, und wodurch die Synthesis möglich wird? Da ich hier den Vorteil nicht habe, mich im Felde der Erfahrung danach umzusehen. Man nehme den Satz: Alles, was geschieht, hat seine Ursache. In dem Begriff von etwas, das geschieht, denke ich zwar ein Dasein, vor welchem eine Zeit vorhergeht etc., und daraus lassen sich analytische Urteile ziehen. Aber der Begriff einer Ursache liegt ganz außer jenem Begriffe, und zeigt etwas von dem, was geschieht, Verschiedenes an, ist also in dieser letzteren Vorstellung gar nicht mit enthalten. Wie komme ich denn dazu, von dem, was überhaupt geschieht, etwas davon ganz Verschiedenes zu sagen, und den Begriff der Ursache, obzwar in jenem nicht enthalten, dennoch, als dazu und sogar als notwendig gehörig, zu erkennen. Was ist hier das Unbekannt, = X, worauf sich der Verstand stützt, wenn er außer dem Begriff von A ein demselben fremdes Prädikat B aufzufinden glaubt, welches er gleichwohl damit verknüpft zu sein erachtet? Erfahrung kann es nicht sein, weil der angeführte Grundsatz nicht allein mit größerer Allgemeinheit, sondern auch mit dem Ausdruck der Notwendigkeit, mithin gänzlich a priori und aus bloßen Begriffen, diese zweite Vorstellung zu der ersteren hinzugefügt. Nun beruht auf solchen synthetischen, das ist Erweiterungs-Grundsätzen, die ganze Endabsicht unserer spekulativen Erkenntnis a priori; denn die analytischen sind zwar höchst wichtig und nötig, aber nur, um zu derjenigen Deutlichkeit der Begriffe zu gelangen, die zu einer sicheren und ausgebreiteten Synthesis, als zu einem wirklich neuen Erwerb erforderlich ist."[151]

Analyse und Synthese werden hier von Kant in ein Über- und Unterordnungsverhältnis gebracht. Um etwas analysieren zu können, ist das Wissen schon vorausgesetzt, mit dessen Hilfe ich etwas analysieren will. Die „Einheit" muß verlassen werden um der Unterschiede willen, später kommt man wieder zur Einheit zurück. Zeigt sich hier bei Kant in philosophischer Form die alte Entwicklungsdialektik der Kommunikation?

Es ist also das Kennzeichen der heiligen Ordnung, daß sich die Totalität des Systems, alles Wissen und alle Erkenntnis überhaupt nur an einem Punkt, nämlich im Zentrum befinden können. Die Logik ist die Lehre, wie man zu dieser Totalität des Wissens kommt, indem man die vorausgesetzten Bestimmungen der Phänomene über Abstraktionen und über die Entwicklung der Gegensätze oder sonstwie zu einer Einheit bringt. Diese Einheit im Zentrum ist dann wieder die Voraussetzung für eine organisatorische Einheit, die mit Hilfe der Dependenzumkehr distribuiert wird.

3.4.4 Die Axiome der Logik

Die Einheit im Zentrum wird nun auf jeden Fall mit Hilfe von Schlüssen hergestellt. Nun müssen Regeln gefunden werden, wie verschiedene Urteile zu Schlüssen kombiniert werden dürfen. Wir können annehmen, daß eine Kombination von Urteilen, die die heilige Ordnung zerstören würde, von den Logikern nicht zugelassen werden kann. Dies geschieht am einfachsten dadurch, daß die vier Axiome der Herrschaft eine Analogie in den obersten Prinzipien des Denkens haben und damit zugleich die Richtlinien von Verknüpfung zwischen Urteilen und Schlüssen darstellen.

3.4.4.1 Principium identitatis

Die hierarchische Position eines jeden Funktionärs muß genau definiert sein und darf sich durch Schlüsse, d.h. durch den Erkenntnisvorgang nicht ändern. Logisch heißt das: Begriffe müssen immer dieselbe Bedeutung während des Schlusses haben. Die Identität jeder hierarchischen Position wird aber durch Über- und Unterordnung definiert. Die Entscheidungskompetenz ist zugleich der Grad der Allgemeinheit. Höhere Positionen treffen allgemeinere und wichtigere Entscheidungen. Der Inhaber der obersten (zentralen) Position trifft die wichtigsten (letzten) Entscheidungen. In der Logik besagt dieses Axiom, daß die Position eines Menschen mit seiner Person identisch sein soll. Der Satz der Identität, formal A = A, behauptet, daß alles mit sich identisch sei. Die doppelte Weise einer Existenz, daß jemand zu sich selber stehen kann, wird in eine Einheit gebracht. In diesem Satz werden die Worte „jemand" und „zu sich selber" verwendet. Beides ist zwar unterschieden, muß aber eine Einheit sein. Der ‚jemand' ist die Position, die er bekleidet, im allgemeinen durch Name, Alter, Herkunft etc. definiert. Der ‚zu sich selber' wäre die Person, die sich von dieser Definition ja noch unterscheiden kann. Beide müssen aber für die Hierarchie identisch sein. Ihre Unterscheidung fällt ausschließlich in die Privatsphäre.

Dieses Axiom der Identität ist für das Schlußverfahren sehr wichtig. Besonders der zentrale Mittelbegriff darf seinen Sinn nicht im Übergang von der ersten Prämisse zur zweiten ändern. Sonst steht der Schluß nicht auf drei, sondern auf vier Beinen. Die „quarternio terminorum" ist die Vervierfachung des Begriffes, was ein beliebter Trugschluß ist.
Diamanten sind Steine,
Steine sind billigste Straßenpflaster.
Also sind Diamanten das billigste Straßenpflaster.
Man sieht deutlich, daß der Begriff Steine einmal im Sinn von Pflastersteinen und einmal im Sinn von Edelsteinen verwendet wurde. Der Preisunterschied von beiden macht den Schluß zu einem Trugschluß. Das formale Schema

$$\begin{array}{l} B = A \\ \underline{A = C} \\ B = C \end{array}$$

setzt voraus, daß A = A. Wenn hier also nur dasselbe Wort, nicht aber derselbe Inhalt gemeint ist, verstößt man gegen den Satz der Identität.

Wenn ein Begriff in einem hierarchischen Begriffsgefüge definiert (= eingegrenzt) ist oder ein Mensch eine Position in einem hierarchischen Organisationsgebilde hat, dann ist seine Identität durch Über- und Unterordnung, Kompetenzaufteilung, Rang, Insignien (Dienstwagen, Gehalt, Zimmer, Teppich, Abzeichen etc.) definiert. Es muß natürlich gewährleistet sein, daß dieser Mensch seine Identität auch nicht von sich aus ändern kann, sozusagen außerhalb der Kontrolle des Systems. Wer wann welche Entscheidungen zu treffen hat, darf nicht in der Beliebigkeit der Einzelperson liegen.

So besagt der Satz A = A auch, daß der einzelne Teil (z. B. ein Begriff) nur von einem Urteil her seinen Sinn hat. Jeder Begriff muß von einem System her definiert werden. Die Funktion eines Menschen wird von der Sozietät definiert und bestimmt. Denn dieses Axiom hätte keinen Sinn, würde A zu A nicht mit Hilfe eines Urteils zueinander in Beziehung gesetzt werden. Bei Euklid wird daher dieses Axiom auch so formuliert: „Das Ganze ist mehr als der Teil". Hier ist die geometrische Version der Zentralisierung von Funktionen ausgesprochen.

3.4.4.2 Principium contradictionis: das Wahrheitsaxiom

Das zweite Axiom der heiligen Ordnung folgt direkt aus dem ersten und besagt, daß es keinen Widerspruch geben darf. Es kann nicht etwas wahr sein und zugleich auch sein Gegenteil. Die Logiker formulieren dies auch so: „Dasselbe Prädikat (A) kann von demselben Subjekt (B) nicht zugleich bejaht und verneint werden."

Der Satz vom zu vermeidenden Widerspruch ist konstituierendes Element einer Organisation auf Basis der anonymen Kommunikation. Widersprüche, die im emotionalen Bereich der direkten Kommunikation ständig vorhanden sind, werden durch die Abstraktion zur anonymen Kommunikation vermieden. Ohne dieses Axiom läßt sich eine Organisation schwer aufbauen. Es ist zwar möglich, daß jemand zugleich liebt und haßt, daß seine Gefühle der Zugehörigkeit zu einer Gruppe ambivalent sind, aber es ist nicht möglich, daß er die Rechnung der Buchhandlung zugleich bezahlt und nicht bezahlt hat. Die Organisation des Buchvertriebes muß diesen Fall ausschließen. Dies bedeutet aber, daß die Konfliktkompetenz nicht bei den streitenden Partnern liegen darf. Die Wahrheit liegt in der Abstraktion von den Gegensätzen.

Identität und zu vermeidender Widerspruch besagt, daß durch die Hierarchie festgelegt wird, was sein darf und was nicht sein darf, was jemand ist und was er nicht ist, wofür er kompetent ist und wofür er nicht kompetent ist. Die heilige Ordnung entlastet durch diese Verallgemeinerung auch den Menschen von Ambivalenzen. Es gibt ein eindeutig Gutes und ein eindeutig Böses, wie es das Normensystem vorsieht.

Damit wird in der Logik explizit das Postulat aufgestellt, daß bestimmte zwischenmenschliche Kommunikationen (nämlich die zu Widerspruch führenden) ausgeklammert werden müssen. Der Primat der Rationalität vor jeder Art von Emotionen und der Primat der indirekten Kommunikation vor der direkten ist damit ebenfalls angesprochen. „Alles im Menschen wird unter die Vernunft geordnet", heißt es bei Thomas. Alles Unlogische, Irrationale fällt aus dem System heraus – und wird unter Umständen Privatsache.

3.4.4.3 Principium exclusi tertii: Das Weisheitsaxiom

Wenn alles mit sich identisch ist und der Widerspruch nicht vorkommen darf, dann muß festgelegt werden, auf welche Weise die Wahrheit gefunden werden kann, sollten dennoch Widersprüche auftreten: durch Delegation an die nächsthöhere Instanz, die nicht am Widerspruch beteiligt sein darf. Durch Verallgemeinerung werden aus Gegensätzen Unterschiede, die unter einen gemeinsamen Oberbegriff subsumierbar sein müssen.

Alles ist A oder nonA. Zwischen diesen Alternativen ist zu entscheiden. Er ist unparteiisch und hat die Weisheit. Durch die höhere Allgemeinheit werden Widersprüche zu Unterschieden, womit die Ordnung als Über- und Unterordnung hergestellt werden kann.

Das Weisheitsaxiom oder der Satz vom „ausgeschlossenen Dritten", wie es in der Logik heißt, hatte große Bedeutung für die Entwicklung von Konflikten und ihre Lösungen (s. nächstes Kapitel). Dieser Satz vom ausgeschlossenen Dritten wird in der Logik auch folgendermaßen formuliert: von zwei einander ausschließenden (kontradiktorischen) Gegensätzen muß einer wahr sein. Alles ist entweder A oder nonA, es gibt kein Drittes. Man könnte dieses Axiom auch als „Entweder-Oder-Axiom" bezeichnen. Dreht man den Satz um, dann zeigt sich, daß derjenige, der die Wahl zwischen zwei Alternativen hat, ohne schon einer Seite zuzugehören, die Macht und die Weisheit hat – sofern ein Konflikt oder ein Gegensatz auf eine solche Alternative gebracht werden kann.

Ordnung als Über- und Unterordnung setzt eine solche Aufteilung in Entweder – Oder voraus. Denn wenn etwas wahr ist und zugleich auch sein Gegenteil, dann ist eine übergeordnete Instanz, die zwischen beiden Alternativen entscheidet, nicht notwendig. Insofern bereitet dieses dritte Axiom das vierte, das Machtaxiom, vor.

3.4.4.4 Principium rationis sufficientis: Das Machtaxiom

Die durch die ersten drei Axiome gewonnene Differenzierung in Über- und Unterbegriffe, in Ober- und Untertanen, muß aber nun ergänzt werden durch die Dependenzumkehr. Höhere und allgemeinere Bestimmungen müssen nun im Sinne der Zentralisierung von Funktionen aber zugleich den Grund für die niedrigeren Ebenen darstellen: alles hat einen zureichenden Grund, und dieser Grund liegt beim jeweiligen Vorgesetzten. Zentrale Instanzen treffen die Entscheidungen für die peripheren Funktionen, die von diesen Entscheidungen abhängig sein müssen, damit die Organisation der heiligen Ordnung funktioniert.

Die vier Axiome der Hierarchie konstituieren also ein geschlossenes System der Organisation, in dem die Kompetenzen kontinuierlich aufgeteilt werden können. Die Festlegung der Identität konstituiert ein Entscheidungskontinuum. Wo die Kompetenz des einen aufhört, fängt die der nächsten Stelle an. Der zu vermeidende Widerspruch konstituiert ein Wahrheitskontinuum. Es hat entweder der eine oder der andere recht. Die Feststellung der Wahrheit obliegt jeweils demjenigen, der an zentralerer Stelle agiert, weil nur er über den Zusammenhang der Informationen verfügt, wodurch ein Weisheitskontinuum konstituiert wird. Der an einem Konflikt nicht beteiligte ist grundsätzlich weiser als der Konfliktpartner („audiatur et altera pars"). Die jeweiligen Untertanen müssen aber, damit dieses System auch funktioniert, von den Obertanen abhängig sein, wodurch ein Dependenzkontinuum entsteht. Es ist ein zureichender Grund für einen Untergebenen, etwas zu tun, weil ein Vorgesetzter es anordnet. Besondere Hierarchien meinen sogar, es sei der einzig mögliche und ausreichende Grund für einen Mitarbeiter, etwas durchzuführen, daß es als Befehl von oben kommt.

Hegel leitet den Satz vom Grund aus der Dialektik von Identität und Unterschied ab. Tatsächlich scheint auch bei der Zentralisierung der Funktionen, wobei sozusagen als Überbau die logischen Strukturen der Hierarchie entwickelt wurden, das Problem der Einheit der Unterschiede, die wegen der Arbeitsteilung aufrechterhalten bleiben müssen, das Vordinglichste zu sein. Die Identität der zentralen Stelle darf sich nie so in die Unterschiede auflösen, daß die Funktionen nicht mehr wahrgenommen werden können. Die Unterschiede der Peripherie andererseits dürfen nie so weit nivelliert werden, daß es nichts Verschiedenes mehr zu koordinieren gibt und die Arbeitsteilung nicht mehr ausgenützt werden könnte.

Fassen wir zusammen. Die vier Axiome der heiligen Ordnung oder Herrschaft haben im Laufe der Zeit zu einer Logik geführt, die man natürlich auch Herrschaftslogik nennen kann. Sie wird heute durch eine Wissenschaft gestützt, die sich genau an die Axiome hält, obwohl im Laufe der Denkarbeit immer wieder Aspekte auftreten, die das Verlassen dieser Art von Logik nahelegen. Wir aber wollen fragen: Ist Ordnung als Über- und Unterordnung die einzige Möglichkeit, menschliches Zusammenleben in indirekter Kommunikation zu gestalten, oder gibt es noch andere Möglichkeiten? Getreu unserem kommunikativen Ansatz werden wir daher die andere Frage nachrangig behandeln: Gibt es in der Organisation der Legalität oder in der Erkenntnis der Natur nicht auch noch andere Möglichkeiten als die Logik der heiligen Ordnung? Erst wenn sich neue Formen des Zusammenlebens gesellschaftlich und ökonomisch bewährt haben, kann man darangehen, etwa auch Gesetze zu ändern.

Die Praxis der Organisation ist denn auch einerseits der Grund, warum die vier Axiome so streng durchdifferenziert wurden, andererseits liegt auch dort wiederum die Notwendigkeit und damit die Möglichkeit, diese Ordnung weiter zu entwickeln. Das wesentlichste Kennzeichen der vier logischen Axiome ist ihre Brauchbarkeit. Sie sind zur Zeit für den Aufbau einer Hierarchie unentbehrlich. Es sei gestattet, dies an einem Gedankenexperiment zu demonstrieren:

Nehmen wir an, der Leiter einer Organisation, sagen wir eines mittleren Industriebetriebes, sucht einen neuen Personalchef. Wenn er ihn nicht aus dem Hause nehmen kann, wird er inserieren oder einen head-hunter damit beauftragen. Als Inseratentext werden dabei ausschließlich funktionale Differenzierungen verwendet werden. Irgendwelche persönlichen Momente können noch gar nicht mitspielen, da ja der neue Personalchef als Person noch gar nicht bekannt ist. Ausbildung, Qualifikationen, Titel, Gehalt, Aufgabenbereich etc. werden etwa in einem Inserat oder sonstwie bekannt gemacht.

Der potentielle Personalchef muß – als Bewerber – sich unter die angegebenen funktionalen Kategorien subsumieren können: seine „Eigenschaften" müssen mit dem Verlangten übereinstimmen und seine Erwartungen mit dem Gebotenen. Ein Kontakt ist ohne eine solche Funktionalisierung und damit Vergegenständlichung eines Menschen (in anonymer Kommunikation) nicht möglich. Ohne Bereitschaft, sich bei einem „neuen Herrn" zu „verdingen", kann daher auch kaum ein Kontakt hergestellt werden.

Man kann sich den Gegenstandscharakter einer solchen Geschäftsanbahnung auch dadurch verdeutlichen, daß man die auf ähnliche Anonymisierung über abstrakte Eigenschaften beruhende Heiratsannonce vergleicht:

> „Akademikertochter, berufstätig, 1,75 m, schlank, blond, sportlich, jung, natürlich wirkend, trotzdem sensibel, sucht Herrenbekanntschaft."

Hier wirkt die Vergegenständlichung über die Eigenschaften dem Problem inadäquat, obwohl offensichtlich in anonymer Kommunikation kaum andere Möglichkeiten gegeben sind.

Nehmen wir an, der Kontakt zum Personalchef-Kandidaten ist hergestellt, Herr Maier kommt, um sich vorzustellen. Meist wird diese erste Möglichkeit der direkten Kommunikation, die viele irrationale und emotionale Dimensionen haben kann, jedoch sofort wieder vergegenständlicht, indem der Betroffene einem Test unterzogen wird.

Mit einem Test wird versucht, bestimmte abstrakte Eingeschaften am Menschen festzustellen. Was nicht zu testen ist, ist natürlich die kommunikative Dimension, die ja von Situation zu Situation verschieden ist. Doch selbst für den Fall, daß ein Test versucht, Interaktionsverhaltensmuster zu erfassen, kann diese nur gelingen, wenn diese Interaktion bereits vergegenständlicht wurde. Das heißt, daß tatsächlich für eine ganze Reihe von Tätigkeiten die dazu notwendigen „Fertigkeiten" getestet werden können. Wie sich der Betroffene aber in das Sozialgebilde tatsächlich einfügen wird, ist natürlich nicht getestet, wenn man „Fähigkeiten zum Einfügen" untersucht.

Die Motive von Managern in leitender Position, immer neue und ausgeklügeltere Testverfahren entwickeln zu lassen oder zu kaufen, liegen aber auch noch woanders: jeder dialektische Prozeß ist dadurch gekennzeichnet, daß das Resultat nicht linear vorweggenommen werden kann. In der Philosophie wurde diese Dimension des Handelns auch oft mit dem Wort Freiheit umschrieben. Die negative Seite dieser Freiheit ist die grundsätzliche Unsicherheit, die den Beginn jeder Kommunikation, die sich nicht auf eine Gegenstandsrelation reduzieren läßt, kennzeichnet. Bei einer Neueinstellung etwa haben diese Unsicherheit notwendigerweise sowohl der „Chef", der nicht weiß, ob der „Neue" tatsächlich helfen wird – er könnte ja auch ein Versager werden –, als auch der Einzustellende, der nicht weiß, ob es ihm in dieser neuen Konstellation gelingen wird, sich wieder (nicht) zu bewähren. Diese Unsicherheit muß, um der Freiheit des Handelns willen, in Kauf genommen werden.

Als vor einiger Zeit ein für Neuaufnahmen zuständiges Vorstandsmitglied eines großen Unernehmens an mich herantrat mit dem Vorschlag, einen spezifisch für dieses Unternehmen geeigneten Test zu entwickeln, wurde mir im Laufe des Gespräches bald klar: was er eigentlich kaufen wollte, war das Orakel von Delphi. Er versuchte mit Hilfe der Wissenschaft die Unsicherheit, die ihn bei der Einstellung von neuen Mitarbeitern begleitet, loszuwerden oder doch deutlich zu reduzieren, sozusagen einen Blick in die Zukunft zu werfen: wird sich derjenige bewähren oder nicht? Eine grundsätzlich nicht zu beantwortende Frage (das einzige, was man machen kann, ist in bestimmten Bereichen eine Negativauslese durchführen, z.B. formal sehr unintelligente Menschen nicht beim Computer als Programmierer einsetzen und ähnliches).

Den meisten Testpsychologen ist der Wunsch ihrer Auftraggeber, dem lieben Gott ein wenig in die Karten zu schauen, auch bewußt. Sie betonen daher auch immer wieder die Relevanz des Testes und dessen Aussagefähigkeit. Trotzdem können sie nicht verhindern, daß das Testergebnis von Wünschen interpretiert wird, die in der Kommunikation auftretende Unsicherheit der menschlichen Beziehungen mit Hilfe des Test zu reduzieren, auch wenn seine Aussagefähigkeit dadurch überstrapaziert werden sollte. Im Gegensatz dazu meint ein anerkannter Testforscher, G. Fischer: „Es ist allerdings nicht anzunehmen, daß sich die Psychologie, insbesondere die psychologischen Tests, einer größeren Wertschätzung erfreut als ihrer tatsächlichen Leistungsfähigkeit entspricht."[152]

Fischer sagt einige Seiten später: „Man merkt, daß die Physik bei der Begründung der klassischen Testtheorie Pate gestanden hat."[153] Sie steht nicht nur bei der Testtheorie Pate, sondern auch oft bei verschiedenen Formen der Organisation, die ja eine der Hauptfunktionen von Institutionen für den einzelnen, eben die Verminderung von Angst darstellt.

Sogar für die Probleme der Partnersuche – Kommunikationsprobleme schlechthin – bieten heute Institutionen Sicherheit durch einen Spruch des delphischen Orakels: Eheanbahnungsinstitute versprechen mit Hilfe von Computertests die Auswahl von zueinander passenden Eigenschaften; als ob es sich bei der Partnerwahl darum handelt, von zwei Teilen einer Maschine festzustellen, ob sie zueinander passen. Von den Tageszeitungen wird diese „wissenschaftliche“ Form der Astrologie daher mit gutem Instinkt meist auf ein und derselben Seite mit den Horoskopen abgedruckt: sie gehen eben von den Bedürfnissen der Leser aus.

Nun wird zwar durch derartige Formen institutioneller Zukunftsschau dem Bedürfnis nach größerer Sicherheit tatsächlich entsprochen, allerdings um den Preis der Subsumtion der Selbstbestimmung unter eine allgemeine, meist sogar gegensätzlich bestimmte Kategorie. Es ist wieder dieselbe Kommunikationsdialektik, die schon oft bei der Zentralisierung von Funktionen aufgetreten ist: der Mensch findet den Grund für sein Handeln nicht nur in sich selbst oder in der Gruppe, sondern in einer Instanz außerhalb, von der er aber auch abhängig sein muß, damit er für den Verlust der Selbstbestimmung Sicherheit eintauscht.

Wir kehren zu dem Beispiel der Aufnahme eines neuen Personalchefs zurück. Der nächste Schritt, nachdem mit oder ohne Test die erste Angst auf beiden Seiten überwunden ist, und zugleich eine Möglichkeit, diese Angst weiter zu reduzieren, stellt die Subsumtion des Bewerbers unter die vier Axiome der Hierarchie dar. Um die Bedeutung dieser Axiome zu verstehen, müssen wir uns einen Fall ausdenken, in dem gegen diese verstoßen wird:

Der Vorgesetzte hat dem neuen Personalchef zunächst eine funktionelle Identität zu geben, ohne die dieser in der Organisation nicht arbeiten kann. Angenommen, er sagt ihm nicht, wer seine Vorgesetzten sind und wer seine Untergebenen sind, er weist ihm keinen Aufgabenbereich zu, er gibt ihm keinen Schreibtisch und kein Zimmer, er sagt ihm nicht die Höhe des Gehaltes und auch nicht, welche Titel oder welche Arbeitszeit ihm zur Verfügung stehen – der Betreffende wird wahrscheinlich seine Tätigkeit für die Organisation nicht aufnehmen können. Auch das Finanzamt übrigens unterscheidet zwischen Arbeitnehmern und Selbständigen, die alle diese Funktionen für sich selbst zu bestimmen versuchen, was aber nur bei einer relativ geringen Anzahl von Berufen überhaupt möglich ist.

Ineressant ist in diesem Zusammenhang ein Befund bei Organisationen, die in einigen oder allen Abteilungen weitgehend nach dem Gruppenprinzip arbeiten, z.B. Montagegruppen, die ohne institutionalisierten Vorgesetzten auf Montage geschickt werden. Sie erbringen zwar eine relativ große Arbeitsleistung und zeigen auch eine geringe Fluktuation, weil die Gruppe für die einzelnen Mitglieder so etwas wie eine emotionelle Heimat wird – große Schwierigkeiten treten aber auf bei der Aufnahme von Neuen in die Gruppe. Besonders verwirrend ist für diese Neuen meistens das Fehlen einer institutionalisierten Autorität, die alle Funktionen – damit die Identität – des neuen Mitarbeiters definiert. Stattdessen in einen Kommunikations- und Arbeitsprozeß einzusteigen, als dessen Resultat vielleicht eine informelle Abgrenzung der Arbeitsaufteilung erfolgt, fällt vielen nicht leicht. Manchen ist dies sogar unmöglich. In diesem Punkt wird auch das Ausbildungsprogramm in den Schulen und Lehren in Zukunft mehr Rücksicht auf die Sozial- und Kommunikationsbezüge nehmen müssen.

Nehmen wir nun für unser Beispiel an, der Vorgesetzte hätte alle die genannten Funktionen und Definitionen für seinen neuen Personalmann vorgenommen. Dieser beginnt mit der Arbeit. Es wird vermutlich nicht lange dauern, bis einer der Kollegen des Neuen – sagen wir der Leiter der Finanzabteilung – sich darüber beschwert, daß der Neue Entscheidungen treffe (z. B. Gehaltsfestsetzung), die etwa das Lohngefüge durcheinander bringen oder das Budget überschreiten. Nun hat der Vorgesetzte zunächst seinem Personalchef zu erläutern, was er tun darf (A = A) und was er nicht tun darf, wofür er nicht zuständig sein kann (A ≠ nonA). Erst mit der Definition des Eingeschlossenen und des Ausgeschlossenen ist die Kompetenzaufteilung vollständig. Sodann hat er als ausgeschlossener Dritter (er gehört ja einer anderen hierarchischen Ebene an) in dem Streit zu vermitteln bzw. die Entscheidung zu treffen, zu der die beiden „Streithähne" nicht in der Lage sind (drittes Axiom).

Sollte sich im Laufe der Zeit etwa der Personalmann bezüglich der übernommenen Mitarbeiter beschweren kommen, kann man für das Gedankenexperiment auch noch das vierte Axiom auf seine Brauchbarkeit hin testen: der Vorgesetzte wird sich die Untergebenen kommen lassen und ihnen auseinandersetzen, daß der Befehl des Vorgesetzten für sie einen Grund zum Handeln darstellt – widrigenfalls müsse man daraus wohl Konsequenzen ziehen (Dependenzaxiom).

3.5 Die Universalität der heiligen Ordnung

Es scheint, als ob in den Hochkulturen, wiederum voran und speziell in Europa, die heilige Ordnung als das Universalprinzip verstanden wurde, nach dem viele Dimensionen kulturellen Denkens und Lebens geordnet wurden. Die Legalität und die Moralität, die Religion und die Natur, das Denken und die Organisationen – alles hat immer wieder dasselbe Prinzip: Ordnung ist Über- und Unterordnung; vielleicht hat diese Universalität der Anwendung auch ganz wesentlich zur Stabilität dieser Ordnung beigetragen. Denn ein Verstoß gegen diese Ordnung war nicht nur gegen die Natur, sondern auch wider die Moral, sie war gegen das Gesetz und sogar gegen das Denken, ganz abgesehen von religiösen Konsequenzen („Mut zeigt auch der Mameluk, Gehorsam ist des Christen Schmuck."). Gott als oberster Zentralfunktionär an der Spitze einer hierarchisch geordneten Welt (unter Gott die Engel, dann die Menschen, dann die Tiere, dann die Pflanzen und schließlich die Steine) ist Hüter der Wahrheit und zeigt auch die Richtung der Entwicklung an: Hinauf. Der Sünder kehrt zum Tier zurück (oder ist tierischer als das Tier), der Heilige gerät in die Nähe der Engel. Verbunden mit einer Rassenideologie („nicht fort sollt ihr euch pflanzen sondern hinauf") kann dieses universelle Prinzip wohl dazu führen, andere Erscheinungsformen des Zusammenlebens nur als Entwicklungsstufen zur eigenen – höchsten – Form der Organisation, zur heiligen Ordnung anzusehen. Daß die ehemals unterentwickelten Länder heute Entwicklungsländer heißen, zeigt die Stabilität dieser Ideologie.

Die Frage wird nun wohl unabweisbar, ob die durch die vier Axiome bestimmte Ordnung die einzig mögliche ist oder ob daneben – vielleicht sogar in Europa – Ansätze für andere mögliche Ordnungen vorhanden sind.

Die Konfrontation mit dieser Frage stellte für mich eines der bestimmenden Erlebnisse meines Denkens dar: ich durfte auf internationalen Hochschulwochen[154] einen Arbeitskreis über die Unterschiede zwischen europäischer und asiatischer Philosophie miterleben. Den größten Teil der etwa drei Wochen dauernden Tagung hatte ich dabei die europäische Philosophie zu vertreten. Die Leitung des Arbeitskreises oblag einem Koreaner, es waren aber auch noch Chinesen und andere Vertreter asiatischen Denkens anwesend. Man beschloß, mit der Erörterung des Begriffes des „Tao" zu beginnen. Das Einleitungsreferat des Chinesen dauerte schon einige Minuten, als er sich plötzlich widersprach und das Gegenteil des Vorhergesagten vortrug. Es war verabredet, daß man bei Verständnisschwierigkeiten sofort fragen durfte. Ich meldete mich zu Wort und wies auf den Widerspruch hin. Der Chinese nickte mir zu und setzte seinen Vortrag fort. Ich unterbrach noch einmal mit der Bemerkung, daß er doch bei eklatantem Widerspruch nicht einfach fortfahren könne, sonst würden seine Ausführungen unverständlich.

„Nein, nein", meinte er, „Sie haben mich gut verstanden", und setzte seinen Vortrag erneut fort. Erst in der Diskussion klärte sich der Sachverhalt. Die Asiaten waren über das Prinzip: ‚Von zwei einander widersprechenden Aussagen ist mindestens eine falsch', sehr erstaunt. „Die Welt ist doch voll von Widersprüchen", meinten sie. Auch das menschliche Zusammenleben ist voll von Widersprüchen. Mir hingegen schien die einfache, lineare (undialektische) Gegenüberstellung von Widersprüchen eben unlogisch. So sagt Laotse (nach einer ganzen Reihe von Aussagen über das Tao): „‚Das Tao kann nicht gehört werden', sagte Anfanglos; ‚was gehört werden kann, ist nicht das Tao. Das Tao kann nicht gesehen werden; was gesehen werden kann, ist nicht das Tao. Vom Tao kann nichts gesagt werden; was gesagt werden kann, ist nicht das Tao. Begreift Ihr das, was in allen sichtbaren Dingen unsichtbar ist? Das Tao sollte nicht genannt werden.'

Und Anfanglos sagte: ‚Wenn einer auf eine Frage über das Tao antwortet, kennt er das Tao nicht. Sogar wer über das Tao fragt, hat das Tao nicht gehört. Über das Tao kann nichts gefragt werden und auf diese Frage gibt es keine Antwort. Über das zu fragen, über das nicht gefragt werden sollte, heißt zu weit gehen. Eine Frage beantworten, die nicht beantwortet werden sollte, heißt die innere Wirklichkeit nicht erkennen. Wenn also diejenigen, die die innere Wirklichkeit nicht erkennen, versuchen, Fragern zu antworten, haben solche Leute weder das Wirken des Alles beobachtet, noch begreifen sie die letzte Quelle. Darum können sie das Kunlun-Gebirge nicht übersteigen und wandern im Reiche der großen Leere'."[155]

Wie kann aber jemand die innere Wirklichkeit erkennen, wenn er nicht einmal fragen darf, was das Tao ist? Im Laufe der Diskussion stellte sich allerdings heraus, daß es wohl – auch in unserem Sinn – dialektische Entwicklungen zur Bestimmung des Tao gibt. Es ist immer eine Einheit von Gegensätzen (das Yin des Negativen und das Yang des Positiven). Diese coincidentia oppositorum wird von Laotse allerdings an ganz trivialen Dingen entwickelt:

„Dreißig Speichen umgeben eine Nabe:
In ihrem Nichts besteht des Wagens Werk.
Man höhlet Ton und bildet ihn zu Töpfen:
In ihrem Nichts besteht der Töpfe Werk.
Man gräbt Türen und Fenster, damit die Kammer werde:
In ihrem Nichts besteht der Kammer Werk.

Darum: Was ist, dient zum Besitz.
Was nicht ist, dient zum Werk."[156]

Konfrontiert mit unseren Axiomen drängte sich den Asiaten der Vergleich mit Prokrustes auf. (Ein Hotelier in Griechenland hatte nur ein – sehr kurzes – Bett und dazu noch die Ideologie, daß alle Gäste genau hineinpassen müßten. Kam ein zu großer Gast, schnitt er ihm die Füße ab, kam ein zu kleiner, wurde er gedehnt, immer so viel, daß jeder Gast genau in das Bett paßte.) Die vier Axiome, so wurde mir erläutert, stellen doch nur eine Abstraktion von der Wirklichkeit des Lebens dar – so, als wollte man mit einem Zauberstab die Welt berühren, daß sie still und ewig so, wie sie ist, bleiben soll. Identität, so wurde argumentiert, würde in menschlichen Kommunikationen ständig zugrunde gehen und müßte sich immer wieder neu bestimmen. Das Allgemeine daraus sei gerade das Unwesentliche. Deshalb können auch zwei oder mehrere sich widersprechende Sätze wahr sein. Jedenfalls von den verschiedenen Parteien eines Konfliktes her sieht dies sicherlich so aus. Gegensätze müssen auch nicht immer auf ein Drittes ausweichen, um zu einer Einheit zu kommen. Im Gegenteil: asiatische Weisheitslehrer versuchen oft, die Autoritätsbildung durch Konfliktdelegation zu vermeiden – so jedenfalls Laotse.

Auch der Grund für Handlungen und Entscheidungen zur Bestimmung einer Wirklichkeit muß nicht notwendig im Vorgesetzten (vorausgesetzten) Allgemeinen liegen, er könne durchaus in einem selbst liegen. Allerdings, so Laotse: mit der Herrschaft kommen die Dinge in Unordnung. General Wolke trifft nach langem Suchen endlich den Großen Nebelhaften, macht einen Kotau und bittet, ihn befragen zu dürfen: „Dieser aber sprach: ‚Ich wandere umher und weiß nicht, was ich will. Ich ziehe herum und weiß nicht, wohin ich gehe. Ich lustwandle und beobachte unerwartete Geschehnisse. Was soll ich da wissen?'

‚Ich betrachte mich auch als Umherwandelnden', antwortete General Wolke, ‚aber die Leute folgen meinen Bewegungen. Ich kann sie nicht einfach abschütteln; sie folgen mir überall hin nach. Ich hätte gerne einen Rat'.

‚Daß die Planung des Himmels in Verwirrung geraten ist', sprach der Große Nebelhafte, ‚daß die Lebensbedingungen verletzt sind, daß der Wille des dunklen Himmels nicht erfüllt wird, daß die Vögel des Himmels nächstens schreien, daß Dürre die Bäume und Kräuter schlägt, daß sich Verderben unter den kriechenden Wesen verbreitet – ist die Schuld derer, die andere beherrschen möchten!'

‚Ja', erwiederte General Wolke, ‚aber was soll ich da tun?' ‚Ach', rief der Große Nebelhafte, ‚seid still und geht in Frieden nach Hause'."[157]

Von den Herrschern meint Laotse, konsequent gemäß seiner unlogischen Logik: „Doch (von den Besten) wenn ihr Werk vollbracht ist, bemerken die Leute: ‚Wir haben es selbst getan'."[158]

Nun ist es natürlich keineswegs so, daß wir diese Erkenntnisse nur in außereuropäischen Kulturen finden. Es gibt auch in den europäischen Traditionen viele Ansätze, diese Art von Logik als Universalprinzip des Denkens und des Handelns zu relativieren und dazu Alternativen zu suchen. Überall dort, wo der Bereich der Emotionalität in irgendeiner Form für die Ordnung mit herangezogen wird, ergibt sich sofort die Notwendigkeit, auch „Unlogisches" zuzulassen bzw. sogar für gut zu halten. Allerdings haben solche Ansätze von Heraklit über Augustinus bis zu Freud immer wieder unter dem starken Druck der Logiker und der Wissenschaft zu leiden gehabt.

Daher scheint das Prinzip der heiligen Ordnung doch relativ leicht auf seine positiven und negativen Seiten hin einsehbar.

So sagt Novalis:

„Wenn nicht mehr Zahlen und Figuren
Sind Schlüssel aller Kreaturen,
Wenn die, so singen oder küssen,
Mehr als die Tiefgelehrten wissen,
Wenn sich die Welt ins freie Leben

Und in die Welt wird zurückbegeben,
Wenn sich dann wieder Licht und Schatten
Zu echter Klarheit wieder gatten,
Und man in Märchen und Gedichten
Erkennt die wahren Weltgeschichten,
Dann fliegt vor einem geheimen Wort
Das ganze verkehrte Wesen fort."[159]

Die Zahlen sind eines der besten Beispiele für die logische Prokrustes-Abstraktion: sie genügen den vier Axiomen am klarsten und haben überhaupt kein Äquivalent mehr in der Natur. Der Unterschied zwischen 28 und 29 ist genauso groß wie der zwischen 345 und 346. In der Natur gibt es keine zwei gleichen Wassertropfen oder Blätter, keine zwei gleichen Wolken oder Menschen, keine zwei gleichen Orte oder Augenblicke. Sieht man aber von den Unterschieden und der Vielfalt der Dinge ab, kann man den Formalismus der Zahl sehr wohl anwenden – allerdings um den Preis, daß das, wovon man abgesehen hat (vom Hier und Jetzt sowie von allen individuellen Unterschieden), eben nicht mehr im Formalismus aufscheint; es ist sozusagen für die Logik und natürlich auch für deren Resultate verloren.

Daraus ergibt sich auch eine deutliche Grenze der Brauchbarkeit dieser Logik: sie wird dort von großem Nutzen sein, wo sich die solcherart aufgerichtete Herrschaft (bestimmte Aspekte herausheben und andere vernachlässigen) auf Dinge bezieht, die sich das auch gefallen lassen. Mit Recht wird die Wissenschaft als Fortführung jenes Genesisappells angesehen: macht euch die Erde untertan.

Was aber, wenn diese abstrakte Herrschaftslogik auch dazu verwendet wird, andere Menschen untertan zu machen? Wenn nicht nur Gegenstände, sondern auch Menschen damit geordnet werden sollen? Wir sind damit zum Ausgangspunkt unserer Überlegungen zurückgekehrt: Zentralfunktionäre waren an den Menschen der Peripherie nur insofern interessiert, als diese ein bestimmtes nützliches Überschußprodukt erzielten, von dem die zentralen Instanzen leben konnten – die indirekte Kommunikation. Dies bedeutet, daß sie die Menschen notwendigerweise abstrakt – nämlich nur hinsichtlich des Nutzens, den sie erbrachten –, ansehen konnten. Sie betrachteten einen Teilaspekt und vernachlässigten den Rest.

Speziell von der Motivation und von den Bedürfnissen der Untertanen mußte abgesehen werden, soll sich die Ordnung erzwingen lassen. Hätte man den „Tribut" freiwillig zahlen können, so hätte es wohl weniger Zentralisation gegeben. Das Paradoxe der „logischen" heiligen Ordnung liegt also darin, daß der Fortschritt zum Teil gegen den Willen eines Großteils der Beteiligten von den Herrschern erzwungen wurde.

Indirekte Kommunikation ist notwendig abstrakt – sie vergegenständlicht den Interaktionspartner. Dies bedeutet, daß die „heilige Ordnung" eine

Ordnung von Dingen ist, auch wenn diese Dinge gelegentlich Menschen heißen. Am Menschen ist nur das Dinghafte, Herausabstrahierbare für die „heilige Ordnung" relevant, z. B. die „Leistung", nicht aber seine Motive und Bedürfnisse. Leistung ist der klassische Fall einer Dingreduktion, da sie meßbar sein muß, damit man Menschen leistungsmäßig vergleichen kann. Mit Hilfe eines Maßstabes – der als Oberbegriff über verschiedene Menschen fungiert – können sie in eine Rangordnung gebracht werden. So ist z. B. beim Skifahren der Schnellste der Erste, der Zweitschnellste der Zweite usw. Die abstrakten Dingrelationen (das Allgemeine, z. B. die Geschwindigkeit) ist das wesentliche am Menschen, dasjenige, was seine Rangordnung konstituiert; einige hundertstel Sekunden langsamer ist man nicht mehr Goldener, sondern Silberner, nicht mehr am ersten, sondern „nur" mehr am zweiten Platz. Menschen werden im Leistungssystem zu Dingen gemacht, sie gelten als Mittel zum Zweck der Erreichung eines Zieles.

Die Industriegesellschaft hat diese Interaktionsformalismen schon sehr weit vorangetrieben. Ob es sich um vergleichbare Verkaufsziffern, um Umsatz oder Marktanteile, um Akkord oder Output, um Preise oder Löhne handelt, immer tritt zwischen die Menschen ein abstrakter Maßstab, der sie zu Dingen macht. Seinen Anfang nimmt dieser Reduktionismus meist in der Schule bei der Notengebung. Sie sieht für viele zum ersten Mal im Leben von der Individualität ab und subsumiert den Menschen unter ein abstraktes Schema. Dieser Anpassungsindex begleitet die Menschen unserer Kultur dann meist für den Rest ihres Lebens.

Ist es verwunderlich, daß dann die nicht von diesem System erfaßbaren Dimensionen zwischenmenschlicher Aktion zur Verdrängung führen müssen? Daß in den Untergrund verdrängte Emotionen plötzlich die sachlichste Diskussion stören? Daß längst überwunden geglaubte Sadismen oft eruptiv in faschistischen Konzentrationslagern aller Farben wieder auftauchen? Daß Horror- und Perversionsfilme sich großer Beliebtheit erfreuen? Ganz offensichtlich gibt es Probleme im menschlichen Zusammenleben, mit denen die heilige Ordnung nicht fertig wird. Sie ist zu abstrakt, sieht nur einen Teil des Menschen. Offenbar läßt sich aber nicht alles im Menschen „der Vernunft unterordnen". Offensichtlich sind Kommunikationen viel weniger rational, als wir annehmen. Offenbar gelten die vier Axiome der Herrschaft doch nicht uneingeschränkt.

Wenn es aber „noch etwas" gibt, was der Logik oder vielleicht dem Denken überhaupt nicht zugänglich ist – kann man darauf eine Wissenschaft aufbauen? Wo doch die Wissenschaft den vier Axiomen verpflichtet ist?

Die Gruppendynamik ist ein Beispiel einer solchen Wissenschaft. Sie geht den Problemen (um nicht zu sagen: Gesetzmäßigkeiten) der Interaktionsprozesse nach und entdeckt dabei, daß die Axiome der heiligen Ordnung nicht ausreichen, um diese Probleme zu verstehen und handhaben zu können. Sie muß daher zwangsläufig die Frage nach anderen als hierarchischen Ordnungsprinzipien aufwerfen. Welche andere als hierarchische Ordnungen zwischen Menschen sind aber noch möglich? Wenn wir auch diese Ordnung nicht wirklich beherrschen können, so liegt doch das Prinzip dieser noch-hierarchischen Ordnung seit der französischen Revolution klar auf der Hand: Es muß gelingen, Organisationen so zu ordnen, daß sie die Zustimmung der Mehrheit oder aller in ihr Organisierten erreichen kann. Das heißt, daß die Menschen nicht wie Dinge, sondern wie Menschen in ein Ordnungsgefüge gebracht werden. Um dies zu erreichen, ist es aber notwendig, andere als abstrakte Methoden der Beschreibung von Sozialgebilden zu verwenden. Von den Motiven, den Gefühlen, von der Hier-und-Jetzt-Situation abzusehen, führte ja gerade zur Dingabstraktion. Die Verwendung naturwissenschaftlicher Methoden in den Sozialwissenschaften ist also sehr stark der abstrakten Herrschaftslogik verpflichtet.

Die Frage nach der Methode der Rückkoppelung geht also nicht nur in den Kern unseres Weltbildes, sondern auch in den der Ideologien. Die Gruppendynamik kann dazu einen Beitrag leisten. Wie dieser Beitrag sich im Detail in Verwaltung, Wirtschaft, Kirche, Heer oder Schulsystem auswirkt, soll in einem weiteren Band der „Heiligen Ordnung der Männer", der in Vorbereitung ist, untersucht werden.

Das große Problem dieser abstrakten Ordnung besteht aber darin, daß sie den Geschlechtsunterschied einseitig ausblendet. Die Hierarchie ist eine Ordnung, die deutlich mehr von Männern als von Frauen getragen wird. Vor allem klassische Hierarchien wie Kirche oder Militär schließen sogar Frauen explizit in ihren Regeln von zentralen Funktionen (Priester, Offiziere) aus. Damit ist aber sozusagen die Hälfte der Menschheit nicht am Bau der für alle geltenden Ordnungsprinzipien beteiligt.

Wie würde dieses Ordnungsprinzip aussehen, wenn es nicht nur ein männliches wäre? Darauf hat uns die Geschichte noch wenig Antwort gegeben. Die ersten Ansätze, soweit sie mir zugänglich sind, möchte ich ebenfalls im Folgeband referieren.

Der Ausgangspunkt für die Weiterentwicklung der Hierarchie zu einem Ordnungsprinzip, das weder von Hier und Jetzt absehen muß noch von Bedürfnissen und Willen der in ihr Organisierten, scheint mir dort zu liegen, wo die Axiome schon heute durchbrochen sind. Einzelne Beispiele dafür wurden schon angeführt (z. B. Versicherungsgesellschaft). In großem Stil durchbrochen aber sind die Axiome in einem Phänomen, das Konflikt genannt wird. Der Erforschung von Konflikten habe ich daher in den letzten Jahren einige Aufmerksamkeit gewidmet. Dabei bin ich wieder ansatzweise auf einige Dimensionen gestoßen, die im folgenden als Abschluß dieser Arbeit referiert werden sollen.

4 Konflikte

Konflikte werden in der Organisationsform der heiligen Ordnung sehr stiefmütterlich behandelt. Es gehört zu den größten Schwächen unseres Erziehungssystems, daß wir nicht lernen, Konflikte zu bearbeiten. In der Familie, in der Schule, vor allem aber im Bereich der hierarchischen Institutionen wird das Auftreten von Konflikten oft auf Fehler zurückgeführt, die eigentlich hätten vermieden werden sollen. Konfliktvermeidung wird sowohl vom religiösen und moralischen Normensystem als auch von den logischen und legalen Formen der Organisation her nahegelegt. Untersucht man diesen Sachverhalt näher, stellt sich heraus, daß diese stiefmütterliche Behandlung eine der wichtigsten Aspekte zwischenmenschlicher Kommunikation zu den konstituierenden Prinzipien unserer gesellschaftlichen Ordnung gehört: Konfliktvermeidung verhindert allzu rasche Entwicklung von Personen und Strukturen und gehört somit zu den Axiomen hierarchischen Zusammenlebens.

In einer Zeit, in der gerade die stabile Form der Ordnung als Über- und Unterordnung problematisch geworden ist, muß notwendigerweise auch die Frage nach dem Sinn von Konflikten sowie nach den Vor- und Nachteilen einzelner Konfliktlösungsmöglichkeiten in den Vordergrund öffentlicher Diskussion um die Weiterentwicklung unserer Weise menschlichen Zusammenlebens treten. Immer häufiger werden die Möglichkeiten eines sinnvollen Konfliktmanagements für Führungskräfte in Wirtschaft, Verwaltung, in Kirche und Heer, Schule und internationalen Organisationen zum täglichen Brot ihrer Koordinierungsfunktionen. Konfliktsituationen sind daher oft der Anlaß, einen Organisationsberater beizuziehen, weil die traditionellen Verhaltensmuster für die Lösung dieses Problems nicht mehr ausreichen.

Unter pragmatischem Aspekt ist die Bedeutung von Konflikten leicht einzugrenzen: gibt es zu viele und zu große Konflikte in einem Sozialgebilde, so fehlt die nötige Sicherheit, die für jede Art des Zusammenlebens notwendig ist. Arbeit und Erholung können nicht ohne ein Mindestmaß an Stabilität und emotionaler Sicherheit stattfinden. Werden Konflikte auf der anderen Seite nur als Störung empfunden, dann kann die Chance für eine Weiterentwicklung, die in jeder Konfliktsituation steckt, nicht wahrgenommen werden.

4.1 Definition von Konflikt

Logisch gesehen handelt es sich beim Konflikt um einen Gegensatz, bei dem sich Gruppen oder einzelne Personen jeweils mit einer der anderen Seite konträr oder kontradiktorisch gegenüberstehenden Aussage identifizieren. Sehr oft stehen verschiedene Interessen hinter einem Konflikt, zu dem es nur kommt, wenn verschiedene Menschen immer nur jeweils eine Seite des Gegensatzes für wahr bzw. durchführbar halten. Im Grenzfall wird ein solcher Konflikt auch nur in einer Person ausgetragen, wenn sie beide Seiten des Gegensatzes in sich zu verarbeiten gezwungen ist. So muß oft ein Betriebsrat der Unternehmensleitung gegenüber die Interessen der Belegschaft und der Belegschaft gegenüber die Interessen des Gesamtunternehmens vertreten. Meistens sind solche Konflikte aber nicht von einer Person allein zu lösen.

4.2 Sinn der Konflikte

Schon wenn man nach dem Sinn von Konflikten fragt, gerät man sofort in einander widersprechende Aspekte.

So scheint doch sehr eindeutig der wichtigste Sinn von Konflikten in ihrer *selektiven Wirkung* zu liegen. Mit Hilfe eines Kampfes wird festgestellt, wer der Stärkste (Beste, Schnellste etc.) ist. Der Stärkste ist offenbar der Sieger in Konflikten. Der Sieger bleibt übrig, die anderen bleiben auf der Strekke. Der Selektionssinn von Konflikten wird besonders in arbeitsteiliger Gesellschaft wichtig. Man sollte nicht den Blinden auf Ausguck und den Schwerhörigen auf Horchposten stellen. Gerade durch die Spezialisierung soll aber insgesamt eine Arbeitsersparnis möglich werden. Konflikte etwa in Form von Konkurrenzen sind eine Methode, zwischen verschiedenen Fähigkeiten verschiedener Menschen zu unterscheiden. Konflikte beruhen auf Unterschieden: sie verursachen welche und perpetuieren oder verstärken diese.

Demgegenüber nützt die differenziertere Spezialisierung nichts mehr, wenn die *Einheit* dabei verloren geht. Arbeitsteilung hat nur Sinn, wenn es auch gelingt, die Unterschiede wieder zu koordinieren. Die rascheste und vermutlich auch effizienteste Möglichkeit, die Einheit einer Gruppe wiederherzustellen, liegt in Konflikten (etwa in Form des Sanktionierens). Konflikte dienen somit dazu, einen Außenseiter wieder auf die Gruppenlinie zu bringen, denn wer nicht mittut, gefährdet die Einheit und damit den Erfolg. Die Norm gilt dabei als „das Gute", Abweichung davon als „das Böse". Konflikte in Form von Sanktionen als Einschluß oder Ausschluß des jeweils Bösen stellen die Einheit der Gruppe wieder her.

Von einem konsequenten Widerspruchsdenken her müßte man sagen: auch dieser Sinn der Konflikte ist am wichtigsten.

Punkt 1 (– Sinn der Konflikte ist Selektion und damit das Herstellen von Unterschieden) und *Punkt 2* (– Sinn der Konflikte ist Herstellen von Einheit) widersprechen einander. Nach der klassischen Logik dürfte der Sinn von Konflikten entweder in ihrer einheitsstiftenden oder in ihrer unterschiedsvermittelnden Funktion liegen. Daß dennoch – sozusagen – unlogischerweise beides wahr ist, zeigt auch noch sehr deutlich der dritte Sinn der Konflikte.

Wer nie die Einheit im Entscheiden, Handeln, Meinen mit seiner Herkunftsgruppe zerstört, kann keine individuelle *Identität* gewinnen. Für jedes Kind, für jeden Heranwachsenden ist es nötig, zu dem, was seine Eltern ihm vorsagen, auch einmal „nein" zu sagen (und zu tun). Nur so kann er sicher sein, einige Entscheidungen treffen zu können. Konflikte sind somit auch identitätsstiftend. Wer grundsätzlich nur „ja" und nie „nein" sagen kann, verfügt nicht über die Möglichkeit einer individuellen Selbstbestimmung. Aus der Sicht der Autorität geraten die Jungen somit immer irgendwann in eine „aggressive Trotzperiode".

Indem die Jungen versuchen, zu der Überlieferung der Alten einmal „nein" zu sagen, ergeben sich Konflikte, deren Sinn neben der Identitätsgewinnung für die Jungen auch eine Erhöhung der *Komplexität* insgesamt darstellt. Als „jung" muß man nicht nur Jugendliche bezeichnen – es können auch Erwachsene sein, die „jung" in einem Sozialgebilde sind, also „Neue". Ihre Integration bringt zwar oft Konflikte, aber auch – wie man so sagt – „frisches Blut" und damit meist eine Erhöhung der Komplexität des Gebildes. Es müssen mehr und verschiedene Elemente zu einer Einheit koordiniert werden.

Faßt man die vier Aspekte des positiven Sinnes von Konflikten zusammen, dann könnte man sagen: der Widerspruch in jedem System garantiert *Weiterentwicklung*. Man kann dies auch durch einen Seitenblick auf die Religionsgeschichte lernen: Fast jede Religion kennt neben dem Prinzip des Guten (Gott) auch ein Prinzip des Bösen (Teufel), das ewig unversöhnbar das Gute zwar nie besiegen wird, aber seinerseits immer weitab von einer „Bekehrung" lebt. Einmal „ist der Teufel mehr los", dann wieder weniger – latent vorhanden ist er immer. Dieser Widerspruch im System führt zu Konflikten, die dadurch Weiterentwicklung garantieren. In diesem Sinn ist vermutlich auch Heraklits „Der Kampf (Konflikt) ist der Vater (Erzeuger) aller Dinge" gemeint.

4.3 Konfliktarten

Welcher Art sind nun die Konflikte, die selektiv wirken, Einheit oder Unterschiede festlegen, Komplexität erhöhen, Identität stiften und insgesamt Weiterentwicklung bewirken? Die Frage nach der Einteilung von Konflikten ist ein noch ungelöstes Problem. Ich schlage vor, sie nach der Anzahl der Personen bzw. Gruppen, zwischen denen Konflikte entstehen, einzuteilen. Dies ergibt fünf Konfliktbereiche:

1. persönliche Konflikte
2. Paar- und Dreieckskonflikte
3. Innergruppenkonflikte
4. Organisations- und Institutionskonflikte
5. Systemkonflikte

Innerhalb der Konfliktbereiche ergeben sich als Einteilungsprinzip die wichtigsten Inhalte, die in einem Konflikt kontrovers sind. Jeder dieser Inhalte läßt sich auf eine kurze Formel bringen, die einen Widerspruch enthält. Zum Konflikt kommt es, wenn die beiden Seiten des Widerspruchs – die wir normalerweise beide in uns haben – von verschiedenen Personen, die voneinander abhängen, einseitig und exklusiv vertreten werden. Die beiden Konfliktpartner vertreiben (verleugnen, verdrängen) sozusagen die zweite Seite des Widerspruchs aus sich selber und überlassen sie dem Gegner. Dieser macht es ebenso, und damit polarisiert sich eine in sich widersprüchliche Wahrheit in zwei einander entgegengesetzte Richtigkeiten. Vom Standpunkt der Logik aus gesehen ist immer nur ein Gegensatz „richtig", der andere Konfliktpartner hat „unrecht". Das Austragen des Konflikts hat den Sinn, die ganze „Wahrheit" wiederherzustellen bzw. eine neue Wahrheit als Einheit der gegensätzlichen Richtigkeiten zu gewinnen. Dabei ist natürlich vorausgesetzt, daß die beiden Konfliktpartner in diesem Punkt voneinander abhängig sind.

4.3.1 Persönliche Konflikte

Jeder Mensch erlebt in sich eine Reihe von Widersprüchen. Die meisten davon sind auf Gegensätze, die ihn mit anderen Menschen verbinden oder von ihnen trennen, zurückzuführen. (Diese Gegensätze werden weiter unten bei den Paar- und Gruppenkonflikten behandelt.) Es gibt aber auch Gegensätze, die er aus verschiedenen Anteilen seiner Persönlichkeit oder durch unterschiedlich gelungene Phasen seiner Entwicklung in sich hat. Niemand kann sich völlig gleichmäßig und harmonisch entwickeln. Wir gehen – um ein Bild zu gebrauchen – in den ersten Jahren unseres Lebens durch verschiedene Räume (Entwicklungsphasen). Der eine langt im ersten Raum kräftig zu, durcheilt dafür den zweiten und dritten etwas rascher, verweilt dafür im vierten Raum wieder länger. Ein anderer bleibt im zweiten und dritten Raum etwas länger. So kommt es im späteren Leben zu unterschiedlichen Verhaltensweisen verschiedener Menschen in ähnlichen Situationen. Diese unterschiedlichen Verhaltensweisen sind möglicherweise auf unterschiedliche Stellungnahmen eines Menschen zu den Grundkonflikten der kindlichen Entwicklung zurückzuführen.

Was jeder Mensch (wie auch jede Kultur) sozusagen unbeschadet aller anderen Probleme, die das Leben für ihn bereithält, auf jeden Fall lernen muß, ist der Umgang mit den vier Grundunterschieden des menschlichen Lebens: Man kann gewisse Grundunterschiede, die es zwischen Menschen gibt, nicht aufeinander reduzieren. Sie gehören zum fixen Programm jeder Art von Leben und Umweltbewältigung. Keiner dieser vier Unterschiede (Gegensätze? Widersprüche?) kann vollständig vernachlässigt werden. Diese vier Grundunterschiede, die schon oben entwickelt wurden, sind die zwischen
Kindern – Erwachsenen
Gruppe – Einzelnen
Lebenden – Toten
Frauen – Männern.
Diese vier Grundelemente menschlichen Zusammenlebens stellen einen ersten Raster für die Entwicklung des Kindes genauso wie für die Entwicklung der Menschheit dar. Von ihnen aus hat sich das Repertoire menschlicher Verhaltensweisen und Normen entwickelt. Normen legen fest, wer wie mit diesen Unterschieden umzugehen hat, und stellen insofern eine Hilfe in den Grundkonflikten dar.

Die Zahl 4 als Anzahl für verschiedene Verhaltenstypen hat eine lange Tradition. In der Antike gab es sogar eine Zuordnung zu den vier Elementen: Luft, Wasser, Erde, Feuer. Es überrascht, daß die vier Grundkonflikte, die man in den Entwicklungsphasen durchläuft und dann später immer wieder als persönliche Konflikte erlebt, diesen vier Elementen zugeordnet werden können. Es gibt auch die Auffassung, daß wir im Leben immer wieder zu diesen Grundkonflikten zurückkehren und nur neue „Jahresringe" anlegen, dabei aber im Zuge der Reifeentwicklung immer größere Bereiche unserer Umwelt mit einbeziehen. Vielleicht paßt hier das Gedicht von Rilke:

> Ich lebe mein Leben in wachsenden Ringen,
> die sich über die Dinge ziehn.
> Ich werde den letzten vielleicht nicht vollbringen,
> aber versuchen will ich ihn.

– *Der erste Konfliktring* ist im ersten Lebensjahr angesiedelt. Hier entsteht für jeden Menschen das Problem der Abnabelung von der Mutter, die Übernahme der wichtigsten Vitalfunktionen durch den eigenen Körper. Als erstes muß das Kind selbständig atmen. Daher kann Luft als symbolisches Element der ersten Phase angesehen werden. Luft ist das Element des Abstandes. Der Grundkonflikt dieser Phase ist: Wie gewinne ich meine Identität? Wie grenze ich mich ab? Dieser Konflikt tritt später immer wieder auf, wenn es unklar ist, ob man besser sich oder anderen vertraut. Leide ich mehr unter der Ähnlichkeit mit anderen (der Mutter) oder an den Unterschieden, die es zwischen mir und anderen gibt? Geht mir jemand auf die Nerven, weil er so ist wie ich oder weil er nicht so ist wie ich?

Das Werden des Individuums steht im Zentrum dieser Entwicklungsphase und dieses Konfliktringes. Dieser Konflikt ist insofern permanent vorhanden, als der Unterschied: Kind – Erwachsener zu den notwendigen Unterschieden zwischen Menschen gehört. Immer wenn wir auch als Erwachsene noch durch äußere oder innere Umstände gezwungen sind, kindliche Verhaltensweisen wieder zu mobilisieren, erleben wir diesen Grundkonflikt. Es ist denkbar, daß bei manchen Menschen dieser Grundkonflikt als Schwerpunkt über gewisse Zeiten ihres Lebens (es kann auch für das ganze Leben sein) erhalten bleibt. Solche Menschen werden besonderen Wert auf Unverwechselbarkeit und Abstand legen. Dies äußert sich dann oft in einem besonderen Hang zur „Sachlichkeit". Sie achten besonders auf Klarheit und Identität.

– *Der zweite Konfliktring* Nach der Abnabelung von der Mutter ist das nächste Problem die Kontaktaufnahme mit der Umwelt. Wie gut diese gelingt, enscheidet über die Stellung des Menschen in dem Grundkonflikt: *Einsamkeit gegen Mehrsamkeit*. Individuum gegen Paar oder Gruppe könnte man den Raster dieses Konfliktes nennen: Leide ich mehr unter zuviel oder zuwenig Nähe zu anderen Menschen? Stört es mich mehr, wenn jemand ständig bei mir sein will, oder wenn er ständig weg will von mir? Man könnte sagen, dieser zweite Konfliktring wiederhole die Problematik der Identität innerhalb eines Paares oder innerhalb einer Gruppe (Familie, Clan).

Das Wasser als Element der Nähe (man wird naß) symbolisiert in Dichtung und Redensarten die besondere Gefühlsbetonung dieser Phase: „Jemand hat am Wasser gebaut" sagt man, wenn er öfter zu Tränen gerührt ist.

Veränderung von Nähe zu Ferne, von Bindung zu Trennung, von Verschmelzen zum Lösen kennzeichnen den zweiten Grundkonflikt. Freud nennt diese Phase auch „orale" Phase, weil die Aufnahme von Nahrung, später im übertragenen Sinn als „Einverleibung", eine sehr große Nähe herstellt. Man sagt auch, man habe jemanden „zum Fressen gern". Nach Freud gehen Körperentwicklung mit Kommunikationsentwicklung parallel.

– *Der dritte Konfliktring* betrifft das Problem der Ordnung. Wie stehe ich (und meine Gruppe) zu den Normen, die mir als Regeln für mein Verhalten überliefert sind? Der Grundwiderspruch ist hier: *Ordnung gegen Unordnung*. Gerate ich mehr in innerliche Schwierigkeiten, wenn Ordnung verletzt werden soll oder wenn sie (durch mich oder andere) eingehalten werden muß? Nerven mich die „Übergenauen" oder die „Schlampigen"? Um zu leben, muß man Normen einhalten – um zu leben, muß man Normen verletzen (z.B. verändern, verbessern etc.). Bei einer allzu starren Ordnung haben viele das Gefühl, sie „töte" das Leben. Bei allzuviel Unordnung haben viele das

Gefühl, die ständige Unsicherheit mache sie „krank". Die Ordnung kommt zunächst von unseren Vorfahren, und wir machen sie erst allmählich zu unserer eigenen Ordnung (Autonomie). In diesem Konfliktring wird daher der Grundunterschied zwischen Lebenden und Toten abgehandelt. Die toten Ahnen sind diejenigen, die das (inzwischen tote) Gesetz für uns gemacht haben. Ihr „know how" sichert uns aber das Überleben.

In unserem Kulturkreis wird dieser Widerspruch für jedes Kind mit dem „Sauberwerden" aktuell. Das Einhalten des Normensystems wird an die Fähigkeit geknüpft, den Abgabevorgang zu kontrollieren. Man spricht auch von „sauberen" und „unsauberen" Geschäften, von „schmutzigen" Gedanken etc. Kontrolle über die Triebe und ihre „Unordnung" ist eine zivilisatorische Errungenschaft, die jedes Kind einmal – bei uns eben meist anläßlich des Sauberwerdens – lernen muß. Freud nennt diese Phase die „anale". Wieweit man sich dabei in die Richtung der „Ordnungsliebe" entwickelt, bestimmt das spätere Verhältnis zu den Hütern der Ordnung, also zu Organisationen und Institutionen. Menschen, die sich hier besonders intensiv entwickeln, die sozusagen zwischen dem 2. und 4. Lebensjahr (im dritten Raum nach unserem Bild) einen Ordnungsschwerpunkt aufgebaut haben, bevorzugen Hierarchien und Institutionen, lieben Gesetze und Ordnungsprinzipien, legen Wert auf Dauer, Bleibe und Verläßlichkeit in einem besonders hohen Maße. Sie werden durch Illusionen und Veränderung stark verunsichert, denn sie stehen mit beiden Beinen fest auf der Erde. Die Erde ist auch das Symbol dieses Konfliktkreises. Erde ist immer auch das Symbol für die Toten gewesen: „Von Erde (Staub) bist du, und zu Erde mußt du wieder werden" heißt es in der Genesis.

Denkt man diesen Gedanken weiter, dann ergibt sich noch eine interessante Parallele: Alles Lebendige muß sterben. Nur die Toten sind das, was man „unsterblich" nennt. Gibt es für die Menschen die Möglichkeit (sei es auch nur in seiner Wunschvorstellung), sich durch besondere Beziehung zu „ewigen" Ordnungsprinzipien ein wenig „Unsterblichkeit" zu sichern? Institutionen überleben meist die Individuen. Werden sie auch durch den Wunsch nach Unsterblichkeit unterstützt? Vielleicht steht auch dieses Problem im Hintergrund des dritten Konfliktringes.

– *Der vierte Konfliktring* betrifft das Problem der Sexualität, das primär an den Unterschied von Frau und Mann geknüpft ist. Erst mit diesem Konflikt, der in der „genitalen" Phase zwischen dem vierten und sechsten Lebensjahr erstmals auftritt, wird die Welt für den Menschen vollständig. Wir werden allerdings in diesem Alter noch nicht zeugungsfähig, sondern müssen – eine besondere Variante der menschlichen Natur – den ganzen Kreislauf noch einmal durchlaufen, bis dann nach der Pubertät – dem Pendant zur ersten Latenzperiode – die volle Geschlechtsreife einsetzt. Dennoch ist mit dem sechsten Lebensjahr so etwas wie eine erste Entwicklungsperiode abgeschlossen.

Der Grundkonflikt im vierten Konfliktkreis lautet: Wie ordne ich mich als Mann – als Frau – in die Welt ein? Anerkenne ich die Realität oder hänge ich lieber Illusionen nach? Welche Teile meiner Persönlichkeit (Männlichkeit – Weiblichkeit) kann ich akzeptieren, welche nicht? Nervt mich mein Partner, weil er für mich zu „aufregend" ist, oder weil er mich nicht (mehr) aufregt? Der Konflikt besteht darin, daß ich oft nicht in der Lage bin, die weiblichen oder männlichen Anteile in mir, die durch die Kommunikation mit anderen Menschen (desselben oder des anderen Geschlechtes) mobilisiert werden, zu integrieren. Weil jeder Mann erst durch die Frau „vollständig" wird und umgekehrt, lautet der Widerspruch: Realität oder Wunsch? Teil oder Ganzes? Vermutlich gehört auch der Bereich: Neues erleben wollen oder Angst vor Neuem haben, in diesen Zusammenhang des vierten Konfliktringes. Symbol für diesen Widerspruchsbereich ist das Feuer mit seiner verzehrenden Unbeständigkeit und seinen Extremen. Sexualität und Feuer wird oft in Zusammenhang gebracht: heiße Liebe, feuriger Liebhaber etc.

Jeder Mensch hat wahrscheinlich immer in irgendeiner Form beide Seiten dieser vier aufgezählten Gegensätze in sich. Dennoch dürfte es im Laufe des Lebens zu einer Schwerpunktbildung kommen. Sowohl in der Form, daß bestimmte Konfliktkreise vor anderen bevorzugt werden, als auch in der Form, daß die eine Seite des Gegensatzes wichtiger erscheint als die andere. Möglicherweise aktivieren auch verschiedene Personen in uns verschiedene Konfliktdimensionen, so daß man mit der einen Person eher Konflikte etwa der Art „Ferne – Nähe", mit einer anderen aber mehr Autoritätskonflikte hat etc.

4.3.2 Paar- und Dreieckskonflikte

Hier können sechs verschiedene Konfliktarten unterschieden werden:
Identitätskonflikte
Distanzkonflikte
Entwicklungskonflikte
Clankonflikte
Transaktionskonflikte
Rollenkonflikte

– *Identitätskonflikte*: Individuen und Paare sind aufeinander angewiesen und stellen dennoch einen Widerspruch dar. Einerseits widerspricht das Betonen der Individualität jeder Form von Paar- und Dreiecksbeziehung, andererseits widerspricht das Betonen der Gemeinsamkeit der übergeordneten Realität der Paarbeziehung der Individualität. Wieweit will und muß ich meine Individualität aufgeben zugunsten der übergeordneten Realität des Paares – nicht nur zugunsten der Interessen des anderen, sondern zugunsten der Interessen des Paares. Wieweit muß ich auf der anderen Seite, um meine Individualität nicht zu verlieren, auf meinen eigenen Wünschen und Bedürfnissen beharren? Umgekehrt: wieweit kann eine Paarbeziehung Individualitätsbestrebungen tolerieren, ohne daß diese Beziehung ausgehöhlt wird und irgendwann einmal sich als sinnlos erweist? Auf der anderen Seite: wieweit ist es möglich, Individualität innerhalb einer Paarbeziehung zurückzudrängen, ohne daß diese Person ihre Identität verliert?

Diese Art von Identitätskonflikten innerhalb einer Paar- oder Dreiecksbeziehung tritt insbesondere sehr stark bei hetero-sexuellen Paaren auf, weil dort meist das Problem von Männlichkeit und Weiblichkeit im Zusammenhang mit Identitätsentwicklungen akut wird. Der Widerspruch, der hier zwischen Paar und Individuum auftritt, ist grundsätzlich einer logischen Lösung unzugänglich, nämlich in der Form, daß man entscheiden könnte, was ist mir lieber: die Paarbeziehung oder die Individualität. Grundsätzlich muß dieser Konflikt aufrecht erhalten bleiben, d. h. ich muß ein Gleichgewicht zwischen beiden Gegensätzen realisieren, wobei dieses Gleichgewicht zweimal – nämlich von beiden Seiten – hergestellt werden muß, in einem Dreieckskonflikt sogar dreimal.

Der klassische Dreieckskonflikt tritt meistens beim Hinzutreten einer dritten Person zu einem Paar auf. Die häufigsten Fälle sind wohl das Hinzukommen eines Kindes bei einem Ehepaar oder das Hinzukommen einer freundschaftlichen Beziehung außerhalb der Ehe. In beiden Fällen entsteht jeweils eine weitere Paarbeziehung: im ersteren Fall zwischen einem oder beiden Elternteilen und dem Kind, im zweiten Fall etwa zwischen dem Mann und einer Freundin. Die neu auftretende Individualität macht aus der einen Paarbeziehung drei Paarbeziehungen, aus dem Paar ein Triangel. Dabei ändert sich auf jeden Fall die ursprüngliche Paarbeziehung, was notwendigerweise auch mit Konflikten verbunden ist. Minimiert können diese Konflikte durch festgesetzte Normensysteme werden, etwa in der Art, daß es als ganz selbstverständlich angesehen wird, daß sich eine Mutter nun dem Kind zu widmen habe und nicht mehr nur dem Vater dieses Kindes, oder daß ein Mann seinen Berufskollegen mehr Zeit widmet als seiner Ehefrau. Solche Situationen sind allerdings, auch wenn sie offiziell nicht als Konfliktsituationen wahrgenommen werden, in sich sehr konfliktträchtig und beinhalten sehr oft die Gefahr der Verschiebung des Konfliktes auf andere Situationen.

– *Distanzkonflikte*: Es scheint, als ob die Bedürfnisse nach Nähe und Ferne von Partnern eines Paares oder Dreiecks nicht immer im gleichen Ausmaß zur gleichen Zeit auftreten. Es wird nicht nur zu einem bestimmten Zeitpunkt, sondern insbesondere auch im Laufe einer Entwicklung zu unterschiedlichen Distanzbedürfnissen kommen. Diese Distanzbedürfnisse verlangen die

Anpassung der Paarstruktur an die Bedürfnisse, was meistens nur über Konflikte möglich ist. In Wien kursiert ein Schüttelreim, der diese Problematik sehr schön umschreibt: „Liebling, ohne Dritten sama (= sind wir) / zuwenig für ein Sittendrama!"

Dramatische Entwicklungen innerhalb eines Paares gibt es meistens genug, auch wenn sie oft von der Umgebung nicht zur Kenntnis genommen werden. Konflikte helfen dabei, eine neue Struktur zu finden, wenn die Beziehung dem einen zu eng und dem anderen zu locker erscheint.

– *Entwicklungskonflikte*: Innerhalb eines Paares oder Dreiecks, insbesondere dann, wenn ein oder mehrere Partner wesentlich jünger sind, gibt es meist unterschiedliche Entwicklungsgeschwindigkeiten und -richtungen, oft auch unterschiedliche Entwicklungsintensität. Unsere arbeitsteilige Gesellschaft bringt es mit sich, daß z. B. die Mutter einer Familie sich mit der Erziehung der Kinder und dem Haushalt beschäftigt, der Mann aber einem Beruf nachgeht, was dazu führt, daß sich beide notwendigerweise unterschiedlich entwickeln müssen. Die Basis der gemeinsamen Kommunikation wird dadurch gelegentlich schmäler, insbesondere dann, wenn es nicht gelingt, diese unterschiedlichen Entwicklungen in einer gemeinsamen Paaridentität zu koordinieren. Werden solche Konflikte nicht oder nicht rechtzeitig ausgetragen, hört man von den Betroffenen oft jenen resignativen Satz: „Wir haben uns auseinander entwickelt und einander nichts mehr zu sagen." Konflikte haben hier den Sinn, sozusagen Sonderentwicklungen im Rahmen von Paar oder Dreieck wieder mit einzubeziehen. Der Vorteil eines Dreiecks gegenüber einem Paar besteht hier wohl darin, daß unterschiedliche Koalitionen möglich sind. Wie beim Skatspiel immer zwei gegen einen Dritten spielen, ist wohl diese Möglichkeit, verschiedene Koalitionen gegeneinander bilden zu können, ein weites Lernfeld sozialen Verhaltens. Der A sagt zum B: „Gehen wir den C ärgern!"

– *Clankonflikte*: Diese Konflikte treten auf, wenn Mitglieder eines Paares oder Dreiecks aus unterschiedlichen Herkunftsgruppen kommen, eine Reihe von Verhaltensweisen dieser Herkunftsgruppen aber nicht abgelegt haben. Man könnte diese Konflikte auch unter dem Obertitel „Schwiegermutterkonflikte" zusammenfassen, doch wäre dies insofern irreführend, als damit auch Generationskonflikte angegeben wären. Diese Art von Konflikten können auch auftreten, wenn die Beteiligten gleichzeitig in verschiedenen anderen Gruppen anwesend sind und deren Normen wenigstens teilweise übernehmen (z. B. er an einem Stammtisch, sie auf einem Kaffeekränzchen).

– *Transaktionskonflikte*: Zu solchen Transaktionskonflikten kann es kommen, wenn die Kommunikation zwischen erwachsenen Personen asymmetrisch verläuft – etwa in der Form, daß der eine den anderen in bestimmten

Bereichen der Transaktion als Kind behandelt, dieser sich aber dagegen zur Wehr setzt und für erwachsen genommen werden will. Jeder, der sich nicht „vollgenommen" vorkommt, erlebt einen Transaktionskonflikt.

– *Rollenkonflikte*: Es gibt ganz selten die Möglichkeit, daß die Personen eines Paares – mit geringen Hypotheken belastet – ohne widersprüchliche Normen einander gegenübertreten. Meistens ist es so, daß bestimmte erlernte Verhaltensweisen aus der Vergangenheit mit neuen Situationen innerhalb der Paarbeziehung in Widerspruch geraten. So wird heute mit der Krise der bürgerlichen Ehe das Thema sehr heiß diskutiert, ob etwa das Rollenverhalten, das Vater und Mutter der heute jung verheirateten Paare an den Tag gelegt haben, in den modernen Ehen sinnvollerweise anzuwenden sei. Frauen wehren sich heute oft gegen die Rolle des „Hausmütterchens" und Männer gegen die Rolle des „zahlenden Gastes". Konflikte dienen dazu, die Rollen den Bedürfnissen der Individuen nach den Notwendigkeiten der Paarbeziehung neu festzulegen. Das weite Lernfeld der Paar- und Dreieckskonflikte ist sicherlich in Familien mit mehreren Kindern schon in der sogenannten Kinderstube angelegt, d.h. die vielen Streitigkeiten der Kinder untereinander haben unter anderem den Sinn, das Repertoire solcher Paar- und Dreieckskonflikte zu vergrößern.

4.3.3 Gruppen- und Stammeskonflikte

Wenn mehr als drei, aber weniger als dreizehn Personen in einem ständigen Kommunikationsbezug zusammenleben, -arbeiten oder in irgendeiner Form aufeinander angewiesen sind, spricht man von einer *Gruppe*. Sind diese Personen aber, etwa in größeren Familien, Sippen oder Arbeitsgemeinschaften wie Unternehmen oder Betriebe aller Art mit weiteren 40–80 Personen in einer Kommunikationsgemeinschaft zusammen, dann spricht man von einem *Stamm*. Stamm und Gruppe sind sicherlich zwei soziale Assoziationsformen, die seit vielen Jahrhunderttausenden von den Menschen mit einem umfangreichen Verhaltensrepertoire tradiert werden. Innerhalb solcher Stammesgemeinschaften gibt es ein reiches Instrumentarium von Konflikten, die das Ordnungsgefüge solcher Gemeinschaften ausmachen.

Solche Konflikte lassen sich in neun Gruppen einteilen:

Konkurrenz- und Rivalitätskonflikte
Territorialkonflikte
Untergruppenkonflikte
Zugehörigkeits-(Membership-)Konflikte
Führungs-(Leadership-)Konflikte
Reifungs- und Ablösungskonflikte
Normierungs- und Bestrafungskonflikte

Verteidigungskonflikte
Substitutionskonflikte

– *Konkurrenz- und Rivalitätskonflikte*: Diese Konflikte, bei denen es um Festlegung von Rangpositionen innerhalb der Gruppe geht, sind vermutlich die häufigsten Konflikte in einer Gruppe oder einem Stamm. Der Wettstreit um Rangpositionen erfordert die Vergleichbarkeit in irgendeiner Form. Vergleichbar können Leistungen oder Fertigkeiten oder Funktionen in einer Gruppe sein. Konfliktparteien wollen hier sozusagen das gleiche, aber sie wollen es gegeneinander. Jeder will der Schnellste, Stärkste, Intelligenteste, Tüchtigste usw. sein. Konkurrenzkonflikte sind, wie schon erwähnt, notwendiges Hilfsmittel einer differenzierten Arbeitsteilung. Ohne sie wäre es nur schwer möglich, jeweils den Geeignetsten für die Wahrnehmung einer bestimmten Funktion herauszufinden. Eine besondere Variante von Konkurrenzkonflikten sind Rivalitätskonflikte. Wenn der umstrittene Punkt nicht eine abstrakte Leistung oder Fertigkeit darstellt, sondern die Nähe zu einer dritten Person innerhalb einer Gruppe, sprechen wir von Rivalitätskonflikt. Hier streiten zwei oder mehrere Personen um die Gunst einer oder mehrerer anderer Personen, wie etwa die Kinder um die Gunst der Eltern oder die Eltern um die Gunst der Kinder.

Rivalitäts- und Rangkonflikte dürften auf sehr alten Verhaltensmustern in der Stammesgeschichte der Menschen basieren, da die etwa bei den Primaten festgestellten Gesetzmäßigkeiten teilweise auch beim Menschen gelten. So ist der Sinn von Konkurrenz- und Rivalitätskonflikten ohne Zweifel ursprünglich der der Auslese gewesen, da derjenige, der als Sieger aus solchen Konflikten hervorgegangen ist, bevorzugten Zugang zu den Ressourcen der gesamten Gruppe hatte (Nahrung oder Geschlechtspartner). Dieser bevorzugte Zugang sicherte ihm und seinen Fähigkeiten größere Überlebenschancen als denen, die in der Rangposition die untersten Plätze einnahmen. In der Zivilisationsentwicklung der Menschheit hat dieser sehr starke Konfliktbereich noch durch die Arbeitsteilung zusätzlich an Bedeutung gewonnen.

– *Territorialkonflikte*: Sowohl Individuen als auch Gruppen oder Stämme brauchen für ihre Sicherheit und Stabilität, für ihre Einheit und ihre Identität so etwas wie einen festgelegten Einfluß- oder Wohnbereich – ein *Territorium*. Dieses Territorium muß nicht unbedingt räumlich definiert sein, es kann auch durch Kompetenzen, Kompetenzabgrenzung im Rahmen eines Einflußbereiches oder durch bestimmte Arbeitsstrukturen festgelegt sein. Es definiert aber die Einheit der Gruppe und wird nach außen hin von dieser Gruppe verteidigt. Am häufigsten treten diese Konflikte aber sicherlich noch im Zusammenhang mit lokalen Gegebenheiten auf. Es ist oft paradox, wielange hochbezahlte Funktionäre, etwa Manager eines Unternehmens, sich um die

Größe eines Zimmers, um die Ausstattung mit Tischen und Sesseln oder um die Ausrüstung von gemeinsamen Räumen streiten.

Territorialkonflikte sind vermutlich deshalb notwendig, weil ohne Festlegung eines – wenn auch noch so geistigen – Territoriums die Sicherheit und Identität einer Gruppe auf die Dauer nicht gewährleistet werden kann. Dies gilt vermutlich auch für größere Bereiche, z. B. für Völker. In der Gegenwart erleben wir den Territoriumskonflikt etwa im Nahen Osten, wo um das Territorium der Palästinenser gekämpft wird. Sowohl nach außen als auch nach innen werden von Gruppen und Stämmen solche Territorien meistens mit Hilfe von Konflikten festgelegt.

– *Untergruppenkonflikte*: Ganz selten sind die Beziehungen der Mitglieder einer Gruppe oder eines Stammes untereinander völlig gleichmäßig und symmetrisch. Meistens bilden sich innerhalb von Gruppen Untergruppen heraus, etwa Paare oder Dreiecksbeziehungen. Die Untergruppen werden meist mit einem etwas negativen Beigeschmack als „Klüngel", „Cliquen" oder „Banden" bezeichnet. Sie haben von der emotionalen Situation der Gruppe her grundsätzlich etwas Konspiratives an sich und werden mit Argwohn betrachtet. Dies mit Recht, da sehr oft die Machtkonstellationen in Gruppen und Stämmen von solchen Gruppen bestimmt werden.

– *Zugehörigkeits-(Membership-)Konflikte*: Wer gehört zur Gruppe – und wie intensiv gehört er zur Gruppe? Diese Frage ist oft Quelle von Konflikten. Hat sich ein Mitglied loyal verhalten oder hat es die Gruppe verraten? Darf man als Angehöriger „dieser Familie" sich „so" verhalten? In Gruppen, die intensiver zusammenarbeiten oder in neu gebildeten Gruppen, wenn sie einen bestimmten Intensitätsgrad der Kooperation erreicht haben, gibt es meistens einen Punkt, an dem fast alle Mitglieder das Gefühl haben: Jetzt sind wir eine Gruppe! Dies ist zugleich auch der Beginn der Möglichkeit von Zugehörigkeitskonflikten, wenn der eine oder andere dennoch sich nicht so intensiv zur Gruppe zugehörig fühlt wie andere Gruppenmitglieder. Zugehörigkeitskonflikte haben den Sinn, die Einheit der Gruppe zu gewährleisten, da sie entweder die betreffenden Mitglieder ausschließen oder besser in die Gruppe integrieren.

– *Führungs-(Leadership-)Konflikte*: Hier handelt es sich um die sehr häufige Frage: Wer führt die Gruppe? Nach welchem Willen geht es? Wessen Wort gilt mehr als das Wort anderer? Wer erfüllt die für die Gruppe notwendigen Führungsfunktionen besser oder rascher als andere Gruppenmitglieder? Insbesondere die Vertretung der Gruppe nach außen ist eine der Streitfragen dieser Konfliktart. Die Übernahme von Führungsfunktionen muß nicht notwendigerweise mit Konkurrenzkonflikten innerhalb einer Gruppe verbunden sein. Zu den effizientesten Formen des Führens gehören im Gegenteil die eher lautlosen, wenig auf „Prestige“ und „Rang“ bedachten Formen der Hilfe.

– *Reifungs- und Ablösungskonflikte*: Konterdependenz, das heißt Gegenabhängigkeit von jungen (oder eben neuen) Gruppenmitgliedern wird oft mit Führungskonflikten verwechselt, ist aber meines Erachtens davon zu unterscheiden. Reifungs- und Ablösungskonflikte bedeuten, daß der Betreffende (es kann auch eine Untergruppe sein) durch Entscheidungen, die mit der Gruppe nicht in Einklang stehen, eine eigene Indentität finden muß. Ablösungskonflikte sind sozusagen dafür notwendig, um die Gruppe nicht „allmächtig“ werden zu lassen. Nach jeder Rebellion haben die meisten Gruppenmitglieder zumeist wieder mehr eigenen Spielraum.

– *Normierungs- und Bestrafungskonflikte*: Sie treten dann auf, wenn ein Mitglied der Gruppe gegen die Spielregeln der Gruppe verstoßen hat. Durch Bestrafung soll die Norm wiederhergestellt und das betreffende Gruppenmitglied wieder in die Gruppe integriert werden. Die härteste Form der Bestrafung ist der Ausschluß aus der Gruppe. Im Mittelalter gab es dafür den Ausdruck „Vogelfrei“. Er gehört nicht zu uns, sondern zu einer anderen Gruppe oder eben nirgendwo hin. Von hier ist auch die Todesstrafe als Grenzfall einer Sanktion anzusehen.

– *Verteidigungskonflikte* treten auf, wenn ein Mitglied von außen angegriffen wird. Es ist ohne weiteres möglich, daß die einzelnen Gruppenmitglieder sein Verhalten nicht billigen; trotzdem werden sie aber nach außenhin dieses Gruppenmitglied verteidigen.

– *Substitutionskonflikte*: Viele Konflikte werden nicht direkt mit der Problematik ausgetragen, aus der sie entstehen und die sie eigentlich betrifft, sondern werden verschoben auf einen anderen Konfliktgegenstand, der leichter zu diskutieren ist. Der Nachteil dieser Verschiebung besteht darin, daß am Pseudokonfliktgegenstand das Problem natürlich nicht lösbar ist. Oft ist aber diese Verschiebung eine Zwischenetappe zur Identifikation des wahren Konfliktes. Wenn also ein Vorstand eines Industrieunternehmens zwei Stunden lang über die Aufstellung der Mülleimer im Hof „streitet“, dann kann man annehmen, daß es hier eigentlich noch um ganz andere Probleme geht (Wer muß wessen Müll wegräumen?), und daß dieser Streit nur einen Ersatz für nicht diskutierbare Probleme darstellt.

4.3.4 Organisations- und Institutionskonflikte

Vermutlich gibt es keine Organisation, in der nicht auch persönliche Konflikte, Paar- und Dreieckskonflikte, sowie Gruppen- und Stammeskonflikte vorkommen. Darüber hinaus gibt es aber spezifisch in Organisationen noch eine Reihe von Konflikten, die auf Grund der anonymen Kommunikationsstruktur entstehen.

Unter anonymer Kommunikationsstruktur verstehen wir, daß die Kommunikation zwischen Personen nicht mehr in allen Fällen direkt stattfinden kann, sondern indirekt z. B. über Repräsentations- oder Befehlssysteme. Die Möglichkeit, daß alle mit allen kommunizieren, nimmt von einer bestimmten Größe der Gruppe (12 Personen) sehr rasch ab, so daß für die Vereinheitlichung von Meinungen geeignete Systeme gefunden werden müssen. Das bisher am weitesten entwickelte System einer solchen Meinungsvereinheitlichung in Organisationen ist das System der Hierarchie, wobei auf Grund der asymmetrischen Machtverteilung nicht mehr nur die Aufgabe der Zentralfunktionäre, Meinungen zu vereinheitlichen, im Vordergrund steht, sondern sehr oft die Notwendigkeit, Entscheidungen zu treffen. Aufgabe der Peripherie oder der „Untergebenen" ist es dann, diese zentral getroffenen Entscheidungen durchzuführen. Damit ist die erste und vermutlich auch häufigste Konfliktquelle in Organisationen bereits genannt.

– *Herrschaftskonflikte*: Darunter verstehen wir alle die Konflikte, die auf asymmetrische Machtverteilung zurückzuführen sind. Im Volksmund werden solche Konflikte meistens mit dem Satz beschrieben:
§ 1: ,„Der Chef hat immer recht"
§ 2: „Hat der Chef einmal nicht recht, tritt automatisch § 1 in Kraft."
Das bedeutet, daß in Konfliktsituationen zwischen Obertanen und Untertanen die Obertanen aufgrund ihrer Machtposition, die durch die Zentralisierung notwendig ist, in der Lage sind, gegen den Willen der Untergebenen bestimmte Entscheidungen auch dann durchzusetzen, wenn einmal die Untergebenen sachlich im Recht sind oder mit dieser Entscheidung nicht einverstanden sind.

– *Doppelmitgliedschaftskonflikte*: Diese Konflikte entstehen dann, wenn eine bestimmte Person zu zwei verschiedenen Gruppen gehört. Notwendigerweise entsteht dieser Konflikt bei allen Vorgesetzten, mit Ausnahme vielleicht des allerobersten. Denn jeder Vorgesetzte, z. B. ein Abteilungsleiter, gehört einerseits der Abteilung an, die er leitet; diese erwartet von ihm Loyalität, hofft, daß ihre Anliegen in der nächsthöheren Ebene von ihrem Chef vertreten werden usw. Andererseits gehört dieser Abteilungsleiter etwa der Konferenz oder der Gruppe, die einem Hauptabteilungsleiter unterstehen, an. Auch diese Gruppe erwartet, daß der Abteilungsleiter dieser Gruppe gegenüber loyal ist, d.h. daß er die Interessen des Unternehmens oder dieser speziellen Gruppe in seiner Abteilung durchsetzt. In Situationen, in denen Entscheidungen der oberen oder der unteren Gruppenzugehörigkeit kontrovers sind, wird der Vorgesetzte notwendigerweise zum Verräter an der einen oder der anderen Gruppe. Seine Tätigkeit besteht darin, die Balance zwischen den beiden Verratsmöglichkeiten herzustellen. Wenn er nur seine Gruppe verrät und die Meinung der nächsthöheren Stelle reproduziert, wird er das Vertrauen und damit die Mitarbeitsbereitschaft seiner Mitarbeiter verlieren – vertritt er immer nur die Interessen seiner Gruppe, so wird er bald als Quasi-Betriebsrat das Vertrauen seiner Vorgesetzten verlieren und unter Umständen seinen Posten bald aufgeben müssen.

Die Existenz eines Betriebsrates zeigt, daß in den klassischen Hierarchien noch keine Methode gefunden wurde, die beiden Gegensätze richtig auszubalancieren, denn nur dadurch wird ein Betriebsrat erst notwendig.

– *Veränderungskonflikte*: Die häufigsten Veränderungskonflikte lassen sich in vier Untergruppen aufteilen:

1. Auflösung und Neuformierung von Gruppen
Wenn beispielsweise ein Speditionsunternehmen, das bisher nach Branchen gegliedert war (also eine Abteilung betreibt das Seegeschäft, eine andere das Luftgeschäft, eine dritte das Bahngeschäft, eine vierte das Straßengeschäft usw.), vor der Notwendigkeit steht, sich nun geographisch zu organisieren (d.h. eine Abteilung macht das Afrikageschäft, eine andere das Amerikageschäft usw.), dann tritt hier eine große Anzahl von Konflikten auf, weil die bisherigen Konkurrenten – es haben etwa zwei Abteilungen miteinander konkurriert, ob ein bestimmter Transport auf die Schiene oder auf die Straße kommt – nun in neuen Abteilungen zusammenarbeiten müssen.

2. Rollenänderungen
Dazu gehören etwa Verteilung neuer Kompetenzen, Avancement bestimmter Personen oder Personengruppen in Rollen, die sie bisher nicht hatten.

3. Soziotechnische Änderungen
Ein klassisches Beispiel für eine solche Art von Konflikten ist etwa die Installation einer EDV-Anlage. Hier kommen neue Informationsstrukturen zustande und dadurch auch neue oder zusätzliche Entscheidungsstrukturen. So kann sich die Abfolge von Informationen komplett ändern. Es ist ohne weiteres möglich, daß man in einer relativ untergeordneten Position nun wesentlich früher über bestimmte Informationen verfügt als an höhergestellter Position. Nicht selten ist dies eine Quelle von Konflikten.

4. Norm- und Standardänderungen
Hierher gehören alle Konflikte, die daraus entstehen, daß nun neue Regeln für die Kooperation sowohl nach innen als auch nach außen gelten. Dies

kann etwa mit dem Eintreten in neue Märkte oder mit neuen Finanz- oder Steuergesetzen zusammenhängen.

– *Strukturkonflikte* sind solche, die etwa mit vertikaler und horizontaler Arbeitsteilung zusammenhängen. So kann es sein, daß in einer bestimmten Abteilung durch Aufnahme eines Spezialisten, z. B. für Finanzen eine Kompetenz entsteht, die an höherer Stelle nicht vorhanden ist. Dennoch muß die höhere Stelle, etwa der Abteilungsleiter, eine Entscheidung über ein bestimmtes Problem treffen, über das jedoch sehr wahrscheinlich sein Untergebener mehr versteht. Matrixorganisationen haben ein reiches Repertoire zur Beilegung solcher Konflikte erarbeitet.

– *Normenkonflikte*: Hierher gehören alle Konflikte, die mit der Verfassung einer Organisation sowie mit der Festlegung von Funktionen zu tun haben, wie Repräsentations- und Legitimationskonflikte. Auch die Dauer von Normen oder ihr Geltungsbereich kann bzw. muß in manchen Situationen kontrovers sein.

4.3.5 Systemkonflikte

Dieser Bereich ist einzelnen Personen oder auch Organisationen am wenigsten zugänglich. Hier ordne ich alle jene Konflikte ein, die aus dem Aufeinandertreffen verschiedener großräumiger Systeme entstehen; z. B. Planwirtschaft oder Marktwirtschaft oder Demokratie in der Politik – Feudalstrukturen in der Wirtschaft usw.

Bei dieser großen Anzahl von Konflikten und des doch oft positiven Sinnes dieser Konflikte, verwundert es, daß in unserer Gesellschaft nicht mehr Konflikte ausgetragen werden. Dies hängt sicherlich damit zusammen, daß neben dem Unvermögen, Widersprüche zuzulassen, auch eben nur eine beschränkte Kapazität haben, Konflikte auszutragen.

Ein weiterer Grund – möglicherweise als Folge dieser beschränkten Kapazität – ist wohl der, daß wir uns nicht endlos weiterentwickeln wollen und können. Konfliktvermeidung verhindert allzu rasche Weiterentwicklung von Personen und Strukturen und ist daher wichtiges Regulativ gesellschaftlichen Zusammenlebens. Allerdings ist auch zu langsame Entwicklung in einer sich rasch ändernden Welt gelegentlich ein Nachteil. Man könnte hier eine Art Faustregel aufstellen: Gibt es zu viele und zu große Konflikte in einem Sozialgebilde, so fehlt die nötige Sicherheit, die für jede Art des Zusammenlebens notwendig ist. Arbeit und Erholung bedürfen eines Mindestmaßes an Stabilität und emotionaler Sicherheit. Werden Konflikte auf der anderen Seite nur als Störung empfunden, dann kann die Chance für eine Weiterentwicklung, die in jeder Konfliktsituation steckt, nicht wahrgenommen werden. Meine Vermutung geht nun dahin, daß sich die große Reihe von Konflikten im wesentlichen auf die vier angeführten Grundkonflikte zurückführen lassen und aus diesen durch Differenzierung im Zuge der Kulturentwicklung entstanden sind.

So könnte man beispielsweise einen Konkurrenzkonflikt auch so verstehen, daß einer sich weigert, sich dem anderen unterzuordnen – sie wollen z.B. beide Chefs sein. Das Verhältnis von „Chef" und „Untergebenen" ist aber nichts anderes als eine Neuauflage des Verhältnisses von Vater und Sohn. Damit sind wir in dem Konfliktring 1, Kinder – Erwachsene. Viele – wenn nicht alle – Vorgesetzte unserer Zeit, verstehen ihr Verhältnis zu ihren Untergebenen analog dem eines Elternteils zu den Kindern. Vorbild haben sie dabei sogar aus den religiösen Vorstellungen: auch hier wird das Verhältnis Gottes zu den Menschen wie das eines Vaters zu den Kindern gedacht. Man sagt vom obersten Vorgesetzten einer Organisation oft, er sei der „Gottsöberste", und er bekommt wenigstens teilweise in der anonymen Betrachtungsweise auch viele göttliche Prädikate. Er ist fast allwissend, jedenfalls allmächtig, oft sogar allgütig und allweise.

Oder etwa Normierungs- und Bestrafungskonflikte gehören meines Erachtens zum Konfliktbereich Tote – Lebende. Die einen etablieren sich dabei als die Hüter des (toten) Gesetzes, die anderen akzeptieren diese Autorität nicht. Sie versuchen mit Hinweis auf die konkrete lebendige Situation eine Modifikation des Gesetzes zu erreichen.

Zugehörigkeitskonflikte wiederum gehören in den Bereich Individuum – Gruppe, ähnlich wie Verteidigungskonflikte und Doppelmitgliedschaftskonflikte.

Dagegen gehören Veränderungskonflikte eher zum vierten Konfliktring männlich – weiblich. Die Entwicklung in diesem vierten Konfliktbereich ist wahrscheinlich dafür verantwortlich, wie man mit Gegensätzen umgehen kann. Vielleicht liegt auch hier einer der Gründe, warum in allen Kulturkreisen, soweit wir wissen, die Mädchen früher reif sind als die Knaben. Der Knabe hat mit seiner ersten „Beziehung" mit der Mutter gleichzeitig ein gegengeschlechtliches Wesen, das er liebt. Er kann diese erste Beziehung als Mutter für seine weiteren Beziehungen nehmen und diese daran ausrichten, wieweit sie ihm die Mutter ersetzen. Für den Mann ist sozusagen die Welt von Geburt an „vollständig", während dies für das Mädchen anders ist. Mit der Beziehung zur Mutter hat das Mädchen gleichgeschlechtliche Beziehung und muß eine Beziehung zum anderen Geschlecht aufbauen, das ihm in Form von Vater, Bruder oder Onkel entgegentritt, wobei die uneingeschränkte Beziehung zur Mutter früher als beim Knaben relativiert wird. Das Mädchen muß – hier kann man sagen: von Natur aus – früher mit dem Widerspruch „gleich" und „verschieden" in bezug auf den Unterschied von Mann und Frau umgehen lernen. Deswegen sagt man auch oft, die Frauen seien die „geborenen Dialektiker", während die Männer den Umgang mit Widersprüchen erst mühsam lernen mußten.

4.4 Konfliktlösungen

Ähnlich wie die Konfliktarten lassen sich nun auch die Lösungen auf einige wenige Grundmodelle zurückführen, obwohl im einzelnen sicherlich mehr verschiedene Lösungen von Konflikten auf der Welt existieren als es Menschen gibt. Dennoch überrascht es, wie man in diesen vielen Lösungen eine Struktur finden kann. Unter Lösung verstehe ich, daß die Gegner einen Modus gefunden haben, in dem der Gegensatz soweit verschwunden ist, daß die Handlungsfähigkeit von beiden (oder im Extremfall nur von einem) nicht weiter beeinträchtigt wird. Für das Entstehen eines solchen Modus der wiedererlangten Handlungsfähigkeit im Bereich des Konfliktgegenstandes gibt es meines Erachtens sechs Grundmuster. Die vielfältigen Lösungen können jeweils auf eines dieser Grundmuster zurückgeführt werden. Die Grundmuster sind:

1. Flucht
2. Vernichtung des Gegners
3. Unterordnung des einen unter den anderen
4. Delegation an eine dritte Instanz
5. Kompromiß
6. Konsens

Die Reihenfolge dieser sechs Grundmuster ergibt sich aus Entwicklungsüberlegungen. Ich vermute, daß es im Konfliktverhalten einen Prozeß gibt. Dieser Prozeß tritt sowohl in der Geschichte auf als auch bei einzelnen Individuen, manchmal sogar bei ein und demselben Konflikt. Ich mußte mich im Zuge verschiedener Sozialinterventionen mit vielen Konflikten auseinandersetzen und konnte beobachten, daß Personen und Gruppen einen Lernprozeß durchmachen, der eine Reihe von Stadien durchläuft. Es sind dies dieselben Stadien, durch die auch ein Konflikt geht, und dieselben Stadien, durch die vermutlich auch der menschliche Lernprozeß im Laufe der Zivilisationsentwicklung gegangen ist.

4.4.1 Flucht

Abb. 16

Fluchtverhalten und Aggressionsverhalten sind bis heute eine Motivschaukel. Sie kommen fast immer parallel vor und ergänzen einander. Sicherlich war es eines der größten Probleme der Zivilisationsentwicklung, das Aggressionsverhalten beim Menschen zu kanalisieren. Die Primaten, zu denen der Mensch ja auch gehört, werden von der Verhaltensforschung hinsichtlich ihres Konfliktverhaltens als Fluchtwesen bezeichnet. Sie suchen mangels spezifischer Waffen bei vielen Arten von Gefahren ihr Heil in der Flucht.

Mit der Entwicklung der Zivilisation, insbesondere mit dem Seßhaftwerden durch Ackerbau und Viehzucht, ist die Anzahl der Gefährdungen, die durch Flucht zu lösen waren, sicherlich stark zurückgegangen. Bei heute noch lebenden Jägerkulturen finden wir jedenfalls ein viel ausgeprägteres Fluchtverhalten als bei Ackerbau- und Viehzüchterkulturen.

Untersuchungen haben ergeben, daß auch beim heutigen Zivilisationsmenschen das am nächsten liegende, sozusagen ursprünglich-instinkthafte Verhaltensmuster im Falle eines Konfliktes die Flucht darstellt. Hierher gehört auch jenes rätselhafte Delikt der Fahrerflucht. Im ersten Augenblick haben viele, die an einem Unfall beteiligt sind, das Gefühl: „nichts wie weg". Erst später kommt die normative Gewalt des Über-Ichs und sagt einem, daß es keinen Sinn hat zu flüchten. Meistens aber ist es nicht so deutlich wie bei der Fahrerflucht, z. B. wenn Menschen ein Problem auf die lange Bank schieben oder versuchen, den Gegensatz zu ignorieren, unter den Teppich zu kehren, zu verleugnen oder zu verdrängen.
Es liegt außerdem auf der Hand, daß sich viele Konfliktsituationen tatsächlich durch Flucht lösen lassen, daß also hier die Vorteile des Fluchtverhaltens darin liegen, daß man rasch einer Konfliktsituation entkommt, daß es keine Verlierer gibt, daß es oft einfach und schmerzlos ist zu flüchten. Oft aber stellt sich heraus, daß die durch Flucht „gelöste" Konfliktsituation in Wirklichkeit gar nicht gelöst ist, daß sie Depressionen hinterläßt und der Konflikt eigentlich nur in schärferer Form wiederkommt, daß das ständige „Flüchten" sehr unbefriedigend ist und vor allem keine Weiterentwicklung zuläßt. Eine Reihe von psychosomatischen Krankheiten werden heute auf verdrängte oder verleugnete Konflikte zurückgeführt.

Bei intensiven Beziehungen, wie etwa in einer ehelichen Partnerschaft, besteht eine große Gefahr bei ständig verleugneten und verdrängten Konflikten, daß der Zwillingsbruder des Fluchtverhaltens, nämlich die Aggression, der Vernichtungskampf, plötzlich das Fluchtverhalten ablöst. Auch in diesem Fall haben die Verhaltensforscher Parallelen im tierischen Verhalten beobachtet: Ein Tier, das durch eine Bedrohung in die Flucht geschlagen wurde, geht zum Angriff über, wenn es feststellt, daß Flucht keinen Ausweg vor der Aggression darstellt. Wir können generell annehmen, daß sich der Mensch zu einem Lernprozeß gezwungen sieht, indem er sein Konfliktverhalten ändert, wenn die Nachteile seiner gerade versuchten „Konfliktlösung" die Vorteile zu überwiegen beginnen.

4.4.2 Vernichtung und Kampf

Abb. 17

Ursprünglich hatten in der Menschheitsgeschichte viele Kämpfe das Ziel der Vernichtung des Gegners. Konrad Lorenz meint, daß jene Instinktregulierung bei Tieren, die verhindert, einen erschöpften Gegner zu töten, beim Menschen außer Kraft gesetzt ist. Der Mensch hat diese Tötungshemmung nicht, weshalb wir auch bei heute noch lebenden Naturvölkern sehr oft einen Kampf bis zur Vernichtung des Gegners beobachten können (zum Beispiel bei Indianern am Unterlauf des Rio Negro im Amazonasgebiet). Aber auch unsere Zivilisation in der Gegenwart hat, wenn auch vielleicht in etwas sublimierter Weise, Vernichtungsrituale als angestrebte Lösung in einem Kampf durchaus beibehalten. So geht etwa jede Konkurrenz auf Monopol aus, d.h. der Versuch im wirtschaftlichen Konkurrenzkampf, den Gegner zu vernichten, um eine eigene Monopolstellung zu gewinnen, ist möglicherweise immer noch ein Restbestand aus jener Zeit der Weiterentwicklung des Fluchtverhaltens zum Kampfverhalten. Auch Mord oder Entlassung oder Mord in Form eines Rufmordes wären dieser Kategorie der Konfliktlösungen zuzurechnen. Die Ausrottung von Menschen oder ganzen Menschengruppen ist bis in die Gegenwart sehr oft Ziel von Kriegen geblieben. Auch die Urgeschichtsforschung meint, daß es durch lange Zeiten der menschlichen Entwicklung mehrere Menschenarten nebeneinander gegeben habe, etwa den Cromagnon und den Neandertaler in Europa, daß aber mit Ausnahme der Vorfahren des Homo sapiens alle anderen Arten von diesem ausgerottet worden seien.

Vorteil des Vernichtungskampfes ist sicherlich, daß der Gegner rasch und dauerhaft beseitigt wird. Wir können ohne Zweifel auch das Selektionsprinzip mit in die Vorteile des Vernichtungskampfes einbeziehen. Der Nachteil dieser Konfliktlösungsart besteht im wesentlichen darin, daß mit dem Verlust des Gegners gleichzeitig auch der Verlust einer Alternative mitgegeben ist, d.h. Entwicklung wird in einem sehr starken Ausmaß gefährdet, da ganz selten ein Gegner immer nur Unrecht hat und nichts an Richtigem vertritt. In der Vernichtungsstrategie sind Fehler nicht korrigierbar. Außerdem ist fraglich, ob dieses Ausleseprinzip (daß der Stärkere im Vernichtungskampf überlebt) wirklich fördernd für die Gesamtpopulation und ihre genetische Strategie ist.

Wir wissen nicht genau, wann und wo der Übergang zur nächsten Entwicklungsstufe der Konfliktlösungen vollzogen wurde, in dem der Vernichtungskampf nicht mit dem Tode des Besiegten, sondern mit seiner Unterwerfung endete.

4.4.3 *Unterwerfung oder (moderner:) Unterordnung*

Abb. 18

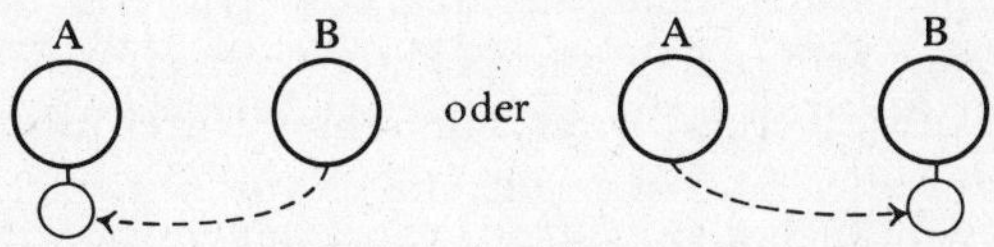

Wahrscheinlich muß man hier einen großen Einschnitt in der Konfliktgeschichte der Menschheit ansetzen, da der Verzicht auf die Tötung des Gegners ein neues Zeitalter eingeleitet hat, nämlich das Zeitalter der Sklaverei. Sklave ist jemand, so sagt Aristoteles, der um des Überlebens willen auf seine Freiheit verzichtet hat. Um die Erfindung der Sklaverei machen zu können, war es zuerst notwendig, „Besitz" zu erfinden. „Nach dem Besitz gab es als vermutlich nächsten Schritt Besitz von Tieren, später von Äckern, und zum Schluß Besitz von Menschen." Aristoteles weiter: „Wer von Natur nicht sein, sondern eines anderen, aber ein Mensch ist, der ist ein Sklave von Natur. Eines anderen aber ist ein Mensch, der – wenn auch Mensch – ein Besitzstück ist. Ein Besitzstück aber ist ein tätiges und getrennt für sich bestehendes Werkzeug."

Der Mensch erwies sich nun im Laufe der Geschichte als das am universellsten einsetzbare Werkzeug. Dabei ist es allerdings notwendig, von der Entscheidungsfreiheit des unterworfenen oder untergeordneten Menschen abzusehen. Der Herr entscheidet, der Sklave gehorcht.

Konfliktlösung durch Unterwerfung oder Unterordnung ist später dann in den Systemen der Hierarchie institutionalisiert worden. Hier ist von vornherein festgelegt, daß im Konfliktfall die Inhaber der jeweils zentralen Position gegenüber der Peripherie (die Obertanen gegenüber den Untertanen) im Recht bleiben. Dieses Verhaltensmuster der Unterwerfung ist überall dann als Konfliktlösung möglich, wenn von den zwei entgegengesetzten Positionen sich nur die eine als brauchbar erweist und die andere dies auch in irgendeiner Form – wenn auch gezwungenermaßen – anerkennt. Hierzu würden wir heute Methoden der Konfliktlösung wie Überzeugen, Überreden, Nachgeben, Bestechen, Manipulieren oder Drohen, Intrigieren und Abstimmen zählen. Das Abstimmen, wo eine Minderheit sich einer Mehrheit in einer Konfliktsituation unterwirft, ist eine sehr universell einsetzbare Konfliktlösungsmethode, da sie – wie noch zu zeigen sein wird – auch Momente der Delegation und des Konsenses in sich enthält.

Der Hauptvorteil der Konfliktlösung durch Unterwerfung war die Möglichkeit einer Arbeitsteilung, und zwar Arbeitsteilung in einer doppelten Form sowohl horizontal als auch vertikal. Es gibt sowohl die Möglichkeit, daß unterschiedliche Produkte erzeugt werden, als auch die Arbeitsteilung in periphere Erzeuger von Produkten und zentrale Verwalter oder Koordinatoren dieser Produkterzeuger. Ursprünglich war diese Arbeitsteilung sicherlich in der Einteilung von Bauern und Produzenten von landwirtschaftlichen oder Manufakturprodukten einerseits und von Kriegern, Beamten und Priester als Wahrnehmer zentraler Funktionen andererseits angelegt. Der Unterworfene oder Besiegte verliert zwar mit seiner Unterordnung die Selbstbestimmung, gewinnt aber an Sicherheit, die er von seinem Herrn, Chef, Vorgesetzten, Vater, Mutter etc. bekommen kann. „Tausche Freiheit und Selbstbestimmung gegen Sicherheit und Unterordnung", könnte man als Grundprinzip dieser Art von Konfliktlösung ansehen.

Gegenüber der Vernichtung sind hier schon eine Reihe von sehr großen Vorteilen aufzuzählen. Es fehlt die Vernichtung des Gegners, es gibt die Möglichkeit der Umkehrbarkeit und der längerfristigen Auseinandersetzung zwischen Herrn und Sklaven, es überleben wesentlich mehr Menschen, die voneinander lernen können. Durch die Arbeitsteilung ist der Unterworfene zwar ein „Werkzeug", aber immerhin weiterlebend, und es gibt ebenfalls die Möglichkeit eines Selektionsprozesses sowie relativ klare Verantwortungen und damit den Ansatzpunkt von Hierarchien.

Daneben traten in der Geschichte natürlich auch eine Reihe von Nachteilen auf. Die Umkehrbarkeit erwies sich nicht immer als Vorteil, sondern wie schon bei Platon, später bei Hegel gezeigt wurde, enthält die Dialektik von Herr und Knecht immer die Tendenz der Umkehrbarkeit in sich. Es werden sozusagen viele Konflikte eigentlich nicht gelöst, sondern nur perpetuiert. Die Sklaven warten auf die Gelegenheit, das Verhältnis umkehren zu können. Die starre Rollenverteilung ist oft unflexibel und schafft neue Konflikte innerhalb der hierarchischen Ordnungsstrukturen. Mit der differenzierten Hierarchie ist aber dann ein neues Muster der Lösung von Konflikten aufgetreten, nämlich die Delegation.

4.4.4 Delegation

Abb. 19

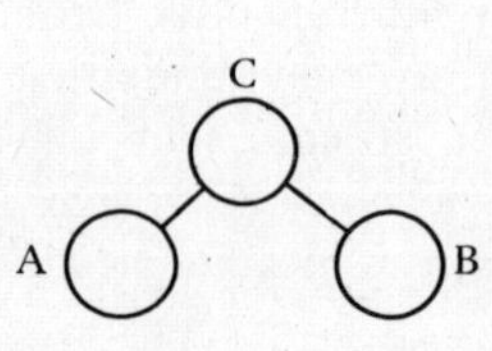

„Wenn zwei sich streiten, freut sich der Dritte" heißt in unserem Zusammenhang, daß durch die Delegation eines Konfliktes an eine dritte Person diese einen Machtzuwachs erhält. Sie wird zur Instanz, die zwischen zwei Alternativen zu entscheiden hat. An die Stelle einer Person können natürlich auch anonyme Strukturen wie Gesetze oder Prinzipien treten. Sogar der Zufall ist als Instanz, an die delegiert werden kann, gelegentlich herangezogen worden (etwa beim Münzenwerfen oder bei Entscheidungen durch Los). Das System der Hierarchie brachte in dieser Dimension einen relativ großen Fortschritt. Es konnten Menschengruppen miteinander kooperieren, die sonst einander hätten bekämpfen oder aus dem Wege gehen müssen. Bekanntlich sind ja die Nachbarn diejenigen, die am meisten miteinander verfeindet sind. Das läßt sich sogar bis in die Konfliktstrukturen der Mietshäuser der Gegenwart verfolgen. Auch am sozialen Lernen von Geschwistern läßt sich dies beobachten. Konflikte zwischen zweien können z. B. durch eine dritte vermittelnde Instanz, etwa ein drittes Geschwister, leichter bearbeitet werden, als wenn es diese Instanz nicht gäbe.

Vom Römischen Reich in der Antike und vermutlich auch schon vorher bis zu den Kolonialsystemen der Neuzeit wurde immer wieder der Vorteil der Kooperation von aus eigenem Antrieb unkoordinierbaren Gruppen, Stämmen oder Völkern von den an diesem Konflikt nicht beteiligten (übergeordneten) Dritten genutzt. (Die Logik hat hier das „Prinzip vom ausgeschlossenen Dritten" (dessen kommunikative Bedeutung vielleicht dadurch verständlich wird) aufgestellt. Somit stellt die Delegation als Konfliktlösung bis heute einen Fortschritt dar, wenn Menschen in direkter Kommunikation grundsätzlich nicht zu einer Kooperation fähig sind, über Dritte aber dazu in der Lage sind. Die durch eine solche Koordinationsleistung gewonnene Autorität kann umgekehrt natürlich auch erreichen, daß Konflikte grundsätzlich an sie delegiert werden: Kinder delegieren an die Eltern, Schüler an die Lehrer, Untergebene an die Vorgesetzten, Fußballmannschaften an den Schiedsrichter usw.

Die Inhaber zentraler Funktionen hatten eine Reihe wichtiger Aufgaben. Die wichtigste war der Schutz des ganzen Gebildes der anonymen Kommunikation. Dieser Schutz dürfte am Beginn der Entwicklung nicht immer gelungen sein, da das Gesellschaftsspiel: „Nomaden gegen Ackerbauer" (Kain und Abel), durch Jahrtausende hindurch immer wieder zum Zugrundegehen erster Kultur- und Kooperationsansätze geführt haben dürfte. Die Zentralfunktionäre mußten erst eine Reihe von kommunikativen Erfindungen machen, bis sich arbeitsteilige Sozialgebilde gegen aggressive Nomaden- oder Jägerstämme behaupten konnten. Zu diesen Erfindungen gehören unter anderem Systeme der anonymen Kommunikation (Schrift, Normensysteme, Gesetze, religiöse Inhalte etc.), die die Priorität übergeordneter, allgemeinerer (= zentraler) Gesichtspunkte deutlich machten, und das dazugehörige Macht- und Abhängigkeitssystem sowie die Konfliktdelegation.

Wie schon oben gezeigt, wird der große Fortschritt, den dieses System der Arbeitsteilung brachte, aber mit einer Entfremdungssituation bezahlt. Wer an eine Autorität delegiert, will sein Problem von jemandem lösen lassen, der mit diesem Problem primär nichts zu tun hat. Im Rahmen des Rechtes ist diese „Unbefangenheit" des Richters sogar notwendige Bedingung für jede Delegation: nur wenn der Richter nicht in irgendeiner Form auf der einen oder anderen Seite des Konfliktes beteiligt ist, darf er rechtsprechen. „Recht" stellt in diesem Sinne eine Verfremdung der Konfliktsituation in einem Bereich dar, in dem der Konflikt nicht mehr existiert — wodurch er leichter lösbar wird.

Dieses Prinzip der Transformation eines Problems (Unterschiedes oder Gegensatzes) auf eine „höhere Ebene", wo der Gegensatz verschwindet, ist eine der größten Kommunikationserfindung in der Geschichte der Kulturen. Der Aufstieg zu immer „höheren" allgemeineren Ebenen ist dabei nur ein Ausdruck des allgemeinen Ordnungsprinzips der Zentralisierung von Funktionen bzw. der Ordnung als Über- und Unterordnung.

Es kommt zu Idolbildungen, die wahrscheinlich erstmals überhaupt Individuen und Autorität in Verbindung bringen. Die Autoritäten verlangen von den Menschen die Ausrichtung auf allgemeine Prinzipien. Sehr schön ist im Buch Exodus die Entstehung der Hierarchie aus dem System der Konfliktdelegation beschrieben. Im Kapitel 18, 13—27, heißt es:

„Des andern Tags setzte sich Moses, das Volk zu richten. Und das Volk stand um ihn her vom Morgen bis zum Abend. Als sein Schwiegervater sah, was er alles mit dem Volke zu tun hatte, sprach er: ‚Was ist das, wie du es mit dem Volke machst? Warum sitzest du allein zu Gericht und alles Volk steht vom Morgen bis zum Abend vor dir?' Moses antwortet ihm: ‚Das Volk kommt zu mir und fragt um Gottes Urteil. Wenn sich ein Streit unter ihnen zuträgt, kommen sie zu mir, daß ich zwischen ihnen richte und die Gebote Gottes und seine Gesetze verkünde.' Da sprach der Schwiegervater des Moses zu diesem: ‚So machst du es nicht gut. Du reibst dich auf und das Volk bei dir. Das Geschäft ist über deine Kräfte, du kannst es nicht allein leisten. Höre auf meine Worte. Ich will dir einen guten Rat geben und Gott wird mit dir sein. Sei du des Volkes Sachwalter bei Gott indem du seine Angelegenheiten vor Gott bringst. Erkläre dem Volke die Gesetze und Weisungen, zeige ihnen den Weg, auf dem sie wandeln sollen und die Werke, die sie tun sollen. Aber sieh dich im ganzen Volke um wackere Männer um, die Gott fürchten, die redlich sind und die jegliche Bestechung hassen und bestelle aus ihnen Vorgesetzte, über je 1000, über je 100, über je 50 und über je 10. Diese sollen das Volk allezeit richten; was aber besonders wichtig ist, sollen sie vor dich bringen; geringere Sachen sollen sie selber entscheiden; so wirst du entlastet werden, wenn andere die Lasten mit dir teilen. Wenn du das tust und Gott es gut heißt, so kannst du dabei bestehen und auch alle diese Leute werden befriedigt heimgehen.' Moses befolgte den Rat seines Schwiegervaters und tat alles, was jener geraten hatte. Er wählte wackere Männer aus ganz Israel, bestellte sie zu Häuptern über das Volk, zu Vorgesetzten über je 1000, über je 100, über je 50 und über je 10. Diese richteten das Volk alle Zeit; was aber besonders schwierig war, das brachten sie vor ihn; geringere Sachen entschieden sie selbst." (Ex. 18, 13–27)

Weil die so installierten Richter Regeln brauchten, nach denen sie sich richten konnten, erließ Gott über Moses (Exodus 20, 1–17) die zehn Gebote.

Diese Art der Ordnung schließt für Menschen an die Triebverzichtsmomente, die schon in Gruppen vorhanden sein müssen, an, weil sie verlangt, daß unmittelbare Kommunikation und unter Umständen auch unmittelbare Bedürfnisse zugunsten allgemeinerer, höherer zurückgestellt werden. Gerade dieses Prinzip hat das Modell aber geschichtsmächtig gemacht. Die Abgabe von Funktionen und damit Macht an zentrale Positionen hatte allerdings zur Folge, daß Zentralfunktionen die asymmetrische Machtverteilung zu ihren Gunsten nutzen konnten. „Alle Macht geht vom Volke aus", wie es im Art. 1 der Österreichischen Verfassung heißt, – „um nie wieder dorthin zurückzukehren", wie Bert Brecht hinzugefügt hat.

Diese Art der Ordnung mußte von einem Normensystem mit stabilen Sanktionsmöglichkeiten durchgesetzt und gestützt werden, da es oft den Bedürfnissen und fast immer der Einsicht der peripheren Positionen widersprach. Einen Teil der erwirtschafteten Produkte, meist sogar den besten Teil an die zentrale Stelle abgeben zu müssen, geht nur, wenn diese Abgabe mit den höchsten Instanzen politischer, legaler und religiöser Normierung verbunden war. So wurden die Tiere oder Feldfrüchte, die abgegeben wurden, als heilige Tiere oder Früchte angesehen. Dort durfte auch bei schlechten Erträgen keinesfalls gekürzt werden. Daß diese Ordnung auf die Dauer nur mit einer Art Polizeigewalt aufrechtzuerhalten war, liegt nahe. Sie wurde von früh an auch als heilige Ordnung (Hierarchie) bezeichnet. Sich Ordnung aber nur innerhalb der (heiligen) Herrschaft vorstellen zu können, (Hierarchie), bedeutet, Konflikte grundsätzlich nicht zu bearbeiten, sondern sie nur delegieren zu können. Der große Vorteil der Hierarchie war, daß auch in die vier Grundkonflikte somit eine fixe Ordnung gekommen war. Der Grundkonflikt Kinder – Erwachsene wurde so gelöst, daß man grundsätzlich die Menschen in Kinder und Erwachsene einteilte: als Kinder gelten die jeweiligen Untertanen, als Erwachsene die jeweiligen Obertanen. Die Untertanen haben den Obertanen so zu gehorchen wie Kinder den Erwachsenen. Der Konfliktkreis Individuum – Gesellschaft wurde so aufgelöst, daß grundsätzlich Gemeinwohl vor Individualwohl gilt. Bedürfnisse und Meinungen des einzelnen werden nur berücksichtigt, soweit sie mit dem System übereinstimmen. Stimmen sie nicht überein, so sind individuelle Bedürfnisse zu vernachlässigen.

Der Konfliktkreis Tote – Lebende wurde so festgelegt, daß möglichst viel durch Gesetz und Regeln vorentschieden wird. Damit wird Tradition gesichert; die Jungen müssen ein Triebverzichtsverhalten erlernen. Wer dieses Verhalten besser erlernt, wird in zentralere Positionen gebracht.

Der Konfliktkreis Männer – Frauen wird so festgelegt, daß Hierarchien grundsätzlich nur aus Männern bestehen. Die schwieriger zu kontrollierende weibliche Emotionalität und Sexualität wird in das Privatleben abgeschoben. Die Männer sind leichter auf sachliche und rationale Ordnungen zu verpflichten. Im Grunde genommen wird damit der Konflikt Mann – Frau ganz wesentlich entschärft und zurückgestellt. In diesem Punkt hat man also sozusagen jahrtausendelang eine generelle Unreife der Menschheit in Kauf genommen. Meines Erachtens steht daher die Bearbeitung des Konfliktes Mann – Frau auch in der Öffentlichkeit noch aus.

Die Methode, Konflikte zwischen zwei Menschen oder Menschengruppen durch Delegation an eine höhere Instanz zu lösen, hat zwei Voraussetzungen:

1. daß es im jeweiligen Konfliktfall eine richtige und eine falsche Lösung gibt, und
2. daß die angerufene höhere Instanz auch die richtige Lösung findet.

Stimmt eine der beiden Voraussetzungen nicht, sind Konflikte durch Delegation nicht zu lösen.

Zu den großen Vorteilen der Lösung durch Delegation gehört also die gemeinsame Verbindlichkeit der allgemeinen Prinzipien (Rechtsverbindlichket), was erstmals so etwas wie Objektivität, Sachlichkeit und Kompetenz ermöglicht. Damit wird eine höhere Ebene eingezogen und das Schema von Sieg und Niederlage überwunden. Es gibt erstmals so etwas wie unparteiische Neutrale. Der Nachteil dieser Art von Konfliktlösung besteht darin, daß die individuelle Indentifikation mit der Lösung eine geringere ist, als wenn beide Partner sie selbst erarbeitet hätten, daß daher den Konfliktparteien die Konfliktkompetenz genommen wurde. Dabei stimmt das Axiom der heiligen Ordnung, daß nämlich der Vorgesetzte sich jeweils im Besitz der Wahrheit befindet, heute oft nicht einmal mehr für die zentralisierten sachlichen Zusammenhänge. Was sich keinesfalls zentralisieren läßt, sind Emotionen. Die Frage ist heute, ob emotionelle Kompetenz überhaupt abgegeben werden kann. Es gibt einige ganz einfache Experimente, um diese Frage zu beantworten. Läßt man eine Montagegruppe über die Arbeitsaufteilung, ein Büro über die Zimmer- und Platzverteilung, eine Gruppe über ein gar nicht weittragendes, emotionell kontroverses Thema selbst entscheiden, so werden die Gruppen meistens zu einer anderen Entscheidung kommen als der Vorgesetzte. Selbst dann, wenn dieser hellseherisch begabt, das endlich erstrittene Resultat vorausgesehen und vorher angeordnet hätte, wären die Gruppen nicht mit der gleichen emotionalen Zustimmung einverstanden. Was jemand wirklich will, stellt sich nämlich oft erst im Zuge eines Kommunikations- und Entscheidungsprozesses heraus. Für Entscheidungsprozesse gilt in noch höherem Maße der Satz von Norbert Wiener: „Ich wußte nicht, was ich sagte, ehe ich nicht die Antwort darauf hörte." Ein vorher feststehendes, sozusagen unabhängig vom Resultieren richtiges Resultat gibt es im emotionalen Bereich nicht. Emotionale Kompetenz kann nur in einem sehr infantilen Stadium der Entwicklung abgegeben werden.

Damit erklärt sich auch die Betonung des sachlichen, logischen Momentes aller hierarchischen Ordnung. Versachlichung eines Konfliktes, der übrigens immer sehr starke emotinale Prozesse bei den Beteiligten auslöst, ist eine Delegationsmethode, die selten die Betroffenen zufriedenstellt.

Was ist aber zu tun, wenn die Kontrahenten nicht nur emotional meinen, recht zu haben, sondern von der Sache her auch tatsächlich recht haben? Wie können Konflikte gelöst werden, wenn beide Seiten mindestens unter ihrem Aspekt richtig handeln? Was ist zu tun, wenn kein noch so weiser Vorgesetzter daher eine Lösung wissen kann? Was ist zu tun, wenn womöglich gar keine Vorgesetzten vorhanden sind? Nicht für alle Konflikte sind Schiedsrichter zu finden. Was ist zu tun, wenn Menschen sich weigern, den Grund ihrer Handlung im Befehl ihres Vorgesetzten zu finden? Was tun, wenn sie sich selbst bestimmen wollen, den Konflikt nicht delegieren wollen? In diesem Fall müssen sie versuchen, selbst einen Kompromiß oder Konsens zu finden.

4.4.5 Kompromiß

Abb. 20

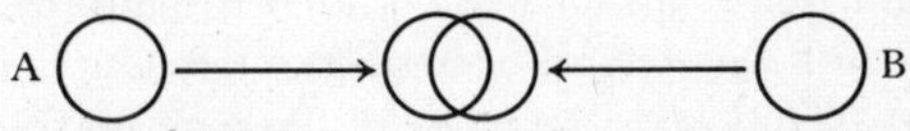

„Mia wern kan Richta brauchn!" (Wir werden keinen Richter brauchen!) Dieses geflügelte Wort deutet den Übergang zu dieser Form selbstbestimmender Konfliktlösung an. Kompromiß bedeutet, daß in einem bestimmten Bereich eine Teileinigung erzielt werden kann. Der Vorteil dieser Teileinigung ist, daß es eben eine Einigung ist, der Nachteil, daß es eben nur eine Teileinigung ist. Man spricht von guten Kompromissen, wenn die Vereinbarung wichtige oder große Teile des kontroversen Inhaltes betreffen, von faulen Kompromissen, wenn die wichtigsten kontroversen Themen ausgeklammert wurden. Bei faulen Kompromissen kann man unterstellen, daß der Konflikt nach einiger Zeit wieder auftauchen wird. Der Grenzfall des Kompromisses ist aber der Konsens.

4.4.6 Konsens

Die Suche nach Konsens hat überhaupt erst dann Sinn, wenn die bisher aufgezählten Methoden: Flucht, Vernichtung, Unterwerfung, Delegation und Kompromiß versagen; wenn die Kontroverse nicht nur emotional, sondern auch sachlich den Axiomen der Logik widerspricht. In diesem Fall sprechen wir vom Vorliegen einer Aporie. Dieses schwer übersetzbare griechische Wort bedeutet im Deutschen soviel wie logische Ausweglosigkeit. Solange sich die Situation nicht ändert, ist sie ausweglos. Eine Aporie ist durch drei Eigenschaften gekennzeichnet:

1. zwei einander widersprechende Behauptungen oder Interessen,
2. beide sind wahr bzw. berechtigt,
3. beide sind voneinander abhängig; nur wenn die eine Behauptung wahr ist, kann es auch die andere sein und umgekehrt.

Ein klassisches Beispiel für eine solche Aporie ist die Dialektik von Macht und Recht. Wahr ist mit Sicherheit die Behauptung: ‚Recht geht vor Macht', denn eine Macht, die nicht durch Recht legitimiert wäre, hätte sicherlich nicht Bestand. Ebenso wahr ist aber auch das Gegenteil: ‚Macht geht vor Recht', denn ein Recht, das nicht durch Macht unterstützt würde, hätte genauso wenig Bestand. Zum Konflikt kommt es, wenn verschiedene Menschen oder Menschengruppen durch je eine der beiden Seiten der Aporie ihr Interesse vertreten sehen. Man kann auch umgekehrt formulieren: Das Interesse von gegeneinander sich im Konflikt befindlichen Gruppen läßt sich oft aporetisch formulieren. Ein aktuelles Beispiel einer solchen Aporie ist die Selbständigkeit der Mitarbeiter. Einerseits verlangt die immer komplexer werdende Organisations- und Entscheidungsstruktur der Unternehmung in der Gegenwart immer selbständigere Mitarbeiter. Weniger gefragt sind Mitarbeiter, denen man jeden Handgriff vorschreiben und womöglich auch noch vormachen muß, die bei jeder Kleinigkeit fragen – dies führt von einer gewissen Komplexität der Organisation an notwendig zur Überlastung der Vorgesetzten. Mit der Aufnahme von selbständigen Mitarbeitern kommen aber die meisten Unternehmungen oft vom Regen in die Traufe. Denn selbständige Mitarbeiter halten sich viel weniger an Weisungen, ganz abgesehen davon, daß ihnen das Wort Gehorsam weitgehend fremd ist – sonst wären sie ja nicht selbständig. Nun verlangt aber die industrielle Produktionsweise mit sehr sensiblen ineinandergreifenden Strukturen eine immer feinere Abstimmung der einzelnen Entscheidungen aufeinander (z. B. Netzplantechnik), was wiederum nur mit verstärkter Zentralisierung von Funktionen möglich ist. Beides widerspricht aber einander: Fortschritt kann nur erzielt werden, wenn die Mitarbeiter immer selbständiger werden. Fortschritt kann nur erzielt werden, wenn die Mitarbeiter immer unselbständiger den Apparat exekutieren. Wie ist dieser Konflikt zu lösen?

Die zuletzt beschriebene Aporie ist ein Spezialfall der Aporie von Freiheit und Ordnung. Beides sind Gegensätze: Ordnung zerstört Freiheit, Freiheit zerstört Ordnung. Beide Behauptungen sind wahr und beide sind voneinander abhängig. Nur wenn die Ordnung die Freiheit einschränkt, ist sie Ordnung, nur wenn die Freiheit die Ordnung relativiert, ist sie Freiheit. Man kann daher diese Formulierung auch umdrehen: Ordnung erhält die Freiheit, Freiheit erhält die Ordnung.

Die Lösung eines solchen aporetischen Konfliktes ist mit den Modellen Flucht, Vernichtung, Unterordnung und Delegation nicht durchzuführen. Es ist nicht sinnvoll, wenn eine der beiden Seiten gewinnt, da auch die andere wahr ist. Es ist nicht möglich, sich zwischen beiden Alternativen zu entscheiden, da beide voneinander abhängig sind. Das Zugrundegehen jeder Ordnung würde auch die Freiheit zugrunderichten, das Ausschalten jeder Art von Freiheit würde auch die Ordnung sinnlos machen. Für eine Lösung ist es daher notwendig, zunächst den aporetischen Charakter dieses Konfliktes richtig zu diagnostizieren und die Lösungen Flucht, Kampf und Delegation als undurchführbar einzusehen. Dies bedeutet aber, daß die Kontrahenten sich in einen dialektischen Entwicklungsprozeß begeben müssen, als dessen Resultat eine Lösung gefunden wird, die beiden Gegensätzen Rechnung trägt, ohne einen der beiden zu vernichten oder den anderen unterzuordnen.

Dieser Entwicklungsprozeß, der sozusagen die Verflüssigung und Neuformierung der beiden Gegensätze auf eine gemeinsame Synthese beinhaltet, durchläuft nach unseren Erfahrungen im Konfliktmanagement mehrere Stadien. Zunächst müssen die logischen Lösungen durchprobiert werden. Erst aus ihrem Scheitern wird der aporetische Charakter des Konfliktes endgültig klar.

1. Phase: Der Gegensatz entsteht

Abb. 21

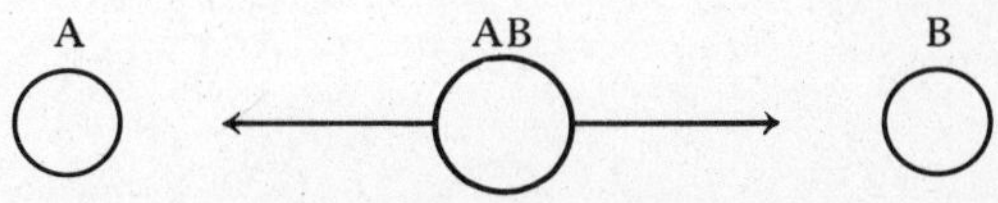

Anfangs ist das Auftreten eines aporetischen Konfliktes wie bei allen Konflikten von Fluchtreaktionen einer oder beider Seiten begleitet. Manchmal dauert es sehr lange, bis ein Konflikt überhaupt als solcher akzeptiert und angegangen wird. Bei vielen Menschen gelten Konflikte immer noch als Versagen eines oder beider Partner. z. B. innerhalb einer Ehe – ein klassisches Feld für aporetische Konflikte, da der Geschlechtergegensatz für die Ehe jedenfalls konstruktiv ist. Daß viele Ehekonflikte durch einen Entwicklungsprozeß lösbar wären, beginnt sich erst langsam auch bei Eheberatern herumzusprechen.

Ist der Gegensatz aber nun aufgetreten und nicht mehr zu leugnen, dann beginnt die

2. Phase: Kampf – Vernichtung oder Unterwerfung?

Abb. 22

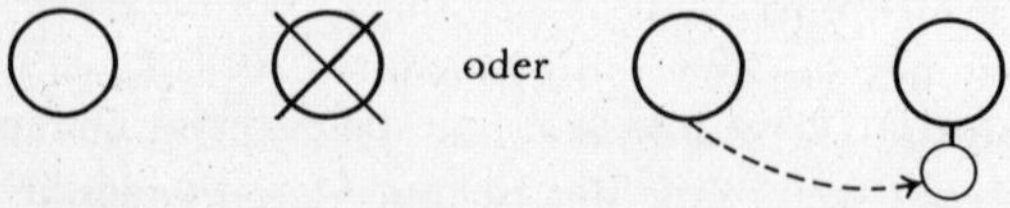

Beide Teile versuchen, recht zu behalten und dem anderen Unrecht zu geben, d. h. sie versuchen, einander umzubringen. In unserem Beispiel von Ordnung und Freiheit kann das Auftreten des Gegensatzes die Einführung einer differenzierten Ordnung sein, gegen die sich die Freiheit zur Wehr setzt oder das Emanzipationsbedürfnis von Menschen, die Ordnung ablehnen. Handelt es sich um einen aporetischen Konflikt, dann kann der Kampf nicht zum gewünschten Erfolg führen. Im Gegenteil: Sollte es tatsächlich – etwa kurzfristig – gelingen, die andere Seite zu vernichten, oder zu unterdrücken, dann wird auch der Sieger darunter leiden. Gelingt es etwa der Freiheit, die Ordnung tatsächlich zu zerstören (dies ist oft leichter als sie wieder aufzubauen), dann wird bald auch von Freiheit keine Rede mehr sein können. Im allgemeinen Chaos geht auch Freiheit zugrunde – sie hat mehr erreicht, als sie eigentlich wollte.

Gelänge es umgekehrt der Ordnung, eine so fixe Ordnung zu installieren, daß keinerlei Spielraum für irgendwelche Freiheit vorhanden wäre (ein Gedanke, den utopische Romane manchmal zu Ende gedacht haben), dann würde die abstrakte Marionettenordnung zum Schluß keine Menschen mehr ordnen, sondern nur mehr Maschinen: sie führte sich selbst ad absurdum.

3. Phase: Delegation

Abb. 23

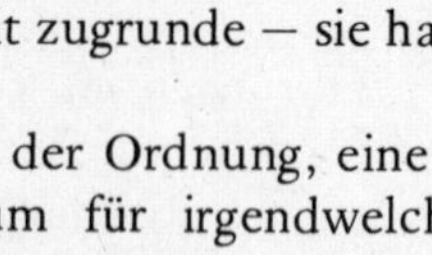

Meist ist es nicht notwendig, diesen Kampf zu Ende zu kämpfen. Er muß nur solange gekämpft werden, bis beide Seiten einsehen, daß sie einander nicht vernichten oder unterwerfen können. Beide Seiten sind nun kompromißbereit und begeben sich meist auf die Suche nach einem Vermittler, der ihnen die Entscheidung abnimmt. Oft wird dieser allerdings auch dazu benützt, in die zweite Phase zurückzufallen, wenn man über einen Richter das erreichen will, was man im direkten Kampf nicht geschafft hat. Der Vermittler erreicht oft, daß zunächst Teile des gegenteiligen Standpunktes verflüssigt werden, um eine Übereinstimmung zu erzielen.

Je nachdem, wie groß diese Teile sind, wie wesentlich die Punkte des Gegensatzes sind, die dabei ausgeklammert werden, wird der Konflikt wieder auftreten. Es kommt erneut zum Kampf und neuerlich zur Einsicht, daß es nicht möglich ist, einander umzubringen. Ein solcher Kampf kann in einem Arbeitskonflikt etwa Streik oder Aussperrung bedeuten. Arbeitskonflikte sind meist aporetischer Natur, da beide recht haben und voneinander abhängig sind. Streik kann nie den Sinn haben, die Unternehmung insgesamt zugrunde zu richten, genausowenig wie durch Aussperrung Mitarbeiter ‚freigesetzt' werden sollen. Es soll bloß die Kompromißbereitschaft gefördert werden.

4. Phase: Kompromiß

Abb. 24

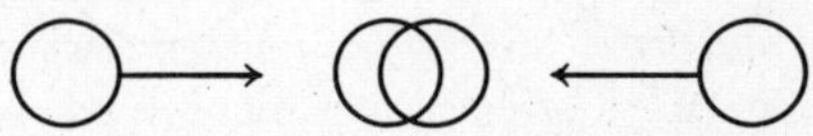

Die Kompromißphase kann sehr lange dauern und immer wieder von Kampfphasen unterbrochen werden. Obwohl Kompromisse bereits eine direkte Interaktion der Konfliktpartner beinhalten – einen Dritten höchstens als Vermittler, aber nicht als Entscheider brauchen – und insofern einen großen Fortschritt gegenüber dem Delegationsmodell darstellen, sind sie immer noch nicht die beste Lösung für aporetische Konflikte.

Das Hin und Her zwischen Kampf und Kompromiß führt nämlich irgendwann zum Eintreten in eine neue Phase.

5. Phase: Der Gegensatz tritt innerhalb der beiden Gegensätze auf

Abb. 25

Die durch den Kompromiß kompromittierten „reinen" Gegensätze bemerken – oft erschreckt –, daß sich der Gegner in ihre eigenen Reihen eingeschlichen hat. Der Gegensatz tritt innerhalb der streitenden Partner auf. Im Beispiel von Freiheit und Ordnung würden also einige der Vertreter der Freiheit angesichts des drohenden Chaos nach Ordnung rufen, und Vertreter der Odnung würden angesichts der total reglementierten Handlungen eine Freiwilligkeit für die Gesetze verlangen. „Aus Gesinnung soll ein Gesetz eingehalten werden und nicht aus Zwang", so etwa könnten sie argumentieren. Auch diese Phase dauert meist eine längere Zeit, in der die Möglichkeit zum Kampf gegen den Gegner immer mehr schwindet. Ein Staat, der nach außen keinen Krieg mehr führen kann, ohne einen Bürgerkrieg im Inneren zu riskieren, wäre in einer solchen Phase. Deshalb wird auch oft versucht, durch einen Krieg nach außen die Dissidenten im Innern bei der Stange zu halten. Es wäre ganz interessant, den Übergang vom Kalten Krieg zur Entspannungspolitik einmal nach diesem Schema zu analysieren.

6. Phase: Die Synthese

Abb. 26

Wächst nun in beiden Gegensätzen jeweils die Anzahl der Dissidenten, dann kommt irgendwann der Punkt, an dem die Gegensätze entdecken, daß sie gar nicht mehr so verschieden sind.

Zu unserem Beispiel: Ist das Streben nach Ordnung bei den Vertretern der Freiheit gerade so groß geworden wie das Bedürfnis nach Freiwilligkeit bei den Hütern der Ordnung, dann liegt die dialektische Lösung dieses Konfliktes bereits nahe: eine von der Freiheit gewünschte Ordnung wird installiert. Damit haben beide recht bekommen und recht behalten. Es ist etwas Neues entstanden, das einen Fortschritt darstellt, ohne die Gegensätze zu vernichten.

Denn die freiwillig anerkannte Ordnung muß natürlich auch von der Freiheit jeweils kontrollierbar sein, ob sie ihr noch gemäß ist. Die Freiheit hat mehr Freiheit als vorher, als sie die Ordnung bekämpfen mußte. Die Ordnung hat eine bessere Ordnung als vorher, als sie die nicht anerkannte Ordnung mit Zwang durchsetzen mußte. Was hier beschrieben wurde, ist die dialektische Entwicklung zur Demokratie. Sie ist heute so weit allgemein geworden, daß auch diese Synthese bereits in eine Aporie führt und weitere Entwicklungen nötig macht.

Eine solche Synthese als Resultat eines dialektischen Entwicklungsprozesses, den beide ursprünglich einander entgegengesetzte Standpunkte durchgemacht haben, aber in der Art, daß beide recht behalten haben und noch etwas dazugewonnen haben, kann man auch als echten Konsens bezeichnen. Diese Art von Konsens ist die zur Zeit beste Lösung eines Konfliktes.

Für das Konfliktmanagement folgt daraus, daß dieser dialektische Lösungsprozeß beschleunigt oder verlangsamt werden kann. Dabei unterstellen wir, daß von Managern der Gegenwart in Top-Positionen, noch viel mehr aber von denen der Zukunft, immer weniger Fachwissen und immer mehr Managementwissen verlangt wird. Je nachdem, in welcher Phase sich die Auseinandersetzung gerade befindet, müssen andere Interventionen stattfinden. In der Phase 1 muß man dafür sorgen, daß der Gegensatz nicht wieder (zum wievielten Mal?) unter den Teppich gekehrt wird. In der 2. Phase besteht die Gefahr, durch Stützung einer Seite den Anschein zu erwecken, als wäre der Konflikt durch Kampf lösbar.

Wenn man z. B. den Sprecher einer Gruppe in einer Organisation, die ein berechtigtes Anliegen vertritt, nun kaltstellt oder entläßt, hat man nur den Prozeß verlangsamt. Die größte Gefahr in der Phase 2 ist aber, der Versuchung zu erliegen, den Konflikt durch Delegation lösen zu lassen. Auch dies verzögert bei Aporien nur den Prozeß.

In den Phasen 3, 4 und 5 wiederum ist nicht die Einheit, sondern die Verschiedenheit der Standpunkte in einer Fraktion zu unterstützen, damit brauchbare Kompromisse gefunden werden. Noch besser ist es aber, auf die Kurzlebigkeit von Kompromissen überhaupt hinzuweisen und gleich auf einen Konsens loszugehen. Die etwas längere Zeit der Auseinandersetzung wird leicht eingeholt durch die bessere Haltbarkeit des Konsenses gegenüber dem Kompromiß. In der Phase 6 schließlich muß man sich hüten, zu früh eine Formel für die Synthese anzubieten. Diese Phase sollte auf jeden Fall von den Kontrahenten allein durchgestanden werden.

Das klassische hierarchische Denken hat sich erst zu einem geringen Maß die Form dialektischer Konfliktlösung angeeignet. Meistens bleiben Hierarchien im logischen Denken verhaftet und fragen sich bei einem Gegensatz immer, wer von den beiden hat recht? Sehr oft wäre die Frage viel angebrachter, was man tun könne, um die *beiden* in einen Entwicklungsprozeß hineinzubringen, bei dem sie schließlich und endlich einen Konsens finden können. Zur hierarchischen Einstellung gehört oft der Wunsch zu siegen, und daraus folgend die Angst, besiegt zu werden. Der Gegner, auch der potentielle, wird mit Mißtrauen betrachtet und unterschwellig ständig bekämpft. Ich habe Konferenzen erlebt, wo jeder jeden ständig belauerte, man jedes falsche (oder offene) Wort für die nächste Runde registrierte, immer rationale Scheingründe vorbrachte und nach einigen Stunden physisch und psychisch völlig erschöpft den Raum verließ. Es gibt kaum etwas Anstrengenderes als ständige Angst und ständiges Mißtrauen. „So gefährlich wie auf dieser Konferenz kann es im Urwald gar nicht gewesen sein", sagte mir einmal ein Spitzenmanager nach einer solchen Sitzung.

Beziehungen, die Gegensätze zu verkraften haben, ändern sich notwendigerweise, selbst wenn die Beteiligten es gar nicht wollen. So hat das erste Mißverhältnis oder der erste Ansatz von Mißtrauen zur Folge, daß man weniger Informationen gibt, da oder dort etwas unausgesprochen läßt, was man sonst sagen würde. Dieser Informationsvorbehalt erhöht auf der anderen Seite das Mißtrauen, so daß der nunmehrige „Gegner-Partner" seinerseits mit Informationen zurückhält, was wiederum unser Mißtrauen erhöht. Das erhöhte Mißtrauen aber zeigt sich an allen Ecken und Enden des Interaktionsbezuges und fördert wieder dasjenige des Partners. Am Ende sagt ein Mitarbeiter kopfschüttelnd: „Ich verstehe das nicht. Der F. und der H. verkehren nur mehr schriftlich miteinander."

Abb. 27

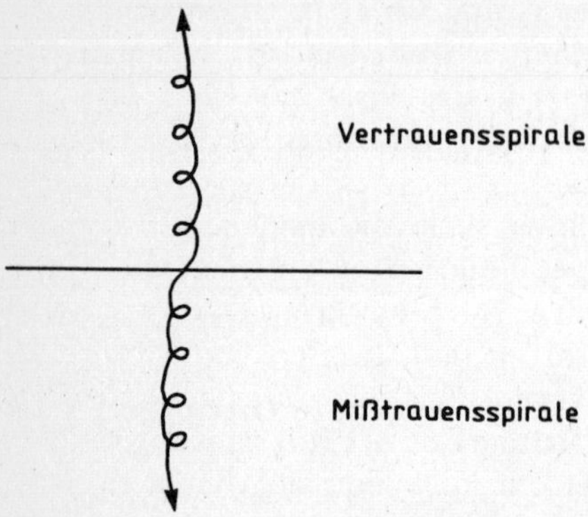

Gelingt es aber, im Rahmen eines Konfliktentwicklungsprozesses diesen Teufelskreis an einem Punkt zu durchbrechen, so kann sich der Zirkel umkehren. Ein wenig entgegengebrachtes Vertrauen, eine Geste, eine Mitteilung setzen den gegenteiligen Prozeß in Gang. Man sieht die Geste und kann seinerseits etwas aussprechen, was man bisher zurückgehalten hat. Durch diese Information bessert sich das Vertrauen des Partner-Gegners, der seinerseits wiederum mehr aus sich herausgehen kann, und das verbesserte Klima nützt, kontroverse Probleme zu bereinigen. Mit jeder gelungenen Einigung (Kommunikation kann man ja mit „Vereinheitlichung" übersetzen) aber ist die Chance für noch bessere Interaktion vergrößert.

‚Man behält recht, indem man unrecht behält', könnte man die Vertrauensspirale auch beschreiben. Die eristische undialektische logische Form des Rechtbehaltens könnte man nennen: ‚Man bekommt unrecht, indem man recht behält'. Recht haben ist eben ein kommunikativ vermitteltes Resultat, das sich zu verflüssigen beginnt, wenn Menschen in eine Auseinandersetzung eintreten.

Setzt man das Resultat als unveränderbar objektiv voraus, z. B. in der Form, daß von vornherein feststeht, wer recht behält und wer unrecht, dann zerstört man damit Kommunikation, indem sie auf einen Gegenstandsbezug reduziert wird.

4.5 Konfliktarten und Lösungen

Bringt man nun die Konfliktlösungen Flucht, Vernichtung, Unterordnung, Delegation, Kompromiß und Konsens in einen Zusammenhang mit den vier Grundkonflikten, die schon im Kapitel 2.1.2 entwickelt wurden, dann ergibt sich auch hier eine interessante Matrix des Konfliktlernprozesses.

4.5.1 Konfliktring Alt – Jung

– *Flucht* wäre hier der Versuch, nicht erwachsen zu werden. Dies kann im Beibehalten infantiler Verhaltensmuster geschehen, wie wir sie sehr oft bei Erwachsenen antreffen können. Man kann Kulturen auch dadurch kennzeichnen, daß man beschreibt, in welchen Dimensionen erwachsenes Verhalten belohnt oder bestraft wird. So ist beispielsweise das erwachsene Verhalten bei der Partnerwahl ein Kennzeichen der europäischen Kultur: in anderen Kulturen, etwa in Afrika oder auch in Asien, wird der Ehepartner noch von den Eltern ausgesucht.

– Die *Vernichtung* des Gegensatzes von Alten und Jungen muß von zwei Seiten betrachtet werden. Die Seite A ist der Versuch, die Jungen zu vernichten, was alle Praktiken des Kindermordes impliziert. Hierher gehört auch das beliebte Spiel der Ermordung eines Nachfolgers; wenn ein Vorgesetzter oder ein hoher Politiker länger im Amt bleiben will, dann versucht er oft mit den verschiedensten Methoden, alle möglichen Nachfolger zu „ermorden". Auf der anderen Seite meint Freud, daß es für die Entwicklung eines Jungen oft notwendig ist, die ihm vorschwebende Autorität wenigstens geistig oder symbolisch zu ermorden (Vatermord). In früheren Zeiten hat es angeblich auch Praktiken des Umbringens von Alten gegeben, man kann aber auch die Isolation von Alten manchmal als soziales Töten betrachten. Auch der Tod infolge Pensionierung müßte wohl zur Vernichtung des Gegensatzes innerhalb des Generationskonfliktes gerechnet werden.

– *Unterordnung*: Hierher gehört auf der einen Seite wieder das klassische Patriarchat, in dem – wie es etwa bei den Römern der Fall war – ein Sohn, solange der Vater lebte, grundsätzlich nie erwachsen wurde. Ähnliche Prinzipien findet man in der Gegenwart oft in Familienunternehmen, wo der Sohn bis zum Tode seines Vaters betrieblich nicht „erwachsen" werden darf. Bezüglich des Verhältnisses zur Mutter dürfte es in der heutigen Zeit noch viel ärger sein. Sehr viele Erwachsene sind bezüglich ihrer Abhängigkeit von der Mutter noch nicht erwachsen. Die andere Seite der Unterordnung, nämlich die der Alten unter die Jungen, wäre die forcierte Anbetung der Jugend: gut ist nur, was jung ist. Dies hat oft eine Isolation der Alten in der Öffentlichkeit zur Folge. Hierher gehört auch die Praxis der Pension, durch die man von einem bestimmten Punkt an sich nicht mehr produktiv in der Gesellschaft bewegen darf.

– *Delegation* des Grundkonfliktes Alte – Junge wäre das Erstellen von Ordnungsprinzipien und Institutionen, in denen festgelegt wird, wie die Reifungsprozesse stattfinden. Etwa: „er muß erst etwas leisten". Hier wird das Erwachsenenwerden an bestimmte Leistungsdefinitionen gebunden. Alle Initiationsriten sind solche Delegationssysteme.

– *Kompromiß* ist die stufenweise Entwicklung, die gefördert und zugelassen wird.

– Der *Konsens* ist der permanente Dialog zwischen Alten und Jungen, eine öffentliche Dialektik des Generationsproblems mit dem Ziel der Autonomie beider, die ja aufeinander angewiesen sind.

4.5.2 Konfliktring Individuum – Gemeinschaft

– *Flucht*: Hier wird die Auseinandersetzung zwischen Individuum und der Gemeinschaft grundsätzlich vermieden.

– Die *Vernichtung* der Gemeinschaft versucht jeder Einsiedler, der sich zurückzieht und allein auskommt. Die Vernichtung des Individuums ist der Versuch, in Paarbeziehungen, Gruppen oder Massen vollständig aufzugehen. Sehr oft verlangen Gruppen von einzelnen Mitgliedern ein Ausmaß der Unterwerfung, das an die psychische Vernichtung der Identität grenzt. Zur Demokratie gehört hier ganz wesentlich die Möglichkeit, Gruppen wechseln zu können.

– *Unterordnung*: Die Unterordnung einer Gemeinschaft unter ein Individuum ist in allen Diktaturen und Personenkulten als Konfliktlösung vorgesehen. Die Unterordnung des Individuums unter die Gemeinschaft ist etwa durch das Festsetzen strenger Reglementierungen und Einschränken des Spielraums des Individuums festgelegt.

– *Delegation*: Hier müßte man das Recht nennen, in dem das Verhältnis von Individuum und Gemeinschaft genau definiert ist. Ein schönes Beispiel dafür sind etwa die Wandzeitungen in China, die – als sie noch erlaubt waren – nur von Gruppen, nicht aber von Einzelpersonen auf dem Platz zum Tor des Himmlischen Friedens angebracht werden durften.

– *Kompromiß* ist der Versuch, Gesetze so flexibel zu gestalten, daß sie an die individuellen Bedürfnisse angepaßt werden können.

– *Konsens* ist immer wieder der Versuch, Regeln gemeinsam zu definieren, solange zu streiten, bis eine Regel gefunden wird, die allen Wünschen der Betroffenen gerecht werden kann. Lange Verfahrensdiskussionen in Firmen etwa können hier als aktuelles Beispiel aufgeführt werden.

4.5.3 Konfliktring Lebende – Tote

– *Flucht* sind alle Versuche der Lebenden, den Tod zu leugnen, zu verdrängen; Unsterblichkeitsphantasien, aber auch der Selbstmord.

– *Vernichtung* ist hier wieder auf der einen Seite die Vernichtung der Toten etwa in Form von Bücherverbrennen, der Versuch, grundsätzlich mit der Tradition zu brechen, auf der anderen Seite die Vernichtung der Lebenden, wie sie in Mord, in Progrom, Genociden, Witwenverbrennung und in der Vernichtung Intellektueller etc. auch in unserer Zeit noch vorkommt.

– *Unterordnung* der Lebenden unter die Toten wäre Ahnenkult, Unterordnung unter das Prinzip: So haben wir es immer gemacht. Unterordnung der Toten unter die Lebenden wäre eben der Versuch, alles neu zu machen.

– Die *Delegation* findet heute aktuell meist an die Medizin und an die Wissenschaft statt. Auch die Religion und der Glaube gehören hierher. Hier wird das Verhältnis von Lebenden und Toten mit Hilfe von übergeordneten religiösen Erfahrungen und Prinzipien geregelt.

– *Kompromiß* ist z. B., daß man etwa ans Jenseits glaubt, aber sich dadurch nicht am Handeln hindern läßt. Zwei Welten, Diesseits und Jenseits, fallen auseinander und sind negativ miteinander vermittelt.

– *Konsens* besteht darin, daß der Tod ernstgenommen wird und man sich mit der Tradition jederzeit unter allen Aspekten frei auseinandersetzen kann.

4.5.4 Konfliktring Männer – Frauen

– *Flucht* wäre etwa der Versuch, dem anderen Geschlecht grundsätzlich zu entgehen, wie es in Klöstern der Fall ist oder etwa heute noch eine eigene Mönchsrepublik auf dem Berg Athos existiert, auf dem Frauen nicht zugelassen sind. Ansatzweise laufen aber auch Hierarchien und Männergemeinschaften Gefahr, das Verhältnis Mann – Frau zu flüchten.

– *Vernichtung* wäre etwa die Vernichtung der Männer im Krieg oder die (rituelle) Kastration beider Geschlechter oder auch das Aussetzen der Mädchen in Jägerkulturen, um die zukünftige Mutter zu vernichten (eine Art Geburtenregelung).

– *Unterordnung* wäre die Dominanz der Mutter in mutterrechtlichen Kulturen oder das Patriarchat als Institution.

– *Delegation* wäre die Definition eines Rollenverhaltens, etwa die Institution Ehe, die genau festlegt, wie sich Männer und wie sich Frauen zu verhalten haben. Man kann auf diese Verhaltensmuster im Zweifelsfall zurückgreifen, so daß Konflikte vermieden werden können, weil für alles eine Regel existiert.

– *Kompromiß* bedeutet, daß man arbeitsteilig vorgeht. Bestimmte Bereiche werden dem Mann reserviert, etwa das Geldverdienen, andere Bereiche, wie der Haushalt, den Frauen.

– *Konsens* wäre die Partnerschaft zwischen Mann und Frau, wie sie heute noch nicht vorhanden ist. Die Kulturen bewegen sich im allgemeinen zwischen der Unterordnung und der Delegation im Konfliktkreis Männer und Frauen.

4.5.5 Matrix der Konfliktlösungen

Grundkonflikte:	Flucht	Vernichtung		Unterordnung		Delegation	Kompromiß	Konsens
Alte/Junge	nicht erwachsen werden wollen	Kindermord, Nachfolgermord, „Brechen der Selbständigkeit	„Vatermord", soziales Töten, Pensionierung	Patriarchat, Väter- oder Mütterherrschaft, „Nachfolge im Unternehmen"	„Nur Jung ist gut", Isolation der Alten	Ordnungsprinzipien und Regeln für Reifungsprozesse, Initiationsriten	stufenweise Entwicklung fördern und zulassen, Übertragen der Verantwortung „Zug um Zug"	Autonomie, permanenter Dialog der Generationen, beiderseitiger Lernprozeß
Individuum/ Gemeinschaft	Vermeidung jeder Auseinandersetzung	Einsiedler versucht, ohne Gruppe auszukommen	Aufgabe der Individualität in Paar und/ oder Gruppe	Diktatur eines einzelnen, Personenkult	„Gehorsam" Unterordnung der Individuen	Recht, Objektivität, Neutralität, Schutz der Intimsphäre	Gesetze werden an die Bedürfnisse angepaßt, Individuen passen sich an die Gesetze an	gemeinsame Definition der Regel, Vetorecht des einzelnen
Lebende/ Tote	Tod wird geleugnet oder verdrängt, Unsterblichkeitsphantasien, Selbstmord	Tote werden vernichtet – z. B. Bücherverbrennung, Bruch mit Tradition	Mord, Witwenverbrennung, Genocid	Ahnenkult, „So war es immer", Sünde als Fremdbestimmung	alles neu	Tradition, Wissenschaft, Religion	Tradition als Hilfe und nicht als Fessel, Freiheit von der Tradition war notwendig	Tod und Tradition ernst nehmen, Leben als „Vorläufer zum Tode", Auferstehung
Männer/ Frauen	Leben ohne anderes Geschlecht, Kloster, Hierarch, Männergemeinschaft	Männer in den Krieg, Kastration	Mädchen aussetzen oder abtreiben	Patriarchat, Frau als Kind	Mutterrecht, Mann als Kind	genaue und strenge Definition des Rollenverhaltens	Arbeitsteilung für Mann und Frau – z. B. er: Beruf sie: Haushalt	Partnerschaft gibt es nur als Grenzfall, noch nicht als Institution

Entwicklungsrichtung

Anmerkungen

1 Lewin, K., Die Lösung sozialer Konflikte, Bad Nauheim 1968^{3},, S. 112.
2 Habermas, J., Theorie und Praxis, Frankfurt a. M. 1971^{4}, S. 45.
3 Asch, S. E., Änderung und Verzerrung von Urteilen durch Gruppendruck, in: Soziologische Texte 45, Texte aus der experimentellen Sozialpsychologie, Neuwied–Berlin 1969, S. 57 ff.
4 Vgl. Hofstätter, P. R., Gruppendynamik, Hamburg 1971, S. 82 ff.
5 Adams, F. T., Der Weg zum Homo sapiens, Frankfurt a. M. 1971, S. 61 f.
6 Lorenz, K., Über tierisches und menschliches Verhalten, Bd. II, München 1968, S. 230 f.
7 Ebd., S. 232.
8 Morris, D., Der nackte Affe, München/Zürich 1970, S. 30 ff.
9 Adams, F. T., a. a. O., S. 175.
10 Ebd., S. 278.
11 Ardrey, R., Der Gesellschaftsvertrag, Wien–München–Zürich 1971, S. 342.
12 Vgl. Ardrey, S. 339 ff.
13 Lorenz, K., a. a. O., S. 343 ff.
14 Bilz, R., Die unbewältigte Vergangenheit des Menschengeschlechts, Frankfurt a. M. 1967, S. 15.
15 Ebd., S. 14.
16 Argyris, Ch., Die Zukunft der gruppendynamischen Laboratorien, in: Gruppendynamik Heft 1, Stuttgart 1970, S. 20.
17 Vgl. Bilz, R., a. a. O., S. 70.
18 Ardrey, R., a. a. O., S. 102 f.
19 Morris, D., a. a. O., S. 97 f.
20 Ebd., S. 99.
21 Lück, H. B., Experimentelle Studien zur Hilfeleistung, in: Gruppendynamik Heft 4, Stuttgart 19/10.
22 Morris, D., a. a. O., S. 126.
23 Ebd., S. 128 f.
24 Bilz, R., a. a. O., S. 130.
25 Augustinus, Confessiones, XI, 20, 26. Vgl. dazu Schwarz, G., Was Augustinus wirklich sagte, Wien 1969.
26 Schwarz, G., Was Jesus wirklich sagte, Wien 1971, S. 137 ff.
27 Augustinus, Confessiones, XI, 27, 36.
28 Schwarz, G., Raum und Zeit als naturphilosophisches Problem, Wien 1972, S. 155.
29 Z. B. Kozeny, E., Die Wirkung der psychischen Sättigung auf ähnliche und grundsätzliche Situationen, Wiener Diss., 1949.
30 Augustinus, Confessiones, XI, 12, 14.
31 Trost, E., Figl von Österreich, Wien–München–Zürich 1972, S. 303.

32 Nohl, H. (Hrsg.), Hegels theologische Jugendschriften, Frankfurt/Main 1966, S. 380.
33 Morris, D., a. a. O., S. 71 f.
34 Sherfey, M. J., Die Potenz der Frau, Köln 1974, S. 220 ff.
35 Ebd., S. 214 ff.
36 Ebd., S. 218 f.
37 Vgl. dazu auch das Kapitel 1.4.2.
38 Vgl. dazu Ardrey, R., a. a. O., S. 359.
39 Ebd., S. 362 f.
40 Smith, D. R. und Marwell, G., Reward and punishment as influence techniques for the achievement of cooperation under inequity, Zeitschr. Human Relations, Vol. 23, No. 1, 1970, pp. 37–45, zitiert nach: Gruppendynamik Heft 3, 1970, S. 326.
41 Vgl. dazu Schuster, M., Lebensformen der ältesten Zeit, in: Völkerkunde, hrsg. von Freudenfeld, B., München 1960.
42 Slater, P. E., Mikrokosmos: Eine Studie über Gruppendynamik, Frankfurt/M. 1978, S. 138 ff.
43 Illies, J., Zoologie des Menschen, München 1971, S. 147 f.
44 Verwaltungsvorschriften zur Haushaltssystematik des Bundes. HRB XII/75, S. 47 f.
45 Vgl. dazu Schwarz, Raum und Zeit als naturphilosophisches Problem, Freiburg i. Br. 1972, S. 43 ff.
46 Heintel, E., Einführung in die Sprachphilosophie, Darmstadt 1972, S. 163 f.
47 Vgl. Fester, R., Die Sprache der Eiszeit. Die Archetypen der vox humana, Berlin 1962.
48 Vgl. Meier, H., Deutsche Sprachstatistik, Hildesheim (Olms) 1967.
49 Illies, J., a. a. O., S. 114 f.
50 Aristoteles, Metaphysik, Buch IV, 1013a.
51 Freud, S., Totem und Tabu, Werke IX, Frankfurt/Main 1968, S. 97 ff.
52 Ebd., S. 105.
53 Eckstein, B., Kollektive Illusionsbildung bei Hochschullehrern, Gruppendynamik Heft 3, Stuttgart 1971, S. 231.
54 Bilz, R., a. a. O., S. 208.
55 Schuster, M., a. a. O., S. 19 f.
56 Freud, S., Totem und Tabu, a. a. O., S. 46 ff.
57 Ebd., S. 51 f.
58 Nietzsche, F., Jenseits von Gut und Böse, Werke VII, Stuttgart 1921, S. 94.
59 Freud, S., Totem und Tabu, a. a. O., S. 88 f.
60 Bilz, R., a. a. O., S. 261 ff.
61 Vgl. Zellweger, H., Die Macht des Aberglaubens bei den Primitiven Äquatorial-Afrikas, Klubnachrichten der Afrika-Schweizer VII, Zürich 1944.
62 Bilz, R., a. a. O., S. 262 f.
63 Ebd., S. 251 f.
64 Schuster, M., a. a. O., S. 23 f.
65 Kant, I., Kritik der reinen Vernunft, Einleitung, B 25.
66 Freud, S., Totem und Tabu, a. a. O., S. 77 f.
67 Ebd., S. 114.
68 Straube, H., Der frühe Feldbau, Wirtschaft und Weltbild, in: Völkerkunde a. a. O., S. 45 ff.

69 Hofstätter, P. R., a. a. O., S. 86.
70 Vgl. Schwarz, G., Was Jesus wirklich sagte, a.a.O., S. 100 ff. Das Buch ist leider vergriffen. Ich bin dabei, es umzuarbeiten und dann – natürlich unter anderem Titel – wieder zu publizieren. Es soll 1986 bei Rowohlt erscheinen.
71 Haberland, E., Steindenkmäler und Totenkult, in: Völkerkunde a. a. O., S. 56 f.
72 Goffman, E., Interaktionsrituale. Über das Verhalten in direkter Kommunikation, Frankfurt/M. 1971, S. 15.
73 Ebd., S. 109, S. 143.
74 Die folgenden Seiten sind ursprünglich im Buch von Peter Heintel „Das ist Gruppendynamik", S. 98 ff., erschienen.
75 Nietzsche, F., Unzeitgemäße Betrachtungen, Zweites Stück: Vom Nutzen und Nachteil der Historie für das Leben, Leipzig 1917, S. 283 ff.
76 Soymie, M. und Grimal, P. (Hrsg.), Die Mythologie der Chinesen, in: Mythen der Völker, Frankfurt/M. 1967, S. 300.
77 Ebd., S. 301.
78 Ebd., S. 302.
79 Vgl. Rahner, K., Theologische Prinzipien der Hermeneutik eschatologischer Aussagen, in: Zeitschrift für Theologie, 82. Band, 2. Heft, Wien 1960, S. 137 ff.
80 Seminar für Gruppendynamik I in Schloß Hernstein, 17.–22.11.1969.
81 Ellwein, Th., Autorität und Freiheit, in: Internationales Jahrbuch der Politik, München 1954, S. 2.
82 Brown, J. C. A., Psychologie der industriellen Leistung, Hamburg 1956, S. 132.
83 Marx, K., Engels, F., Werke, Band 1, Berlin 1977, S. 370.
84 Aristoteles, Nikomachische Ethik, Buch III, 1110a–1112b.
85 Hofstätter, P. R., a. a. O., S. 64 ff.
86 Aristoteles, a. a. O., III, 1112b.
87 Ebd., 1113a.
88 Slater, P., a. a. O., S. 161 ff.
89 Ebd., S. 174 f.
90 Kant, I., Grundlegung zur Metaphysik der Sitten, Bd. IV, hrsg. von G. Hartenstein, Leipzig 1838, S. 66.
91 Ebd., S. 53.
92 Hill, W., Fehlbaum, R., Ulrich, P., Organisationslehre 1, Bern–Stuttgart 1974, S. 17.
93 Mayntz, R., Soziologie der Organisation, Hamburg 1963, S. 36.
94 Schelsky, H., Zur Theorie der Institution, Düsseldorf 1977, S. 158.
95 Gehlen, A., Urmensch und Spätkultur, Frankfurt/M. 1964^2, S. 34.
96 Ebd., S. 34 f.
97 Vgl. Baumann, P., Gifte und Drogen für Tod und Traum, Merian Heft 11/28. Jg., Hamburg, S. 68 ff.
98 Bei Experimenten, an denen der Verfasser im Rahmen von Organisationsentwicklungsseminaren, die das Hernstein Institut für Unternehmensführung seit Jahren durchführte, 1969 mitmachen durfte, konnte dieser Trend klar bestätigt werden.
99 Wenskus, R., Stammesbildung und Verfassung, Köln 1961, S. 90 f.
100 Wunderlich, H. G., Die Steinzeit ist noch nicht zu Ende, Hamburg 1974, S. 165 f.
101 Vgl. Levi-Strauss, C., Das Ende des Totemismus, Frankfurt/M. 1969^3.
102 Farb, P., Die Indianer, Wien–München 1976^2, S. 36 f.

103 Durant, W., Kulturgeschichte der Menschheit, Lausanne, o. J., Bd. 1, S. 36.
104 Mitterauer, M., Das Problem der zentralen Orte als sozial- und wirtschaftshistorische Forschungsaufgabe, in: Vierteljahresschrift für Sozial- und Wirtschaftsgeschichte, Wiesbaden 1971, Bd. 58, Heft 4, S. 443.
105 Gradmann, R., Schwäbische Städte, in: Zeitschrift der Ges. f. Erdkunde, 1916, S. 427.
106 Zitiert nach Ranke-Graves, v. R., Griechische Mythologie Bd. 1, Hamburg 1963, S. 54 f.
107 Ebd., S. 55.
108 Ebd., S. 56.
109 Margueron, J.-C., Mesopotamien, Archaeologia Mundi, Genf 1965, S. 207 f.
110 Heiler, F., Erscheinungsformen und Wesen der Religion, in: Die Religionen der Menschheit Bd. 1, Stuttgart 1961, S. 371.
111 Fischer-Weltgeschichte, hrsg. von Cassin, E., Bottéro, J., Vercoutter, J., Frankfurt/M. 1965, Bd. 2, S. 50 f.
112 Durant, W., a. a. O., S. 49 f.
113 Fischer Weltgeschichte, a. a. O., Bd. 2, S. 81.
114 Ebd., S. 68.
115 Ebd., S. 269.
116 Wolf, W., Funde in Ägypten, Göttingen 1966, S. 194.
117 Ebd., S. 195.
118 Vgl. dazu Cherry, C., Kommunikationsforschung – eine neue Wissenschaft, Hamburg 1967^2, S. 47 f. und dort angegebene Literatur.
119 Vgl. Fischer Weltgeschichte, a. a. O., Bd. 2, S. 269.
120 Ebd., S. 271 ff.
121 Cohen, A. R., Nach oben gerichtete Kommunikation in experimentell geschaffenen Hierarchien, in: Texte aus der experimentellen Sozialpsychologie, Soziologie. Texte 45, Neuwied–Berlin 1969, S. 515 ff.
122 Weinstock, H., Realer Humanismus, Heidelberg 1955, S. 121 f.
123 Fischer Weltgeschichte, a. a. O., Bd. 2, S. 55.
124 Ebd., S. 149.
125 Ebd., S. 248.
126 Ebd., S. 247 f.
127 Ebd., S. 248.
128 Kühn, H., Erwachen und Aufstieg der Menschheit, Hamburg 1966, S. 254.
129 Gehlen, A., a. a. O., S. 229 f.
130 Cassirer, E., Philosophie der symbolischen Formen, 2. Teil: Das mythische Denken, Darmstadt 1964^4, S. 284.
131 Ebd., S. 284.
132 Ebd., S. 285.
133 Gehlen, A., a. a. O., S. 231 ff.
134 Klein, H.-D., Vernunft und Wirklichkeit, Bd. 2, Wien–München 1975, S. 166.
135 Fischer Weltgeschichte, Bd. 2, a. a. O., S. 200.
136 Brockhaus Enzyklopädie, Bd. 15, Wiesbaden 1972^{17}, S. 513.
137 Tonneau O. P., J., Die thomistische Moral und der Maßstab des rechten Handelns, in: Die Katholitsche Glaubenswelt, Band II Moraltheologie, Freiburg i. Br. 1960^2, S. 23.

138 Thomas, v. A., Summa contra gentiles III, 129, 1 u. 2.
139 Ebd., 129, 7.
140 Ebd., 129, 6.
141 Vgl. Heiler, F., a. a. O., S. 78.
142 Riedl, R., Die Ordnung des Lebendigen, Hamburg und Berlin 1975, S. 5.
143 Ebd., S. 5 f.
144 Dieses und die folgenden Zitate S. 153 f.
145 Ebd., S. 218 f.
146 Ebd., S. 219 f.
147 Vgl. Schwarz, G., Raum und Zeit als naturphil. Problem, a. a. O., S. 139 ff.
148 Pietschmann, H., Die drei Grenzen der physikalischen Erkenntnis. Philosophia naturalis, Jg. 1977.
149 Kant, I., Logik, § 1,2.
150 Herkner, W., Einführung in die Sozialpsychologie: Experimente von Bavelas und Barrett (1950) und Leavitt (1951), Bern–Stuttgart–Wien 1975, S. 363 f.
151 Kant, I., Kritik der reinen Vernunft, B 13.
152 Psychologische Testtheorie, hrsg. von Fischer, G. H., Bern–Stuttgart 1968, S. 21.
153 Ebd., S. 30.
154 Bei den Alpbacher Hochschulwochen 1959.
155 Laotse, hrsg. von Lin Yutang, Frankfurt/M., Hamburg 1956, S. 38.
156 Laotse, Tao te king, Düsseldorf–Köln 1976, S. 51.
157 Laotse, hrsg. von Lin Yutang, a. a. O., S. 81.
158 Ebd., S. 82.
159 Novalis, Geschichte, Werke, hrsg. v. W. Bölsche, Bd. 1, S. 56.

Literaturverzeichnis

Fred T. Adams: Der Weg zum Homo sapiens, Frankfurt/Main 1971.

Hans Albert: Theorie und Realität. Band II: Die Einheit der Gesellschaftswissenschaften, Tübingen 1972.

Altes Testament/Neues Testament.

Robert Ardrey: Adam und sein Revier, Wien 1968.

Robert Ardrey: Der Gesellschaftsvertrag, Wien 1970.

H. Argelander: Gruppenprozesse, Reinbek bei Hamburg.

Aristoteles: Metaphysik, Nikomachische Ethik.

Thomas von Aquin: Summa contra gentiles (Die Verteidigung der höchsten Wahrheiten).

Harry Ehner Barnes: Soziologie der Geschichte, 1951.

George Bastin: Die soziometrischen Methoden, Bern und Stuttgart 1967.

Rudolf Bilz: Die unbewältigte Vergangenheit des Menschengeschlechtes, Frankfurt/Main 1967.

W. R. Bion: Erfahrungen in Gruppen und andere Schriften, Stuttgart 1961.

Marie-Louise Bödiker und *Walter Lange*: Gruppendynamische Trainingsformen, Hamburg 1975.

Ernest Bornemann: Das Patriarchat, Frankfurt/M. 1975.

Tobias Brocher: Gruppendynamik und Erwachsenenbildung, Braunschweig 1967.

K. Buchinger, P. E. Heintel, J. Huber: Gruppen und Bildung, Berlin – N. Y. 1975.

Elias Canetti: Masse und Macht, Frankfurt/Main 1980.

Daniel Casriel: Die Wiederentdeckung des Gefühls, Schreitherapie und Gruppendynamik, Gütersloh 1972.

Ernst Cassier: Philosophie der symbolischen Formen, 2. Teil, Das mythische Denken; Darmstadt 1964.

Colin Cherry: Kommunikationsforschung – eine neue Wissenschaft; Hamburg 1967.

Robert Claiborne: Entscheidungsfaktor Klima; Wien 1973.

Rushton Coulborn: Der Ursprung der Hochkulturen; Stuttgart 1962.

A.M. Däumling: Angewandte Gruppendynamik; Stuttgart 1974.

W. Durant: Die Entstehung der Kultur: Sumer Ägypten Babylonien Assyrer; Lausanne 1972.

Erziehungswissenschaften; Funk Kolleg Bd. 2; Frankfurt/Main 1970.

Amitai Etzioni: Soziologie der Organisationen; München 1971.

Peter Farb: Die Indianer; Entwicklung und Vernichtung eines Volkes; Wien 1968.
Ernst Fischer: Was Marx wirklich sagte; Wien 1968.
Gerhard H. Fischer: Psychologische Testtheorie, Bern 1968.
Hardi Fischer: Gruppenstruktur und Gruppenleistung; Bern und Stuttgart 1962.
Anna Freud: Das Ich und die Abwehrmechanismen; München 1980.
Sigmund Freud: Gesammelte Werke, Bd. IX; London 1940.
Burghard Freudenfeld: Völkerkunde; München 1960.
Jürgen Fritz: Emanzipatorische Gruppendynamik, Taschenbücher der Wissenschaft, Bd. 161; München 1974.
Jürgen Fritz: Gruppendynamik und Jugendarbeit; München 1973.

Arnold Gehlen: Urmensch und Spätkultur; Frankfurt/Main 1964.
Erving Goffman: Interaktionsrituale – Über Verhalten indirekter Kommunikation; Frankfurt/Main 1971.
Alvin W. Gouldner: Die westliche Soziologie in der Krise; Bd. 1, 2; Hamburg 1974.
Gruppendynamik – Forschung und Praxis: Stuttgart 1970: Heft 1, 3; 1971: Heft 4; 1972: Heft 2; 1974: Heft 3; 1975: Heft 1; 1976: Heft 2, 4.
Rudolf Guppenberg: Freiheit und Wissenschaftsgeschichte; Freiburg 1974.

Jürgen Habermas: Erkenntnis und Interesse; Theorie 2; Frankfurt 1968.
Jürgen Habermas: Theorie und Praxis; Frankfurt 1971.
Jürgen Habermas: Zur Logik der Sozialwissenschaften; Frankfurt 1970.
Thomas A. Harris: Ich bin o.k. – Du bist o.k.; Hamburg 1975.
G. Hartfiel: Emanzipation – ideologischer Fetisch oder reale Chance? Opladen 1975.
G. W. F. Hegel: Theologische Frühschriften; Tübingen 1907.
G. W. F. Hegel: Sämtliche Werke; Band 1; Stuttgart 1958.
Friedrich Heiler: Erscheinungsformen und Wesen der Religion; Stuttgart 1961.
E. Heintel: Einführung in die Sprachphilosophie; Darmstadt 1972.
E. Heintel: Die beiden Labyrinthe der Philosophie; Wien 1968.
Peter Heintel: Das ist Gruppendynamik; München 1974.
Peter Heintel: Politische Bildung als Prinzip der Bildung; Wien, Bd. 122.
Klaus Heinrich: tertium datur; Eine religionsphilosophische Einführung in die Logik; Basel/Frankfurt a. Main; 1981.
Werner Herkner: Einführung in die Sozialpsychologie; Bern 1975.
W. Hill, R. Fehlbaum, P. Ulrich: Organisationslehre 1; Bern u. Stuttgart.
P. R. Hofstätter: Einführung in die Sozialpsychologie; Stuttgart 1963.
P. R. Hofstätter: Gruppendynamik, Hamburg 1957.
K. Horn: Gruppendynamik und der „subjektive Faktor"; Frankfurt/Main 1972.
Jakob Huber: Gruppendynamik und Gruppenpädagogik; Wien 1972.

Joachim Illies: Zoologie des Menschen; München 1971.
Trygve Johnstad: Group Dynamics and Society; published for EIT; Cambridge, Massachussetts 1980.
Doris Jonas/David Jonas: Signale der Urzeit, Archaische Mechanismen in Medizin und Psychologie; Stuttgart, 1977.

Imanuel Kant: Ges. Werke, Bd. II; Berlin 1968.

Imanuel Kant: Grundlegung zur Metaphysik der Sitten; Ges. Werke, Bd. IV, V; Berlin 1968.

Hanno Kesting: Herrschaft und Knechtschaft; Freiburg 1973.

Gabor Kiss: Einführung in die soziologischen Theorien I, II. Studienbücher zur Sozialwissenschaft; Opladen 1974.

Hans Dieter Klein: Vernunft und Wirklichkeit, Band 2; Wien 1975.

August M. Knoll: Katholische Kirche und scholastisches Naturrecht; Wien, 1962.

Herbert Kühn: Erwachen und Aufstieg der Menschheit; Frankfurt 1966.

Laotse: Herausgegeben von Lin Yutang.

Georges Lapassade: Gruppen, Organisationen, Institutionen; Stuttgart 1972.

Hans Lenke: Sozialphilosophie des Leistungshandelns; Stuttgart 1976.

Claude Levi-Strauss: Das Ende des Totemismus; Frankfurt 1969.

Konrad Lorenz: Über tierisches und menschliches Verhalten, Band 1, 2; München 1966.

Konrad Lorenz: Paul Leyhausen: Antriebe tierischen und menschlichen Verhaltens; München 1968.

Joseph Luft: Einführung in die Gruppendynamik; Stuttgart 1963.

Renate Mayntz: Soziologie der Organisation; Hamburg 1963.

J. C. Margueron: Mesopotamien; Archaeologica Mundi; München 1965.

Moraltheorie: Band II; Die katholigsche Glaubenswelt; Wien 1960.

Desmond Morris: Der nackte Affe; München 1968.

Desmond Morris: Liebe geht durch die Haut; München 1972.

„Mythen der Völker“: Frankfurt 1967, Band 1, 2, 3. Nr. 789, 799, 805.

Nietzsche: Ges. Werke, Bd. VII (Jenseits von Gut und Böse); Leipzig 1917.

Novalis: Ausgewählte Werke; Bd. 1; Darmstadt 1981.

Don Nylen: Handbook of staff development and human relation training; published by EIT; Kopenhagen 1967.

Karl Dieter Opp: Methodologie der Sozialwissenschaften; Hamburg 1972.

Max Pages: Das affektive Leben der Gruppen; Stuttgart 1974.

Peter & Hull: Das Peterprinzip; Hamburg 1970.

Herbert Pietschmann: Das Ende des naturwissenschaftlichen Zeitalters; Wien 1980.

Karl R. Popper: Logik der Forschung; Tübingen 1973.

Karl R. Popper: Die beiden Grundprobleme der Erkenntnistheorie; Tübingen 1979.

Karl R. Popper, John C. Eccles: Das Ich und sein Gehirn; München 1982.

Robert v. Ranke-Graves: Griechische Mythologie Bd. 1, 2; Hamburg 1955.

W. Reich: Die Funktion des Orgasmus; Frankfurt 1966.

A. K. Rice: Führung und Gruppe; Stuttgart 1971.

H. E. Richter: Die Gruppe; Hamburg 1972.

R. Riedl: Die Ordnung des Lebendigen; Hamburg 1975.

C. R. Rogers: Die nicht-direkte Beratung; München 1972.

Hans Rosenkranz: Soziale Betriebsorganisation; München 1973.
Hans Rosenkranz, Reinhard Breuel: Von der Gruppendynamik zur Organisationsentwicklung; Wiesbaden 1982.
Lutz v. Rosenstiel: Organisationspsychologie; Bern u. Stuttgart 1975.

Helmut Schelsky: Zur Theorie der Institution; Düsseldorf 1973.
Gerhard Schwarz: Gruppendynamik in der Schule; Wien 1974.
Gerhard Schwarz: Was Augustinus wirklich sagte; Wien 1969.
Gerhard Schwarz: Was Jesus wirklich sagte; Wien 1971.
Gerhard Schwarz: Raum und Zeit als naturphilosophisches Problem; Wien 1972.
Mary Jane Sherfey: Die Potenz der Frau; Köln 1974.
Philip E. Slater: Mikrokosmos: Eine Studie über Gruppendynamik; Frankfurt/M. 1970.
A. Sohn-Rethel: Warenform und Denkform, Frankfurt/Main.
Soziologische Texte: Texte aus der experimentellen Sozialpsychologie; Neuwied u. Berlin 1969.
Franz Steiner: Sozial- und Wirtschaftsgeschichte; Wien 1971.
H. Swoboda: Der Traum vom besten Staat; München 1972.

Ernst Topitsch: Logik der Sozialwissenschaften; Neue wissenschaftl. Bibliothek 6; Königstein/Taunus 1984.
Ernst Trost: Figl von Österreich; Wien 1972.
Robert Townsend: Hoch lebe die Organisation; München 1970.

Dieter Ulrich: Gruppendynamik in der Schulklasse; Frankfurt 1971.

Völkerkunde: Hrsg. *Burghard Freudenfeld*; München 1960.

Walther Wolf: Das alte Ägypten; München 1971.
H. G. Wunderlich: Die Steinzeit ist noch nicht zu Ende; Reinbek bei Hamburg 1974.